D1870083

Josef Homeyer (1929–2010)

Priester – Bischof – Europäer

Quellen und Studien zur Geschichte und Kunst
im Bistum Hildesheim 5

Herausgegeben von Michael Brandt und Thomas Scharf-Wrede
im Auftrag des Vereins für Geschichte und Kunst im Bistum Hildesheim

Michael Lukas

Josef Homeyer

(1929–2010)

Priester – Bischof – Europäer

SCHNELL + STEINER

bernward.MEDIEN

Umschlagabbildung: Bischof Homeyer, Foto: Anja Franzke, 2008

Abbildungsnachweis

Bischöfliche Pressestelle Hildesheim: S. 13, 115, 123, 133, 140, 145, 147, 182 (unten), 183–184, 188 (unten), 190 (unten)

Bistumsarchiv Hildesheim, Nachlass Bischof Dr. Josef Homeyer: S. 21, 27 (beide), 36, 37, 41, 43, 52, 59, 61, 64, 65, 67, 78, 80, 81, 82, 100, 111, 178 (oben), 179, 180, 181 (oben), 185

Stefan Branahl, Hildesheim: S. 187, 188 (oben), 189 (beide), 192

Anja Franzke, Norderstedt: S. 89, 141, 186 (beide)

Fotostudio Hahn, Hildesheim: S. 104

Andreas Hartmann, Hildesheim: S. 190 (oben), 191 (beide)

Katholische Nachrichtenagentur (KNA), Bonn: S. 54, 71, 177, 178 (unten), 181 (unten), 182 (oben)

KirchenZeitung Hildesheim: S. 74, 84, 96, 116

Dr. Ferdinand Rudolphi, Olsberg: S. 32 (beide)

Gisbert Strotdrees, Münster: S. 16, 18, 136

Maria Suthe, Hildesheim: S. 49

Bibliografische Information der Deutschen Nationalbibliothek: Die Deutsche Nationalbibliothek verzeichnet diese Publikation in der Deutschen Nationalbibliografie; detaillierte bibliografische Daten sind im Internet über <http://dnb.d-nb.de> abrufbar.

1. Auflage 2012
© 2012 Verlag Schnell & Steiner GmbH, Leibnizstr. 13, D-93055 Regensburg
Umschlaggestaltung: Anna Braungart, Tübingen
Satz: Vollnhals Fotosatz, Neustadt a. d. Donau
Druck: Erhardi Druck GmbH, Regensburg
ISBN 978-3-7954-2610-1

Alle Rechte vorbehalten. Ohne ausdrückliche Genehmigung des Verlages ist es nicht gestattet, dieses Buch oder Teile daraus auf fotomechanischem oder elektronischem Weg zu vervielfältigen.

Weitere Informationen zum Verlagsprogramm erhalten Sie unter:
www.schnell-und-steiner.de

Inhalt

Geleitwort

Meistens dauert es eine gewisse Anzahl an Jahren oder gar Jahrzehnten, bevor das Leben und Wirken eines Bischofs in so umfassender und zugleich so detailreicher Weise in den Blick genommen wird, wie es Dr. Michael Lukas in Bezug auf den am 30. März 2010 verstorbenen Bischof em. Dr. Josef Homeyer in dem hier vorliegenden Buch getan hat. Ich bin froh und dankbar, dass er sich dieses Themas schon jetzt angenommen hat und einen ungemein konzisen Aufriss des Werdegangs und Wirkens meines so geschätzten Amtsvorgängers erarbeitet hat. Ich bin ebenfalls froh und dankbar, dass dieser „Lebenslauf" durch Dr. Thomas Scharf-Wrede noch um eine kleine Sammlung von Ansprachen und Predigten des 69. Hildesheimer Bischofs ergänzt wird: Weil wir so mit dessen damals wie heute (und morgen) aktuellen Fragen und Antworten noch einmal ganz direkt konfrontiert werden.

Wer war Josef Homeyer? Dieser Frage bin ich selbst – in knapper Weiser – in der Predigt nachgegangen, die ich im Requiem am 10. April 2010 gehalten habe. Sie sei von daher im Folgenden wiedergegeben:

Zwei Ostergeschichten (Apg 4, 13–21/Mk 16, 9–15) haben wir gehört – von Triumph keine Spur! Das biblische Zeugnis von Jesus Christus in diesen beiden österlichen Geschichten trägt in sich auf eigentümliche Weise Spuren der Verletzlichkeit und Widerständigkeit. Die Rede ist von Trauer und Zweifeln unter den Jüngern, die Rede ist von Verachtung und Anfeindungen in der Öffentlichkeit. Von Triumph keine Spur!

Es gab einmal den berühmten Vorschlag eines berühmten Philosophen an den christlichen Glauben, die Christen sollten doch angesichts der Auferstehung fröhlicher dreinblicken. Warum eigentlich? Der Glaube an den erhöhten Christus, so erzählen die Ostergeschichten, erlaubt keine erhöhte, fröhlich abgehobene Aussicht auf die Welt und ihre Geschichte. Der österliche Standpunkt ist kein Standpunkt von „wir, hier oben" und „ihr, da unten"; der Standpunkt der Erlösung ist allemal ein Standpunkt an der Seite der Menschen. Bischof Josef sagte es einmal in einer Predigt so: „Die Hinwendung zu Gott darf nicht um den Preis der Abwendung vom Menschen erkauft werden." Er meinte damit einen Fundamentalismus, der sich im vermeintlichen Besitz der sicheren Wahrheit lächelnd abwendet vom unsicheren Leben. Das österliche Halleluja kann nur Lobpreis Gottes sein im Zuruf an die Menschen.

Die Auferweckung Jesu selbst ist ja die tiefste und endgültige Zuwendung Gottes zur Schöpfung und in ihr zur einen Menschheit. Der Sendungsbefehl Jesu zeichnet das österliche Geschehen nach, er ist nicht praktische Weisung allein, sondern Sendung, die in das innerste Geheimnis von Ostern führt – Gottes Hinwendung zum Menschen über die Grenze des Todes hinaus. „Geht hinaus in die ganze Welt, und verkündet das Evangelium allen Geschöpfen!" Bischof Josef hat sich dieses Wort aus dem Evangelium des heutigen Tages als bischöfliches

Leitwort gewählt „In mundum universum"! In diesem Wort und in ihrer Sendung erfahren die Jünger den Auferstandenen und bezeugen ihn. Die christliche Sendung ist die Ikone des auferstandenen Christus – von Anfang an bis in unsere Tage.

Nach dem bekannten Wort des Hl. Augustinus „geht der Anfang immer mit." Der Anfang, die erste Sendung durch den Auferstandenen ist mit uns unterwegs. Die Begegnung mit dem Auferstandenen im Glauben führt jede kirchengeschichtliche Generation erneut in die Sendung zu den Menschen. Aber wie?

Das mag sich in besonderer Weise die Generation derer gefragt haben, die, wie man häufig sagte, „noch einmal davongekommen" war, diejenigen, die den Krieg überlebt hatten. Josef Homeyer war sechzehn Jahre alt, als der Krieg zu Ende war. Da stand diese Generation mitten in Trümmern von Münster, von Köln und Dresden und auch von Hildesheim. Da zogen Flüchtlinge in langen Trecks ihre Leiterwagen hinter sich her, da humpelten die Amputierten und da weinten die Frauen über letzten Feldpostbriefen. Und über allem die moralische Zerstörung durch die Shoah. In dieser Situation trat eine um Jugend und Kindheit betrogene Generation auch in die Priesterseminare der 50er Jahre ein. Und trotz vermeintlich bruchloser tridentinischer Lehrtraditionen und Hausordnungen stand wie in unsichtbaren Lettern über dem Eingang der Seminare Adornos Frage, ob nach Auschwitz noch Gedichte möglich seien – oder durchaus schärfer zugespitzt: Ob Theologie noch einen Ort hat und wo die Frage nach Gott darin aufgehoben ist. Das betraf nicht eine Einzelfrage der Theologie oder des christlichen Lebens, sondern das betraf das ganze der Theologie, nämlich ihre Möglichkeit überhaupt.

Zu dieser Generation der werdenden Priester nach dem Krieg gehörte Josef Homeyer. Es war die Generation des Wagnisses, des sursum corda – trotz allem. Die Erfahrungen der Trümmer und der moralischen Zertrümmerung blieben ein Leben lang für ihn bestimmend, sie waren der Schlüssel für sein priesterliches Selbstverständnis. Sie wurden zur permanenten Antriebskraft für seine Glaubensverkündigung bei den Menschen, für seinen Dienst der Versöhnung unter den Völkern Europas, für sein Bemühen um weltweite Partnerschaften.

Ein allzu beflissenes Aggiornamento war ihm freilich fremd. Einer feinsinnigen Einpassung der Kirche in die Welt zog er die zuweilen notwendige und hilfreiche Provokation vor. Die theologische Nachkriegsgeneration blieb ja ohnedies notorisch auffällig durch Unbürgerlichkeit.

Die theologische Urerfahrung der Trümmer prägten Bischof Josef Homeyer und seine Generation. Und sie wiederum prägten unsere Kirche und unser Land. Ihr Glaube wollte sich nicht billig trösten lassen. Ihr Glaube führte hinein in die Hoffnung. Gerade so, im Blick auf den Auferstandenen wurden sie aufmerksam auf die Risse und Leiden der Gegenwart und erschlossen eine Sendungsperspektive ihres Priestertums und der Kirche in dieser Zeit: Den Heimatlosen Heimat geben, einer solidarischen und gerechten Gesellschaft einen ordnungspolitischen Rahmen geben, der europäischen Versöhnung Türen aufstoßen: „Geht hinaus in alle Welt, und verkündet das Evangelium." – Das war mehr als vage schweifende Träumerei, mehr als dieses „es wird schon werden" mit gespielter Selbstsicherheit. Der Entwurf dieser Sendungsperspektive brauchte den Mut zum Dialog, nicht nur das Pochen auf das christliche Menschenbild in der Soziallehre, sondern auch die Fähigkeit, in dieser Soziallehre christliche, liberale und sozialistische Traditionen auszusöhnen. Es brauchte den Diskurs und die Analyse der gesellschaftlichen und politischen Bewegungen. Es brauchte die Hoffnung, die Vernunft sucht und einfordert: Spes quaerens intellectum – solche vernunftgestützte Hoffnung machte seine Widerständigkeit plausibel, sich immer wieder an die Seite der Schwächsten zu stellen: Von der Schwangerschaftskonfliktberatung bis zu Renovabis.

Ausgezehrt, rastlos, immer neu beansprucht durch die Hoffnung der Menschen. Dabei bleiben die Enttäuschungen nicht aus. In den 60er Jahren, zur Konzilszeit, wurden Seminare und Ordenshäuser ausgebaut, in der Meinung, jetzt komme der große Ansturm: es wurden immer weniger. Angesichts einer kleiner werdenden Herde hatten immer mehr das Gefühl, am Ende mit leeren Händen da zu stehen. „Werden wir überhaupt noch gebraucht?", fragte Bischof Josef einmal leise im Gespräch. Aber dann fuhr er am nächsten Morgen in aller Frühe wieder in eines der Länder auf dem Balkan. Es waren ja noch so viele Trümmer aufzuräumen! Immer wieder diese Trümmer.

Ich habe das Bild vor Augen, wie er in den neunziger Jahren beim Friedensgrund in der Ukraine in sommerlicher Hitze mit einer Schaufel in der Hand bei den Jugendlichen steht und mit ihnen Trümmer beiseite räumt, um dort Platz zu schaffen für den Neubau einer Kirche. Er hat es geliebt, gemeinsam mit Jugendlichen Zeichen des Aufbruchs, der Versöhnung und des Neuanfangs zu setzen. Als wir vor gut einer Woche hier in der Basilika St. Godehard mit zweitausend Jugendlichen und hundert Priestern die Chrisammesse gefeiert haben, habe ich an diese Verbundenheit des verstorbenen Bischofs mit den Jugendlichen erinnert. Nach der Messe habe ich einige der Älteren gefragt, ob sie noch Worte von Bischof Josef aus früheren Chrisammessen in Erinnerung hätten. „O ja" sagte einer, „eines, das ich nicht vergessen werde; ein Wort, das er uns mehrmals zugerufen hat: ‚Wenn nicht ihr, wer sonst?'"

Liebe Brüder und Schwestern, das ist ein Wort, das auch für diese Stunde Gewicht hat. Der Bischof stirbt, die Sendung aber geht weiter: „Geht hinaus in die ganze Welt, und verkündet das Evangelium allen Geschöpfen!" Ja, so ruft uns Bischof Josef zu: Seid Zeugen der Hoffnung, seid Anstifter zum Frieden, seid Boten der Versöhnung: „Wenn nicht Ihr, wer sonst?"

Hildesheim, den 19. März 2012

+ Norbert Trelle
Bischof von Hildesheim

Vorwort

„Herr Bischof, wann schreiben Sie denn nun endlich Ihre Memoiren?" Nicht zum ersten Mal hatte Dr. Josef Homeyer nach seiner Emeritierung diese Frage gehört, schon öfter war er gebeten, ja bestürmt worden, im Ruhestand seine Erinnerungen niederzuschreiben. Doch wie immer antwortete er nur lachend: „Ich bin emeritiert, ich habe keine Zeit dafür!" Am 30. März 2010 machte der Tod allen Hoffnungen auf eine Autobiographie des Bischofs ein Ende.

Mit Dr. Josef Homeyer starb nicht nur der 69. Bischof von Hildesheim, sondern auch ein wichtiger Zeitzeuge deutscher und europäischer Kirchengeschichte, ein Mann, der immer die Sache, nie sich selbst in den Mittelpunkt stellte und schnell auf das unverbindliche „man" auswich, wenn er von sich selbst erzählen sollte. Durch seinen Tod hat der Bischof wertvolles Wissen mit ins Grab genommen. Viel davon dürfte unwiederbringlich verloren sein, das andere muss man rekonstruieren.

Die folgende biographische Annäherung ist ein Anfang bei dem Versuch, das Leben von Josef Homeyer niederzuschreiben. Ein Anfang, mehr nicht. Sie kann und will eine noch zu schreibende ausführliche Biographie nicht ersetzen, sondern soll – zwei Jahre nach dem Tod des Bischofs – lediglich einen ersten Überblick über sein Leben geben. Zahlreiche Quellen konnten in der Kürze der Zeit noch nicht ausgewertet werden, wichtige Aspekte von Homeyers Wirken wurden nur angerissen, manche Oberflächlichkeit in der Beschreibung kirchlicher Strukturen ist der Skizzenhaftigkeit dieses Textes geschuldet.

Ergänzt wird diese Lebensbeschreibung durch verschiedene Originaltexte des Verstorbenen. Sie runden die in früheren Büchern veröffentlichten Reden und Predigten Homeyers ab und erlauben tiefe Einblicke in die reiche Gedankenwelt des Bischofs. Über den oft aktuellen Anlass hinaus formulieren sie bleibende Einsichten – zur Gestalt von Gemeinde, zur Gestalt Europas, zur Gestalt des Christseins. Die Auswahl dieser Originaltexte stellt keine Wertung dar, sondern soll exemplarisch die breite Palette der Themen berühren, mit denen sich Josef Homeyer auseinandergesetzt hat.

Das vorliegende Buch ist mit Hilfe vieler Menschen entstanden, denen ich mich verpflichtet weiß. Ich danke vor allem jenen, die mir von Josef Homeyer erzählt haben: den Studienfreunden aus Innsbruck Prof. Dr. Bernhard Fraling, Theo Meenen, Dr. Ferdinand Rudolphi und den Weggefährten aus Münsteraner oder Bonner Zeiten Dr. Gerhard Fuest (†), Dr. Rainer Ilgner, Dr. Friedrich Kronenberg, Manfred Kuhl, Franz Leenders, Hermann Teriete und Reinhard Wenner. Über das Wirken Homeyers als Bischof haben die drei ehemaligen bischöflichen Kapläne beziehungsweise Sekretäre Dr. Nikolaus Schwerdtfeger, Dr. Werner Schreer und Jens Lüpke beeindruckend Auskunft gegeben, ebenso sein Weihbischof Hans-Georg Koitz und Domkapitular Adolf Pohner. Die langjährigen engen Weggefährten Maria Suthe und Bruder

Karl Thalmann ließen den Menschen Homeyer lebendig werden. Bischof Irinej Bulovic aus Novi Sad beschrieb den ehemaligen ComECE-Präsidenten aus serbischer Perspektive und Reinhard Wessel von der Konrad-Adenauer-Stiftung aus der seinen. Genannt sei an dieser Stelle auch der Historiker Gisbert Strotdrees, ein Neffe des Bischofs. Die Schilderung der Kindheit und Jugend Homeyers beruht weitgehend auf seinen Forschungen und Hinweisen zur Familiengeschichte.

Beraten und unterstützt hat mich vor allem der Leiter des Hildesheimer Bistumsarchivs, Direktor Dr. Thomas Scharf-Wrede. Er gab den Anstoß zu dieser Lebensbeschreibung und vertraute sie mir an.

Ihnen allen sei herzlich gedankt.

Ein Buch hat viele Mütter und Väter. Zu Dank verpflichtet bin ich auch jenen, die Texte gegengelesen haben, kritisierten und weiter halfen, ebenso dem Verlag Schnell + Steiner mit seinem Geschäftsführer Dr. Albrecht Weiland und den Damen und Herren im Lektorat. Nicht zuletzt die Hildesheimer Bernward Mediengesellschaft und der Verein für Geschichte und Kunst im Bistum Hildesheim haben das Erscheinen des Buches großzügig unterstützt.

Mit der vorliegenden Veröffentlichung soll manches Bekannte in Erinnerung gerufen, Unbekanntes an den Tag gebracht, vor allem aber die Leserinnen und Leser dazu eingeladen werden, ihr Wissen über den Verstorbenen mitzuteilen, schriftliche Zeugnisse zum Leben und Wirken Homeyers einzureichen und mitzuhelfen, die Lebensgeschichte dieses beeindruckenden Mannes weiterzuschreiben. Möge dieses Buch ein Anfang sein!

Michael Lukas

Einführung

„In Mundum Universum – Gehet hinaus in alle Welt!" Diese Aufforderung aus dem 16. Kapitel des Markusevangeliums, Vers 15, erwählte sich der Sekretär der Deutschen Bischofskonferenz, Prälat Dr. Josef Homeyer, zum Leitwort seines bischöflichen Wirkens, als ihn der damalige Papst Johannes Paul II. am 25. August 1983 zum 69. Bischof von Hildesheim ernannte.

Universum – Universum? Hat dieses lateinische Wort nicht noch eine weitere Bedeutung, fragte ihn wenig später ein junger Kaplan? Uni-versum – auf das Eine gerichtet, dem Wesentlichen, dem Zentrum zugewandt. „Ganz genau so könnte man es auch verstehen", antwortete der designierte Bischof damals ohne zu zögern.[1]

Hier die Weite eines weltumspannenden Bischofsdienstes, dort die Innerlichkeit des Gebetes. Hier das Wirken in Politik und Gesellschaft, das Bemühen um Aussöhnung der Völker, um ein Zusammenwachsen Europas, dort die Sorge um die rechte Feier der Eucharistie und um die Wiederansiedlung von Ordensgemeinschaften. Zwischen diesen beiden Polen, in ihrem Spannungsfeld, aber auch aus beiden Kraft schöpfend bewegte sich sein Leben, das am 30. März 2010 überraschend zu Ende ging.

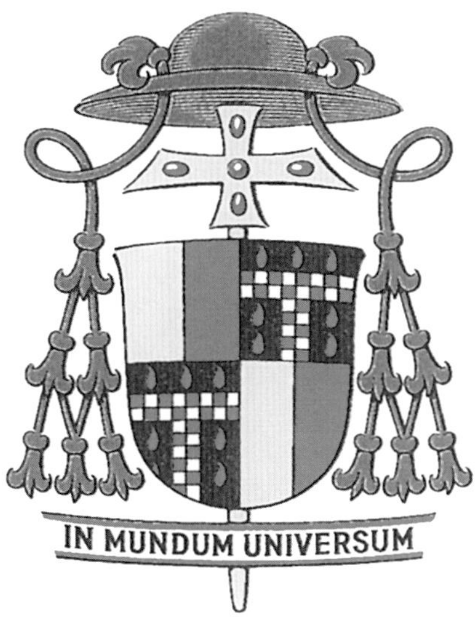

Kindheit und Jugend

Ein solcher geistlicher Weg war dem jungen Josef gewiss nicht in seine Wiege gelegt, die in einem Bauernhaus im westfälischen Harsewinkel, im Kreis Gütersloh, stand. Dort wurde Josef am 1. August 1929 als dritter Sohn von Gustav Hermann August Homeyer, genannt (gt.) Strotdrees, einem Landwirt von 31 Jahren, und seiner ein Jahr jüngeren Frau Elisabeth Homeyer, geb. Herzog, geboren. Den Neuankömmling begrüßten auch zwei ältere Brüder, der sechsjährige Bernhard und der vierjährige Alois, der später den Hof übernehmen und sich den Nachnamen Strotdrees zulegen sollte.[2]

Homeyer? Strotdrees? Diese beiden Namen tauchen öfter gemeinsam auf und lassen sich aus der Geschichte des Hofes erklären: In alten Steuerlisten aus dem 15. und 16. Jahrhundert findet man in der Gegend von Harsewinkel häufig Namen wie „Stroet" oder auch „Stroedt".[3] Der bereits im Mittelniederdeutschen belegte Landschafts- und Flurname in seinen verschiedenen Variationen hat nichts mit Stroh zu tun, sondern bezeichnet eine feuchte, bewaldete Niederung, eine unwirtliche Gegend, die für den Ackerbau nicht viel hergibt.

Im Jahr 1670 stellte das Kloster Marienfeld, ein bedeutender Grundherr in Harsewinkel und Umgebung, ein Verzeichnis von Gebäuden und deren Bewohnern auf seinem Gebiet auf, nämlich aller „Kotten, Brincksitzern, Leibzüchtern und Backhauseren und sonsten auff jeden Hoff befindlichen Heuerlingen"[4]. Dort findet sich in der Rubrik „Geringe Köttere und Brinkliggere" die Eintragung: „Drees zum Stroet – alt arm Mann". Die Silbe „Drees" ist eine damals geläufige Abkürzung des Vornamens Andreas. Vermutlich wohnte ein Mann dieses Namens auf einem der größeren Höfe der Umgebung, wo er sich als Tagelöhner verdingt hatte. Zum Zeitpunkt der Eintragung in das Verzeichnis, 1670, war er wohl schon ein alter Mann. Die Eintragung lässt darauf schließen, dass „Drees zum Stroet" der unterbäuerlichen Schicht entstammte.

Einen eigenen „Kotten", ein festes Haus also, baute 1665 erst ein Sohn jenes Andreas, Hermann Strotdrees, in der Harsewinkeler Bauernschaft Beller.[5] Der Name „Strotdrees" war fortan mit dieser Hofstätte verbunden und blieb ihr erhalten, wie es in Westfalen über Jahrhunderte üblich war. Gemäß dieser Tradition wurde eine Familie nach ihrem Hof benannt. Selbst wenn ein Mann einheiratete, nahm er den Namen des Gutes an. Erst im 19. Jahrhundert führte die preußische Regierung die bürgerliche Namensregelung ein. Fortan bezog sich ein Name nicht mehr auf Haus und Hof, sondern auf eine Person beziehungsweise Familie. Damit begann ein Nebeneinander von Namen, das auf vielen Höfen in Westfalen bis ins 20. Jahrhundert hinein für Verwirrung sorgte, so auch auf dem Hof Strotdrees in Harsewinkel.

Als 1840 ein Johan Henrich Homeyer aus Marienfeld die Erbin des Hofes Strotdrees heiratete und mit ihr gemeinsam den Hof bewirtschaftete,[6] übernahm er gemäß jahrhundertealter Tradition dessen Namen. Gleichzeitig wurde er aber in preußischen Akten offiziell unter dem Namen „Homeyer", bisweilen auch „Homeyer-Strotdrees" geführt. Über die Herkunft des Namens „Homeyer" schreibt Gisbert Strotdrees, ein Neffe des Bischofs und Historiker: Dieser Familienname, „auch in ähnlichen Schreibweisen wie ‚Homeier' oder ‚Hohmeier' ist im gesamten nordwestdeutschen Raum verbreitet, mit Schwerpunkten im östlichen Westfalen sowie im Raum Schaumburg und Hannover. Herkunft und Bedeutung sind eng verknüpft mit dem Begriff der ‚homeie' beziehungsweise ‚hameie', auch ‚hameide', der in westfälischen und niedersächsischen Urkunden vor 1800 häufig auftaucht. Das Wort bezeichnete eine von Menschenhand angelegte Umgrenzung und Umzäunung, ein Sperrwerk oder auch einen Schlagbaum, wie sie vor Stadttoren, auf Straßen und auch zwischen Feldfluren zu finden waren. Der ‚Homeyer' wäre demnach einer gewesen, der an solch einer Umgrenzung beziehungsweise in der Nähe eines Schlagbaums wohnt oder für dessen Öffnen und Schließen Sorge zu tragen hat."[7]

Beide Namen – Homeyer und Strotdrees – hielten sich für die Familie des Hofes über mehr als 100 Jahre und hatten nebeneinander Bestand. Das hatte mitunter kuriose Folgen, wie Gisbert Strotdrees abermals berichtet: „Die Verwirrung schlug sich selbst in den Kirchenbüchern der Pfarre St. Lucia in Harsewinkel nieder. Bei der Taufe von Alois, dem am 7. Juli 1925 geborenen älteren Bruder und späteren Hoferben, trug der Pfarrer die Namen der Eltern mit

August Homeyer gt. Strotdrees und Elisabeth Homeyer gt. Strotdrees, geb. Herzog und ihre drei Söhne Josef (links, stehend), Alois (Mitte, stehend) und Bernhard (rechts, sitzend) um 1942

‚Homeyer gt. Strotdrees' ein. Bei der Taufe von Josef hingegen, dem späteren Bischof, getauft am 4. August 1929 in der St. Lucia-Kirche in Harsewinkel, sind als Eltern eingetragen: ‚August Strotdrees, Landwirt, Beller' und ‚Elisabeth Herzog'. Mit anderen Worten: Würde jemand im Kirchenbuch der Heimatgemeinde des Bischofs nach dem Taufeintrag eines ‚Josef Homeyer' suchen, würde er nicht fündig."[8]

Bis vor wenigen Jahrzehnten hieß die Familie in Harsewinkel offiziell „Homeyer gt. (genannt) Strotdrees". 1976 beantragte der Hofbesitzer Alois Strotdrees, der ältere Bruder des Bischofs, für seine Familie den alleinigen Namen Strotdrees, um den seit 1665 tradierten Hofnamen zu bewahren und um der Unklarheit ein Ende zu setzen, zumal es in und um Harsewinkel mehrere Familien namens Homeyer gab. Er, seine Ehefrau und seine Kinder nannten sich fortan Strotdrees, während seine beiden Brüder am Namen Homeyer festhielten.

Über die Jahrhunderte haben die jeweiligen Hofbesitzer den Kotten in der Bauerschaft Beller zu einem mittelgroßen landwirtschaftlichen Betrieb ausgebaut. Um 1930, als Josef dort aufwuchs, gehörten zum Hof rund zwölf Hektar Ackerland und Wiesen, dazu ein großer Nutz- und Gemüsegarten und eine Schweineweide mit vielen Obstbäumen.[9] Bis zu zwölf Milchkühe mussten morgens und abends gemolken werden. In den Ställen standen rund ein Dutzend Schweine, 50 Hühner gehörten ebenfalls dazu. Als der junge Josef dort in den 30er Jahren des 20. Jahrhunderts aufwuchs, wurde die meiste Arbeit noch von Hand oder mit Hilfe dreier Pferde erledigt. Immerhin schaffte Homeyers Vater als einer der ersten in Harsewinkel eine Melkmaschine an, worauf er zeitlebens stolz war. „Auf dem Hof und in der Familie herrschte ein recht karges Leben",[10] schrieb der Bischof später. Eine seiner frühesten Kindheitserinnerungen bezieht sich denn auch auf zwei Fünf-Pfennig-Stücke, die ihm seine Eltern zum Namenstag 1936 schenkten. Eine der Münzen steckte er in die fast leere Spardose, die zweite trug er zum Bäcker, kaufte sich davon zwei Brötchen und verzehrte sie in der Schulpause mit einem „königlichen"[11] Gefühl. Nur selten hatten die Eltern Geld für solche Kleinigkeiten übrig. Josef, der die Kleidung seiner älteren Brüder auftrug, bekam seinen ersten eigenen Anzug zur Erstkommunion.[12]

Trotzdem – oder gerade deshalb – verlebte Josef eine glückliche Kindheit zwischen Kühen und Kirche. Die Eltern waren sehr fromm, der Tag des Herrn war heilig. Wenn an einem nassen Sommersonntag Nachbarn die Ernte einholten und Josefs Mutter unruhig wurde, murmelte Landwirt Homeyer nur: „Das will Gott nicht". Wegen des Hofs gingen die Eltern getrennt zum Gottesdienst, Josefs Mutter um 6.30 Uhr zur Frühmesse, der Vater ins Hochamt um 10 Uhr und anschließend zum Frühschoppen, wo die Männer des Ortes Informationen austauschten und diskutierten. Nicht selten wurden die Debatten am Mittagstisch der Familie fortgesetzt. Homeyers Vater war wohl ein politisch sehr interessierter Mensch. Gerne saß er am Sonntag oder nach getaner Arbeit hinter der Zeitung.

Das Familienoberhaupt liebte es zu scherzen. Als er einmal mit dem etwa fünfjährigen Josef aufs Feld fuhr, ertönten aus dem nahe gelegenen Ort Steinhagen – der durch seinen hochprozentigen „Steinhäger" auch überregional bekannt ist – die Totenglocken. „Horch", sagte da der Vater zu seinem Sohn, „der Herrgott hat wieder einen ‚Steinhäger' zu sich genommen!"[13] Erst Jahre später habe er diesen Scherz in seiner Doppeldeutigkeit begriffen, konnte Homeyer noch im hohen Alter lachend erzählen.

Die Familie pflegte die verwandtschaftlichen Beziehungen und legte großen Wert auf gute Nachbarschaft. Es war selbstverständlich, dass man sich gegenseitig besuchte, Werkzeuge ausborgte oder am Totenbett eines Verstorbenen gemeinsam betete. Eine besonders enge Beziehung bestand zu den beiden Schwestern des Vaters: Tante Änne war dem Orden der „Schwestern vom armen Kinde Jesu" beigetreten, den „reichen Schwestern vom armen Kinde", wie sein Vater August hintersinnig schmunzelnd bemerkte. Die andere Tante, Gertrud, wurde Lehrerin in Telgte und blieb unverheiratet. Für die Kinder war es immer eine große Freude, wenn Tante Gertrud im Sommer einige Wochen zu Besuch auf den Hof kam. Natürlich brachte sie den Jungen etwas mit und es wurde dann auch besonders gut gekocht.

Eine Gruppe von Landwirten aus Harsewinkel fand sich damals zu einem „Verein für Landeskultur" zusammen, um den Boden zu kultivieren und die Ems zu begradigen. Anfang der 30er Jahre betrieb dieser Verein die Gründung eines Strafgefangenenlagers, dessen Insassen zu den geplanten Kultivierungsarbeiten herangezogen werden sollten. Im September 1936 wurde dieses Lager schließlich „vorläufig" in einem Scheunengebäude des Hofes Strotdrees

Der elterliche Hof in Harsewinkel im Jahre 1950

eingerichtet.[14] Waren dort anfangs tatsächlich noch Kriminelle untergebracht, so änderte sich das nach Kriegsbeginn. Am 21. September 1939 zogen die Strafgefangenen in ein neues Lager, etwa drei Kilometer vom Strotdreesschen Hof entfernt. In die frei gewordenen Räume auf dem Hof verlegte der Amtsbürgermeister 50 Kriegsgefangene, die in der Landwirtschaft helfen sollten. Bei den 50 Männern blieb es nicht. Schon im Sommer 1940 gab es in Harsewinkel fünf solcher Lager und die Belegungszahlen bei Landwirt Homeyer wuchsen auf offiziell 70 Mann. Dem Kriegsverlauf entsprechend kamen zuerst gefangene Polen auf den Hof, später Franzosen.

Trotz der Lager blieb die kindliche Welt Josefs zunächst weitgehend unberührt vom Treiben der Nationalsozialisten. Die Beziehungen zwischen der Familie und den Strafgefangenen waren unkompliziert und auf Wunsch der Eltern auch sehr freundlich. Wenn einer der Häftlinge ins Haus kam, steckte ihm Elisabeth Homeyer meist etwas Obst oder gar Süßigkeiten zu.

Josef besuchte damals das Gymnasium Laurentianum in Warendorf und nahm Orgelunterricht in der Kirche seiner Heimatgemeinde. Außerdem spielte er Fußball beim FC Harsewinkel, meist in der Position des Libero. Gelegentlich durfte er in die Position eines Mittelstürmers und damit Spielmachers aufrücken, was ihn dann mit großem Stolz erfüllte.[15] Besonders geprägt hat ihn die Jugendgruppe St. Georg unter ihrem Leiter Gerhard Deppenwiese, dem späteren Bürgermeister Harsewinkels. Bei den Gruppenstunden und gemeinsamen Fahrten wurde immer wieder über religiöse Themen gesprochen. Dort lernte der junge Katholik, seine „religiöse Sprachlosigkeit zu überwinden“ [16] und vom Glauben zu reden.

Josef war vermutlich ein guter und wissbegieriger Gymnasiast, denn eines Tages fragte ihn sein Vater gegen alle Gewohnheit, wann denn demnächst Klassenarbeiten anstünden. Die seien ja eigentlich gar nicht so wichtig und er könne ruhig einige Arbeiten verhauen. Als dann auch noch die Mutter den gleichen Rat gab, brachte Josef tatsächlich einige Wochen lang die gewünschten schlechten Zensuren mit nach Hause, bis seine Mutter meinte, jetzt könne er wieder anständige Arbeiten schreiben. Erst später erfuhr Josef, dass einer seiner Lehrer auf den Hof gekommen war und Vater Homeyer heimlich zu diesem Schritt geraten hatte. Das Kollegium des Gymnasiums hatte nämlich erwogen, den begabten und fleißigen Schüler Josef für eine „Adolf-Hitler“-Eliteschule zu empfehlen.[17]

Allmählich fraß sich der Krieg immer stärker in das Leben der Familie. Schon im Herbst 1941 war der älteste Bruder Bernhard nach dem Abitur zum Reichsarbeitsdienst eingezogen worden, im Januar 1943 folgte Bruder Alois. In einem seiner ersten Briefe klagte der Rekrut, er solle gegen seinen Willen der Waffen-SS zugestellt werden. Homeyers Vater, der Alois zum Hoferben bestimmt hatte, versuchte voller Verzweiflung alles, um seinen Sohn wenigstens aus den Händen der SS zu befreien. Beharrlich und dickköpfig, nicht ohne sich selbst in Gefahr zu bringen, fragte er sich zu einem hohen Offizier durch, der ihm aber nach langem Hinhalten schließlich klar machte: „Es ist dem Führer eine neue SS-Division geschenkt worden und da können wir alle nichts machen.“[18]

Neben der Angst um die eingezogenen älteren Brüder quälten den Drittgeborenen bald bohrende Fragen. Zu den Polen und Franzosen kamen nun immer mehr kriegsgefangene Russen und Ukrainer auf den heimischen Hof. Auch zu ihnen entwickelte sich ein herzliches Verhältnis. Mehr als einmal sprach der junge Josef mit den Männern und beobachtete die Gottesdienste im Lager. Das sind doch äußerst ehrenwerte und prächtige Leute, dachte er sich, warum führt Deutschland mit diesen Völkern Krieg? Fragen, die auch sein Vater nicht beantworten konnte. „Vielleicht sind bei uns die falschen Leute am Ruder", soll er gesagt haben.

Und es musste sich eine weitere Frage stellen, wenn sie auch dem jungen Schüler vielleicht selbst noch nicht ganz bewusst war: Wie können Christen, wie können Katholiken diesseits und jenseits der Schützengräben Gottesdienst feiern und dennoch aufeinander schießen? Was ist das für eine Kirche, die ihre Gläubigen nicht über alle Grenzen hinweg zum Frieden anstiften kann, die sich nicht gegen nationalistisches Pathos durchzusetzen vermag? Warum steht auf den Koppelschlössern sowohl der deutschen wie auch der französischen Soldaten der anmaßende und vereinnahmende Satz „Gott mit uns"?[19] Wieso nimmt die Kirche das hin?

Immer bohrender seien ihm diese Fragen damals geworden, hat Bischof Josef vor wenigen Jahren bekannt.[20] Vor allem im letzten Kriegsjahr, als ein nahe gelegener Militärflughafen bombardiert wurde und die Familie fast jede Nacht im notdürftig errichteten Luftschutzbunker verbrachte.[21] „Da hat sich bei mir eine unerhörte Sehnsucht nach Frieden eingestellt, diese Sehnsucht hätte ich herausschreien können."[22] Diese Sehnsucht ist ihm geblieben und hat sein Leben geprägt.

Glücklicherweise blieb die Familie vom Krieg äußerlich unversehrt. Mitte März 1945 sollte auch der damals gerade 15-jährige Josef noch eingezogen werden, weshalb ihn seine Eltern auf dem Hof versteckten. Im „Volksempfänger" hörte der Junge am 8. Mai von der Kapitulation und stürmte begeistert auf den Hof zu seinem Vater. „Du freust dich, Junge?", sagte dieser, „Deutschland hat den Krieg verloren, begreifst du nicht, was das heißt? Armes Deutschland. Die Nazis haben Europa verwüstet und Deutschland vernichtet."[23] Es wurde ein stummer und trauriger Tag auf dem Hofe Homeyer. Zur Freude aller kehrten wenige Monate nach der Kapitulation die beiden Brüder Bernhard und Alois gesund zurück.

Nach dem Abitur stand der junge Josef wie alle vor der Frage: welchen Beruf soll ich ergreifen? Dass der mittlere der drei Brüder, Alois, den Hof übernehmen sollte, war längst ausgemacht. Übrigens hat der Hofnachfolger Jahrzehnte später einmal behauptet, seine beiden Brüder Josef und Bernhard hätten den Grips mitbekommen, er dagegen die Kartoffeln, was sein „kleiner" Bruder Josef mit folgender Geschichte konterte: Als die Nachfolge auf dem elterlichen Hof geklärt war, dass nämlich Alois den Hof übernehmen werde, sagte Josef in einem launigen Gespräch zu seinem Vater, er sei doch etwas enttäuscht: Man habe ihm berichtet, dass in der Gegend um Harsewinkel in der Regel der jüngste Sohn den Hof erben solle. Nun müsse er aber sehen, dass er als Jüngster nicht für die Hofnachfolge vorgesehen worden sei. Darauf habe sein Vater lachend geantwortet: „Nun, wir gehen eben mit der Zeit, wir haben uns entschieden, nicht den Jüngsten, sondern den Intelligentesten zum Hoferben zu machen."[24] Damit dürfte zweierlei gesagt sein: Den elterlichen Hof zu übernehmen war offenbar niemals eine ernsthafte berufliche Option für den jüngsten Bauernsohn, und: Der Schalk steckte dem Vater und seinen Söhnen im Blut.

Während der letzten Jahre auf dem Gymnasium war in dem guten Schüler ohnehin der Wunsch gereift, Arzt zu werden. Dies liege ihm und verspreche Ansehen und Einkommen, glaubte der Abiturient.[25] Überhaupt war der spätere Bischof damals kein Kind von Traurigkeit, hatte eine Freundin und Dummheiten im Kopf. Er war vom Typ ein „Sunnyboy", der glaubte, die Welt stehe ihm offen und eine glänzende Zukunft warte auf ihn.[26]

Dann jedoch geschah etwas Seltsames. Ein Vetter des Vaters, Landarzt in der Nähe von Münster, besuchte Familie Homeyer und lud den angehenden Medizinstudenten ein, ihn in den nächsten Ferien bei Krankenbesuchen zu begleiten. Gesagt, getan. Am Abend unterhielt man sich dann im Haus des Arztes über Gott und die Welt, aber nicht über Geld und Einkommen. Josef war irritiert, erst recht, als er erfuhr, wie sehr sich dieser Landarzt weit über das geforderte Maß hinaus für seine Patienten einsetzte, notfalls auch finanziell. Plötzlich fühlte sich der junge Mann geradezu lächerlich klein, oberflächlich und unwahrhaftig. Seine Verwirrung hat Homeyer selbst so beschrieben: „In mir brach eine Welt zusammen, eine Art Existenzkrise brachte mich völlig durcheinander. Alles stimmte nicht mehr und ich stand irgendwie ziemlich alleine da. In einer gewissen Verzweiflung nahm ich das bisher unberührte Neue Testament von meinem Bücherbrett und begann darin zu blättern, fast die ganze Nacht hindurch. Ich wurde nachdenklich und las am nächsten Tage ein ganzes Evangelium in einem Zuge durch. Dabei geschah das völlig Unerwartete: Die Person Jesus Christ machte mich betroffen, seine Wahrhaftigkeit, seine Redlichkeit, seine Radikalität, ganz da für Seinen Vater und für die Menschen – und dieser Jesus sucht Menschen, die Ihm nachfolgen."[27]

Der junge Josef (ganz rechts) im Kreis von Freunden

Dies stellte die Frömmigkeit in Frage, die er aus seinem Elternhaus kannte, die einfach dazu gehörte, aber kaum existentiell begründet war. „In dieser Zeit begannen auch in mir die Zweifel. Ich stellte fest, dass die ohne Zweifel tiefe Frömmigkeit meiner Eltern sehr gebunden war an Gewohnheiten, von denen sie lebten, die aber dann, wenn es ernst wurde, brüchig zu werden drohte."[28] Die mitgegebene, die anerzogene Frömmigkeit wurde vom jungen Josef hinterfragt und wich einem Nachdenken über Gott, der ihm bis dahin nur als Chiffre für Ordnung, Tradition, Moral erschienen war.

Wenige Wochen nach seinem Besuch im Hause des Landarztes stand der junge Homeyer vor seinen Eltern und eröffnete ihnen, er wolle Priester werden. Beide nahmen das ungerührt zur Kenntnis. „Es ist deine Entscheidung, die wir selbstverständlich akzeptieren", sagte der Vater, „überleg dir aber alles noch einmal ganz gründlich."[29] Die Eltern verfolgten die Pläne ihres Jüngsten mit großem Wohlwollen. Dem Vater war aber wohl bewusst, dass sein Sohn keinen leichten Weg gewählt hatte. Am Tag von Josefs Priesterweihe 1958 im Dom zu Münster sagte er kurz nach dem feierlichen Auszug auf dem Domplatz zu einer verwandten Ordensfrau: „Agnes, unser Beten für Josef fängt jetzt erst an!"[30]

Studienzeit

Innerlich noch schwankend[31] nahm Josef Homeyer 1950 schließlich das Philosophie- und Theologiestudium in Münster auf, wechselte jedoch nach einem Semester an die theologische Fakultät nach Innsbruck. Was ihn zu diesem Wechsel bewogen hat, lässt sich heute kaum noch sicher sagen. Münster habe ihm jedenfalls „wirklich gereicht, weil ich alles so vorfand, wie ich es in meinen schlimmsten Vorstellungen befürchtet hatte."[32] Ob er die Enge der deutschen Nachkriegsuniversitäten spürte? Vermutlich wollte er in gleichem Maße fort von Münster, wie ihn der gute Ruf der von Jesuiten geleiteten Fakultät an den Inn zog. Und dieser Ruf, den die Jesuiten nicht zuletzt den beiden Rahner-Brüdern verdankten, war in jenen Jahren weit über die Grenzen Österreichs hinaus zu vernehmen.

Seit 1562 lehren Jesuiten in Innsbruck. In jenem Jahr rief Kaiser Ferdinand I. den Orden an den Inn, um den Unterricht der Jugend zu verbessern. Nachdem Leopold I. im Oktober 1669 in Innsbruck eine Universität gegründet hatte, übernahmen die Jesuiten 1671 die theologische Fakultät und brachten sie bald zu einer ersten Blüte, die Hörer aus vielen Ländern anzog.[33] 1773 wurde der Jesuitenorden aufgehoben, aber 1814 wieder zugelassen. 1857 gründeten die Jesuiten die theologische Fakultät in Innsbruck erneut und eröffneten ein Jahr später ein Kolleg, das nach dem Heiligen Petrus Canisius „Canisianum" genannt wurde. Sowohl Karl Rahner als auch sein älterer Bruder Hugo lehrten in Innsbruck und führten diesen Studienort Mitte des 20. Jahrhunderts zu großem Ansehen. Damals unterrichteten rund zwei Dutzend Dozenten etwa 470 Theologiestudenten. [34] Rund die Hälfte von ihnen lebte im Canisianum. Als dieses Konvikt 1958 seinen 100. Geburtstag feierte, waren aus den Reihen seiner ehemaligen Bewohner schon 82 Bischöfe und acht Kardinäle hervorgegangen,[35] darunter die Kardinäle Clemens August Graf von Galen aus Münster und Konrad Graf Preysing von Berlin. Auch der bekannte Kölner Joseph Kardinal Frings hatte im Canisianum gelebt, ebenso Joseph Machens, der Vor-Vorgänger Homeyers auf dem Hildesheimer Bischofsstuhl.[36]

Es war also ein nach Diktatur und Krieg geistig wieder aufgeblühtes Innsbruck, in das Josef Homeyer 1950 kam. Für den jungen Münsteraner Studenten wird es wie ein großes Aufatmen gewesen sein. Der angehende Priester wohnte im Canisianum, zusammen mit Studenten aus acht verschiedenen Nationen. Spanier, Italiener, Ungarn, auch US-Amerikaner waren darunter, die von den Jesuiten zu Weltpriestern ihrer jeweiligen Diözesen ausgebildet wurden. Vor wenigen Jahren waren sie noch Kriegsgegner gewesen, nun wurden viele von ihnen Homeyer zu Freunden: „Ich erfuhr das, was ich schon bei den Kriegsgefangenen erlebt hatte: Dass es großartige Menschen waren und eigentlich in vielem wenn nicht besser, so doch anders, reicher begabt als wir. Ich erlebte Weltkirche."[37]

Einige der damaligen Kommilitonen Homeyers haben sich später ebenfalls einen Namen gemacht in der katholischen Kirche. Viktor Josef Dammertz OSB zum Beispiel, der spätere

Bischof von Augsburg, oder Prof. Dr. Herbert Vorgrimler, Mitherausgeber des Konzil-Kompendiums studierten mit Homeyer.

Das Leben im Canisianum

Der Tages- und Wochenablauf im Canisianum war klar geregelt: Die Studenten wurden um 5.15 Uhr geweckt und versammelten sich danach zur Meditation in der Hauskapelle. Dazu waren ihnen am Abend zuvor Betrachtungspunkte vorgegeben worden, „Puncta meditationis" genannt.[38] Um 7 Uhr gab es Frühstück, die Vorlesungen im nahe gelegenen Fakultätsgebäude begannen um 8 Uhr. Pünktlich zum Mittagessen um 13 Uhr waren die „Canisianer" wieder zurück im Kolleg und verbrachten den Nachmittag dann entweder in einem Seminar an der Fakultät oder beim individuellen Studium.

Nach dem Mittagessen aber stand zunächst der „Zirkus" auf dem Tagesplan, eine eigentümliche Einrichtung, die ebenso wie die „gesteckten Spaziergänge" und die ständig wechselnde Tischordnung das Kennenlernen und die Kommunikation der Studenten untereinander fördern sollte. Beim „Zirkus" nämlich waren alle Studenten gehalten, nach Tisch eine gewisse Zeit im Garten spazieren zu gehen und sich dabei mit jenem Mitstudenten zu unterhalten, mit dem sie zufällig zusammen den Speisesaal verließen. Etwas geplanter verliefen die „gesteckten Spaziergänge". Im Atrium des Kollegs hing eine Tafel mit Namensschildern, die man verschieben konnte. Zwei Mal pro Woche steckte der Präfekt des Hauses dort jeweils zwei Namenskarten zusammen. Die „gesteckten" Paare mussten dann bis 16 Uhr zusammen spazieren gehen. Solche Maßnahmen einer gelenkten Kommunikation waren schon damals umstritten. Auf diese Weise habe man Kommilitonen kennen gelernt, die man sonst vielleicht nie gesprochen hätte, sagen die einen. „In Gefängnissen nannte man das ‚Hofgang'",[39] kommentierte dagegen Vorgimler bissig in seinen Memoiren.

Nach dem Abendessen um 19 Uhr wurden die „Puncta meditationis" für den nächsten Morgen mitgeteilt, dann blieb Zeit zum Studium unter „Silentium religiosum". Um 22 Uhr hatten die Lichter zu erlöschen, was auch kontrolliert wurde: Sämtliche Zimmer waren mit einem Oberlicht zum Flur versehen, das selbst einen schwachen Lichtschein verraten hätte. Wie spartanisch das Leben damals im Canisianum noch war, mag man auch daraus ersehen, dass die Zimmer erst 1957, also nach Homeyers Studienzeit, Kalt- und Warmwasseranschlüsse erhielten.[40]

Für etwas Entspannung sorgten die Abende in der „Landsmannschaft". Dort trafen sich die Studenten gleicher Herkunft zum gemütlichen Austausch, zur Zerstreuung in einem Landsmannschaftszimmer. Von der Hausleitung wurden diese Begegnungen sehr gefördert. Erst 1948 waren wieder Deutsche ans Canisianum gekommen, in jenem Jahr zählten sie gerade einmal sechs Köpfe.[41] 1950 aber wohnten wieder so viele Studenten aus Deutschland in diesem Wohnheim, dass sich die Gruppe, wie schon vor dem Kriege, in eine Nord- und eine Süddeutsche Landsmannschaft teilte, denn das gemeinsame Landsmannschaftszimmer war zu klein geworden und „die Liebe zwischen Preuß' und Bayer wächst mit der Distanz"[42]. Die Norddeutschen, zu denen auch Homeyer gehörte, taten sich im Gegensatz zu den Süddeutschen durch immer neue Programme und Aktionen hervor, die zwar generell allen Studenten frei standen, aber besonders von den Norddeutschen besucht wurden. Bald galten sie ihren Mitstudenten daher als „ungemütliche Landsmannschaft"[43]. So trugen sie unter anderem ganz wesentlich einen Predigtkreis mit und engagierten sich in einem Exerzitienzirkel unter der Leitung von Pater Hugo Rahner. Was die Gemütlichkeit der Norddeutschen anbelangt, zu der sie offenbar trotz aller Strebsamkeit dennoch fähig waren, so standen bei ihnen „Kegelbrüder gegen extrem Jugendbewegte, Bierkomment gegen Klampfenromantik, feine Ästhetik gegen gepfefferten Witz. Leichter ging es auf der höheren Ebene stilvoller Adventsfeiern und ausgefeilter Dichterlesungen, zu denen sich freilich nur noch wenige Beute-Preußen aus den anderen Landsmannschaften hereinwagen."[44]

Und schließlich gab es als Ausgleich zum Studium noch den „Jesuitendonnerstag", einen freien Tag zur Erholung, da manche Studenten und die meisten Professoren an den Wochenenden durch Pflichten gebunden waren. Donnerstags also waren die Studenten frei zu wandern, Ski zu fahren oder sich sonst nach Belieben zu beschäftigen.

Homeyer lebte sich schnell im Canisianum ein. Schon nach kurzer Zeit sei er für die Kommunität fast wie ein Spiritual geworden, erinnert sich Bernhard Fraling aus Münster, später Professor für Moraltheologie an der Universität Würzburg, der als junger Student im Herbst 1949 nach Innsbruck gekommen war und sich mit dem Harsewinkler anfreundete.[45] Homeyer sei kaum ein halbes Jahr im Canisianum gewesen, da habe schon die halbe Studentenschaft mit ihm Einzelgespräche geführt. Dies mag auch mit den „Fresspaketen" zusammengehangen haben, die den Bauernsohn regelmäßig vom heimischen Hof erreichten. Wer zu dem jungen Studenten aufs Zimmer kam, der musste zunächst etwas zu sich nehmen. Homeyer teilte gerne. Und in kargen Nachkriegszeiten, die auch im Canisianum nicht für Überfluss sorgten, wurde dieses Angebot gerne angenommen. Homeyer verdankte seine große Beliebtheit aber vor allem einer enormen Kontaktfähigkeit. Wer Probleme hatte, suchte das Gespräch mit ihm. Homeyer konnte gut zuhören und wurde zum gesuchten Ratgeber. Schon damals war das Drumherumreden nicht seine Sache, nach wenigen Sätzen kam er zum eigentlichen Thema. Das brachte ihm viele Bekanntschaften und Freundschaften ein.

Dem jungen Westfalen fiel das Studium zunächst nicht leicht. Vor allem der damals schon berühmte Dogmatikprofessor Karl Rahner war für ihn oft schwer zu verstehen. Das lag nicht nur daran, dass viele Vorlesungen damals noch in Latein gehalten wurden. Bald aber faszinierten die Professoren und insbesondere Karl Rahner den wissensdurstigen Studenten immer mehr. Dazu dürfte auch Rahners „Hebammenkunst des Fragens"[46] beigetragen haben, die von zahlreichen Schülern und Hörern beschrieben wurde: die Kunst nämlich, durch geschicktes Fragen den Hörer die Antwort auf dessen Fragen selbst ahnen zu lassen. Das spürten all jene, die Rahner hörten, in Vorlesungen, Seminaren, Predigten und nicht zuletzt auch im persönlichen Gespräch, denn Rahner war dem Canisianum eng verbunden und hielt dort regelmäßig Sprechstunde.[47] Homeyer war dabei, als Karl Rahner zum ersten Mal jenes Wort sagte, das später sehr bekannt geworden ist: „Der Christ der Zukunft wird ein Mystiker sein, einer, der Gott erfahren hat als einen, der mit ihm zu tun hat, den es wirklich gibt, oder er wird nicht mehr sein."[48] Und er vermittelte dem strebsamen Zögling, dass Kirche nur als Weltkirche wirklich Kirche ist.[49]

So wurde das Studium für Homeyer schließlich zu einer „ungeahnten Horizonterweiterung"[50] und die Zweifel an seiner Berufung wichen allmählich der Sicherheit, auf dem richtigen Weg zu sein.

Neben allem Studium blieb den jungen Kollegiaten noch Zeit für gelegentliche Ausflüge in Kunst und kulturelle Zerstreuung. Fünf Kulturveranstaltungen pro Monat waren für jeden von ihnen vorgesehen. Homeyer, der damals noch tüchtig Klavier spielte, liebte besonders ein Stück aus Flotows Oper „Martha". Eines Tages sah er auf dem Weg zur Uni: „Martha" sollte im Theater gegeben werden. Der junge Student hatte seine Veranstaltungen für den Monat schon aufgebraucht und benötigte für eine sechste die Sondererlaubnis des Regens. So ging der Harsewinkler also zu dem hohen Herrn. Was folgte, wurde für ihn zu einer prägenden Erfahrung: „Eine Stunde lang hat der mir dann erklärt, was eigentlich so Sinn eines Seminars ist. Und ich wurde immer unruhiger. Endlich frage ich: ‚Herr Regens, ich muss Sie jetzt fragen, kann ich jetzt zu ‚Martha' gehen oder nicht'? Seine Antwort: ‚Das müssen Sie selbst wissen'. Er hat mir die Entscheidung nicht abgenommen." Der Regens hätte auch keine Möglichkeit gehabt, den Zögling zu kontrollieren. „Da habe ich zum ersten Mal Freiheit erfahren."[51]

Motorradwallfahrt ins Heilige Land

Doch es blieb nicht nur bei Ausflügen in die Oper. Tirol hat eine große Tradition im Krippenbau. Fingerfertige Künstler entwerfen in dieser Gegend nicht selten großartige Landschaften, die leicht das Fernweh wecken. Fraling und Homeyer besuchten eines Tages eine Krippenausstellung in Innsbruck und waren so fasziniert von deren reicher Bilderwelt, dass sie spontan beschlossen, gemeinsam nach Palästina zu fahren und sich die Landschaften der Bibel im Original anzusehen.[52] Bald waren mit dem österreichischen Neupriester Wilhelm Zauner und dem Theologiestudenten Ernst Hammans, der sich später nicht weihen ließ, sondern Schulleiter am Niederrhein wurde, zwei Mitreisende gefunden, die verrückt genug waren, sich einer „Motorradwallfahrt" anzuschließen. Gemeinsam hatten sie nämlich überlegt, wie man am besten in den Nahen Osten käme und ein Angebot aus Fralings Verwandtschaft, einen familieneigenen VW-Käfer zu nehmen, ausgeschlagen. Wäre an diesem Wagen etwas kaputt gegangen, hätte man die Reise abbrechen müssen, so die Überlegung.

Blieben also Motorräder. Zauner nannte ein DKW-Motorrad sein Eigen, Fraling eine NSU – „Max" genannt – beide mit jeweils 250 Kubikzentimetern Hubraum. Nach dem Sommersemester 1953 wollte man starten.[53] Jeder der vier sollte 1.000 DM mitnehmen, so war es besprochen. Homeyer aber fehlte das Geld. Seine Eltern wollte er nicht bitten. In letzter Verzweiflung bat er Tante Gertrud, die Lehrerin und Schwester des Vaters, um Hilfe. Tatsächlich schickte sie umgehend die erbetene Summe, die einen Tag vor Reisebeginn eintraf.[54]

Aus devisentechnischen Gründen konnte die Gruppe nicht zusammen fahren. So wählten Ernst Hammans und Wilhelm Zauner auf Zauners Motorrad eine Route durch Österreich nach Graz. Josef Homeyer und Bernhard Fraling fuhren auf Fralings NSU und streiften dabei Italien. Abends wollte man sich im Grazer Priesterseminar treffen, was auch gelang. Gemein-

Auf Motorradwallfahrt ins Heilige Land im Sommer 1953, hier vermutlich zwischen Damaskus und Amman. Bernhard Fraling (am Steuer) wechselte sich beim Fahren mit seinem Sozius Josef Homeyer regelmäßig ab

Die Motorradwallfahrer erreichten im Sommer 1953 auch Kairo und bestiegen dort die Pyramiden. Homeyer (ganz links) mit Neupriester Wilhelm Zauner, einem ägyptischen Fremdenführer und Ernst Hammans (von links)

sam ging es dann am nächsten Morgen über Slowenien, Leibach und Maribor nach Osten. Die Straßen, damals noch im Nachkriegszustand, stellten Fahrer und Maschinen auf harte Proben. Ein „Easy-Rider"-Gefühl kann nicht aufgekommen sein. Ohne Helme, dafür wenigstens mit Fahrerbrillen, stellte sich der motorisierte Theologentrupp den Herausforderungen der Straße, trotzte Wind, Staub und riesigen Schlaglöchern.

Mehr als einmal kapitulierten die Maschinen vor Schotter und Steinen. Kurz vor Belgrad hatte die DKW einen Motorschaden und wurde mittels Bauchseil abgeschleppt. Auch in Skopje brauchte man gute Mechaniker. Ein Stein hatte Fralings Motorrad an einer empfindlichen Stelle im Ölkreislauf getroffen. Tatsächlich gelang es, das Leck zu flicken. Kritisch wurde es noch einmal in Griechenland. In den Straßen von Athen lief Ernst Hammans ein Mann ins Motorrad – große Aufregung, Menschenauflauf! Hammans wurde festgenommen, das Motorrad konfisziert. Der Sohn des Opfers stellte lauthals unangemessene finanzielle Forderungen und legte sich darüber noch selbst mit der Polizei an. Im allgemeinen Durcheinander gelang es den drei Verbliebenen, ihren festgenommenen Mitfahrer samt Motorrad wieder freizubekommen und weiterzufahren.

Geschlafen wurde am Straßenrand neben den Maschinen. Decken samt Moskitonetzen mussten genügen. Flüsse und Bäche ersetzten die Dusche. Lediglich in der Türkei gönnten sich die vier Unerschrockenen ein festes Quartier, alles andere wäre zu gefährlich gewesen. In Tarsus schliefen sie mit anderen Gästen auf dem Dach einer provisorischen Herberge unter freiem Himmel.

So näherten sich die vier Männer auf vier Rädern innerhalb von vier Wochen allmählich dem Heiligen Land. Ihre Route führte über Damaskus und das damalige Transjordanien Richtung Jerusalem. Nach Israel zu kommen war in jenen Tagen noch schwierig, vor allem für Deutsche. Mitglieder der amerikanischen Botschaft wollten vermitteln, was aber nicht gelang. Am Ende kamen die vier Wallfahrer – mit abmontierten Kennzeichen – nur in die palästinensische Altstadt Jerusalems und sahen dort die Klagemauer, später dann auch Bethlehem, Emmaus und das Tote Meer – Orte also, die unter jordanischer Verwaltung standen. Etwa eine Woche waren sie dort und übernachteten in einer deutschen Schule der Borromäerinnen am Jerusalemer Damaskustor.

Die Rückfahrt führte zunächst nach Norden. In Beirut fand die Gruppe einen türkischen Frachter, der wenige Tage später über Alexandria nach Neapel fahren wollte. Mit bangen Herzen gaben sie ihre Motorräder an Bord, um alleine nach Ägypten weiter zu reisen. Würden sie ihre treuen Stahlrösser in Alexandria wieder sehen, oder würden die Motorräder unterwegs „verschwinden"?

Bernhard Fraling, der Fotograf und „Cellerar" der Pilgergruppe, entschied, man könne sich einen Flug nach Kairo leisten. So flogen sie ihren Motorrädern voraus in die ägyptische Hauptstadt. Dort standen die großen Museen und natürlich die Pyramiden auf dem Besichtigungsprogramm. Damals war der Denkmalschutz noch nicht so streng wie heute. Also kletterten Fraling, Homeyer und die beiden anderen an einem wunderschönen Spätsommertag des Jahres 1953 völlig unbehelligt auf die Spitze der Cheopspyramide und betrachteten die Welt von oben. Heute undenkbar! Das Gefühl, gemeinsam auf der Spitze eines solchen majestätischen Bauwerks zu stehen, muss unbeschreiblich gewesen sein und hat die jungen Männer zweifellos noch stärker miteinander verbunden.

Wieder ging es mit dem Flugzeug weiter. In der ägyptischen Hafenstadt Alexandria fanden die Vier sowohl den Frachter als auch ihre Motorräder und schifften sich nach Neapel ein. Von dort blieben nur wenige motorisierte Tagesmärsche bis Innsbruck. Acht Wochen waren die frommen Canisianer unterwegs gewesen und dabei als Gruppe zusammengewachsen. Besonders Fraling und Homeyer harmonierten gut miteinander und beschlossen, ihr anstehendes freies Jahr gemeinsam zu verbringen.

Im „Sillkloster"

Eigentlich hätten sie in diesem „freien Jahr", das den Theologiestudenten traditionell zur Überprüfung ihres Berufswunsches dient, die Stadt wechseln sollen. Doch die beiden Westfalen wollten unbedingt weiterhin Karl Rahner hören. So beschlossen sie, in Innsbruck zu bleiben. Im Sommer 1954[55] suchten sie sich gemeinsam ein Zimmer und fanden es bei Frau Ederer in der Sillstraße 6: einen großen Raum mit zwei Betten und einem Tisch, in dem nicht nur geschlafen und studiert, sondern auch Gäste empfangen wurden. Frau Ederer, die bald darauf ihren Mann verlor, versorgte die beiden jungen „möblierten Herren" wie ihre Söhne, kochte und wusch für sie. Die theologischen Freigänger mussten ihre Zeit nun selbst strukturieren.

Auch in dieser katholischen Wohngemeinschaft begann der Tag sehr früh gegen sechs Uhr. Bernhard Fraling weckte. Josef Homeyer musste geweckt werden, was schon damals nicht leicht war. Mitunter half nur, ihm die Decke wegzuziehen. Um sieben Uhr sah man beide in der Frühmesse der Innsbrucker Kapuzinerkirche oder in St. Jakobi. Nach dem Frühstück ging Fraling dann zu Vorlesungen, der Zimmergenosse dagegen setzte sich an seine Dissertation. Homeyer hatte nämlich schon sehr früh einen Doktorvater gefunden, den jungen Jesuiten-Dozenten Johannes Schasching SJ, der mit neuerem Wissen aus der Soziologie nach Innsbruck gekommen war und es später bis zum Mitglied der Päpstlichen Akademie der Wissenschaften und Berater des Päpstlichen Rates Justitia et Pax brachte.

Der eifrige Promovend Homeyer tippte immer noch, wenn Fraling abends müde zu Bette ging. Während der Student so zu seinem Schlaf kam, saß der Doktorand im gleichen Zimmer nicht selten bis zwei Uhr am Morgen über seinen Aufzeichnungen und Tabellen. Wochenlang begnügte sich Josef Homeyer mit vier Stunden Schlaf in der Nacht. Da durfte es dann am Morgen auch etwas länger dauern, bis er aus den Federn kam.

1954 wurde Homeyer schließlich bei Johannes Schasching mit dem Thema „Entwicklung und Begriff der Soziologie und der Versuch einer soziologischen Erfassung des Dorfes Harsewinkel" zum Doktor der Philosophie promoviert. In dieser Arbeit beschäftigte sich Homeyer mit der religiösen Entwicklung seines Heimatortes Harsewinkel, indem er zwei Querschnitte legte, einen um das Jahr 1900 und den anderen um das Jahr 1950.[56] Homeyer ging dabei unter anderem der Frage nach, was in jenen beiden Jahren in Harsewinkel gelesen wurde. So konnte er zum Beispiel zeigen, dass die Menschen seines Heimatortes um die Jahrhundertwende fast ausschließlich religiöse Literatur nutzten, während ihnen 50 Jahre später alle Arten von Büchern, Broschüren und Magazinen zur Verfügung standen. Weiter ging es um die nachbarschaftlichen Beziehungen der Menschen, um das familiäre und religiöse Leben und sein Brauchtum und um die Folgen des Eindringens der modernen medialen Welt in das Familienleben. Homeyer untersuchte zudem, wie sich die öffentlich begangenen Feste, meist waren sie ja kirchlichen Ursprungs, während des halben Jahrhunderts verändert hatten. Sogar das religiöse Durchschnittswissen durchleuchtete er mit derselben Methode. Das alles bereitete der junge Theologiestudent mit Daten und Zahlen auf. Insgesamt, so Homeyers Fazit aus seiner Untersuchung, musste man erkennen, dass über den Zeitraum von 50 Jahren der Glaube im Alltag der Menschen schleichend an Kraft verloren hatte. „Die umfassende Dorfgemeinschaft, die eine wirtschaftliche, kulturelle und religiöse Einheit war, ist geschwunden. Das Dorf hat sich geöffnet. Der Einzelne ist auf sich zurückgeworfen worden. Er sucht eine neue Lebensordnung. Wie diese Lebensordnung des Menschen und damit des Dorfes ausschauen wird, kann noch nicht gesagt werden",[57] fasste Homeyer zusammen.

Diese Arbeit wurde dem frisch Promovierten von den Verantwortlichen für die Seelsorge in seinem Heimatbistum Münster fast aus der Hand gerissen. Endlich hatte jemand mit Zahlen und Fakten nachgewiesen, was man in der Bistumsverwaltung schon lange vermutete, aber nicht recht fassen konnte. Wahrscheinlich trug diese Doktorarbeit dazu bei, dass Homeyer später Seelsorger für die Landbevölkerung des Bistums Münster wurde. Ganz sicher aber schärfte sie seinen Blick für gesellschaftliche Prozesse.

Bei aller Arbeit nahmen sich die beiden jungen Männer in ihrem Zimmer aber auch Zeit für die geistliche Betrachtung und das Gebet. In einer Ecke hatten sie einen kleinen Herrgottswinkel eingerichtet, ihre Spiritualität pflegten sie mit einem Offizium, das vom benediktinischen Geist geprägt war. Das scheint für andere Studenten anziehend gewesen zu sein, denn bald scharte sich ein kleiner Kreis von Kommilitonen um Homeyer und Fraling. Man traf sich häufig zum Gebet im „Sillkloster", wie deren Wohngemeinschaft bald hieß.

Doch beim gemeinsamen Gebet blieb es nicht. In der Adventszeit überredete Homeyer seine Freunde, an jedem der vier Adventssonntage früh morgens zu einem der Wallfahrtsorte in der Umgebung Innsbrucks zu wandern. Nachts um drei Uhr traf sich die kleine Gruppe zur Vigil, dann marschierte man los, nicht selten bei Glatteis, immer den Rosenkranz in den Händen. Nach dem Frühgottesdienst am Wallfahrtsort hatten sich die Fußpilger ein ausgiebiges Frühstück in der Klosterschänke verdient und Homeyer sorgte dafür, dass niemand ohne einen Enzianschnaps blieb.[58]

Frankreichfahrt und Kloster Niederaltaich

In jener Zeit entstanden persönliche Freundschaften, die reiche Früchte trugen in Homeyers Leben.[59] Mit dem jungen Theologen studierten in Innsbruck nämlich zwei Männer namens Ansgar Albrecht und Willibrord Godel, deren Interesse für die Spiritualität der Benediktiner sie schon früh in Kontakt mit der Benediktinerabtei Niederaltaich bei Passau brachte. Später traten beide dort in den Orden ein. Auf ihre Einladung fuhr Homeyer mehrfach mit dem Motorrad in das Kloster an der Donau, gelegentlich mit dem Studenten und späteren Lüneburger Dechanten Theo Meenen als Beifahrer. Der damalige Abt Immanuel Heufelder OSB war eine beeindruckende Persönlichkeit und zog viele junge Männer in seine Abtei. Homeyer freundete sich eng mit Heufelder an und erwog zeitweise ebenfalls, Benediktiner von Niederaltaich zu werden – Benediktiner mit einer besonderen Mission!

Mehrmals, zuletzt 1955, war nämlich etwa ein Dutzend Innsbrucker Studenten, darunter Homeyer, Fraling und Meenen, nach Paris gefahren, um die Kar- und Ostertage bei den französischen Benediktinern von L'Hay-les Roses, einer Arbeitervorstadt von Paris, zu verbringen. Dort lebten die Mönche außerhalb ihrer Abtei in Wohngemeinschaften inmitten der oft kirchenfeindlich eingestellten Arbeiterschaft und engagierten sich in der Seelsorge. Christen bei den Menschen und für die Menschen wollten sie sein! In der Karwoche trugen sie die Passion Jesu auf die Straßen der Stadt und spielten mit Laien Jesu Leidensweg nach. Ein Polizist wurde zu Pilatus. „Pilatus, das sind wir, Judas, das sind wir!" hieß die Parole.

Die Innsbrucker Studenten waren zutiefst angerührt und beeindruckt! Etwa zehn von ihnen – auch Homeyer, Fraling, Meenen und Heiner Rennings, der spätere Professor und Leiter des Liturgischen Instituts in Trier – beschlossen, in Deutschland einen ähnlichen Weg zu gehen. Gemeinsam wollten sie ins Kloster von Niederaltaich eintreten, um dann als Benediktiner in einer Großstadt ihres Heimatbistums Münster für die Menschen da zu sein. Erste Gespräche mit Dr. Michael Keller, dem Bischof von Münster, waren bereits geführt. Abt Heufelder erwartete die Gruppe mit Ungeduld. Die Eltern der Kandidaten hatten sich sogar schon getroffen, um gemeinsame Fahrten zu ihren Söhnen nach Niederaltaich abzusprechen.

Doch waren die Benediktiner für diese Idee wirklich der richtige Orden? Immerhin gab es damals bereits Gemeinschaften, die ganz bewusst mitten unter den Menschen lebten. 1933 hatte der Franzose René Voillaume, der den später seliggesprochenen Charles de Foucauld noch persönlich gekannt hatte, nach dessen Vorbild die Gemeinschaft der „Kleinen Brüder Jesu" gegründet, um kontemplativ und dennoch „im Herzen der Masse"[60] zu wirken. Mitte der 50er Jahre des 20. Jahrhunderts lebte Voillaume mit seinem Bruder Père in einer kleinen Wohnung im südfranzösischen Marseille unter Arbeitern. Sollte dies der richtige Weg für Homeyer sein? Um das herauszufinden, musste sich der junge Theologiestudent auf den Weg machen. Und er tat es mit jener Energie und Zielstrebigkeit, die ihn auch später auszeichnete: Homeyer wollte unbedingt nach Frankreich fahren und gewann für diesen Plan drei Kommilitonen, von denen er einen erst seit wenigen Monaten kannte:

Der junge Priesteramtskandidat war nicht der einzige Harsewinkler an der Universität von Innsbruck. Mit ihm studierten auch Günther und Walter Claas, zwei Söhne aus der bekannten Landmaschinen-Dynastie Harsewinkels, die sich durch das Studium der Wirtschaftswissenschaften auf Führungspositionen in den elterlichen Unternehmen vorbereiteten. Alle drei waren etwa im gleichen Alter und kannten sich aus ihrer Heimatgemeinde. So verbrachten sie auch am Inn manche Stunde miteinander. Über Günther Claas lernte Homeyer Ende April 1955 den jungen Medizinstudenten Ferdinand Rudolphi kennen und schätzen.[61] Gemeinsam entdeckten sie die Umgebung, wanderten im damals noch dörflich-unberührten Kühtai im

Sellraintal und besuchten am ersten Maiwochenende 1955 das Gauderfest in Zell am Ziller. Lag es am Starkbier oder am zünftigen Festprogramm mit Fingerhakeln und Viehauftrieb? Gegen Mitternacht kamen die drei Harsewinkler und Rudolphi jedenfalls auf die Schnapsidee, das riesige Festtransparent am Ortseingang von Zell am Ziller abzumontieren, was der örtlichen Polizei nicht verborgen blieb. Der kurze Aufenthalt auf der Polizeiwache blieb für die Innsbrucker Studenten glücklicherweise ohne Folgen.

Ende des Sommersemesters war nun endlich die Zeit gekommen, eine längere Reise nach Südfrankreich zu wagen und dort die Spur der „Kleinen Brüder Jesu" um die Geschwister Voillaume zu suchen. Homeyer hatte seine Freunde sehr eindringlich gebeten, mitzufahren. Am 29. Juni 1955, einem Mittwoch, brach er mit Günther Claas und Ferdinand Rudolphi in Claas' schwarzem VW-Käfer gen Frankreich auf. Walter Claas hatte andere Verpflichtungen, dafür vervollständigte der Theologiestudent und Canisianer Wilfried Baer das reiselustige Quartett. Man darf sich auch diese Fahrt wie eine Pilgerreise vorstellen. Schon kurz nach der Abfahrt um neun Uhr in der Frühe hielt der Wagen hoch über dem Inntal. Mit Blick auf Innsbruck verrichteten Homeyer und seine Mitfahrer bei Sonnenaufgang das Morgengebet. Auf der ganzen Reise las Homeyer zu den vorgeschriebenen Zeiten auf dem Beifahrersitz immer wieder laut das Stundengebet, während Günther Claas den Volkswagen steuerte. Der Fahrer und die Rückbänkler beteten meist andächtig mit!

Josef Homeyer auf dem Weg nach Südfrankreich im Sommer 1955

Josef Homeyer (links) mit (von links): Helga und Günther Claas sowie Wilfried Baer

Die Reise stand unter einem guten Stern. „Das Wetter war ganz wundervoll, derweil es in Innsbruck geregnet hat",[62] schrieb Medizinstudent Ferdinand Rudolphi damals an seine Eltern. In Fribourg besuchten die Vier Helga Claas, Günthers und Walters Schwester, und folgten dann der Route Napoleon in Richtung Süden. Fast euphorisch berichtete Rudolphi nach

Hause: „Was wir auf dieser Fahrt an landschaftlicher Schönheit bewundert haben, vermag ich nicht zu beschreiben. Bis fast zum Mittelmeer waren es immer wieder Berge und Pässe mit herrlichen Ausblicken auf Seen und die prächtige Flora, die uns entzückt haben."[63]

Unterwegs machte die Reisegruppe Station am Marienwallfahrtsort La Salette und bei den „Kleinen Schwestern Jesu" in Aix-en-Provence, die zu den Gemeinschaften rund um Charles de Foucauld gehören.[64] In Marseille schließlich trafen sie tatsächlich Père und René Voillaume, das eigentliche Ziel ihrer Reise. Einen Tag verbrachte die Gruppe mit diesen Pionieren der Seelsorge. Vor allem Homeyer führte lange Gespräche mit ihnen, während die anderen das Flair der Hafenstadt am Mittelmeer erkundeten.

Am nächsten Tag, einem Sonntag, wurden sie Zeuge einer Priesterweihe in der wenige Kilometer entfernten alten Kathedrale von Saint-Maximin-la-Sainte-Baume. Dort ließen sich Dominikaner und auch einige „Kleine Brüder" durch die Weihe in den Dienst des Herrn stellen. Während die Dominikaner mit dem ganzen Stolz eines großen und alten Ordens auftraten, erschienen die „Kleinen Brüder" ganz einfach mit einem schlichten Habit vor dem Altar. „Es war klar, bei wem unsere Sympathien lagen", erinnert sich Rudolphi.

Entlang der Riviera, über Nizza, Cannes und Monaco, erreichten die vier Innsbrucker Studenten schließlich Brescia, wo sie im Priesterseminar gastlich aufgenommen wurden. Am 6. Juli 1955, genau eine Woche nach der Abreise, waren sie wieder zurück an ihrem Studienort. Aber nur, um sich wenige Tage später erneut ihrem robusten schwarzen „Käfer" anzuvertrauen. Vom 14. bis 18. Juli besuchten sie zu viert – diesmal ohne Wilfried Baer, dafür mit Walter Claas – Kloster Niederaltaich, wo sich Abt Immanuel Heufelder sehr um die Studenten kümmerte. Von dort – das Semester war beendet – fuhren sie direkt nach Hause. Rudolphi setzten die jungen Autofahrer unterwegs in seiner sauerländischen Heimat ab, die drei Harsewinkler hatten einige Kilometer mehr zu fahren.

Innsbruck, Marseille, Niederaltaich. Homeyer hatte viel gesehen in diesem Sommersemester 1955 und zahlreiche Gespräche geführt. Vor allem die Erfahrungen in Frankreich scheinen den jungen Suchenden beeindruckt zu haben. Wohin würde der Weg den begabten Studenten nun führen? Zum Diözesanpriester oder in ein Benediktinerkloster? In eine Brüdergemeinschaft nah zu den Menschen? Der Niederaltaicher Abt jedenfalls wartete. Doch Homeyer und seinem Freund Bernhard Fraling waren unabhängig voneinander Zweifel gekommen. Ist es richtig, nur unter Bedingungen in ein Benediktinerkloster einzutreten? Ihre Bedenken besprachen sie mit Vertrauten und kamen am Ende zum gleichen Ergebnis: Eine Wohngemeinschaft von Benediktinern inmitten der Menschen ist mit der ursprünglichen Idee des Ordenslebens nur schwer zu vereinbaren. Hinzu kam, dass wohl auch ihr Heimatbischof Keller in Münster diesem Plan nur sehr zögerlich zugestimmt hatte. Er hätte dann nämlich die Möglichkeit aus der Hand gegeben, die zehn Idealisten in seinem Bistum nach Bedarf einzusetzen. So zerstreuten sich nach ihrer Priesterweihe schließlich jene Männer, die einst gemeinsam in Niederaltaich eintreten wollten und gingen getrennte Wege. Bernhard Fraling und Heiner Rennings bildeten nun selbst Theologen aus, Theo Meenen wurde tatsächlich Novize in Niederaltaich und später Diözesanpriester im Bistum Hildesheim und Josef Homeyer ging als Kaplan nach Warendorf.

Als Kaplan in Warendorf und Mettingen

Am 11. Februar 1958 wurde Josef Homeyer von Bischof Dr. Michael Keller im Dom zu Münster mit 41 anderen Männern zum Priester geweiht. Sechs Tage später, am 17. Februar 1958, feierte der Neupriester die erste Heilige Messe in seiner Heimatkirche St. Lucia in Harsewinkel.[65] Die Albe, die er unter dem Messgewand trug, hatte seine Mutter geschneidert.[66] Gerhard Deppenwiese, damals Bürgermeister von Harsewinkel und dem Neupriester aus gemeinsamen Jugendtagen verbunden, ließ für die Primiz extra die Straße zum Strotdreesschen Hof erneuern. Seitdem heißt sie bei den Harsewinklern nur die „Primizstraße".[67]

Seine erste Stelle als Kaplan übernahm Josef Homeyer in Warendorf, wurde aber noch im gleichen Jahr nach Mettingen versetzt, eine Kleinstadt in der Nähe von Ibbenbüren. In der dortigen Pfarrgemeinde St. Agatha fand Homeyer ein blühendes Gemeindeleben vor. Auf den Neuankömmling warteten interessante seelsorgliche Aufgaben, die er sich mit einem Pfarrer und einem älteren Kaplan teilte. Die Pfarrgemeinde hatte rund 10.000 Mitglieder. Viele lebten vom Bergbau, außerdem gilt Mettingen als Wiege des Konditoreiunternehmens Coppenrath & Wiese, das vielen Menschen Arbeit gab. Auch der Bekleidungskonzern C&A hat dort seine Wurzeln. Mitglieder der Gründerfamilie Brenninkmeijer besitzen in Mettingen schlossähnliche Gebäude.

Das Gemeindeleben wurde geprägt von Vereinen. Stark waren das Kolpingwerk, die Katholische Arbeitnehmerbewegung (KAB) und Pfadfinder vertreten. Die Christliche Arbeiterjugend (CAJ) mit ihrer Mädchen-Frohschar und die Landjugend engagierten sich in der Jugendarbeit. Es gab also mehr als genug Praxisluft zu schnuppern für einen jungen Kaplan, vor allem in den Vereinen. Die Arbeit war genau aufgeteilt. Homeyer als der jüngere Kaplan hatte die männliche Verbandsjugend zu führen, die Mädchen und jungen Damen wurden vom älteren Kaplan betreut. Das hatte seine Vorgeschichte: Irgendwann in den frühen 50er Jahren hatte sich ein junger Kaplan an einem kalten Winterabend nach der Gruppenstunde mit „seinen" jungen CAJ-Frauen auf eine Schneeballschlacht eingelassen. Das große und übermütige Hallo war bis in die Ohren von Lehrerinnen gedrungen, die in der Nähe wohnten und vermutlich unverheiratet waren. Die fanden solches winterliche Schneevergnügen unpassend für einen jungen Kaplan und beschwerten sich beim Pfarrer. Fortan, also auch schon zu Homeyers Zeiten, wurde der weiblichen Jugend dann der ältere Kaplan zugeteilt.[68]

Fast jeden Abend war Homeyer in einem der katholischen Verbände engagiert. Tagsüber führte er Gespräche und machte Hausbesuche. So gelang es ihm, innerhalb von drei Jahren fast alle Familien zwei Mal zu besuchen,[69] von den Großunternehmern bis hin zu jenen Familien, die sich vom Bergbau ernährten und deren Väter nicht selten an schweren Staublungen litten. Das Wochenende gehörte den Beichten und Gottesdiensten. Darüber hinaus war der agile Kaplan einer der Wegbereiter der „Sozialen Seminare" im Mettinger Pfarrheim. Diese zweijährigen

Kurse vermittelten die Grundlagen der katholischen Soziallehre und führten mehr als 100 Teilnehmer zu einem kirchlichen Zertifikat. In der damaligen Zeit mit ihren noch recht eingeschränkten Bildungsmöglichkeiten waren diese Kurse vor allem bei den Verantwortlichen in den Verbänden sehr beliebt. Nach Homeyers Worten haben jene Seminare nach dem völligen Neuanfang 1945 „maßgeblich dazu beigetragen, dass eine breite Elite entstand, die imstande war, grundlegende Werte wie Rechtsstaatlichkeit, Demokratie, Freiheit, Menschenwürde, Solidarität, Subsidiarität zu übersetzen in die praktische Gestaltung des Gemeinwesens."[70]

Ein solcher Dienst forderte den ganzen Mann, sieben Tage die Woche. Für ein Privatleben blieb da wenig Zeit. Die Kaplanswohnung war zudem sehr bescheiden:[71] zwei Zimmer samt Küche und Bad in einem katholischen Krankenhaus- und Altenheimkomplex. Wenn der Kaplan zuhause war, dann aß er meist mit den Ärzten in der Krankenhauskantine.

Der junge Josef Homeyer war bei den Menschen sehr beliebt. Gerade die Bauern in dem noch ländlich geprägten Gebiet akzeptierten ihn als einen der ihren. Homeyers humorvolles, aber zupackendes Wesen kam gut an. Auch der Kaplan selbst schätzte die Menschen sehr. Beeindruckt haben ihn vor allem die Jugendlichen, „ihre Offenheit, ihr Elan, ihre Weltlichkeit, ihre Suche nach Orientierung und Tiefe und religiöse Durchdringung des Alltags."[72] Auch hier in Mettingen, wie schon in Innsbruck, sollten verschiedene Begegnungen sein späteres Leben mitprägen, wenn auch in unterschiedlicher Weise. Homeyer, der damals noch Zigaretten rauchte, hatte einmal mit der CAJ vereinbart, während der österlichen Bußzeit täglich nicht mehr als zehn Zigaretten zu rauchen. Als er nach zwei Wochen auf die Frage eines CAJlers zugeben musste, dieses Maß erheblich überschritten zu haben, meinte dieser: „Kaplan, Schwächling?"[73] Daraufhin drückte der bestürzte Kaplan seine Zigarette aus und rührte fortan keine mehr an. Allerdings griff er danach, bis ins hohe Alter hinein, zur Pfeife.

Josef Homeyer nach der Primiz mit seinen Eltern

Josef Homeyer selbst hat später immer wieder betont, wie sehr ihn die Zeit in Mettingen geprägt hat und dass er die Gemeindearbeit manchmal vermisse.[74] Doch seine lieben Anbefohlenen sorgten auch dafür, dass der nette Kaplan nicht vom Boden abhob. Gerne erzählte der Bischof später von einem Gespräch, das er nach seinem letzten Gottesdienst als Kaplan in St. Agatha mit einer älteren Dame führte: „So, Herr Kaplan, jetzt werden Sie also versetzt". Als der Scheidende dies selbst auch bedauerte, meinte die Dame: „Ach, Herr Kaplan, macht nichts. Wir haben bisher immer noch einen besseren wieder bekommen!"[75]

Aus Mettingen stammen zudem drei Frauen, die den späteren Bischof eine Strecke seines Weges begleiteten, zwei von ihnen bis zu ihrem, beziehungsweise seinem Tod. Marlene Pöpping, eine junge Frau aus der Pfadfinderschaft von St. Agatha, wurde später eine der Sekretärinnen Homeyers bis zu ihrem frühen Krebstod im September 1985. Aus der Mettinger CAJ kam Maria Suthe. Sie führte in Bonn den Haushalt Homeyers, des damaligen Sekretärs der Deutschen Bischofskonferenz, und wurde später Hauswirtschafsleiterin im Hildesheimer Bischofshaus. Nur wenige Menschen haben den 69. Bischof von Hildesheim so gut kennengelernt wie sie. Auch Ursula Lepper, die im Münchner und später im Bonner Sekretariat der Deutschen Bischofskonferenz für Homeyer arbeitete, war eine Mettingerin.

Homeyer als junger Priester

Josef Homeyer war in der vorkonziliaren Kirche Priester geworden und mit seiner Kirche wohl zufrieden. Doch während Homeyers Mettinger Jahren öffnete Papst Johannes XXIII. ein Fenster dieser Kirche und der Wind wurde frischer. Selbst der junge Mettinger Kaplan musste sich erst damit anfreunden. Am 25. Januar 1959 fuhr er zum Pfarrexamen nach Münster. Auf dem Domplatz traf er einen Mitbruder, der ihm beiläufig erzählte: „Hast du heute morgen im Radio gehört, dass der Papst ein Konzil angekündigt hat?" Beide seien sich einig gewesen, dass das völlig überflüssig sei, erinnerte sich Homeyer später. Nach Papst Pius XII. sei eigentlich alles gesagt. Man solle vielmehr ein neues Kirchengesetz schaffen, um zu verhindern, dass alte Leute wie Angelo Giuseppe Roncalli – Papst Johannes XXIII. – überhaupt Papst werden können.[76] Wie gründlich hat sich der junge Kaplan damals geirrt und wie gründlich hat der gereifte Theologe seine Meinung später revidiert!

Seelsorger für das Landvolk

Mit der Ernennung zum Leiter des Referats Landseelsorge und ländliche Bildung, zugleich auch zum Diözesanseelsorger für die Landjugend und das katholische Landvolk im Bistum Münster, erweiterte sich 1961 der Aktionsradius von Josef Homeyer beträchtlich. Als Sohn eines Bauern schien er für diese Aufgabe der geeignete Mann zu sein. Zum ersten Mal bekam er einen Auftrag, der über die Grenzen einer Pfarrgemeinde hinauswies.

Ende der 50er Jahre des 20. Jahrhunderts war auch auf dem Land die Welt längst nicht mehr heil, wie Homeyer ja auch in seiner Doktorarbeit nachgewiesen hatte. Selbst zwischen Scholle und Stall wurde der milieugestützte Katholizismus allmählich schwächer. Den Bauern ging es nach eigener Einschätzung immer schlechter. „Harte Verbitterung bis Verzweiflung" [77] verzeichnet der Jahresbericht der Katholischen Landvolkbewegung (KLB) im Bistum Münster für das Jahr 1960. Was war das Problem? Die Arbeitszeiten der Bauern stiegen, die Schulden auch, das alles bei nicht kostendeckenden Erlösen für ihre agrarischen Erzeugnisse. Darüber hinaus fehlte den Bauern laut Historiker Damberg „die Fähigkeit, neue Situationen zu sehen, sie geistig zu verarbeiten und sich darauf ein- und umzustellen."[78] Allmählich verloren die Bauern das Vertrauen in die Regierung und auch den Klerus, der diese Politik vermeintlich stützte. Berufliche Frustration vermengte sich auf diese Weise mit politischer Unzufriedenheit und schwächte auch die religiöse Praxis. Der neue Landvolkseelsorger Dr. Josef Homeyer sah aber noch andere Ursachen für die Erosion der Frömmigkeit: „Das religiöse Wissen und Gewissen bleibt stehen bei der Schulentlassung. Die Bauern sind inzwischen selbständig geworden in wirtschaftlichen Dingen, sind Unternehmer geworden, denken und rechnen nüchtern, sie übernehmen nicht mehr global die Wirtschaftsweise der Eltern, sondern überlegen bei [...] jeder Handlung warum sie so sein muß und ob es nicht anders geht. Dadurch wird die gesamte Einstellung des Bauern kritischer, sachlicher, er sucht und verlangt für jede Tätigkeit, für jede Äußerung Gründe."[79] So schrieb Homeyer im Dezember 1961 in einer Notiz. Mit anderen Worten: Die Menschen spürten, dass die Welt sich veränderte und neues Denken gefragt war. Alte Gewissheiten trugen nicht mehr, neue Sicherheiten waren nicht in Sicht. Das verunsicherte.

Bildung war in Homeyers Augen der entscheidende Schlüssel zu einer Verbesserung dieser Situation. Dabei sah er vor allem die jungen Menschen auf dem Lande in mehrfacher Hinsicht benachteiligt. Zum einen war die schulische Infrastruktur im ländlichen Raum damals tatsächlich noch deutlich schwächer als in den Städten. Zum anderen attestierte er der Landbevölkerung durch das gegenüber der Stadt viel schwächere Reizniveau auf dem Lande und durch ihre mundartliche Sprachbelastung eine andere Begabungsart als dem Stadtmenschen.[80] Anders begabt sei die Landbevölkerung, wohlgemerkt, nicht dümmer!

Aus dieser Erkenntnis entwickelte Homeyer ein ganzes Arsenal an Vorschlägen, um das Bildungsniveau der Landbevölkerung, insbesondere der Jugend, zu heben. Im Kern forderte er unter anderem, den vorschulischen Bereich, also Kindergärten, auszubauen, ebenso den Sekundarbereich mit Haupt-, Realschule und Gymnasium. In der bis heute aktuellen Frage, ob integrierte Gesamtschulen dem gegliederten Schulsystem vorzuziehen sind, plädierte er für Schulversuche, zumindest für Schulzentren auf dem Lande, um allen Schülern grundsätzlich jeden Bildungsweg zu eröffnen.

Bei diesen Themen sah Homeyer vor allem die katholische Kirche mit ihren freien Schulen in der Pflicht und entwickelte daraus eine klare Vision: „In allen größeren Räumen sollte es ein Schulzentrum in freier katholischer Trägerschaft geben, etwa von einem Schulwerk der Katholiken Deutschlands getragen."[81] Ähnliche Angebotsschulen wünschte er sich auch von anderen gesellschaftlichen Gruppen, um Eltern, aber auch Lehrern die Wahl zwischen den verschiedenen Schulanbietern zu lassen. Dass dies zu einer Konkurrenzsituation im Schulwesen führen würde, war Homeyer klar, entsprach seiner Meinung nach aber „der demokratischen Struktur unserer Gesellschaft."[82] Schon hier zeigten sich die analytischen Fähigkeiten Homeyers und sein Interesse an Fragen der Bildungsplanung. Konkret wurden seine Bemühungen um eine Verbesserung des Schulwesens auf dem Land bei der Gründung der Fürstenbergschule in Recke. Dort, im ländlich geprägten Gebiet zwischen Rheine und Bramsche, hatte sich 1964 ein „Verein der Schulfreunde" gefunden, um eine neue Schule zu gründen. Man bat den Landvolkseelsorger, der einen ähnlichen Verein schon aus Mettingen kannte, um Rat. Homeyer vermittelte ein Gespräch mit seinem Bischof Joseph Höffner und am 1. April 1966 konnte die Fürstenbergschule in Recke ihren Betrieb aufnehmen. Auch in den folgenden Jahren hat sich Homeyer immer wieder für diese Schule eingesetzt. „Ohne Homeyer wäre das alles möglicherweise gar nicht entstanden",[83] glaubt Martin Stroot, der frühere Recker Bürgermeister und ehemalige Landrat des Kreises Steinfurt.

Wenige Jahre später sollte Homeyer ausreichend Gelegenheit bekommen, sich auf dem Gebiet der Schulgründungen weiter zu profilieren.

Vorerst aber war der Mittdreißiger noch beim Landvolk des Bistums unterwegs, referierte, besuchte Gruppen und führte Gespräche. Nicht selten machte er dabei einen Abstecher nach Mettingen und besuchte seinen Nachfolger im Amt des Kaplans, Franz Leenders, der später Geistlicher Rat und stellvertretender Hauptabteilungsleiter Bildung im Bistum Hildesheim wurde. Leenders wusste, dass sein Vorgänger gerne Karten spielte und rief nach Homeyers Anmeldung telefonisch eine kleine, eingeschworene Gruppe Mettinger zusammen, die bis spät in die Nacht mit dem durchreisenden Landvolkseelsorger Skat drosch. Mitunter reichte die Zeit noch für gebratene Spiegeleier in der kleinen Kaplanswohnung oder für eine schnelle Erfrischung im nahe gelegenen Moorsee. Meist fuhr Homeyer aber trotz später Stunde wieder zurück nach Münster. „Er war schon immer ein Nachtmensch",[84] erinnert sich Leenders.

Schulreferent im Bistum Münster

Mitte der 60er Jahre des letzten Jahrhunderts stand die Bundesrepublik vor deutlichen Umbrüchen im Schulbereich. Am Horizont zeichnete sich eine Bildungsreform ab, die Kindern und Jugendlichen bessere Bildungschancen ermöglichen sollte und später zu einer Gründungswelle von Schulen führte. Zugleich wehte durch die katholische Kirche mit dem Zweiten Vatikanischen Konzil ein Wind des Wandels, der auch die Schul- und Bildungsfrage erfasste. So spricht die am 28. Oktober 1965 verabschiedete Konzilserklärung „Gravissimum Educationis" allen Christen das Recht auf eine christliche Erziehung zu.[85] Daraus leiteten die Konzilsväter das Recht der Kirche ab, katholische Schulen zu gründen, aber auch die Pflicht, in nicht-kirchlichen Schulen präsent zu sein. Katholische Schule wird fortan als „Erziehungsgemeinschaft" verstanden, die mehr sein muss als eine bloße Einrichtung zur Wissensvermittlung. Vielmehr sollen Lehrer, Eltern und nicht zuletzt die Schüler selbst an Erziehung und Ausbildung mitwirken. Staat und Kirche standen durch diese Umbrüche vor großen Herausforderungen. War ihnen das Bistum Münster gewachsen?

Bis 1967 gab es in der westfälischen Bischofsstadt kein Schuldezernat im heutigen Sinne. Einer der Domkapitulare führte zwar nominell Aufsicht über die katholischen Schulen des Bistums, übte dieses Amt aber eher repräsentativ aus. Eine eigene Abteilung zur pädagogischen Unterstützung von Schulen und Lehrern suchte man vergeblich. Die Bistumsleitung ging davon aus, dass die katholischen Standesverbände der Lehrerinnen und Lehrer für die nötige fachliche Begleitung ihrer Mitglieder sorgen würden.[86]

Der spätere Kardinal Joseph Höffner, seit 1962 Bischof von Münster, sah die Zeit zum Handeln gekommen. Am 15. Februar 1966 ernannte er den umtriebigen Landvolkseelsorger Dr. Josef Homeyer zum Schulreferenten seines Bistums. Gut ein halbes Jahr später errichtete er im Generalvikariat offiziell ein Schuldezernat und machte Homeyer zu dessen Leiter.[87]

Josef Homeyer in seiner Münsterschen Zeit

Bevor der Neue aber mit der inhaltlichen Arbeit beginnen konnte, war zunächst sein Organisationstalent gefragt. Wie sich zeigte, hatte das Bistum bis dahin so gut wie keinen Überblick über die eigenen freien Schulen. Homeyer, der sein Dezernat in der Folge konsequent ausbaute und dabei gute Leute verpflichtete, ließ daher zunächst einmal den Bestand katholischer Schulen aller Schulformen erfassen.

Schon kurz nach seiner Ernennung im Januar 1967 skizzierte Homeyer auf einer Podiumsdiskussion im Franz-Hitze-Haus Münster seine Vorstellungen von katholischer Schule der Zukunft. Vor dem Konzil, so referierte der neue Dezernent, konnte die Kirche zwar wichtige Anstöße für Erziehung und Bildung geben, dominierte diese Bereiche jahrhundertelang geradezu, sei aber in der näheren Vergangenheit bei diesem Thema gegenüber dem Staat immer mehr in eine Verteidigungsposition geraten, möglicherweise als späte Folge des Kirchenkampfes im 19. Jahrhundert. Das Zweite Vatikanische Konzil habe hier den Blick der Kirche geweitet. Statt Abgrenzung gelte nun das „Aggiornamento" – die Verheutigung der Kirche; statt doktrinären Denkens suche man die Diskussion mit allen Kräften der Gesellschaft. Kurzum: Katholische Schule müsse sich wandeln, aber ein endgültiges Erziehungsziel sei noch nicht in Sicht, „aber vielleicht ist gerade das der Fortschritt!,"[88] sagte Homeyer damals nachdenklich.

Die Friedensschule Münster

Wer keine fertigen Rezepte hat, muss ausprobieren! Als Schuldezernent war Homeyer nun endlich in der Lage, gemeinsam mit Gleichgesinnten zumindest in Ansätzen das umzusetzen, was er zuvor schon theoretisch beschrieben hatte. Da traf es sich gut, dass das Bistum Münster in seiner Bischofsstadt eine neue Schule gründen wollte, die „Friedensschule". Sie war die erste Gesamtschule im Bereich der katholischen Kirche und sollte als eine Art Modellschule auf den damals modernen Erkenntnissen der Pädagogik aufbauen, die Lehre des Zweiten Vatikanischen Konzils berücksichtigen und alle wichtigen Gruppen an der Planung beteiligen. So berief Bischof Joseph Höffner am 14. Mai 1967[89] einen Schulbeirat, dem auch Josef Homeyer für das Schuldezernat des Bistums angehörte.[90] Es folgten zahlreiche Sitzungen, Konferenzen und Gespräche. Die Friedensschule war von vornherein als integrierte Gesamtschule geplant und sollte vom Deutschen Bildungsrat wissenschaftlich begleitet werden.

Schon bald erwies sich der leitende Schuldezernent des Bistums als eine der treibenden Kräfte hinter diesem Schulversuch; er drängte darauf, die Schule zum 1. August 1968 zu eröffnen. Nur wenn man schnell sei, könne die kirchliche Schulpolitik Einfluss auf die allgemeine pädagogische Entwicklung nehmen, vor allem auf die programmatische Ausgestaltung von Gesamtschulen, argumentierte er intern. Damals plante das Land Nordrhein-Westfalen nämlich weitere neue Gesamtschulen, unter anderem in Dortmund. Homeyer wollte den Planungsvorsprung gegenüber den öffentlichen Gesamtschulen nicht aufgeben, musste sich aber schließlich der Landesregierung geschlagen geben, die den kirchlichen Schulversuch finanziell erst ab 1969 fördern wollte. Am 24. Juli 1969 genehmigte der nordrhein-westfälische Kultusminister den Schulversuch des Bistums und fünf Wochen später, am 25. August 1969, konnte die Friedensschule schließlich zunächst im Gebäude des alten Ludgerianums am Kardinal-von-Galen-Ring den Unterricht aufnehmen. Dieser Tag markiert zugleich den Beginn des Schulversuchs Gesamtschule des Landes Nordrhein-Westfalen, an dem neben sechs Versuchsschulen in kommunaler Trägerschaft die bischöfliche Schule in Münster als einzige in freier Trägerschaft teilnahm.[91] Bis zum Mai 1973 zog die Friedensschule schließlich in einen eigenen Neubau am südwestlichen Rand der westfälischen Bischofsstadt.

Undatiertes Porträtfoto

Das Interesse der Eltern an der neuen kirchlichen Gesamtschule war enorm. Für die 175 Plätze gingen rund 600 Bewerbungen ein, so dass das Los entscheiden musste.[92] Wer angenommen wurde, kam auf eine Ganztagsschule, die keine Klassen kannte, sondern „Kerngruppen", in denen die Schülerinnen und Schüler verschiedene Abschlüsse erwerben konnten. Dahinter stand die auch von Homeyer vertretene Idee, dass der schulische Erfolg bei den meisten Schülern nur schwer vorherzusagen sei. Schullaufbahnchancen müssten daher möglichst lange offengehalten werden. Von anderen Gesamtschulen unterschied sich die Friedensschule darin, dass sie bewusst als Ganztagsschule angelegt war, um auch die Nachmittage erziehungsintensiv zu nutzen – im musikalischen Bereich, durch Theatergruppen oder in einer eigenen Zeitschriftenredaktion. Außerdem legte der Beirat großen Wert auf die Mitarbeit der Eltern, die nicht nur eine große Mitsprache bei der Einstufung ihrer Kinder in die einzelnen Kurse hatten, sondern sich auch beim Nachmittagsprogramm oder in der Schulkantine engagieren sollten. Mit diesem Experiment wollte Homeyer nicht zuletzt auch einen Diskussionsanstoß zur Weiterentwicklung der bistumseigenen Schulen im gegliederten Schulsystem geben, von denen es etwa 100 gab.

Natürlich beschränkte sich Homeyers Wirken im Bildungsbereich nicht auf die katholischen Schulen des Bistums. Mindestens ebenso wichtig war ihm die Präsenz der Kirchen in den staatlichen Schulen, im Religionsunterricht, in Schulgottesdiensten, in der ganzen Haltung der Menschen zueinander. Dabei sah er vor allem die Pfarrgemeinden in der Pflicht. Die Zeiten, in denen ein großer Teil der katholischen Schüler katholische Volksschulen besuchte, waren schon damals vorbei. Daher war es nach Homeyers Überzeugung Aufgabe der Pfarrgemeinde, das „Heilsangebot der Kirche"[93] in die staatlichen Schulen zu tragen, und zwar keineswegs nur durch Religionslehrer, sondern auch durch die Eltern. Der Schuldezernent hatte klare Vorstellungen davon, wie diese „schulbezogene Heilssorge" aussehen könnte:

Schüler, Lehrer und Eltern sollten Arbeitskreise zur Vorbereitung von Schulgottesdiensten gründen. Freiwillige könnten in ihrer Freizeit Dienste in Altersheimen und Krankenhäusern übernehmen oder sich um benachteiligte Gruppen wie „Gastarbeiter“ oder ältere Menschen kümmern. Nicht zuletzt im Einsatz der Eltern und Schüler im Schulalltag sah Homeyer einen konkreten Ansatz für den Weltdienst der Christen. So plädierte er dafür, die Lehrer, aber vor allem die Schüler und ihre Eltern für die Mitarbeit in Klassen- und Schulpflegschaften beziehungsweise in der Schülermitverantwortung fortzubilden. Mitreden und Mitgestalten als Ausdruck christlichen Handelns in der Schule – im Jahre 1970 waren solche Positionen noch nicht überall selbstverständlich.

Viel verlangte Homeyer auch von seinen Religionslehrern. Theologisch wie pädagogisch „höchst qualifiziert“ sollten sie sein, theologische Ansprechpartner für Lehrer, Eltern und Schüler – auch außerhalb des Unterrichts.[94] Zugleich sicherte er den Religionslehren aber zu, sie durch sein Dezernat pädagogisch zu begleiten und ihnen gute Weiterbildungsmöglichkeiten zu schaffen. Bei allem Bemühen, christliche Werte in staatliche Schulen zu tragen, ging es Homeyer jedoch nie darum, den jungen Menschen im Religionsunterricht christliche Werte aufzudrängen, sondern ihnen die Grundlagen für eine persönliche Entscheidung zu vermitteln.

Das „Deutsche Institut für wissenschaftliche Pädagogik“

Homeyers Vorliebe für Forschung und Wissenschaft, für die analytische Durchdringung von Themen zeigte sich deutlich an seinem Interesse für das „Deutsche Institut für wissenschaftliche Pädagogik“ (D.I.P.). 1922 war das D.I.P. vom Verein katholischer deutscher Lehrerinnen und dem damaligen katholischen Lehrerverband gegründet worden mit dem Ziel, Lehrer fortzubilden. Getragen wurde es vom Bistum Münster und später zusätzlich vom Verband der Diözesen Deutschlands (VDD). Auf Vorschlag von Dr. Doris Knab, einer Wissenschaftlichen Mitarbeiterin am Berliner Max-Planck-Institut (MPI) für Bildungsforschung, machte sich der agile Dezernatsleiter Homeyer 1971 an den Umbau dieses Instituts und gründete es mit verändertem Auftrag neu. Nicht mehr der Lehrerfortbildung, sondern der Bildungsforschung sollte es fortan verpflichtet sein. Das großzügig finanzierte Institut erhielt unter Homeyer drei Abteilungen: Kommunikation, Information, Dokumentation (I), Forschung und Experiment (II) und Theorie und Praxis (III).[95] Mit der Abteilung I hatte sich Homeyer inoffiziell eine Stabsstelle für Kommunikations- und Medienforschung geschaffen, die ihm nach Bedarf zuarbeitete.[96] Anfang der 70er Jahre erstellte sie im Auftrag der Deutschen Bischofskonferenz (DBK) – damals schon mit Homeyer als deren Sekretär – das Gutachten „Katholische Publizistik 72/73“, auf das der Sekretär später noch zugreifen sollte.

Dienen sollte das D.I.P. nicht zuletzt der Curriculumforschung. Curriculum – ein Zauberwort in den pädagogischen Aufbrüchen Ende der 60er Jahre. Letztlich bezeichnet dies einen Lehrplan im umfassenden Sinne: Was soll ein Schüler in welchem Alter lernen? Und in welchen Fächern? Wenn man wie Homeyer katholische Schulen als freie Alternative zu staatlichen Schulen etablieren wollte, war das eine entscheidende Frage.

Dem D.I.P. war leider kein großer Erfolg beschieden. Schon kurz nach der Neugründung kam es zu Auseinandersetzungen über Sinn und Zweck eines solchen Instituts. Kritiker bemängelten, dass dessen Forschungsergebnisse für die Kirche und ihre erzieherischen Belange kaum verwendbar seien. Tatsächlich hat das D.I.P. auf dem Gebiet der Curriculumforschung recht wenig Praktisches bewirkt. In diesem Punkt ist der Innovator Homeyer gescheitert, möglicherweise auch an zu großen Ambitionen und einer gewissen Überstrukturierung.[97] Zum 30. Juni 1980 wurde das Institut schließlich aufgelöst.[98] Da war dessen Förderer aber längst als Sekretär der DBK in Bonn.

Überdiözesanes Wirken im Bildungsbereich

Homeyer beschränkte sein Wirken als Schuldezernent nicht auf das eigene westfälische Bistum, sondern engagierte sich auf diesem Gebiet auch bundesweit, unter anderem als einer der Geschäftsführer der „Bundesarbeitsgemeinschaft Freier Schulen". In verschiedenen Schriften und Büchern hat diese Arbeitsgemeinschaft eine Zustandsbeschreibung und Programmatik freier Schulen vorgelegt und dabei die Entwicklung der Schulen vom „ecclesiasticum" – Schule als Angelegenheit der Kirchen – über das „etaticum" – Schule als alleinige Angelegenheit des Staates – hin zu selbst verantworteten Schulen mit einer Vielfalt von Schulträgern postuliert.[99] Dass sich die in ihren pädagogischen Vorstellungen teilweise sehr unterschiedlichen Träger freier Schulen auf einen solchen gemeinsamen programmatischen Text einigen konnten, ist nicht zuletzt dem intensiven Einsatz Homeyers zu verdanken. Dabei bemühte sich der Schuldezernent von Münster nicht nur darum, Freie Schulen in der Öffentlichkeit bekanntzumachen, sondern setzte sich auch für die Vielfalt der Schulträger ein und zeigte dabei nicht die geringsten Berührungsängste etwa gegenüber Vertretern von Waldorfschulen, die damals im katholischen Raum eher argwöhnisch beäugt wurden. Prof. Dr. Johann Peter Vogel, der die Bundesarbeitsgemeinschaft Freier Schulen Anfang der 70er Jahre gemeinsam mit Homeyer leitete, sagt heute: „Homeyer verkörpert für mich mit seinem übergreifenden politischen Denken ein Vorbild dafür, welche Rolle Freie Schulen in der öffentlichen Bildungsdiskussion spielen könnten, wenn engagiert und unabhängig denkende und handelnde Vertreter der Verbände und Vereinigungen Freier Schulen über ihre jeweiligen Verbandsinteressen hinaus gemeinsam ihre Positionen erarbeiten und nach innen und außen vertreten würden."[100]

Einem größeren Fachpublikum wurde Josef Homeyer in Deutschland vor allem bekannt durch seine Kritik am „Strukturplan für das deutsche Bildungswesen", den die Bildungskommission des Deutschen Bildungsrates am 13. Februar 1970 vorlegte.[101] Dieses umfangreiche Werk von fast 500 Seiten sollte dem Rückstand abhelfen, den das deutsche Bildungswesen damals gegenüber anderen Ländern aufwies, und Anregungen für eine umfassende Bildungsreform geben. Von katholischer Seite wurde der Plan grundsätzlich begrüßt. Man erkannte durchaus die Notwendigkeit von Reformen. Kritik gab es aber daran, wie der Strukturplan den Begriff des „Lernens" verstand. Homeyer verfasste dazu eine kritische Stellungnahme, die viel beachtet und mehrfach publiziert wurde.[102] Darin bemängelte er unter anderem, der Strukturplan betone den kognitiven Aspekt des Lernens zu stark und vernachlässige dafür die personalen Aspekte von Bildung und Erziehung. Faktoren wie etwa die Motivation, aber auch die Werthaltungen junger Menschen kämen dabei zu kurz. In der Folge rief der „Schulbischof" der DBK, Dr. Johannes Pohlschneider aus Aachen, zu einer „konzertierten Aktion" katholischer Institutionen auf Bundesebene auf. Tatsächlich erarbeiteten danach verschiedene katholische Gremien Alternativvorschläge zum staatlichen Strukturplan aus katholischer Sicht. Auch dabei engagierte sich der Schuldezernent des Bistums Münster in überregionalen Gremien. Die oben beschriebene Neugründung des D.I.P. durch Homeyer ist ebenfalls im Zusammenhang dieses Strukturplans zu sehen.

Homeyer hier, Homeyer dort, der Schuldezernent an allen Bildungsfronten. Rastlos, mitunter auch ruhelos war Josef Homeyer damals im Bistum Münster und bundesweit unterwegs. Zunächst fuhr er noch selbst Auto. Doch 1968 traf er einen Mann, der ihm nicht nur zum Fahrer, sondern auch zum Liturgischen Begleiter und in gewisser Weise auch zum Berater werden sollte, auf jeden Fall aber später zu einem der bekanntesten Männer im Bistum Hildesheim. Jahrzehntelang sah man ihn stets an der Seite von Bischof Homeyer:

Bruder Karl Thalmann

1968 war Bruder Karl Thalmann ein junger Mann in seinen frühen 20ern, Mitglied des Ordens der Canisianer in Münster und Fahrer sowie liturgischer Begleiter eines der dortigen Weihbischöfe. Der war schon älter und nicht mehr so agil, die Termine des Weihbischofs dünn gesät. Bruder Karl fühlte sich nicht ausgelastet.

An einem Samstagmorgen im Jahre 1968 kam Homeyer in das Generalvikariat von Münster, um seine Post zu holen und traf auf Bruder Karl, der dort eine kleine Wohnung hatte. Er habe eine schreckliche Nacht hinter sich, erzählte der Schuldezernent dem jungen Canisianer. Auf der Rückfahrt von einem Termin in Freiburg war der Wagen des Schuldezernenten irgendwo an der pfälzischen Weinstraße wegen eines Schadens liegen geblieben, Homeyer hatte sich in der Nacht mit dem Zug nach Hause kämpfen müssen. Bruder Karl erbot sich, den zurückgelassenen Wagen abzuholen und nach Münster zu bringen. So kamen Josef Homeyer und Bruder Karl Thalmann schließlich zusammen. Beide verstanden sich, Bruder Karl hatte endlich eine Aufgabe, die ihn ausfüllte, und der Schuldezernent nun einen Fahrer. Mit Bistum und Orden war allerdings vereinbart worden, dass Bruder Karl weiterhin bei Bedarf für den Weihbischof zur Verfügung stehen sollte.[103]

Bis zu Homeyers Wechsel nach Bonn 1972 fuhr Bruder Karl den Schuldezernenten quer durch die Republik, war wie er fast stets im Dienst. Seinen Erstwohnsitz hatte Homeyer in der Paulstraße 6 in Münster, seinen Zweitwohnsitz aber in einem geräumigen Fiat 124 mit umklappbaren Sitzen, die sich mit der Rückbank zu einer Fläche zusammenschieben ließen. Mehr als einmal nutzte Homeyer seinen Dienstwagen als „Schlafwagen" auf dem Weg in die einzelnen deutschen Bistümer, wo er mit den dortigen Schulreferenten sprach, oder bei der Reise zu Tagungen und Sitzungen der verschiedenen Arbeitsgemeinschaften, denen er angehörte.

Sehr gut kann sich Bruder Karl zum Beispiel noch an die Fahrt zu Dr. Doris Knab erinnern, die der Schuldezernent für das D.I.P. gewinnen wollte. Knab war damals in Urlaub im Kleinwalsertal, an der Grenze von Deutschland zu Österreich. In der Nacht holte Bruder Karl den Dezernenten zuhause mit dem Auto ab. Homeyer, der noch nicht im Bett gewesen war, ging sofort auf dem Beifahrersitz leicht bekleidet in die Waagerechte und schlief durch, bis Bruder Karl am Morgen das Kleinwalsertal erreichte. Dort wurde Homeyer von seinem Fahrer geweckt, sprach ohne Umschweife mit der Pädagogin und ließ sich danach sofort wieder zurück nach Münster fahren. Dr. Doris Knab kam dann tatsächlich als Direktorin der Abteilung III (Theorie und Praxis) ans D.I.P.

An dieser Episode zeigt sich in mehrfacher Hinsicht geradezu typisch Homeyers Arbeitsstil: Als Schuldezernent, später Sekretär der Deutschen Bischofskonferenz und dann Bischof von Hildesheim ging Josef Homeyer weite Wege, um gute Mitarbeiter zu finden. Wenn er mit ihnen reden wollte, dann musste es sofort sein, auch um den Preis von Nachtfahrten – selbst wenn seine Gesprächspartner im Urlaub waren. Und schließlich: Er nahm immer den direkten Weg. Bruder Karl kann sich nicht erinnern, auf seinen zahlreichen Fahrten mit Homeyer jemals an einer Sehenswürdigkeit am Rande Station gemacht zu haben. Umwege für Besichtigungen waren nicht Homeyers Sache. Die Dinge mussten schnell und direkt geklärt werden – in Münster, in Bonn und in Hildesheim!

Bei so viel Umtriebigkeit konnte es gar nicht ausbleiben, dass Homeyer den deutschen Bischöfen auffiel, deren Bistümer er ja inzwischen alle besucht hatte. Im Bistum Münster und bei seinem Bischof, inzwischen Heinrich Tenhumberg, hatte sich der Schuldezernent ohnehin längst einen guten Namen gemacht. So war 1971 die Zeit reif für eine neue Aufgabe, ohne dass Homeyer dies in irgendeiner Weise geplant oder sich danach gedrängt hätte: Josef Homeyer wurde Sekretär der Deutschen Bischofskonferenz und Sekretär der Gemeinsamen Synode der Bistümer in der Bundesrepublik, der später so genannten „Würzburger Synode".

Sekretär der DBK und der Würzburger Synode

Bis zur Mitte des 19. Jahrhunderts blieb der Kontakt der deutschen Bischöfe untereinander meist informell. Die erste gemeinsame „Versammlung der deutschen Bischöfe" fand 1848 auf Einladung des Kölner Erzbischofs Johannes von Geißel in Würzburg statt. 1867 trafen sich die deutschsprachigen Diözesanbischöfe erstmals zu „vertraulichen Besprechungen über die aktuellen Zeitfragen"[104] am Grab des Heiligen Bonifatius in Fulda. Die Bischöfe verabschiedeten dort eine Geschäftsordnung und beschlossen, sich regelmäßig in Fulda zu treffen. Noch verstand sich die Fuldaer Bischofskonferenz nicht als Vertretung aller deutschen Bischöfe, sondern nur jener aus Preußen und den Oberrheinprovinzen. Die bayerischen Bischöfe tagten seit 1850 eigenverantwortlich in Freising. Das tun sie bis heute, und zwar zusätzlich zu den gemeinsamen Treffen der DBK.

Erst 1933 schlossen sich die deutschen Diözesanbischöfe unter dem Druck der politischen Verhältnisse zu einer gemeinsamen Bischofskonferenz zusammen, die fortan einmal jährlich in Fulda tagte, bis zum Mauerbau 1961 gemeinsam mit den Bischöfen in der ehemals sowjetischen Besatzungszone, der späteren „DDR". Schon seit 1950 trafen sich die Bischöfe in der DDR aber auch getrennt in der „Berliner Ordinarienkonferenz" (BOK), seit 1976 als „Berliner Bischofskonferenz" (BBK), zu eigenen Beratungen. Nach der Wiedervereinigung 1990 bildeten beide die neue und vergrößerte Deutsche Bischofskonferenz.[105]

Kirchenrechtlich geregelt wurde das Errichten von Bischofskonferenzen erst im Zweiten Vatikanischen Konzil. Das Dekret „Christus Dominus" sah die weltweite Gründung nationaler Bischofsversammlungen vor. Demgemäß gab sich die Fuldaer Bischofskonferenz unter ihrem Vorsitzenden Julius Kardinal Döpfner am 2. März 1966 ein neues Statut[106] und nannte sich fortan „Deutsche Bischofskonferenz" (DBK). Mit beratender Stimme gehörten auch die Apostolischen und Kanonischen Visitatoren der Diözesen, Teilbereiche von Diözesen und Jurisdiktionsbezirke der okkupier-

Josef Homeyer nach seiner Wahl zum Sekretär der Deutschen Bischofskonferenz im September 1971

ten Ostgebiete des ehemaligen Deutschen Reiches dazu.[107] Gemäß Artikel 21 des Statuts richtete die DBK in München, dem Bischofssitz ihres Vorsitzenden, ein Sekretariat ein. Zum ersten Sekretär wählte die Vollversammlung der Bischöfe Prälat Dr. Karl Forster.[108] 1968 gründete die DBK für den rechtlichen und wirtschaftlichen Bereich ihrer Aufgaben den „Verband der Diözesen Deutschlands (VDD)", der staatlicherseits den Status einer Körperschaft öffentlichen Rechts sui generis erhielt.[109]

Im Wintersemester 1971/72 übernahm Prälat Forster eine pastoraltheologische Professur an der Universität Augsburg, so dass die Bischöfe einen Nachfolger wählen mussten. Dies taten sie bei der Herbstvollversammlung der DBK vom 20. bis 23. September 1971 in Fulda. Homeyer war erst relativ spät ins Gespräch gebracht worden, vermutlich von seinem Bischof Tenhumberg. Die meisten Bischöfe kannten Homeyer bislang nur als Fachmann in Bildungsfragen, so dass nicht wenige überrascht waren über seine Wahl.[110]

Homeyer übernahm das Sekretariat der DBK von Forster in einer kritischen Phase. Sein Vorgänger hatte dieses Sekretariat aufgebaut und auch die Gründung des VDD gegen den Widerstand mancher Bischöfe durchgesetzt. Nun aber musste die gesamte DBK reorganisiert werden. Die sogenannte Plenarkonferenz der deutschen Bischöfe hatte im August 1951 die Einrichtung von acht Kommissionen beschlossen.[111] Mit dem Statut der DBK vom März 1966 war ihre Zahl auf 13 gestiegen, dazu kamen wissenschaftliche und pastorale Fachstellen in verschiedenen deutschen Bischofsstädten. Das Sekretariat fand sich eher zufällig am Bischofssitz des DBK-Vorsitzenden in München. Das konnte nicht so bleiben. Homeyer als neuem Sekretär fiel nun die Aufgabe zu, die DBK, ihr Sekretariat und alle Fachabteilungen am Regierungssitz in Bonn zusammenzuführen, zugleich zu reorganisieren und zu straffen. Dem neuen Sekretär, der von außen kam, traute man zu, diese wichtige Reform unbelastet und unvoreingenommen durchsetzen zu können.

Zwischenspiel in München und Umzug nach Bonn

Für den Neuernannten hieß dies zunächst einmal: Umzug nach München. Mit seinem Fahrer und Begleiter Bruder Karl Thalmann bezog er ein Zimmer im Pfarrhaus von St. Ludwig in der Ludwigstraße nahe der Universität.[112] Tagsüber waren die Männer unterwegs, abends schoben sie vier Sessel zusammen, die sie in einem Möbelladen am Viktualienmarkt gekauft hatten, und bauten daraus zwei Behelfsliegen zum Schlafen. Das konnte natürlich nur übergangsweise funktionieren. Später sollte das Sekretariat der DBK ja ohnehin nach Bonn umziehen.

Beide Männer waren sich einig, auch am Rhein zusammenarbeiten zu wollen. Doch da hatten sie die Rechnung ohne die Canisianer in Münster gemacht. Deren Leitung zog Bruder Karl aus Homeyers Diensten ab und versetzte ihn zum 1. September 1972 nach Hildesheim. An der Innerste hatte der Orden seit den Zeiten von Bischof Heinrich Maria Janssen eine Niederlassung und dort sollte Karl Thalmann nun liturgischer Begleiter und Fahrer des Hildesheimer Bischofs werden. Homeyer musste sich widerwillig fügen. Dass Josef Homeyer und Karl Thalmann elf Jahre später in Hildesheim wieder zusammenkamen, war purer Zufall.

Seit jenem 1. September fuhr Hermann Teriete den Prälaten, zunächst in München, dann in Bonn, bis Homeyer 1983 nach Hildesheim wechselte. Teriete, ein junger Heizungsbau-Installateur aus Bocholt in seinen 20er Jahren, hatte durch seinen Bruder, einen KAB-Sekretär, von der vakanten Fahrerstelle erfahren und zog für diese neue Aufgabe an die Isar.[113] Dort wohnte er mit Homeyers beiden Sekretärinnen Marlene Pöpping und Ursula Lepper in einer Wohnung in der Akademiestraße, während Homeyer seine Unterkunft im Pfarrhaus von St. Ludwig behielt.

Von Wohnen konnte bei Homeyer noch immer kaum die Rede sein. Fast ständig war er mit seinem neuen Fahrer irgendwo in Deutschland unterwegs, machte Antrittsbesuche oder fuhr zu Konferenzen. 130.000 Kilometer legte der neue Sekretär der Deutschen Bischofskonferenz in diesem einen Jahr bis zum Umzug nach Bonn im Oktober 1973 zurück, viele davon schlafend. Sein Dienstwagen, ein Mercedes 250, bot genügend Raum dazu. Wie in Münster, so ließ er sich auch in München gerne nachts von seinem Fahrer abholen, um rechtzeitig am frühen Morgen am Ziel zu sein. Im Kofferraum lagen schon Bettzeug, Kissen und Decke bereit, um dem eiligen Reisenden ein leidlich bequemes Nachtlager auf dem Beifahrersitz zu bereiten. Glücklicherweise kannte Homeyer keine Schlafprobleme. Im Gegenteil: War das Ziel der Nachtfahrt die damalige Bundeshauptstadt, wo häufig Konferenzen stattfanden – unter anderem im Katholischen Büro – musste Hermann Teriete seinen schlafenden Beifahrer schon rechtsrheinisch bei Königswinter zum ersten Mal wecken. Spätestens in der Bonner Rheinaue, nahe beim Regierungsviertel, hieß es dann: „Herr Prälat, jetzt aber!" Teriete kannte eine abgelegene Parkbucht. Dort klappte der Prälat den Sitz hoch, zog sich an und verstaute das Bettzeug wieder im Kofferraum. Während sich ein ausgeschlafener Sekretär dann tagsüber in Gespräche vertiefte, holte Teriete seinen Schlaf auf dem Beifahrersitz des Dienstwagens nach. Am Abend fuhren beide wieder zurück in die bayrische Landeshauptstadt.

Dort wusste der Sekretär sein Sekretariat während der häufigen Dienstfahrten in guter Hand. Marlene Pöpping und Ursula Lepper hatten das Büro in der Theatinerstraße fest im Griff. Mit gut einem halben Dutzend Mitarbeiterinnen und Mitarbeitern war das Sekretariat der DBK dort noch nicht annähernd so groß, wie es später unter Homeyer am Rhein werden sollte.

Die Würzburger Synode

Von seinem Vorgänger Forster übernahm Homeyer nicht nur die Leitung des Sekretariats der DBK, sondern auch noch eine weitere Aufgabe, die ihn unvermittelt an eine der wichtigsten Schaltstellen der nachkonziliaren Kirche in Deutschland brachte:

Am 8. Dezember 1965 war in Rom das Zweite Vatikanische Konzil zu Ende gegangen. Seine Dokumente brachten unter anderem mit der Liturgiereform zahlreiche innerkirchliche Veränderungen, justierten aber auch das Verhältnis der Kirche zu anderen Religionen und zur Welt in wichtigen Punkten völlig neu.

Letzte Abstimmungen zwischen Josef Homeyer, dem Sekretär der Würzburger Synode und Synodenpräsident Julius Kardinal Döpfner (rechts) sowie Dr. Bernhard Servatius (links), einem Mitglied des Präsidiums, vor der Vierten Vollversammlung der Würzburger Synode vom 21. bis 24. November 1973

In der deutschen Kirche gärte es. Angestoßen durch das Vatikanische und ein Holländisches Pastoralkonzil begann hier eine breite Diskussion über die Demokratisierung der Kirche. Es wurden Stimmen laut, die das Volk Gottes nicht mehr als Träger, sondern als Souverän der christlichen Sendung sahen.[114] In dieser aufgeheizten Situation fand 1968 unter dem Motto „Mitten in dieser Welt" der Essener Katholikentag statt. Hier wurden die Forderungen nach einer Neuausrichtung der katholischen Kirche so laut, dass sich Verantwortliche der DBK und des Zentralkomitees der Deutschen Katholiken (ZdK) auf die Ausrichtung einer „Gemeinsamen Synode der Bistümer in der Bundesrepublik Deutschland" einigten, die nach ihrem Konferenzort bald „Würzburger Synode" genannt wurde.

Gemäß Artikel 7 des Synodenstatuts waren sowohl der Sekretär der Synode, als auch sein Stellvertreter, der Laie sein sollte, von der Deutschen Bischofskonferenz zu bestellen.[115]

Am 11. November 1969 berief die DBK ihren eigenen Sekretär, Prälat Dr. Karl Forster, zum Sekretär der Gemeinsamen Synode und Dr. Friedrich Kronenberg, den Generalsekretär des ZdK, zum stellvertretenden Synoden-Sekretär.

Die Berufung Forsters wurde heftig kritisiert. Nicht wenige aus dem Kreis der Synodenmitglieder, aber auch darüber hinaus, befürchteten wohl, die Bischöfe würden mit Hilfe ihres Sekretärs den Verlauf der Synode in ihrem Sinne beeinflussen wollen. In der konstituierenden Sitzung, die vom 3. bis 5. Januar 1971 im Würzburger Kiliansdom stattfand, brachten einige Synodale ihr Misstrauen gegenüber den beiden Sekretären zum Ausdruck. Forster und Kronenberg, die beide gut zusammengearbeitet hatten, boten daraufhin ihren Rücktritt an, der vom Synodenpräsidenten Julius Kardinal Döpfner aber nicht angenommen wurde.[116] So arbeiteten sie gemeinsam weiter, bis Forster dann nach wenigen Monaten ausschied, um seinen Lehrstuhl in Augsburg anzutreten.

Noch bevor er zum 1. Januar 1972 sein neues Amt als Sekretär der Deutschen Bischofskonferenz antrat, wurde Dr. Josef Homeyer zum 1. Oktober 1971 als Forsters Nachfolger zum Sekretär der Würzburger Synode bestimmt. Zu diesem Zeitpunkt war die Kritik an dieser Personalunion schon weitgehend verstummt. Homeyer selbst hatte ohnehin kein Problem mit dieser Doppelrolle. Man dürfe nicht vergessen, dass die Synode wie auch die Bischofskonferenz der Kirche diene, betonte der zweifache Sekretär, „von dort her scheint es mir sinnvoll zu sein, dass von einem Sekretär die Arbeit für beide Gremien geleistet wird."[117]

1972 stieg Homeyer in der kirchlichen Hierarchie auf. Bislang formell ein einfacher Priester des Bistums Münster wurde der Geistliche am 23. Februar von Papst Paul VI. zum „Päpstlichen Hausprälaten" ernannt und durfte sich fortan „Prälat" nennen. Angesichts der gewachsenen Verantwortung Homeyers sicher ein sinnvoller Schritt, aber in Bezug auf die Umstände der Ehrung völlig unspektakulär. Kardinal Döpfner überreichte seinem Sekretär die Ernennungsurkunde eines Tages mehr beiläufig mit den Worten: „Ach übrigens, da ist noch so eine Ernennung, habe ich ganz vergessen". Da hatte das Dokument schon ein halbes Jahr auf Döpfners Schreibtisch gelegen. Der Kardinal hielt nicht viel von Titeln.[118]

An ihre Arbeit für die Synode haben sowohl Homeyer wie auch Kronenberg nur beste Erinnerungen.[119] Gemeinsam organisierten und koordinierten sie die Arbeit der zahlreichen Synodengremien. Bis zur Schlusssitzung am 23. November 1975 verabschiedeten die 312 Synodenmitglieder, darunter 140 Laien, in acht Vollversammlungen 18 Dokumente zu fast allen Bereichen des kirchlichen Lebens.[120] Die Würzburger Synode hat auch deshalb einen wichtigen Platz in der deutschen Kirchengeschichte, weil Papst Paul VI. den Laien entgegen dem Kirchenrecht die Beteiligung an verbindlichen Beschlüssen gestattete. Einziges Privileg der Bischöfe war, dass sie vor den Abstimmungen ein Veto einlegen konnten. Aufgrund eines solchen Einspruchs kam es daher nicht zur Abstimmung über die Priesterweihe verheirateter Männer, sogenannter Viri probati.[121]

Viel gerühmt wurde später der „Geist der Synode", dass man „ohne Fraktionsbildung und unabhängig vom Stand, Männer und Frauen, Bischöfe, Laien und Ordensleute, auf Augenhöhe Argumente austauschte und kontrovers debattierte, ohne verletzend zu sein."[122] So zumindest hat es Walter Bayerlein, der ehemalige Vizepräsident des ZdK, damals erlebt.

Homeyer hatte das Sekretariat der Würzburger Synode fest im Griff. Hier 1973 mit Synodenpräsident Julius Kardinal Döpfner (rechts) und Prof. Dr. Karl Lehmann (Mitte)

Bekannt wurde Döpfners Wort: „Wir haben gelernt, miteinander zu streiten, ohne uns zu zerstreiten."[123]

Inwieweit die Arbeit von Josef Homeyer und Friedrich Kronenberg zu diesem überwiegend angenehmen Umgangston beigetragen hat, lässt sich heute schwer beurteilen. Beide haben im Team gearbeitet, eine hierarchische Unterordnung des Stellvertreters unter den Sekretär war von keiner Seite gewollt. „Ich hatte das große Glück, viele Jahre mit Josef Homeyer eng zusammenzuarbeiten", hat Friedrich Kronenberg Jahrzehnte später geschrieben, „diese Jahre zählen zu den besten Erfahrungen, die ich als Laie in der Zusammenarbeit mit Priestern und Bischöfen machen durfte. Josef Homeyer war Priester und Bischof mit ganzem Herzen, er blieb aber zeitlebens auch Laie und erhielt sich so die Fähigkeit, mit den Laien in der Kirche als Bischof auch auf gleicher Augenhöhe zu sprechen."[124] Man darf vermuten, dass dieses teamorientierte, von keinerlei Rivalität geprägte Miteinander der beiden Männer Homeyer und Kronenberg auf die Arbeitsgremien und Kommissionen der Synode ausstrahlte.

Schwer ist die Suche nach Synodendokumenten, die ausdrücklich die Handschrift Homeyers, sein deutliches Eingreifen zeigen könnten. Der Sekretär wirkte vielmehr im Hintergrund, versuchte, die widerstreitenden Lager an einen Tisch zu bekommen, sie zu integrieren, Abläufe geräuschlos, aber effektiv zu steuern. Homeyer habe es verstanden, zu allen Kontakt zu halten und sei von jedem respektiert worden, erinnert sich sein Stellvertreter Kronenberg.[125] Des Prälaten bevorzugtes Arbeitsmaterial war dabei das Telefon. Vermutlich wird man nie erfahren, wie viele Vorgänge in der Würzburger Synode, wie viele Projekte in der Deutschen Bischofskonferenz durch den Sekretär telefonisch angestoßen und dann auch ausgeführt wurden.

Homeyer selbst war sich über die Wirkung der Gemeinsamen Synode der Bistümer in der Bundesrepublik Deutschland anfangs wohl nicht ganz klar, hat sie dann aber später als Erfolg bezeichnet. Klagte er noch 1973 bei der dritten Sitzungsperiode, „Gläubige, Klerus und Öffentlichkeit gehen an der Synode vorbei",[126] so verteidigte er die Sitzungen in den folgenden Jahrzehnten gegen Kritik, ihre Arbeitsergebnisse seien verflogen, nichts sei vom damaligen Elan geblieben. Vielmehr hat Homeyer gerne die Integrationsleistung der Synode „in einer völlig neuen und verunsicherten Phase der Kirche in unserem Land" gelobt und darauf hingewiesen, dass sie das Zweite Vatikanische Konzil in die katholische Kirche Deutschlands gebracht habe. Allerdings stellte er auch klar: „Sie [die Würzburger Synode, d. Verf.] hat in einer entscheidenden Phase der Kirchengeschichte einen richtungweisenden Schritt getan. Nicht mehr. Der Lernprozess geht weiter."[127] Er selbst versuchte später als Bischof, diesen Lernprozess in seinem Bistum mit einer eigenen Synode fortzusetzen.

Das Sekretariat der DBK in Bonn

Im Oktober 1973 zog das Sekretariat der Deutschen Bischofskonferenz von München nach Bonn. Homeyer und seine Sekretärinnen bezogen ein Bürogebäude in der Bonner Beringstraße in der Nähe des Poppelsdorfer Schlosses. Abermals musste der Prälat seine Koffer packen und mit ihm die Sekretärinnen samt Fahrer. Warum entschieden sich die Bischöfe gerade für die kleine, gemütliche Stadt am Rhein? Der ehemalige Vorsitzende der Deutschen Bischofskonferenz, Karl Kardinal Lehmann, hat darauf eine verblüffende Antwort gegeben: „Die Wahl für Bonn als Standort des Sekretariates der Deutschen Bischofskonferenz war zu Beginn der siebziger Jahre auch nicht maßgeblich nur deshalb gefallen, weil Bonn damals Sitz der Bundesregierung war. Es gab hier eben schlicht ein günstigeres Bürogebäude."[128] Wahrscheinlich ist dies aber nur die halbe Wahrheit. Man darf vermuten, dass die katholische Kirche damals durchaus auch die räumliche Nähe zu den politischen und staatlichen Entscheidungsträgern suchte.[129] Für Bonn sprach zudem, dass dies keine Bischofsstadt war und somit weder der Ortsbischof zu viel Einfluss auf das Sekretariat, noch dieses auf die Politik des Bischofs nehmen konnte.[130]

Homeyers Sekretariat bezog neben dem Bürogebäude auch ein Gästehaus in der Bonner Joachimstraße Nr. 15. Im Erdgeschoss dieser alten, gediegenen Villa aus dem Jahre 1912 lag ein Konferenzraum, den man mit einer Schiebetür teilen konnte. Dort kamen häufig Mitarbeiter der DBK zu Sitzungen zusammen oder der Sekretär empfing Vertreter der Diözesen. Eine ältere Dame, Frau Winter, betreute die Gäste. Homeyers Sekretärinnen aus Mettingen, Marlene Pöpping und Ursula Lepper, erhielten Wohnungen im Souterrain der Villa, der Sekretär bewohnte ein Appartement in der oberen Etage.

Schon ein Jahr später stand der nächste Raumwechsel an. Homeyer wollte nun endlich alle Mitarbeitenden zusammenführen. Bislang waren die Abteilungen des Sekretariats selbst in Bonn noch verstreut, die Bildungsexperten etwa residierten in der Baumschulallee.[131] Der Sekretär musste sich also nach einer größeren Alternative umsehen und fand sie in der Kaiserstraße 163, gleich um die Ecke des Gästehauses, direkt an den Eisenbahngleisen. Dort erwarb Homeyer ein Gebäude, das früher zum Bonner Polizeipräsidium gehört hatte und richtete es so weit her, dass nun allmählich alle Dienststellen der DBK unter ein Dach gebracht werden konnten.[132]

Maria Suthe

Dies hatte auch Auswirkungen auf die kleine Hausgemeinschaft in der Joachimstraße. Schon 1973 nahm der Konferenzbetrieb dort stetig zu und Frau Winter sah sich ihren Aufgaben nicht mehr gewachsen. Der Sekretär ging deshalb auf die Suche nach einer passenden Gästebetreuerin und fragte Heinrich Janssen, der damals stellvertretender Leiter der Schulabteilung in Münster war und dort später Weihbischof wurde. Dieser empfahl ihm eine junge Frau aus Mettingen, gut katholisch, CAJ-Mitglied, zu jener Zeit Lebensmittel-Einzelhandelskauffrau in Münster. Homeyer lud die junge Dame zum Vorstellungsgespräch ins Bonner Sekretariat. So fuhr Maria Suthe also von Münster an den Rhein und erzählte dort dem Sekretär der Deutschen Bischofskonferenz, sie könne nicht kochen.[133] Homeyer blieb unbeeindruckt. Das sei nicht nötig, für einen Kaffee für die Gäste werde ihr Können wohl reichen. Beide wurden sich schließlich einig und im März 1974 bezog Maria Suthe im Gästehaus der DBK eine kleine Zweizimmerwohnung neben ihrem Chef.

In Ermangelung eigener Wohnungsküchen verfuhr die kleine Gemeinschaft nach dem Motto: getrennt schlafen, vereint essen. Gegen 7.15 Uhr frühstückten die drei Frauen gemeinsam mit dem Sekretär in einer kleinen Gemeinschaftsküche im Haus, dann ging Homeyer mit den beiden Sekretärinnen ins Büro, Maria Suthe blieb im Gästehaus und kümmerte sich um die Besucher. Anfangs sei ihr manchmal langweilig gewesen, bekennt sie heute, es waren nicht immer Gäste in Bonn. Doch das sollte sich bald ändern und auch die Ansprüche des Herrn Sekretär wuchsen: Ob sie nicht auch einmal etwas Warmes machen könne oder einen Salat, vielleicht auch mal einen Eintopf. Nun also: Maria Suthe musste kochen lernen. Es war nicht zu ihrem Schaden. In dieser Kunst erreichte sie nämlich allmählich eine Perfektion, die ihr später am Hildesheimer Domhof zu einem legendären Ruf als ausgezeichnete Köchin verhalf.

Umstrukturierungen im Sekretariat der DBK

Der Sekretär war dagegen noch immer auf ganz anderem Gebiet gefordert. Er musste der Deutschen Bischofskonferenz und vor allem dem Sekretariat eine zeitgemäße und effiziente Gestalt geben, um den gewachsenen Anforderungen an einen Informationsaustauch innerhalb der Kirche, aber auch zwischen Kirche und Gesellschaft gerecht werden zu können. Eine funktionsfähige Administration nach Homeyers Verständnis sollte ständige Analysenarbeit leisten, auf dieser Grundlage Theorien und Meinungsbilder erarbeiten und damit Entscheidungen in den bischöflichen Kommissionen vorbereiten. Und schließlich mussten die Entscheidungen der Bischöfe dann auch ausgeführt werden.[134] Dazu konzentrierte der Sekretär nun die verstreuten Einrichtungen der DBK in Bonn und strukturierte sie neu. Die sogenannte Organisationsreform jener Jahre trägt maßgeblich Homeyers Handschrift. Als sie schließlich bei der Herbstvollversammlung im September 1975 von den Bischöfen beschlossen wurde, war sie nicht unumstritten. Viele lobten die neue größere Überschaubarkeit und Effizienz, manche aber bemängelten eine angebliche Zentralisierung und fürchteten die wachsende Macht des Sekretariates.[135] Aus den 18 Kommissionen und Fachstellen der DBK waren nun unter Homeyer zehn Kommissionen geworden. Vier Kirchliche Zentralstellen sollten die Kommissionen administrativ unterstützen, diesen wiederum kirchliche Arbeitsstellen zugeordnet sein. Arbeitskonferenzen schließlich dienten dem internen Austausch der jeweiligen Leiter der Kommissionen, Zentral- und Arbeitsstellen.

Für manche Dienst- und Arbeitsstellenleiter war das mit einer großen Umstellung verbunden. Konnten sie bislang relativ selbstständig agieren, so mussten sie sich nun in die neue Organisation des Sekretariates einfügen. Das dürfte nicht allen leichtgefallen sein.[136] Natürlich hat sich der Gestalter Homeyer nicht nur Freunde gemacht mit seinen Umstrukturierungen, die nach der großen Reform 1975 keineswegs abgeschlossen waren. Als er vor seinem Wechsel nach Hildesheim in einem Teilbereich des Sekretariats die Unterstellungsverhältnisse änderte, handelte er sich wütende Proteste ein, die unter seinem Nachfolger Wilhelm Schätzler sogar in einen Prozess vor dem Arbeitsgericht mündeten.[137] Andererseits loben mehrere ehemalige Mitarbeiter bis heute das gute Betriebsklima unter Homeyers Führung.[138] Tatsächlich hat der Sekretär viel von seinen Mitarbeitern verlangt, aber auch manches zurückgegeben. Er führte zum Beispiel eine regelmäßige Vesper ein, zu der alle Mitarbeiter in die Kapelle der DBK eingeladen waren. Danach nahm er sich bei einem guten Wein Zeit für zwanglose Gespräche. Zu kirchlichen Festen, Feiertagen, Namens- oder Geburtstagen bat er Mitarbeiter zu Abendveranstaltungen in das Gästehaus des Sekretariates. „So hat er uns immer wieder zusammen gebunden, wir waren durch ihn eine Kommunität",[139] erinnert sich etwa Dr. Rainer Ilgner, der ehemalige stellvertretende Sekretär der DBK. „Das schaffte diese Einsatzbereitschaft. Wir waren ein Team von Leuten, die nicht einfach nur zu ihrem Dienst trabten. Wir haben oft abends oder nachts gearbeitet. Aber wir wussten, dass auch er das tut."

Der Prälat und die Medien

Die Struktur des Sekretariats bildete nur den äußeren Rahmen für die inhaltliche Arbeit Homeyers auf zahlreichen Gebieten, in die er sich voller Energie stürzte. Heute wird oft vergessen, wie sehr sich der Sekretär der DBK in den 70er Jahren zum Beispiel mit publizistischen Fragen beschäftigte. So darf er als einer der Urheber der „Medien-Dienstleistungs-Gesellschaft (MDG)" und damit indirekt auch als Vater so mancher Umstrukturierung in der katholischen Medienlandschaft gelten. 1971 entschied die DBK, die erst 1968 im nachkonziliaren Frühling gegründete katholische Zeitschrift „Publik" aus wirtschaftlichen Gründen einzustellen. Als sich der Ärger am 11. Mai 1972 bei der Würzburger Synode auf dem eigens angesetzten „Publiktag" entlud, konnten die deutschen Bischöfe mit einem „Sofortprogramm" kontern, das Homeyer im Januar in einer Blitzaktion[140] mit wenigen Experten erarbeitet hatte. Dabei griff er auch auf Daten des Gutachtens „Katholische Publizistik 72/73" zurück, das ihm vom D.I.P. in Münster zugearbeitet worden war.

An jenem Januartag 1972 hatte sich Homeyer mit Michael Schmolke, dem publizistischen Berater der DBK, und Ferdinand Oertel, damals Vorsitzender der „Arbeitsgemeinschaft Katholischer Presse" (AKP), getroffen. Aus Oertels Gesprächsnotizen geht hervor, „dass der junge Prälat Homeyer unvoreingenommen, klar und sachlich, zupackende und gezielte Fragen stellte, um zu einer realistischen Einschätzung der ihm weithin unbekannten Situation der Kirchenpresse zu kommen."[141] Im Rahmen des damals entworfenen Sofortprogramms, das Bischof Georg Moser aus Rottenburg-Stuttgart dann später auf der Synode vortrug, wollte Homeyer alle katholischen Zeitungs-, Zeitschriften- und Buchverlage zu Kooperationszwecken in einer Holding zusammenfassen. Weitere Vorschläge umfassten unter anderem die Gründung der MDG, die Einrichtung eines Referates für Publizistik beim Sekretariat der DBK mit der Bestellung eines Pressesprechers und die Nachwuchs- und Weiterbildungsförderung junger Journalisten.

Während Homeyer mit dem Plan einer katholischen Medienholding an den unterschiedlichen Interessen der Verleger scheiterte, konnten die meisten der genannten Punkte, nachdem Bischof Georg Moser sie am 11. Mai 1972 der Synode vorgetragen hatte, recht schnell umgesetzt werden. Etwas länger dauerte es, bis die MDG das Licht der Welt erblickte. Erst am 8. Mai 1975 verabschiedete der Verband der Diözesen Deutschlands (VDD) die Satzung dieser Gesellschaft. Am 9. Juni trat Homeyer vor die Presse und erklärte, die neu gegründete MDG solle fortan als Dienstleister die katholischen Verlage in Richtung auf eine stärkere Wettbewerbsfähigkeit beraten und subsidiär an Maßnahmen zur Strukturverbesserung mitwirken. Dabei müsse aber klar sein, dass die MDG zwar Investitionshilfen, aber keine Subventionen geben könne.[142] Bezeichnenderweise wurden damals Warnungen laut, Homeyer plane mit der MDG einen Superverlag der katholischen Presse Deutschlands. Ähnlich wie bei der Neustrukturierung der DBK befürchteten offenbar manche, der Sekretär der DBK könnte zu viel Macht in seiner Hand vereinen.

Homeyer trat damals auffällig oft vor die Presse, offenbar kannte er in Bezug auf Journalisten keine Berührungsängste. In vielen Fällen verkündete er gemeinsam mit dem Vorsitzenden beziehungsweise mit hochrangigen Kommissionsmitgliedern die Entscheidungen des Bischofsgremiums[143] oder nahm Stellung zu aktuellen Fragen und Themen[144]. Doch selbst auf diesem Gebiet spielte Homeyer gerne seine eigentliche Stärke aus, zog eher die Fäden im Hintergrund und schaffte es gerade dadurch, die öffentliche Meinung wirksam zu beeinflussen.

Der Fall Küng

Besonders deutlich wurde das, als es im Dezember 1979 zum Bruch zwischen der deutschen Amtskirche und dem Tübinger Theologieprofessor Hans Küng kam. Jahrelang schon hatten sich die Auseinandersetzung zwischen dem streitbaren Priester und Repräsentanten des

Der Sekretär der Deutschen Bischofskonferenz an seinem Bonner Schreibtisch mit einer Weltkarte aus verschiedenfarbigen Steinen, die er von einer seiner Auslandsreisen mitgebracht hatte

deutschen Episkopats hingezogen, theologische Streitpunkte vermengten sich nicht selten mit persönlichen Feindschaften, Phasen einer oberflächlichen Entspannung wichen fast regelmäßig medialen Scharmützeln, bei denen der alerte und selbstbewusste Tübinger die deutschen Bischöfe allzu oft ausstach. Im Winter 1979 schließlich meinten die Bischöfe, jetzt sei es genug. Am 14. Dezember kamen der Sekretär der Glaubenskongregation des Papstes, Erzbischof Jerome Hamer, der Kölner Kardinal Joseph Höffner als Vorsitzender der Deutschen Bischofskonferenz, der Rottenburger Bischof Georg Moser, in dessen Bistum Küng wirkte, Mosers persönlicher Referent Hubert Bour sowie Prälat Josef Homeyer zu einem klärenden Gespräch in Brüssel zusammen. Nuntius Guido del Mestri stieß später hinzu. Bald bestand Gewissheit, dass der Entzug der kirchlichen Lehrerlaubnis nicht mehr abzuwenden sei. Joseph Kardinal Höffner sollte diese Entscheidung am 18. Dezember öffentlich verkünden. Bis dahin blieben vier Tage. Sofort fuhr Homeyer zurück nach Bonn, beriet sich mit dem damaligen Freiburger Professor Dr. Karl Lehmann und nahm Kontakt zu jenen Redakteuren auf, die in den großen meinungsführenden Tageszeitungen kirchliche Themen betreuten. Am Montag, 17. Dezember 1979, einen Tag vor dem offiziellen Entzug der Lehrerlaubnis, trafen sich die Journalisten mit dem Sekretär in den Räumen der DBK in Bonn. Homeyer zeigte ihnen eine Zeittafel des Konflikts, die bis ins Jahr 1968 zurückreichte und machte ihnen den umfangreichen Schriftwechsel zwischen Küng und der DBK zugänglich. Der Prälat wollte die Redakteure für die Position der Bischöfe gewinnen und hatte Erfolg. Als am Tag darauf Höffner vor die Presse trat, blieb das Echo der Medien erstaunlich moderat und sachlich.[145]

Dass Küng selbst eine andere Sicht auf diese Geschehnisse hat, wundert nicht. In seinen Lebenserinnerungen wirft er dem damaligen Sekretär der Deutschen Bischofskonferenz vor, schon zuvor in Rom hinter den Kulissen gegen ihn aktiv gewesen zu sein.[146] Tatsächlich unterstellte der „Spiegel" 1974, Homeyer sorge in Rom dafür, dass es im Fall Küng nicht zu Differenzen „zwischen den römischen Glaubenswächtern und den nicht so rigorosen deutschen Bischöfen kommt."[147] Homeyer selbst hat das damals bestritten. Noch heute bezeichnet der gekränkte Küng seine damaligen Gegenspieler Lehmann und Homeyer als „Dunkelmänner" und „Falschmünzer"[148]. Sie hätten nicht mit den Waffen der Heiligen Schrift und den Argumenten der Vernunft gegen ihn gekämpft, sondern „neuere Dokumente der Bischofskonferenz und Roms, die oft mit meinem Namen nichts zu tun haben"[149], gegen ihn ins Feld geführt. Der Sekretär der Deutschen Bischofskonferenz und der Tübinger Professor sind jedenfalls nie Freunde geworden.

Aussöhnung mit Polen

Mit Homeyers Wirken in der DBK verbindet sich auch jenes Anliegen, das später zu seinem großen Lebensthema werden sollte: die Aussöhnung der europäischen Völker und insbesondere das Zusammenwachsen von Ost- und Westeuropa. Homeyer hat diese Angelegenheit nicht selbst auf die Agenda der Kirchenmächtigen gesetzt. Spätestens seit dem berühmten Briefwechsel der polnischen und deutschen Bischöfen 1965 am Rande des Konzils in Rom, in dem die Polen ihr Gegenüber um Vergebung baten für vergangenes Unrecht und zugleich Vergebung gewährten, stand die Frage der Ostaussöhnung auf der „außenpolitischen" Tagesordnung der deutschen Kirche weit oben. Bei DBK-Sekretär Homeyer fiel dieses Thema aber auf ganz besonders fruchtbaren Boden, nicht zuletzt wegen seiner Kindheitserfahrungen mit osteuropäischen Kriegsgefangenen. Homeyer trieb die Politik der Aussöhnung wie kaum ein anderer voran. Auch die einmal jährlich stattfindenden Begegnungen der Vorsitzenden der

Eine Delegation polnischer Bischöfe besuchte vom 20. bis 25. September 1975 Deutschland. Bei seiner Ankunft in Fulda wird Kardinal Karol Wojtyla, Erzbischof von Krakau und später Papst Johannes Paul II., vom Sekretär der Deutschen Bischofskonferenz begrüßt

Deutschen und Französischen Bischofskonferenz gehen übrigens auf den Harsewinkler Priester zurück.[150]

Zunächst jedoch musste der junge Prälat geradezu auf dieses Thema gestoßen werden. Als Homeyer Sekretär der Bischofskonferenz wurde, fragte er den damaligen Vorsitzenden Kardinal Döpfner, was denn nun die Richtlinien seiner Politik seien. „Quatsch!", war die kurze Antwort, „wir machen Pastoral und Seelsorge, wir haben keine Richtlinien der Politik."[151] Der Neue entschuldigte sich und ging nach Hause. Kaum war er dort angekommen, ließ ihn Döpfner wieder zurückrufen. „Ein Punkt liegt mir allerdings doch schwer auf der Seele", bekannte der Münchner Kardinal, „wenn Sie sich dafür engagieren könnten, wären wir Ihnen sehr dankbar. Unser Verhältnis zu Polen… und meins zum polnischen Primas – es muss tiefer werden. So kann das nicht weiter gehen." In der Tat: Nachdem die deutsch-polnischen Bischofskontakte wenige Jahre zuvor so fulminant und öffentlichkeitswirksam begonnen hatten, war zu Beginn der 70er Jahre eine gewisse Stagnation eingetreten.

Mit der ihm eigenen Energie las sich Homeyer in das Thema ein und fuhr drei Monate später bei Nacht und Nebel nach Polen, um die Bereitschaft der östlichen Nachbarn für Gespräche zu sondieren. Sein erstes Ziel war Bischof Antoni Baraniak in Posen. Der deutsche Gast fragte den Polen, was wohl zu tun sei, um die Verbindung zwischen den Episkopaten zu verbessern. „Erstens", war die Antwort, „Kardinal Döpfner soll uns besuchen. Zweitens, fahren Sie nach Krakau."[152] Krakau? Wieso Krakau? „Erzbischof Karol Wojtyla könnte der Schlüssel sein". So traf der deutsche Sekretär zum ersten Mal jenen international noch wenig bekannten Krakauer Erzbischof und Kardinal, der wenige Jahre später als Papst Johannes Paul II. neue Maßstäbe der Versöhnung setzte.

Im Oktober 1973 reiste Döpfner schließlich nach Polen. Homeyer war dabei und hat ein Mittagessen mit dem Krakauer Erzbischof in lebhafter Erinnerung behalten. Karol Wojtyla stand damals auf, hielt auf Deutsch eine kleine Tischansprache und sagte zwei Dinge, die den Münchner Kardinal und den Sekretär zutiefst verwirrten. Zunächst: Er, Wojtyla, sei sehr dankbar für den Besuch der deutschen Delegation und die polnische Kirche könne von der deutschen Kirche viel lernen. Man muss die überraschte Reaktion auf diese Aussage aus der Situation heraus verstehen: Die deutschen Bischöfe, die schon damals gegen den Glaubensschwund in ihren Diözesen ankämpften, hatten auf ihren Reisen durch Polen überall volle Kirchen gesehen. Was also habe denn die deutsche Kirche der polnischen zu geben? Ein besseres Verständnis vom gemeinsamen Gottesvolk, klärte Wojtyla auf. In Deutschland werde die Kirche viel stärker von Laien mitgetragen als in seiner polnischen Heimat. Und die zweite verwirrende Aussage des Krakauer Erzbischofs, mitten im Kalten Krieg: Der Kommunismus sei nur eine vorübergehende Erscheinung, man müsse jetzt schon die Zeit danach bedenken. „Ein toller Kerl", sagte Döpfner später zu dem Sekretär der DBK, „aber spinnen tut er doch. Wo lebt der eigentlich?"[153]

In den folgenden Jahren besserte sich das Verhältnis zwischen der katholischen Kirche in Deutschland und jener in Polen deutlich, doch normal war es noch lange nicht. Im September 1978 besuchte eine Delegation polnischer Bischöfe unter Führung des polnischen Primas Kardinal Stefan Wyszynski Deutschland. Mit dabei war auch der Krakauer Kardinal Karol

Wojtyla. Die Kardinäle und Bischöfe führten Gespräche in verschiedenen Städten und waren unter anderem beim Mainzer Kardinal Dr. Hermann Volk zu Gast. Auf der Weiterfahrt wollte Karol Wojtyla unbedingt mit Homeyer im Auto sitzen. Hinter Mainz blieb der Wagen auf der Autobahn liegen und bescherte den beiden Theologen eine mehrstündige Zwangspause. Da ergriff der Pole das Wort und sagte: „Ich dachte schon manches Mal, man müsste eigentlich mehr Zeit haben, miteinander zu reden. Sagen Sie mal, sind Sie eigentlich zufrieden, wie das zwischen Deutschland und Polen läuft?" Homeyer zögerte mit der Antwort. Naja, vieles würde ja gut laufen, antwortete der Gefragte schließlich, aber die Bemühungen, nicht nur auf der Ebene der Bischöfe miteinander zu reden, sondern auch auf der Ebene des ZdK oder der Intellektuellen mit Polen in Kontakt zu kommen sei oft schwierig. „Darf ich Sie nach Warschau einladen, um das zu klären?" fragte darauf der Kardinal nach Homeyers Erinnerung. Doch dazu kam es nicht mehr, denn im folgenden Monat, am 16. Oktober 1978, wurde Wojtyla zum Papst gewählt.

Ein wichtiger Meilenstein auf dem Weg der deutschen und polnischen Kirche zueinander war auch die Pilgerreise der deutschen Bischöfe nach Polen vom 11. bis 15. September 1980, die von Franciszek Kardinal Macharski, dem Nachfolger Wojtylas auf dem Krakauer Bischofsstuhl, und Prälat Josef Homeyer auf deutscher Seite organisiert wurde.[154] Vier Tage lang besuchten die Deutschen gemeinsam mit ihren polnischen Gastgebern Stätten polnischer Frömmigkeit wie Tschenstochau und das Kloster Jasna Gora, wo beide Delegationen Reliquien des Heiligen Bonifatius und des Heiligen Adalbert austauschten. Auf dem Programm standen aber auch Orte, deren Namen an die schlimmsten Momente deutsch-polnischer Geschichte erinnern. Dazu gehörte die Fahrt nach Auschwitz, wo Kardinal Höffner im Namen der deutschen Delegation im Hungerbunker Maximilian Kolbes ein Kreuz niederlegte. Den Abschluss der Reise bildete ein gemeinsamer Gottesdienst in der Warschauer Sankt-Johannes-Kathedrale, die in den letzten Kriegsjahren stark umkämpft und 1944 von den deutschen Besatzern gesprengt worden war. In der Abschlusspressekonferenz am 15. September 1980 betonten die Kardinäle Wyszynski und Höffner die Verpflichtung der Bischöfe, aus der Kraft des Verzeihens Frieden zwischen beiden Völkern erwachsen zu lassen. Man sei auf einem guten Weg und werde ihn gemeinsam weiter gehen, sagte Höffner. Ein Weg, den nicht zuletzt auch der Bonner Prälat Josef Homeyer geebnet hat!

Übrigens war es ebenfalls Homeyer, der wenige Monate später den Besuch des polnischen Papstes Johannes Paul II. vom 15. bis 19. November 1980 in Deutschland organisierte – den ersten Deutschlandbesuch eines Papstes seit 198 Jahren![155]

Es würde zu weit führen, an dieser Stelle alle Reisen zu nennen, die der Sekretär der DBK mit seinen jeweiligen Vorsitzenden oder auch alleine unternahm. Regelmäßig nutzte Homeyer seinen Urlaub, um die Bischofskonferenzen anderer Länder zu besuchen und dort Gespräche zu führen. Das weitete seinen Horizont und half ihm, die Stellung der katholischen Kirche Deutschlands innerhalb der Weltkirche besser einzuschätzen. In den ersten Jahren habe er bei seinen Reisen oft gedacht, die anderen Kirchen müssten noch viel von der deutschen lernen, erinnerte sich Homeyer später. Irgendwann aber sei er in Frankfurt aus dem Flugzeug gestiegen und habe plötzlich begriffen: Wir selbst müssen noch viel von den anderen lernen,

Impressionen aus Afrika

Anfang der 70er Jahre in Afrika

von ihrer Glaubensfreude, von ihrer Hoffnung. Dabei war Homeyer weit davon entfernt, die vermeintlich frömmeren Katholiken anderer Länder, etwa in Afrika, zu glorifizieren. In den Ländern der Dritten Welt musste er nämlich allzu oft die Erfahrung machen, dass man dort die katholische Kirche Deutschlands vor allem unter dem finanziellen Aspekt als „reiche" Kirche betrachtete und ein echter geistiger Austausch nur schwer zustande kommen wollte.[156]

Das Ringen um die Kirche in der DDR

Bei all diesen Auslandsreisen vergaß Homeyer aber keineswegs seine Mitverantwortung für jenes Land, das den Westdeutschen so nah und zugleich so unendlich fern war: die DDR. In kirchlichen Kreisen ist man in den Jahren des Kalten Krieges immer davon ausgegangen, dass beide deutsche Staaten politisch, kulturell und auch in religiöser Hinsicht zusammengehören. Daraus erklärt sich unter anderem, warum die Bischöfe der DDR auch während der Teilung Deutschlands nominell als Mitglieder der DBK galten und das ZdK offiziell Mitglieder aus dem

Osten des Landes in seinen Listen führte, selbst wenn diese nie oder nur unter großen Schwierigkeiten an Veranstaltungen des ZdK teilnehmen konnten.

Nach dem Mauerbau 1961 fanden in Ost-Berlin zwei Mal jährlich sogenannte „Dienstgespräche" zwischen den Kirchenleitungen beider deutscher Staaten statt, um den Zusammenhalt über den Eisernen Vorhang hinweg zu stärken. An diesen Treffen nahmen neben jenen Bischöfen, deren Jurisdiktionsbezirke in der DDR lagen, auf westlicher Seite der Präsident des ZdK, dessen Sekretär sowie der geistliche Berater, außerdem der Sekretär der Deutschen Bischofskonferenz – ab 1972 Homeyer – und der Leiter des Katholischen Büros in Bonn teil. Geredet wurde über pastorale, manchmal auch politische Themen, selbst wenn alle Beteiligten wussten, dass diese Gespräche abgehört wurden.[157]

So manche Hilfsleistung für die Pfarrgemeinden in der DDR dürfte eine direkte Folge dieser Gespräche gewesen sein. Insgesamt rund zwei Milliarden Mark sollen die beiden großen Kirchen in der Bundesrepublik über Jahrzehnte an die Pfarrgemeinden in der DDR überwiesen haben.[158] Den Verantwortlichen war völlig klar, dass sie mit ihrer finanziellen und materiellen Hilfe zur Erhaltung der SED beitrugen. Wichtiger als die Systemerhaltung war für Homeyer aber der Aspekt, „den Menschen und der Kirche in der DDR zu helfen."[159] Dabei ließ er nie einen Zweifel am Unrechtscharakter des deutschen Staates östlich der Elbe.[160] Im Eintreten für die deutsche Einheit sahen die westdeutschen katholischen Bischöfe nicht zuletzt einen Beitrag zur Überwindung der Spaltung Europas.

Dieser Idee von der Einheit Deutschlands entsprachen auch die komplizierten kirchenrechtlichen Regelungen in der DDR. Vollständig auf deren Gebiet lag nur die Diözese Meißen. Das Bistum Berlin mit seiner Kathedrale im Ostteil der Stadt erstreckte sich auch auf West-Berlin. Görlitz war eine Apostolische Administratur und die übrigen Gebiete gehörten zu westdeutschen Diözesen. Im Grunde spiegelte dies weitgehend den Vorkriegszustand wider.

Als die DDR-Führung versuchte, ihr Land völkerrechtlich zu etablieren, kamen auch die kirchlichen Strukturen in den Blick. Immer drängender wurden Forderungen ostdeutscher Regierungskreise, auf dem Gebiet der DDR eigene Diözesen zu errichten. Dies wäre ein weiterer Meilenstein auf dem Weg zur völligen Anerkennung der DDR als eigener Staat gewesen. Beim Heiligen Stuhl fielen solche Forderungen Mitte der 70er Jahre auf fruchtbaren Boden, sehr zum Entsetzen deutscher Katholiken. Homeyer und ZdK-Generalsekretär Kronenberg, sein Stellvertreter bei der Würzburger Synode, arbeiteten in Bonn eng zusammen. Gemeinsam mit dem Leiter des Katholischen Büros, Prälat Wilhelm Wöste, ab 1. September 1977 Prälat Paul Bocklet,[161] bildeten sie ein „Triumvirat", das sich in Bonn regelmäßig zu Gesprächen traf, reihum am Dienstsitz einer der drei Einrichtungen: DBK, ZdK oder Katholisches Büro.[162] Ende 1975 wurde Josef Homeyer als Beauftragter Döpfners Mitglied einer Arbeitsgruppe, die gemeinsam mit Vertretern der DDR-Bischöfe in Rom Voraussetzungen für die Errichtung von selbstständigen Diözesen in der DDR klären sollte.[163] Vermutlich wollte er in erster Linie das Schlimmste verhindern. Allerdings dachte der Vatikan ohnehin zunächst nur an eine regionale Bischofskonferenz östlich der Elbe.

Tatsächlich richtete der Apostolische Stuhl am 26. Oktober 1976 nach langen Auseinandersetzungen mit der DBK die „Berliner Bischofskonferenz" ein. Dies hätte man als ersten Schritt zur Abtrennung der DDR-Bischöfe von der DBK werten können. Homeyers Sekretariat stellte daher klar: „Die Deutsche Bischofskonferenz versteht diese kirchenrechtliche Verselbständigung der Berliner Ordinarienkonferenz nicht als Trennung, sondern sie weiß sich den bischöflichen Mitbrüdern in der DDR auch fernerhin eng verbunden."[164] Als der Apostolische Stuhl am 29. September 1977 dann aber erklärte, bald eigenständige Diözesen auf dem Gebiet der DDR errichten zu wollen, waren Homeyer, Kronenberg und Bocklet alarmiert. Der Sekretär bemühte sich im Namen der DBK intensiv darum, Papst Paul VI. und dessen Staatssekretär Agostino Kardinal Casaroli von ihrem Vorhaben abzubringen. Dabei konnte sich Homeyer der Rückendeckung durch die Bundesregierung sicher sein, die ebenfalls kein Interesse daran hatte, ihren östlichen Gegenpart aufgewertet zu sehen.

Wie gespannt die Situation schon in den Jahren davor war, zeigt die Irritation um die Ernennung von Erzbischof Guido del Mestri zum neuen Apostolischen Nuntius im Jahre 1975. Während der erste Nuntius nach dem Zweiten Weltkrieg, Erzbischof Alois J. Muench, noch den päpstlichen Auftrag hatte, „beim deutschen Volk"[165] zu wirken, so kam del Mestri mit dem offiziellen Titel eines „Apostolischen Nuntius bei der Bundesrepublik Deutschland" an den Rhein. Aus dieser offiziellen Formulierung des Vatikans musste man eigentlich schließen, dass del Mestri nur für die Bundesrepublik zuständig sei. Das führte zu einer politischen Kontroverse und Nachfragen bundesdeutscher Politiker. Homeyer musste die Wogen glätten und erklärte, dass sich nach Informationen der DBK del Mestris Auftrag auf beide Teile Deutschlands erstrecke.[166]

Dass es Ende der 70er Jahre dann doch nicht zur Errichtung eigener Diözesen in der DDR kam, war nicht dem Bemühen Homeyers, nicht den Aktivitäten des ZdK oder der deutschen Kirche zu verdanken, sondern dem Wirken einer höheren Macht: Am 6. August 1978 starb Papst Paul VI. Sein Nachfolger, Johannes Paul I., regierte nur wenige Wochen. Danach wurde Karol Wojtyla Papst und gab sich den Namen Johannes Paul II. Dieser war ein erklärter Gegner der Kommunisten und verfolgte die Pläne Pauls VI. nicht weiter.

Josef Homeyer vermutlich in den 70er Jahren

Homeyer war offenbar gerne im anderen Teil Deutschlands unterwegs. Er habe kaum eine Einladung ausgelassen, um hinter den Eisernen Vorhang zu schauen, erinnert sich sein damaliger Fahrer Teriete.[167] Meist traf er seine Gastgeber in Erfurt, wo er gelegentlich im Priesterseminar übernachtete, denn Reisen in die DDR waren nur schwer planbar. Mitunter wurden der Prälat und sein Fahrer an den Grenzübergangsstellen Herleshausen und Helmstedt einfach durchgewinkt, mehr als einmal aber ihr Wagen nach stundenlangem Warten bis in den Benzintank hinein penibel durchsucht. Ob es an den westdeutschen Zeitungen lag, die Homeyer gerne auf der Ablage „vergaß"? Mehrfach konfiszierten die DDR-Grenzer jedenfalls Exemplare von „Frankfurter Allgemeine Zeitung", „Süddeutsche Zeitung" oder „Bonner General-Anzeiger", die der Vielleser immer mit dabei hatte. Er konnte es eben nicht lassen, die Grenzsoldaten damit zu provozieren.

Vermutlich wurde der Sekretär der Deutschen Bischofskonferenz bei seinen Reisen in die DDR von der Stasi überwacht und er hat das auch gewusst. Angst davor hatte er nicht. Hermann Teriete kann sich jedenfalls nicht erinnern, dass Homeyer jemals irgendwelche Vorsichtsmaßnahmen getroffen hätte, um seine Bewacher oder Lauscher zu täuschen.

Ganz selbstverständlich ergaben sich durch Homeyers Wirken in Sachen DDR, aber auch auf vielen anderen Themengebieten, vielfältige Kontakte zur Politik. Gespräche mit den höchsten Vertretern des Staates waren nicht ungewöhnlich. Es konnte durchaus vorkommen, dass der Bundeskanzler ihn kurzfristig um ein Gespräch bat.[168] Dabei gefiel sich Homeyer aber keineswegs in der Rolle des politischen Prälaten, der sich im Glanz des Politbetriebes sonnt, sondern wusste die Bereiche von Politik und Kirche immer auseinanderzuhalten. Zahlreiche Glückwünsche von Politikern zur Bischofswahl und runden Geburtstagen zeigen die hohe Wertschätzung, die man dem Sekretär der DBK entgegenbrachte.

Tatsächlich sah Homeyer einen Schwerpunkt seiner Arbeit bei der Bischofskonferenz darin, der katholischen Kirche die besonderen Herausforderungen in Staat und Gesellschaft bewusst zu machen, aber auch das Verhältnis der Kirche zur Gesellschaft neu zu justieren. Sowohl Kardinal Döpfner wie auch dessen Nachfolger Höffner hatten ihn ausdrücklich darum gebeten. So gehen auch die ersten Gespräche der deutschen Bischöfe mit Wissenschaftlern verschiedener Disziplinen auf Homeyers Initiative zurück.[169] Außerdem baute er Kontakte mit den Kirchen anderer Länder und Kontinente auf und pflegte sie, wo er nur konnte.[170] Im Sommer 1983, kurz vor seinem Wechsel nach Hildesheim, flog Homeyer noch ans andere Ende der Welt zu Gesprächen mit der australischen Bischofskonferenz und hatte damit alle bewohnten Kontinente besucht. Mehr als 120 Länder hat Homeyer gesehen.

Trotzdem war Homeyer keinesfalls abgehoben, pflegte vielmehr seine Wurzeln und die Verbindung zu Heimat und Familie. An hohen Festtagen fuhr er zu seinen Eltern nach Harsewinkel und übernahm dann dort in der Pfarrkirche auch gelegentlich eine Messe.[171] In umgekehrter Richtung erreichten den Prälaten am Rhein regelmäßig Erzeugnisse des elterlichen Betriebes: Ein- bis zweimal im Jahr wurden halbe oder Viertelrinder geliefert, die Maria Suthe für die kleine Bonner Mahlgemeinschaft und Gäste aufteilte und portionierte. Auch sonst war Homeyer seinem Heimatbistum in diesen Jahren immer noch eng verbunden. Hatte er zum Beispiel schon als Landjugendseelsorger die 1959 gegründete[172] Akademie Klausenhof mit ihrem damaligen Standort in Dingden als Deutsche Landjugendakademie im Bistum Münster sehr gefördert – zumal er das Bistum in der Mitgliederversammlung der Akademie vertrat[173] – so zog er selbst noch Jahre später als Sekretär der Deutschen Bischofskonferenz hinter den Kulissen seine Fäden bei der Gründung der „Stiftung Akademie Klausenhof", die die Zukunft dieser Einrichtung langfristig sicherte.[174]

Homeyer und die DBK-Vorsitzenden

Bei seinen Aktivitäten konnte sich Homeyer auf die Rückendeckung der Vorsitzenden der Deutschen Bischofskonferenz verlassen, die seine Vorgesetzten waren. Zunächst arbeitete er mit dem Münchner Erzbischof Julius Kardinal Döpfner zusammen. Nach dessen überraschenden Tod am 24. Juli 1976 wurde der Kölner Kardinal Joseph Höffner von den deutschen Bischöfen am 22. September desselben Jahres zu Döpfners Nachfolger ins Amt des Vorsitzenden gewählt.

Der eifrige Prälat kam mit beiden Chefs gut zurecht. Vor allem mit Döpfner, den manche für die bedeutendste Bischofsgestalt des 20. Jahrhunderts in Deutschland halten,[175] verband Homeyer eine starke, innere Zuneigung.[176] Der Prälat schätzte an dem Münchner Kardinal vor allem dessen verbindliches und angenehmes Auftreten, mit dem er Menschen für sich einzunehmen verstand. „Kardinal Döpfner sah den konkreten einzelnen Menschen, den er durch Rückfragen zu verstehen und durch seine Gegenfragen nachdenklich zu machen suchte. Entsprechend wurde er als offen und gesprächsbereit wahrgenommen."[177] Auch wenn der Kardinal mit seiner ernsten, manchmal sogar grimmigen Miene eine gewisse Unwilligkeit auszustrahlen schien, gelegentlich ängstlich und scheu wirken konnte, trat er im Gespräch doch kraftvoll und überzeugend auf. Als Vorsitzender der deutschen Bischöfe sah sich der Münchner vor allem in der Rolle eines Moderators, blieb bei Diskussionen immer eng an der Sache und gab seine eigene Meinung häufig erst dann kund, wenn er dazu gedrängt wurde.

Homeyers Zusammenarbeit mit Höffner dagegen begann mit einer erheblichen Irritation. Anfang September 1976 hatte der Sekretär der deutschen Bischöfe vor der anstehenden Bundestagswahl im Deutschlandfunk nämlich erklärt, alle Parteien, die eindeutig auf dem Boden des Grundgesetztes stehen, seien „im Prinzip wählbar". Die Kirchen müssten wünschen, dass alle Parteien sich an diesem Grundgesetz orientieren.[178] Dies war eine zumindest ungewöhnliche, ganz sicher aber mutige Aussage in Zeiten, als die deutschen Bischöfe in ihren Hirtenbriefen oft noch eindeutige Parteipräferenzen durchblicken ließen.

Homeyers liberale Töne schienen die kirchlichen Anhänger der Christdemokraten verschreckt zu haben. Aufgebrachte Anrufer hätten den Prälaten mit Anfragen und Beschimpfungen überschüttet, schrieb „Der Spiegel" damals.[179] „Jetzt sitzen die Kommunisten schon in der Bischofskonferenz" soll ein Anrufer gesagt haben. Joseph Kardinal Höffner beeilte sich denn auch, den forschen Sekretär in einem Interview zurechtzuweisen. Er sprach von einer „privaten Meinungsäußerung" Homeyers, die mit den Bischöfen weder abgestimmt, noch von ihnen autorisiert sei.[180] Dadurch war der Sekretär öffentlich desavouiert.[181] Bußfertig habe er sich danach einer „Gehirnwäsche" durch den Kölner Kardinal unterziehen müssen, ätzte „Der Spiegel" weiter und berichtete genüsslich, der „Höffner-Untergebene Homeyer" habe im ZDF einen Rückzieher gemacht. Das Blatt zitierte den Prälaten dort mit den Worten, kein katholischer Christ könne vergessen, „welche Parteien in der Bundesrepublik die ständig wiederholten Mahnungen der Kirche zur Diskussion um Grundwerte, Eherecht oder Pornographie in den Wind geschlagen, ja hart bekämpft haben" – die Parteien der damaligen linksliberalen Koalition natürlich.[182]

Homeyer dagegen erinnert sich völlig anders an Höffners Reaktion auf sein Interview im Deutschlandfunk: „Von seiner Seite fiel nicht einmal ein kritisches Wort. Vielmehr bemühte er sich rührend, mich zu trösten."[183]

Ob Höffner nun Homeyer tröstete oder dessen Gehirn wusch sei dahingestellt: Kurzzeitig stand jedenfalls die Wiederwahl Homeyers als Sekretär, die auf der Herbstvollversammlung vom 20. bis 23. September 1976 in Fulda anstand, in Frage. Dass dann bei dieser Vollversammlung ohne großes Aufsehen sowohl Homeyer durch Wahl bestätigt, als auch Höffner zum neuen Vorsitzenden – und damit zu Homeyers Vorgesetzten – gewählt wurde, zeigt, dass offenbar niemand einen ernsthaften Streit um diese Frage wollte. In der Tat haben Homeyer und Höffner dann in den folgenden Jahren gut zusammengearbeitet, auch wenn Medienberichte gelegentlich etwas anderes andeuteten.[184]

Dazu hat sicher auch beigetragen, dass beide Männer in mancher Hinsicht über ganz ähnliche Charaktereigenschaften verfügten. Der Sekretär beschrieb den Vorsitzenden später einmal als einen Bischof, der die Auseinandersetzung nicht suchte, ihr jedoch keineswegs aus dem Wege ging, wobei er nie den Respekt vor den Menschen verloren habe. Höffner sei es immer mehr um die Einheit als um die Mehrheit gegangen. Besonders beeindruckt war Homeyer von der Selbstdisziplin, dem Sachwissen und der Aktenkenntnis des Kardinals und DBK-Vorsitzenden. „Es bleibt wohl ein Geheimnis, wann der Kardinal sich auf die vielen Gespräche und auf die zahllosen Konferenzen vorbereitet. Jedenfalls setzt er seine Gesprächspartner in Erstaunen über seine Detailkenntnis, auch bei lange Zeit zurückliegenden Vorgängen",[185] schrieb Homeyer.

Im persönlichen Gespräch war Höffner sehr sachorientiert, konfrontierte seine Gesprächspartner aber auch schnell mit Gegenargumenten und Lehraussagen der Kirche, weshalb mancher sich nicht recht verstanden fühlte. „Allerdings blieb Kardinal Höffner immer entwaffnend freundlich. Man konnte sich seinen Argumenten, seinem persönlichen Charme, seiner Klarheit, seiner Bescheidenheit und Liebenswürdigkeit nicht entziehen."[186]

Nach seiner Wahl zum DBK-Vorsitzenden bemühte sich Höffner sehr um Kontinuität. Dass er dennoch nach außen anders auftrat als Döpfner, registrierten nicht zuletzt auch die Journalisten. Döpfner habe einst bei Pressekonferenzen die ohnehin nur spärlichen Fragen „meistens knapp und mit dem berühmten brummigen Charme beantwortet", schrieb damals ein Redakteur der „Herder-Korrespondenz". Höffner dagegen gehe in seiner kommunikativen Art auf unterschiedliche Fragen sehr genau ein und beantworte sie „mit fast unerschöpflicher Geduld". [187] Wo der eine zu wenig sagte, verlor sich der Nachfolger gerne in Details, so darf man die nett verpackte Kritik des Redakteurs wohl deuten. Dies trifft sich mit Homeyers Eindruck: „Kardinal Höffner pflegte immer ein wenig zu lächeln, war freimütig und offen im Gespräch, zeigte bei weiteren Rückfragen eine Engelsgeduld, von Ängstlichkeit oder Ungeduld keine Spur. Entsprechend dauerten seine Pressekonferenzen länger, wurden aber häufig als ergiebiger empfunden."[188]

Die Wertschätzung Homeyers für seine beiden Chefs beruhte auf Gegenseitigkeit. Döpfner wie Höffner wussten, dass sie sich auf die analytischen Fähigkeiten, den Fleiß und das Durchsetzungsvermögen ihres Prälaten verlassen konnten, vor allem aber auf seine Kunst, Entscheidungen im Hintergrund vorzubereiten. Es gibt zahlreiche Erzählungen darüber, wie Homeyer die Protokolle der verschiedenen Bischofssitzungen entweder unmittelbar nach den Gesprächen schrieb – beziehungsweise von seinen Sekretärinnen schnellstens schreiben ließ – oder sogar schon vor den Sitzungen fertig hatte, weil die jeweiligen Positionen und Entscheidungen gründlich von ihm vorbereitet waren. Homeyers ganzer Stolz sei es gewesen, den Bischöfen vor deren Abreise aus Bonn das fertige Protokoll ihrer Treffen schon in den Mercedes zu

Der Sekretär der Deutschen Bischofskonferenz im Gespräch mit Joseph Kardinal Ratzinger (links) und Joseph Kardinal Höffner während der Frühjahrsvollversammlung der Deutschen Bischofskonferenz vom 13. bis 16. Februar 1978

legen, erzählt ein ehemaliger Mitarbeiter.[189] Selbst wenn manches davon der Übertreibung oder stillen Bewunderung für den agilen Prälaten geschuldet sein mag, so verraten diese Erzählungen doch viel über Homeyers Arbeitsstil.

Den meisten Bischöfen war Anfang der 80er Jahre jedenfalls klar, dass der fleißige Prälat früher oder später einer der ihren werden müsse. So mancher aber fragte spöttisch, warum Homeyer sich mit einem Bistum zufrieden geben solle, wenn er als Sekretär der Bischofskonferenz jetzt schon der heimliche Bischof aller deutschen Bistümer sei.[190] Der Hildesheimer Bischof Heinrich Maria Janssen schenkte dem Sekretär irgendwann im Scherz einen Spielzeug-Hubschrauber, damit dieser im Falle seiner Bischofsernennung schnell in das jeweilige Bistum fliegen könne.[191] Dass Homeyer dann sein eigener Nachfolger werden würde, hat Janssen wohl nicht vermutet.

Der 69. Bischof von Hildesheim

Zu Beginn der 80er Jahre des 20. Jahrhunderts stand in der Deutschen Bischofskonferenz ein Generationswechsel an. Anfang 1983 waren vier Bischofssitze in Deutschland vakant: Fulda, Mainz, Speyer und Hildesheim. Im Laufe des Jahres trat zudem Bischof Dr. Alois Brems in Eichstätt aus Altergründen zurück. Der Sekretär der Bischofskonferenz wusste wohl, dass er als möglicher Bischofskandidat gehandelt wurde, rechnete aber nicht mit einer schnellen Berufung, da Höffner deutlich gemacht hatte, dass er seinen tüchtigen Sekretär gerne behalten wollte. Tatsächlich wurde im Laufe des Jahres ein Bischofssitz nach dem anderen wieder besetzt, ohne dass man den Bonner Prälaten dabei berücksichtigte: Am 4. Juni 1983 ernannte Papst Johannes Paul II. Erzbischof Dr. Dr. Johannes Dyba zum Bischof von Fulda, nur wenige Tage später, am 23. Juni, wurde Dr. Karl Lehmann in Mainz als neuer Oberhirte vorgestellt. Gerade einmal 48 Stunden danach gab Rom bekannt, dass Dr. Anton Schlembach die altehrwürdige Kathedra des Speyerer Doms besteigen solle.

Sein Chef werde schon dafür sorgen, dass er so bald nicht aus Bonn weg müsse, mag sich der Prälat damals gedacht haben. Wenn es stimmt, was ein langjähriger Weggefährte Homeyers erzählt, dann war der damals knapp 54-Jährige tatsächlich völlig nichtsahnend, als ihm der Hildesheimer Weihbischof Heinrich Pachowiak, der das Bistum Hildesheim nach dem altersbedingten Rücktritt von Bischof Heinrich Maria Janssen als Kapitularvikar leitete, im Sommer 1983 am Rande einer der zahlreichen Konferenzen der Bischöfe in Bonn einen Briefumschlag in die Hand drückte mit der Bitte, ihn später noch kurz persönlich sprechen zu können. Der umtriebige Prälat nahm den Briefumschlag, vergaß aber das Gespräch mit dem Hildesheimer Weihbischof und öffnete den Umschlag erst am Abend zuhause. Wie muss er sich wohl gefühlt haben, als er las, das Hildesheimer Domkapitel habe ihn zum Bischof von Hildesheim gewählt und er möge die Wahl annehmen?[192] Welche Gedanken verband er damals mit der Stadt an der Innerste?

Hildesheim war Homeyer nicht unbekannt, das ist sicher. 1947 war er mit dem Fahrrad von Harsewinkel nach Hildesheim gefahren, um den Dom zu sehen, fand aber nur ein Trümmerfeld vor. Fünf Jahre später, nun als Student, unternahm er mit einigen Innsbrucker Kommilitonen eine Busreise ins Bistum Hildesheim und erlebte voller Bewunderung, wie die Heimatvertriebenen und die Einheimischen aufeinander zugingen.[193] Wollte er in diesem Bistum Bischof werden?

Der Gewählte hat schließlich ja gesagt zu dieser neuen Aufgabe und am Mittag des 25. August 1983 ernannte Papst Johannes Paul II. den Bonner Prälaten Dr. Josef Homeyer zum 69. Bischof von Hildesheim und damit zum Nachfolger der Heiligen Bischöfe Altfrid, Bernward und Godehard. „Du ragst im priesterlichen Dienst und apostolischen Eifer hervor und hast Dir bisher im Einsatz für die Bischofskonferenz Deines Landes viele Verdienste erworben", schreibt der Heilige Vater in seiner Apostolischen Bulle vom 25. August 1983, „daher erwählen wir Dich kraft unserer Vollmacht [...] damit nun die Diözese nicht länger durch Verzögerung notwendiger Entscheidungen geistlichen Schaden nimmt oder gar in ihrem hervorragenden apostolischen Eifer nachlässt".[194] Die Katholische Nachrichtenagentur (KNA) kommentierte diese Wahl mit den Worten: „Homeyer gilt bundesweit nicht nur als ein politischer Prälat, sondern vor allem als der katholische Manager Nr. 1, wie es ein Journalist formulierte. Und daran ist mehr als nur ein Körnchen Wahrheit, bezieht man diese Feststellungen auf die zwölf Jahre seiner Tätigkeit als Sekretär der Deutschen Bischofskonferenz."[195]

Bereits einen Tag nach der Ernennung stellte sich der neu ernannte Bischof am Hildesheimer Domhof vor. Zunächst zog er sich am Vormittag zum kurzen Gebet in seine zukünftige Bischofskirche zurück und bat danach Bischof Heinrich Maria Janssen um dessen Segen, Gebet und Hilfe. Es folgte ein Gespräch mit dem Hildesheimer Domkapitel und den Mitarbeitern im Bischöflichen Generalvikariat.[196] Am Mittag beantwortete er schließlich die Fragen der Journalisten. Bei dieser ersten Pressekonferenz als designierter Bischof grüßte er nicht nur die Gläubigen seines Bistums, sondern ganz ausdrücklich auch die Nichtgläubigen und die Mitglieder anderer Religionsgemeinschaften, was damals aufhorchen ließ. Außerdem bekannte er sich mit klaren Worten zur Ökumene, denn die Kirche sei „für die Menschen da, und zwar für alle Menschen"[197].

An diesem Tag kam es auch zum Wiedersehen zwischen Homeyer und seinem früheren Fahrer Bruder Karl Thalmann, der 1972 nach Hildesheim versetzt worden war. Große, bewe-

Einen Tag nach seiner Bischofsernennung besucht Homeyer am 26. August 1983 erstmals offiziell Hildesheim. Hier verlässt er in Begleitung seines Vorgängers Bischof Heinrich Maria Janssen (rechts) und der Weihbischöfe Heinrich Machens (ganz links) und Heinrich Pachowiak (links) den Dom. „Das wird euer neuer Bischof" ruft Janssen jungen Dombesuchern zu

gende Worte fielen nicht zwischen den beiden Männern, man verstand sich auch ohne. Wie sehr Josef Homeyer seinen langjährigen Begleiter schätzte, mag man daran ersehen, dass er noch vor seiner Weihe zum zweiten Mal beim Orden der Canisianer in Münster, denen Bruder Karl angehörte, vorstellig wurde und die Leitung der Brüdergemeinschaft bat, ihm den Fahrer nicht wieder abzuziehen, mit Erfolg! Zum zweiten Mal also wurde Bruder Karl Thalmann Homeyers Fahrer, denn Hermann Teriete hatte Homeyers Bitte, mit nach Hildesheim zu kommen, aus familiären Gründen ausgeschlagen.[198]

Gegen Ende dieses denkwürdigen ersten Besuches des ernannten Bischofs in seiner zukünftigen Bischofsstadt kam es noch zu einem merkwürdigen Fototermin im Bischofshaus. Hermann Teriete, der Homeyer nach Hildesheim gefahren hatte, erinnert sich, dass Fotografen – vermutlich aus der Bischöflichen Pressestelle – den Prälaten um ein Foto im Bischofsgewand baten. Schnell trugen die anwesenden Hildesheimer Bischöfe passende Gewandteile zusammen, um den Fotografen zu einem Foto zu verhelfen. Fahrer Teriete musste dabei hinter dem hochgewachsenen Homeyer kauern und das zu große fremde Ornat zusammen ziehen, damit es passte.[199]

Noch war Prälat Josef Homeyer nämlich nur ernannter, noch nicht geweihter Bischof von Hildesheim. Die Arbeit in Bonn musste erst geordnet an einen Nachfolger übergeben werden. Auf Wunsch von Kardinal Höffner wählten die deutschen Bischöfe auf ihrer Herbstvollversammlung vom 19. bis 22. September 1983 den Leiter der Medienstelle der Deutschen Bischofskonferenz, Prälat Wilhelm Schätzler, zum Nachfolger Homeyers im Sekretariat.[200] Schätzler sagte man nach, dass er im Gegensatz zu seinem Vorgänger „die administrative Vernunft nicht für die oberste Lebensregel" halte. Die gewöhnlich gut informierte Zeitschrift „Herder-Korrespondenz" mutmaßte damals: „Vermutlich fiel die Wahl gerade deswegen auf Schätzler, weil viele Bischöfe, nachdem sich der Apparat als funktionsfähig erwiesen hat, sich nun eine eher lockere Handhabung der Geschäftsstelle der Konferenz wünschen."[201] Vielleicht war die scherzhafte Bemerkung mancher Bischöfe, Homeyer sei als Sekretär der DBK im Grunde der Chef aller Bistümer gewesen, gar nicht so weit hergeholt. Viele Bischöfe glaubten jedenfalls, das Bistum Hildesheim sei viel zu klein für diesen großen Mann. „Wir hatten ihn eher als Erzbischof in Köln oder München gesehen",[202] erinnert sich der heutige Hamburger Erzbischof Dr. Werner Thissen.

Ein Besuch beim ernannten Bischof

Mag sein, dass der scheidende Sekretär der deutschen Bischöfe seinen Apparat fest im Griff hatte, ganz sicher aber mit einem Gespür für das Delegieren von Verantwortung. Davon konnte sich eine Gruppe junger Hildesheimer Kapläne der Weihejahrgänge 1981 bis 1983 überzeugen, die Ende September 1983 mit ihrem Regens, dem heutigen Weihbischof Hans-Georg Koitz, zu einer Fortbildungswoche im Haus Altenberg bei Düsseldorf weilte. Sollte man da nicht die Gelegenheit nutzen und dem Neuernannten einen Besuch in Bonn abstatten, das ja gleich um die Ecke lag? Aus der Idee wurde eine Verabredung und so fuhren der

Regens und seine Kapläne nachmittags auf einen Kaffee zu ihrem neuernannten Bischof in die Bundeshauptstadt.

Es erwartete sie ein aufgeräumter, freundlicher Prälat, der sofort das Heft in die Hand nahm, die Gruppe an ihre Plätze führte, für Kaffee und Kuchen sorgte und seine künftigen Mitarbeiter über das Bistum ausfragte. Über sich selbst erzählte er wenig, offensichtlich gewillt, die Sache in den Mittelpunkt zu stellen, nicht seine Person. Hier entspann sich dann auch jener Dialog, der eingangs schon beschrieben wurde: Ob man den Wahlspruch des Bischofs „In Mundum Universum" auch so interpretieren könne, dass das Wichtige, die Botschaft im Zentrum allen Denkens und Tuns stehen müsse, so fragte ihn der junge Celler Kaplan Dr. Nikolaus Schwerdtfeger, den Homeyer später zu seinem Bischöflichen Kaplan und dann auch zum Weihbischof machte. „Ganz genau so könnte man es auch verstehen", war die Antwort.

Gegen 16 Uhr kam schließlich Homeyers Sekretärin in den Raum und legte ihm vor den Augen der Besucher eine Unterschriftenmappe vor. Ohne zu zögern, ohne nachzusehen unterschrieb der Sekretär blind die vorgelegten Dokumente, während er weiter mit den Gästen plauderte. Der Regens und die Kapläne waren verblüfft. Dieser Mann musste seinen Apparat wahrlich gut im Griff haben, so dass er sich leisten konnte, seinen Mitarbeitern blind zu vertrauen.[203] Die Gruppe fuhr in der Gewissheit zurück nach Düsseldorf, einen tüchtigen und intellektuellen Bischof zu bekommen, eine Respektperson, die über Bistumsgrenzen hinaus schaut.

Dieser natürlichen Autorität konnten sich auch Homeyers engere Mitarbeiterinnen nicht entziehen. Maria Suthe, die sich in Bonn mit Homeyers Unterstützung zur Hauswirtschaftsmeisterin weitergebildet hatte, wurde von der neuen Herausforderung ihres Chefs ebenso überrascht wie seine Sekretärinnen, obwohl es manche geahnt hatten. Für den angehenden Bischof war offensichtlich völlig klar, dass Maria Suthe ihm in Hildesheim den Haushalt führen würde. Dort werde alles ruhiger für sie werden, soll der Prälat behauptet haben. „Jaja, das kennen wir", war die lapidare Antwort.[204] Maria Suthe ahnte wohl, was auf sie zukommen sollte.

Auch Marlene Pöpping, eine der Sekretärinnen, wollte sich der neuen Aufgabe stellen. Zwischen der Ernennung Homeyers und seinem Umzug nach Hildesheim am 3. November 1983 fuhren die angehenden Hildesheimer mehrfach zum dortigen Domhof, um das Bischofshaus einzurichten. Es wurde entschieden, dass die beiden Damen je eine Wohnung im Gebäude des Albertinums, im turmartigen Anbau über dem Durchgang zum Roemer-Pelizaeus-Museum, bekommen sollten. Von dort musste ein Durchgang zum Bischofshaus gebrochen werden, damit Maria Suthe und Marlene Pöpping notfalls auch nachts und trockenen Fußes von ihrem Arbeitsplatz zur Wohnung gelangen konnten.

Am 2. November 1983 kamen die Möbelpacker nach Bonn und brachten Homeyers Hausstand noch in derselben Nacht zum Hildesheimer Domhof. Der Prälat und seine Mitarbeiterinnen wurden von Heinrich Maria Janssen begrüßt, mussten ihre erste Nacht auf Hildesheimer Boden aber in der Fachschule für kirchlichen Gemeindedienst auf dem Moritzberg verbringen. Erst am Abend des 3. November war das Bischofshaus so weit eingeräumt, dass der angehende 69. Bischof von Hildesheim nun seine neue Residenz in Besitz nehmen konnte: den Domhof 25. Möbelwagen rollten aber nicht nur vom Rhein an die Innerste, sondern auch von der Aa in Münster, denn Homeyer unterhielt in der westfälischen Bischofsstadt bis zu seiner Bischofsweihe immer noch eine kleine Wohnung im Pfarrhaus der Überwasserkirche, die er in seinen Bonner Jahren aber kaum genutzt hatte.[205] Dort stand eine wertvolle Schlafzimmereinrichtung aus Eiche mit einem Bett in Überlänge, die der groß gewachsene Mann nun in sein Bischofshaus holte. Die Möbel seines Münsteraner Wohn- und Arbeitszimmers taten in einem der Gästezimmer am Domhof und im Arbeitszimmer des Bischöflichen Kaplans noch jahrelang gute Dienste.

Am 8. November legte Josef Homeyer in der Staatskanzlei Hannover gemäß Artikel 16 des Reichskonkordats von 1933 vor den Ministerpräsidenten jener Länder, auf deren Gebiet das Bistum Hildesheim damals lag, einen Treueeid ab.[206] Der designierte Bischof schwor und versprach „Treue, wie es einem Bischof geziemt, Deutschland und den Ländern Freie Hansestadt Bremen, Freie und Hansestadt Hamburg und Niedersachsen. Ich schwöre und verspreche, die verfassungsgemäß gebildeten Regierungen zu achten und von meinem Klerus achten zu lassen."[207] Zeugen waren der niedersächsische Ministerpräsidenten Dr. Ernst Albrecht, Bürgermeister Hans Koschnick aus Bremen und dessen Amtskollegin Helga Elstner aus Hamburg.

Bischofsweihe und erste Entscheidungen

Es kam der Tag der Weihe, der 13. November 1983 – Bernwardssonntag! Das Wetter war wunderschön, aber kalt. Schon seit dem Mittag strömten die Gläubigen in den Dom.[208] Um 14.30 Uhr begann der Gottesdienst. 33 katholische, zwei orthodoxe und vier evangelische Bischöfe, zwei Kardinäle, zwei Päpstliche Nuntien, der Landesrabbiner, zahlreiche Priester und Diakone begleiteten den Weihekandidaten durch die Bernwardstür ins Innere seiner zukünftigen Bischofskirche. Der Norddeutsche Rundfunk (NDR), der Sender Freies Berlin (SFB) und Radio Bremen (RB) waren live mit dabei,[209] als der Apostolische Nuntius in der Bundesrepublik Deutschland, Erzbischof Guido del Mestri, dem Ernannten die Päpstliche Ernennungsurkunde übergab, die Homeyer den Mitgliedern des Domkapitels vorlegte und damit von seinem Bistum kirchenrechtlich Besitz ergriff.[210] Danach weihten der Hauptkonsekrator, der Kölner Kardinal Dr. Joseph Höffner, Vorsitzender der Deutschen Bischofskonferenz, sowie der Paderborner Erzbischof Dr. Johannes Joachim Degenhardt und der emeritierte Hildesheimer Bischof Heinrich Maria Janssen als Mitkonsekratoren den Prälaten Dr. phil. Josef Homeyer zum 69. Bischof des Bistums Hildesheim.[211] Höffner ermahnte den neuen bischöflichen Mitbruder in seiner Predigt, die Liebe zu den Kirchen in Europa und in aller Welt nicht zu vernachlässigen und auch auf jene Christen zuzugehen, „die im Glauben noch von uns getrennt sind."[212]

Vor dem Hochaltar überreicht der Kölner Kardinal dem früheren DBK-Sekretär schließlich die Insignien eines Bischofs: Bischofsstab, Bischofsring, Mitra und Brustkreuz. Bis auf die Mitra hat Homeyer alle seine Insignien von dem Künstler Heinrich Gerhard Bücker aus Vellern bei Beckum entwerfen lassen.[213] Beide kannten sich seit Jahren, Bücker hatte schon öfter für Homeyer gearbeitet und schloss in den Ring einen Edelstein ein. Für den Schaft des Bischofsstabs verwendete er Holz einer Eiche, die jahrhundertelang am Strotdreeschen Hof, Homeyers Elternhaus, gestanden hatte. Seine Mitra hat der neue Bischof von den Schwestern der Benediktinerinnen-Abtei Herstelle, mit denen er seit 1948 freundschaftlich verbunden war,

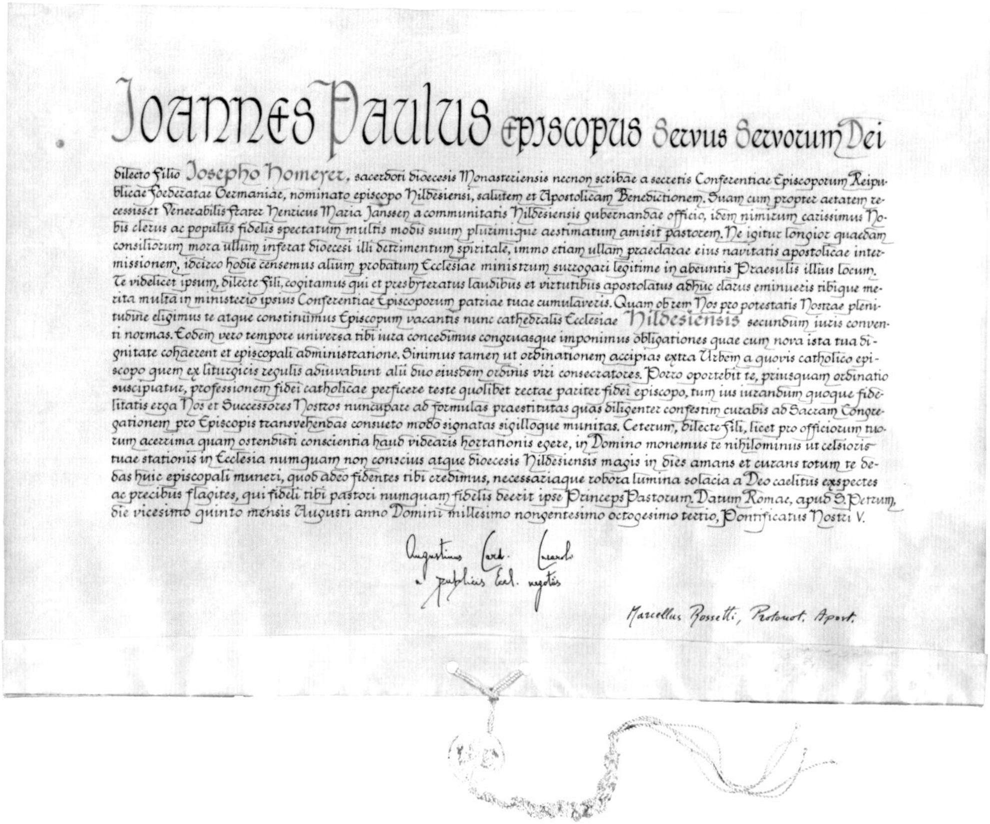

JOANNES PAULUS EPISCOPUS SERVUS SERVORUM DEI

dilecto Filio Josepho Homeyer, sacerdoti dioecesis Monasteriensis necnon scribae a secretis Conferentiae Episcoporum Reipublicae Foederatae Germaniae, nominato episcopo Hildesiensi, salutem et Apostolicam Benedictionem. Suam cum propter aetatem recessisset Venerabilis Frater Henricus Maria Janssen a communitatis Hildesiensis gubernandae officio, idem nimirum carissimus Nobis clerus ac populus fidelis spectatum multis modis suum plurimique aestimatum amisit pastorem. Ne igitur longior quaedam consiliorum mora ullum inferat dioecesi illi detrimentum spiritale, immo etiam ullam praeclarae eius navitatis apostolicae intermissionem, idcirco hodie censemus alium probatum Ecclesiae ministrum surrogari legitime in abeuntis Praesulis illius locum. Te videlicet ipsum, dilecte Fili, cogitamus qui et presbyteratus laudibus et virtutibus apostolatus adhuc clarus emineres tibique merita multa in ministerio ipsius Conferentiae Episcoporum patriae tuae cumulaveris. Quam ob rem Nos pro potestatis Nostrae plenitudine eligimus te atque constituimus Episcopum vacantis nunc cathedralis Ecclesiae Hildesiensis secundum iuris conventi normas. Eodem vero tempore universa tibi iura concedimus congruasque imponimus obligationes quae cum nova ista tua dignitate cohaerent et episcopali administratione. Sinimus tamen ut ordinationem accipias extra Urbem a quovis catholico episcopo quem ex liturgicis regulis adiuvabunt alii duo eiusdem ordinis viri consecratores. Porro oportebit te, priusquam ordinatio suscipiatur, professionem fidei catholicae perficere teste quolibet rectae pariter fidei episcopo, tum ius iurandum quoque fidelitatis erga Nos et Successores Nostros nuncupare ad formulas praestitutas quas diligenter confestim curabis ad Sacram Congregationem pro Episcopis transvehendas consueto modo signatas sigilloque munitas. Ceterum, dilecte Fili, licet pro officiorum tuorum acerrima quam ostendisti conscientia haud videaris hortationis egere, in Domino monemus te nihilominus ut celsioris tuae stationis in Ecclesia numquam non conscius atque dioecesis Hildesiensis magis in dies amans et curans totum te dedas huic episcopali muneri, quod adeo fidentes tibi credimus, necessariaque robora lumina solacia a Deo caelitus exspectes ac precibus flagites, qui fideli tibi pastori numquam fidelis deerit ipse Princeps Pastorum. Datum Romae, apud S. Petrum, die vicesimo quinto mensis Augusti anno Domini millesimo nongentesimo octogesimo tertio, Pontificatus Nostri V.

Augustinus Card. Casaroli
a publicis Eccl. negotiis

Marcellus Rossetti, Protonot. Apost.

Die Ernennungsurkunde Homeyers zum 69. Bischof von Hildesheim

fertigen lassen. Kurz vor seiner Weihe hatte ihm Prof. Dr. Henry Fischer, ein Priester des Bistums Osnabrück und Studienkamerad aus dem Innsbrucker Canisianum, der später die Fachschule für kirchlichen Gemeindedienst in Hildesheim leitete, einen wertvollen Karneolstein geschenkt, vermutlich aus der Domitilla-Katakombe in Rom. Wenige Monate nach seiner Weihe ließ der neue Bischof bei einem Hildesheimer Goldschmied Bückers Stein in seinem Bischofsring gegen Fischers Karneolstein austauschen.[214]

Die persönliche Geschichte Homeyers und seine neue Aufgabe als Bischof verbanden sich nicht nur im Stab, sondern auch im Bischofswappen.[215] Homeyer wählte dazu neben den Bistumsfarben seiner Diözese den rot-weiß gerasterten griechischen Buchstaben „Tau", der als Hinweis auf das Kreuz zu verstehen ist. Die rot-weiße Rasterung erinnert an die Zisterzienser, vor allem an die Zisterzienserabtei Marienfeld nahe bei Homeyers Heimat Harsewinkel.

In seiner ersten Predigt als Bischof von Hildesheim erinnerte Josef Homeyer im Weihegottesdienst die Gläubigen an ihren Dienst zur Versöhnung, vor allem in der Eucharistie und in der Weitergabe des Evangeliums.[216] Eindringlich, fast beschwörend bat er mit dem Apostel Paulus (2 Kor 5,20): „Lasst Euch mit Gott versöhnen!"

Zahlreiche Glückwünsche aus aller Welt erreichten den neuen Bischof. Bundespräsident Dr. Karl Carstens betonte in seinem Schreiben, Homeyer habe Anteil an dem guten Einvernehmen zwischen Staat und Kirche in der Bundesrepublik. Deren Kanzler Dr. Helmut Kohl dankte für „viele fruchtbare Gespräche". „Sie werden uns in Bonn fehlen", schrieb Bundesaußenminister Hans-Dietrich Genscher und fügte hinzu: „Ich glaube, wir konnten einiges bewegen."[217] Sehr warmherzig begrüßte ihn sein Vorgänger, Heinrich Maria Janssen, der als „Baubischof" in der Nachkriegszeit rund 300 Kirchen im Bistum geweiht hatte.[218] „Er wird weniger bauen, kann aber dafür das Erbaute als Instrument für die Seelsorge nutzen", schrieb Janssen über seinen Nachfolger. „Was wir oft bei einer Kirchweihe gesagt haben: ‚Jetzt kommt der zweite Bauabschnitt', das sage ich auch Bischof Josef."[219]

Bistümer sind ewige Baustellen und damit für jeden neuen Bischof eine große Herausforderung. Dr. Josef Homeyer übernahm von seinem Vorgänger eine Diözese von beeindruckenden räumlichen Ausmaßen, mit manchen Problemen, aber auf gesunden Fundamenten. 1983 war das Bistum Hildesheim unter den damals 22 Diözesen der Bundesrepublik mit rund 33.500 Quadratkilometern die flächenmäßig größte und erreichte fast die Ausmaße der Niederlande.[220] Zugleich wies sie damals den geringsten Katholikenanteil aller Diözesen Westdeutschlands auf. Homeyer wurde Oberhirte von rund 738.500 Katholiken, das waren 12,3 Prozent der Gesamtbevölkerung. 362 Pfarrgemeinden verteilten sich auf 32 Dekanate. Mit 8.000 Gläubigen war St. Joseph in Hannover die größte Pfarrgemeinde im Bistum Hildesheim, gerade einmal ein Achzigstel davon zählte die kleinste Gemeinde St. Joseph in Holle-Henneckenrode mit 100 Katholiken. In 591 Kirchen und Kapellen wurde das Lob des Herrn gesungen. 1983 wuchs der Bistumshaushalt zum ersten Mal seit 1975 nicht mehr, sondern sank sogar um 2,13 Prozent auf 136,9 Millionen DM. Grund dafür war die Wirtschaftsrezession mit Arbeitslosigkeit und Kurzarbeit.[221]

Dr. Josef Homeyer wurde Hirte eines Diaspora-Bistum, das große Gegensätze aufwies. Schon damals lebten relativ wenige Katholiken verstreut in einem großen Gebiet und verteilten sich sehr ungleichmäßig. Da waren zum einen die Katholiken in den Dörfern und Städten des Hildesheimer Stiftes und im ehemals kurmainzischen Eichsfeld, die ihren Glauben in einer überwiegend protestantischen Umwelt über die Jahrhunderte bewahrt hatten. In den nördlichen Dekanaten des Bistums gab es dagegen weite Landstriche, wo die wenigen Katholiken meist schlesische Wurzeln aufwiesen und erst durch die Vertreibungswellen des Zweiten Weltkrieges ins Land gekommen waren. Dies hat sich im Wesentlichen bis heute nicht geändert. Und auch das gilt bis in unsere Tage: Das Bistum Hildesheim ist eines der landschaftlich reizvollsten Deutschlands, jedenfalls die einzige deutsche Diözese, in der man sowohl Ski fahren, als auch im Meer baden kann. Dazu muss man nur von den Pisten des Harzes an die Strände der Nordsee bei Cuxhaven fahren. Josef Homeyer hat darum später oft genug augenzwinkernd gesagt, er sei „Bischof des schönsten deutschen Bistums"[222] geworden.

Nach seiner Weihe wollte der neue Bischof zunächst das Bistum kennenlernen. Monatelang besuchte er alle Pfarrgemeinden und sprach persönlich mit jedem Pfarrer. Unermüdlich

Durch Handauflegung weiht der Kölner Kardinal Dr. Joseph Höffner Homeyer zum Bischof

war er vom frühen Morgen bis oft spät in die Nacht unterwegs, was ihm viel Respekt beim Klerus einbrachte. Einer der Priester erinnert sich an Homeyers damaliges Wort: „Herr Pfarrer, ich bin nicht Ihr Vorgesetzter, sondern Ihr Bruder und Bischof."[223]

Dann jedoch begann der 69. Bischof von Hildesheim zu gestalten. Ab der zweiten Jahreshälfte 1984 initiierte er das, was als „Versetzungswelle" in die Bistumsgeschichte einging und auch überdiözesan für einiges Aufsehen sorgte. Nahezu reißbrettartig plante er seine Dekanate personell neu und versetzte fast alle Priester. Homeyer wollte in jedem Dekanat eine gesunde Mischung aus jüngeren und älteren Priestern, aus Steuermännern und Ruderern formen. Monatelang fuhren Umzugswagen durch das Bistum. Der Klerus habe sich untereinander nur noch biblisch mit „Quo vadis – wohin gehst Du?" gegrüßt, erinnert sich ein alter Weggefährte.[224] Das brachte dem neuen Bischof viel Ärger ein, den er in persönlichen Gesprächen aufzufangen suchte – mit wechselndem Erfolg. Letztlich konnten sich nur ganz wenige Priester dem ausgeprägten Gestaltungswillen Homeyers entziehen.

Der neu geweihte 69. Bischof von Hildesheim zwischen den beiden Mitkonsekratoren Bischof Dr. Johannes Joachim Degenhardt aus Paderborn (links) und Bischof Heinrich Maria Janssen

Die erste Ansprache des neuen Bischofs am Tag der Weihe

Der erste Bischöfliche Kaplan

Der neue Bischof konnte sehr hartnäckig sein, wenn es um Mitarbeiter ging, zumal um seine engsten. Anders als sein Vorgänger Heinrich Maria Janssen wollte Homeyer nicht auf einen Assistenten, den Bischöflichen Kaplan, verzichten. Im Januar 1984 traf er bei einer Reise nach Celle jenen Kaplan wieder, der sich beim Besuch der Kapläne in Bonn so sehr für Homeyers Wahlspruch interessiert hatte: Dr. Nikolaus Schwerdtfeger. Es traf sich zudem, dass Homeyer Schwerdtfegers Doktorarbeit über Karl Rahner kannte, und so war seine Wahl getroffen. Indes, der Erwählte zögerte und wollte lieber Kaplan in Celle bleiben. Erst nach drei Gesprächen entschied der Bischof schließlich, dass Dr. Nikolaus Schwerdtfeger ihn zum Herbst 1984 unterstützen, aber nebenbei in der Hildesheimer Pfarrei St. Martinus mitarbeiten solle. Letzteres hatte sich Schwerdtfeger erbeten und wollte auch in der Pfarrei wohnen dürfen, statt im Bischofshaus, wie es für die Bischöflichen Kapläne früher üblich war. Der Bischof akzeptierte dies ohne weiteres.[225]

Eine der ersten Aufgaben des neuen Bischöflichen Kaplans bestand darin, theologische Fachzeitschriften für das Bischofshaus zu abonnieren. Mit einer Liste von etwa 30 Titeln aus allen theologischen Disziplinen ging er zum Bischof, in der Erwartung, dieser werde die gewünschten benennen. Wie groß war das Erstaunen Schwerdtfegers, als der Bischof nur kurz sagte: „Nehmen Sie alle“![226] Dem neuen Bischof war es offenbar wichtig, seine Arbeit theologisch gut zu fundieren, daher gehörte es fortan zu den wichtigsten Aufgaben des Bischöflichen Kaplans und seiner Nachfolger, die Fachliteratur zu verfolgen und den Bischof – der unmöglich alles lesen konnte – auf interessante Texte aufmerksam zu machen.

Homeyer delegierte an seine Kapläne gelegentlich auch das Schreiben von Vorträgen. Eine erste Möglichkeit, sich auszuzeichnen, bot sich für Schwerdtfeger bei der 6. Generalsynode der VELKD, der Vereinigten Evangelisch-Lutherischen Kirchen Deutschlands, die vom 23. bis

27. Oktober 1984 in Hildesheim tagte. Der Bischof wurde um ein Grußwort gebeten, das im Wesentlichen der neue Bischöfliche Kaplan schrieb. Schwerdtfeger entschied sich, den Text mit einem Zitat von Frère Roger Schutz, dem Prior der Gemeinschaft in Taizé, zu schließen: „Wie kann man die Versöhnung [der Konfessionen, d. Verf.] vorwegnehmen? Indem du zunächst in dir selbst das Beste der Gaben versöhnst, die Gott in das christliche Volk während seiner zweitausendjährigen Pilgerschaft gelegt hat."[227] Dieser Text wurde in den „Lutherischen Monatsheften" veröffentlicht – mit unerwarteten Folgen: Ein halbes Jahr danach erreichte den Sekretär des deutschen Bischofs ein Brief des Sekretärs von Frère Roger, den Schwerdtfeger zitiert hatte, mit einer Einladung an Homeyer. Zunächst zierte sich der Bischof, doch im August 1985 waren einige Tage in Homeyers sonst übervollen Terminkalender frei. So nahm Homeyer schließlich die Einladung an nach Frankreich zu reisen.

Mit dem Zug fuhr der Bischof nach Freiburg und traf sich dort mit seinem Kaplan, der aus dem Urlaub kam. In Schwerdtfegers Polo-Kleinwagen ging es weiter nach Taizé, wo beide in der Gästebaracke wohnten und mehrfach mit dem charismatischen Prior der ökumenischen Bruderschaft sprachen, zu der heute rund 100 Brüder aus 25 Ländern und verschiedenen evangelischen und der katholischen Kirche gehören.[228] Roger Schutz und Josef Homeyer, der zum ersten Mal in diesem kleinen Ort in Burgund weilte, gewannen eine hohe Achtung voreinander. Homeyer war vor allem beeindruckt von den Gottesdiensten, die genug Raum für Stille ließen, und den Schriftgesprächen, mit denen die Brüder vielen Jugendlichen Wege zum Glauben eröffneten. In den folgenden Jahren hat der Hildesheimer Bischof die Bewegung von Taizé mit viel Sympathie verfolgt. Das spirituelle Konzept des „Friedensgrund", den Homeyer später gründete, zeigt deutliche Anklänge an diese ökumenische Gemeinschaft.

Die (Wieder)Begründung von Ordensgemeinschaften

Homeyer war Bischof in der Welt und für die Welt, doch die Faszination für das Monastische hat ihn ein Leben lang begleitet, spätestens seit den frühen Besuchen im Kloster Niederaltaich. Schon gut ein Jahr nach seiner Weihe unternahm er daher erste Schritte zur Ansiedlung beziehungsweise Wiederansiedlung von Ordensgemeinschaften – eine Politik, die bis heute deutliche Spuren im Bistum hinterlassen hat. Durch eine „eindringliche, wiederholt vorgetragene Bitte"[229] warb er um die Benediktinerinnen von Eibingen, einer Abtei oberhalb von Rüdesheim am Rhein, die zwar erst zu Beginn des 20. Jahrhundert erbaut wurde, aber auf Hildegard von Bingen (1098 bis 1179) zurückgeht.[230] Am 11. November 1984 gab Äbtissin Edeltraud Forster OSB unmittelbar nach dem Konventsbeschluss der Schwestern in Eibingen Bischof Josef die telefonische Zusage für die Gründung eines unabhängigen Priorats der Benediktinerinnen im Bistum Hildesheim,[231] was der Bischof bei seinem Jahresempfang fünf Tage später mit großer Freude bekanntgab.[232] Mehrere mögliche Standorte wurden geprüft: die Blumsche Waisenhausstiftung in Henneckenrode oder ein Neubau auf dem Hildesheimer Moritzberg waren im Gespräch. Schließlich entschied man sich für Hildesheim-Marienrode, weil man dort einem ehemaligen Kloster wieder seine ursprüngliche Bestimmung zurückgeben konnte. Auch die

Klosterkammer Hannover, der das Gelände samt Kirche gehörte, wurde schließlich für den Plan gewonnen, selbst wenn von evangelischer Seite Bedenken laut wurden gegen die „aufsehenerregende"[233] Wiedererrichtung des Klosters in protestantischem Land.

Am 30. Juli 1985 schlossen beide Seiten einen Vertrag, mit dem die ehemaligen Konventsgebäude, die ehemalige Klosterkirche St. Michael und die Wirtschaftsgebäude am 1. Januar 1986 von der Klosterkammer Hannover in das Eigentum des Bistums übergehen sollten. Die umliegenden Grundstücke sind seitdem bis zum Ende des Jahres 2065 an das Bistum verpachtet. Bevor die Schwestern in Marienrode einziehen konnten, mussten aber erst die Konventsgebäude geräumt werden, wo Gutspächter Friedrich Graf und 14 Untermietparteien wohnten. Dem bischöflichen Finanzdirektor Oswin Hary gelang es in vielen Gesprächen, die einzelnen Parteien zum Auszug zu bewegen, was bis zum 30. Juni 1986 geschah, aber nicht ohne Verletzungen blieb.[234] Am 30. November 1985 unterzeichneten der Bischof, Äbtissin Edeltraud Forster OSB aus Eibingen sowie Abt-Präses Laurentius Hoheisel aus Bad Wimpfen in einer „historischen Stunde"[235] für das Bistum Hildesheim im Bischofshaus eine Gründungsurkunde, die zum ersten Mal nach der Säkularisation 1806 wieder Mitglieder des Ordens des Heiligen Benedikt in das Bistum holen sollte.

Am 30. November 1985 unterzeichneten Bischof Josef und Äbtissin Edeltraud Forster OSB von den Benediktinerinnen in Eibingen im Bischofshaus die Gründungsurkunde für das neue Benediktinerinnenkloster Marienrode

In den folgenden drei Jahren restaurierte das Bistum das 1806 aufgehobene Zisterzienserkloster für 16 Millionen DM und führte es dabei auf den ursprünglichen Zustand zurück. In den Wirtschaftsgebäuden wurde ein Gästehaus mit Buchhandlung, Vortrags- und Gruppenräumen eingerichtet. Am 5. Mai 1988, dem 950. Todestag des Heiligen Godehard und 180 Jahre nachdem zuletzt Benediktiner im Bistum gelebt hatten, konnte Homeyer das Kloster in einem festlichen Pontifikalamt an zehn Eibinger Ordensfrauen übergeben.[236] In seiner Predigt übertrug Bischof Homeyer den Schwestern die Aufgabe, „uns alle an das ewige, alles ermöglichende und rechtfertigende Licht zu erinnern, wenn wir es über unseren vielen kleinen Lichtern vergessen."[237] Klösterliche Kontemplation sei „nichts weniger als das schlagende Herz der Kirche. Nicht eigentlich ein Einzelorgan, sondern die zentrale Kraft, die in alles kirchlich-christliche Handeln und Tun das lebenserhaltende und –spendende Blut des Gesamtlebens flößt."[238]

An dem Gottesdienst nahmen auch der Abtprimas der Benediktiner, Dr. Viktor Dammertz aus Rom – Homeyers Studienkollege aus Innsbruck –, der Mainzer Kardinal Dr. Hermann Volk und zwölf weitere Bischöfe verschiedener Konfessionen teil. Die Klosterkammer Hannover schenkte dem Bistum neun Barockgemälde früherer Äbte, die einmal dem Kloster gehört hatten.[239] Als sich nach der Vesper um 16 Uhr die Klausur hinter den Schwestern schloss, hatte Bischof Josef Homeyer der reichen Geschichte des Klosters Marienrode, die mit der Gründung 1125 durch Bischof Berthold begonnen und nach der Besiedlung durch Augustiner-Chorherren, später Zisterziensern, 1806 vorläufig in der Aufhebung geendet hatte, ein neues Kapitel hinzugefügt.[240] Seitdem haben die Benediktinerinnen in ihrem Exerzitienhaus tausende Gäste begrüßt, die meist auch in der klostereigenen Buchhandlung vorbeischauen. Die Gebetszeiten der Ordensfrauen werden gerne besucht, und bei den langjährigen regelmäßigen Jugendvespern am Sonntagnachmittag kontrastierte das Chorgebet der Frauen äußerst reizvoll mit den elektrisch verstärkten Gitarrenklängen der Jugendbands. Kloster Marienrode ist heute aus dem kirchlichen Leben des Bistums nicht mehr wegzudenken.[241]

Damit ließ es Bischof Homeyer aber nicht bewenden, er wollte auch Männer, die nach der Regel des Heiligen Benedikt leben! Während in Marienrode noch die Bautrupps regierten, wurde der Bischof schon in der Benediktinerabtei Königsmünster im sauerländischen Meschede vorstellig. Dort bat er den Konvent, in Hannover eine Niederlassung zu gründen, was man ihm auch versprach.[242] Im Mai 1986 gaben beide Seiten bekannt, der Orden werde drei Jahre später, also 1989, in der niedersächsischen Landeshauptstadt eine „Cella" für sieben Mönche gründen. Die Ordensmänner sollten sich auf Wunsch Homeyers besonders in der Ökumene und für die Weltkirche engagieren. Bei einem feierlichen Gottesdienst im Hildesheimer Dom am 18. Oktober 1986, den 50 Benediktiner aus Königsmünster für einen Konventsausflug nutzten, gaben deren Abt Stephan Schröer und Josef Homeyer die Gründung der Cella offiziell bekannt.[243] Anders als ihre Schwestern in Marienrode sollten die Benediktiner in Hannover bewusst „im Brennpunkt einer Großstadt"[244] leben.

In den ersten zehn Jahren seiner Amtszeit holte Homeyer noch weitere Orden in sein Bistum. Die meisten haben Wurzeln geschlagen und überdauert, manches hat sich auch später anders entwickelt als geplant und nicht immer waren die Ordensmänner und -frauen uneingeschränkt willkommen. Als, wiederum auf Bitten Homeyers, im November 1987 die ersten polnischen Oratorianer aus Tarnów und Gostyn nach Goslar-Grauhof kamen, sprach der damalige Leiter der Personalabteilung in der Hauptabteilung Personal/Seelsorge, Domkapitular Werner Holst, von einem „Zeichen der Annäherung und der Versöhnung zwischen den beiden Völkern sowie der Zusammenarbeit der Kirchen in Europa".[245] Schon wenige Wochen später sah sich der Bischof jedoch gezwungen, dem Vorstand des Bundes der Vertriebenen in Niedersachsen zu versichern, die polnischen Priester würden die heimatvertriebenen Deutschen keinesfalls polonisieren und auch keine polnischen Akzente in die deutsche Seelsorge einbringen.[246] Einige Vertriebene befürchteten zudem, jene polnischen Priester, die für die Seelsorge an Polen ins Bistum gekommen waren, könnten Spätaussiedler für ihre polnischen Gemeinden abwerben. Gut vier Jahrzehnte nach dem Ende des Zweiten Weltkrieges waren deutsche und polnische Christen offenbar noch weit von einem normalen Verhältnis zueinander entfernt.

In den 90er Jahren kamen weitere Ordensfrauen ins Bistum. 1987 hatte ein Priester des Bistums Kontakt zu den „Schwestern von Bethlehem" aufgenommen, einem noch jungen Orden, dessen Mutterhaus „de Bethléem Curriere-en Chartreuse" in Südfrankreich steht.[247] 1988 lud sie Bischof Josef offiziell in sein Bistum ein und errichtete ihnen auf einem ehemaligen Hofgelände in Neuenkirchen-Hertel bei Soltau Eremitagen, die am 15. Juli 1991 eröffnet wurden. Dafür ließ der Bischof mehrere Grundstücke des Bistums verkaufen.[248] Unter dem Namen „Kloster Marienheide" war dies die erste Niederlassung des Ordens in der Bundesrepublik Deutschland überhaupt. Nach der Tradition des Heiligen Bruno (1030 bis 1101) planten die zunächst zehn „Kleinen Schwestern" ein Leben in Einsamkeit mit stillem Gebet und geistlichem Studium.[249] Diese Pläne gingen nicht im gewünschten Sinne auf und die Schwestern verließen das Bistum später wieder.

Tiefer wurzelten dagegen die Neugründung der Steyler Missionsschwestern in Harsefeld bei Stade und die Wiederbesiedlung des „Niels-Stensen-Klosters" in Hannover-Buchholz mit Karmelitinnen. Im Falle der Steyler-Schwestern ging der Impuls sogar von den Frauen selbst aus. Anlässlich ihres 100-jährigen Ordensjubiläums wandte sich die Ordensleitung 1989 an verschiedene Bischöfe mit der Idee einer Neugründung, darunter auch an den Hildesheimer Bischof. Prompt schrieb Homeyer zurück, gratulierte den Schwestern zu ihren Überlegungen und bot ihnen zwei Standorte in seinem Bistum an.[250] Die Schwestern entschieden sich für das 100 Jahre alte Pfarrhaus neben der Pfarrkirche St. Michael in Harsefeld, wo sie 1990 einzogen und damit die erste Niederlassung Steyler-Missionsschwestern in ganz Norddeutschland gründeten.

Anders lag die Situation in Hannover-Buchholz, wo die polnischen Schwestern des Karmel von Reykjavik bereits ein Kloster der Klarissen vorfanden, das aber wegen Überalterung im Mai 1998 geschlossen werden musste. Der isländische Karmel war 1982 von polnischen Schwestern gegründet worden und hatte seitdem so viel Nachwuchs aus Polen angezogen, dass die Schwestern eine neue Niederlassung im norwegischen Tromsö und dann in Hannover gründeten. Am 30. September 1998 zogen die jungen Ordensfrauen – alle jünger als 40 Jahre – in die leer stehenden Konventsgebäude der Klarissen ein. Bischof Homeyer hieß sie „in tiefer Bewegung"[251] in der Landeshauptstadt willkommen.

1991 kamen zudem fünf Priester und Brüder polnischer Franziskaner-Minoriten ins Bistum. Am 6. Oktober 1991 bezogen sie das zum Kloster „St. Maximilian Kolbe" umgebaute Pfarrhaus in Uelzen,[252] von wo aus sie die umliegenden Gemeinden seelsorglich betreuten.

Homeyer musste aber auch monastische Abbrüche hinnehmen. So rief die Ordensleitung der „Schwestern von der Göttlichen Vorsehung", deren Kongregation am 3. November 1842 in Münster von dem Priester Eduard Michelis gegründet worden war,[253] ihre Schwestern Franzis Feldmann und Edelfried Schulte im April 1999 zurück ins Mutterhaus nach Münster.[254] Bischof Heinrich Maria Janssen hatte die Frauen 1957 zur Haushaltsführung ins Bischofshaus gerufen. 1962 war Schwester Franzis in das Bischöfliche Sekretariat gekommen und wurde dadurch später zu einer wichtigen Mitarbeiterin Homeyers.

Es mag eine Genugtuung für Homeyer gewesen sein, dass ihm kurz vor seiner Emeritierung noch einmal etwas Großes auf diesem Gebiet gelang. Im Jahre 2003 holte er Benediktiner der Jerusalemer Dormitio-Abtei nach Hildesheim, wo sie bei der ehemaligen Benediktinerabtei St. Godehard ihr „Haus Jerusalem" gründeten. Der Kontakt kam über den Jerusalemer Abt Benedikt Maria Lindemann OSB zustande, den Homeyer seit der Gründung der benediktinischen Cella in Hannover kannte. Bei der Beerdigung des Paderborner Erzbischofs Johannes Joachim Kardinal Degenhardt am 3. August 2002 trafen sich die beiden wieder. Abt Benedikt wandte sich an Homeyer, weil er aufgrund der politischen Situation im Heiligen Land für seine Mönche ein sicheres Refugium in Deutschland suchte.[255] Homeyer ergriff diese Chance und vermittelte den Kontakt zur Hildesheimer Pfarrgemeinde St. Godehard. Am 14. März 2003 unterschrieben Abt Lindemann und Pfarrer Winfried Henze für die Pfarrgemeinde unter den Augen von Bischof Homeyer im Bischofshaus einen Vertrag, der die Einrichtung einer „Vertretung" der Benediktiner an St. Godehard vorsah.[256] 200 Jahre nachdem die Benediktinerabtei St. Godehard 1803 in der Säkularisation aufgehoben worden war, erklang so in den alten-Mauern der Abteikirche wieder das benediktinische Stundengebet. Das zunächst auf fünf Jahre angelegte Experiment gelang zunächst: Bistum und Dormitio-Abtei zum einen sowie Abtei und Pfarrgemeinde St. Godehard zum anderen unterschrieben am 15. Mai 2008 jeweils einen Folgevertrag, in dem das Bleiben der Benediktiner in Hildesheim besiegelt und die gegenseitigen Rechte und Pflichten festgeschrieben wurden.[257] Josef Homeyer war zu diesem Zeitpunkt schon im Ruhestand. Er hat sich über diese Entwicklung aber sehr gefreut. Die Hildesheimer Benediktiner waren für ihn ein letzter, ein großer Baustein bei seinem Versuch, Klöster im Bistum Hildesheim als „Schulen, an denen die Suche nach Gott gelehrt, gelernt und in Gemeinschaft gelebt wird"[258] aufzubauen. Gottesdienst, Caritas und aktuelle Stellungsnahmen zu gesellschaftlichen Problemen seien wichtig und sinnvoll für die Kirche, sagte er einmal. Aber das alles müsse von der Sehnsucht nach Gott getragen werden. Das Zeugnis der Klöster, davon war Homeyer immer überzeugt, könne diese Sehnsucht wecken und die Frage nach Gott wach halten.

Dass die Benediktiner an St. Godehard im November 2011 bekannt gaben, Hildesheim nach Auslaufen des aktuellen Vertrages im Mai 2013 wieder zu verlassen, um ihre „Berufung als Mönche im Heiligen Land"[259] zu leben, hat Bischof Homeyer nicht mehr erlebt. Er hätte es gewiss sehr bedauert.

Das Forschungsinstitut für Philosophie Hannover (FIPH)

Münster, München, Freiburg, Köln – ehrwürdige Bischofsstädte mit alten Universitäten und theologischen Fakultäten am Ort oder zumindest auf Bistumsboden. Trier hat das Liturgische Institut, Würzburg neben seiner Universität noch den Theologischen Fernkurs. Und Hildesheim? Die alte Bischofsstadt an der Innerste, im Mittelalter eine der Bischofsschmieden des Deutschen Reiches und mit dem Josephinum auch ein Ort der Bildung – was hatte Hildesheim? Hier gab es nur die staatskirchenrechtlich verankerte Option, an der Universität Göttingen eine katholische Fakultät einzurichten, was aber nie geschah. Josef Homeyer war das nicht genug. 1986 bat er einen interdisziplinären Ausschuss von Gelehrten, eine „Denkschrift zur Gründung eines Instituts für Philosophie" zu erarbeiten.[260] Das Echo auf diese Pläne, die auch über das Bistum hinaus Beachtung fanden, war verhalten positiv. Nach Homeyers Worten unterstützten sowohl die Hochschulen als auch die niedersächsische Landesregierung seine Idee.[261] Selbst die große Mehrheit des Priesterrats folgte ihm dabei.[262] Dennoch wurden Sinn und Zweck des Unternehmens stark hinterfragt.[263] Niemand bestritt die Defizite in der philosophischen Grundlagenforschung. Manche fragten aber, ob solche Forschungen nicht besser an den philosophischen und theologischen Fakultäten aufgehoben seien. Interessanterweise zogen manche Kritiker Parallelen zum „Deutschen Institut für wissenschaftliche Pädagogik" in Münster, an dem sich Homeyer auch schon versucht hatte, das aber – wie oben beschrieben – 1980 geschlossen worden war, weil es die Erwartungen nicht erfüllen konnte. Damit stellte sich natürlich indirekt die Frage, ob Homeyers philosophischem Institut das gleiche Schicksal beschieden sein werde.

Trotz solcher Bedenken gründete Homeyer schließlich am 8. September 1988 eine rechtsfähige kirchliche Stiftung öffentlichen Rechts als Träger eines „Forschungsinstitut für Philosophie Hannover" (FIPH)[264], denn „eine Aufgabe, die man als notwendig erkennt, muss man in Angriff nehmen."[265] Laut Stiftungsurkunde, die am 20. September 1988 vom Land Niedersachsen genehmigt wurde, solle das FIPH „durch philosophische Grundlagenforschung im Horizont und im Geist katholischen Glaubens einen Beitrag zu einer umfassenden und normativen Theorie der Gesamtwirklichkeit des Menschen und der Gesellschaft [...] leisten."[266]

Auch im Bistum selbst war das FIPH nicht unumstritten. Manche Priester fragten, welchen konkreten Nutzen dieses Institut für sie und die Pfarrgemeinden habe.[267] Um die Akzeptanz des FIPH zu verbessern, forderte Bischof Homeyer daher einige Jahre nach der Gründung von der Institutsleitung eine stärkere Ausrichtung auf sozialethische Fragestellungen, obwohl er die Forschungsleistungen und nicht zuletzt auch die internationale Anerkennung des FIPH als sehr gut einschätzte.[268] Darüber kam es im Jahr 2000 zum Bruch mit dem Gründungsdirektor Prof. Dr. Peter Koslowski. Dessen Nachfolger PD Dr. Gerhard Kruip legte den Schwerpunkt seiner Arbeit „auf Fragen der Analyse gesellschaftlicher Problemlagen und der ethischen Bewertung von sozialen Strukturen und Institutionen, um daraus Perspektiven für notwendige Veränderungen zu entwickeln."[269] Tatsächlich hat sich das FIPH seitdem zum Beispiel mit Fragen der Gentechnologie befasst und 2010 mit dem Buch „Kirche – Energie – Klimawandel"[270] einen viel beachteten Beitrag zur Debatte um die Endlagerung atomarer Abfälle vorgelegt.

Bis zu seinem Tod hat Homeyer an diesem Institut festgehalten.

Partnerschaft mit Bolivien

Ein konkretes und greifbares Zeichen seines Verständnisses von Weltdienst hat Bischof Homeyer mit der Bolivien-Partnerschaft gesetzt, die er 1987 offiziell begründete. Eine Partnerschaft solle es sein, keine Patenschaft! Darauf hat er immer Wert gelegt. Alles hatte ein Jahr zuvor begonnen: 1986 eröffnete das päpstliche Hilfswerk „Misereor" seine deutschlandweite Fastenaktion in Hildesheim und Hannover. Am ersten Fastensonntag, dem 16. Februar 1986, fand im großen Kuppelsaal der Stadthalle in Hannover die Eröffnungsveranstaltung statt.[271] Der Schwerpunkt der Fastenaktion lag in jenem Jahr bei den Andenländern Peru und Bolivien. Daher waren auch Bischöfe aus diesen Ländern nach Hannover gekommen. Einige übernachteten im Hildesheimer Bischofshaus, darunter auch Bischof Luciano Metzinger aus Peru. Am Abend vor der Eröffnung erzählte er seinem Hildesheimer Amtsbruder in einem langen Gespräch von der Partnerschaft der Kirche Perus mit dem Erzbistum Freiburg.[272]

Wenige Stunden später wurde dann in Hannover die Fastenaktion mit mehr als 4.000 Teilnehmern und zahlreichen Bischöfen eröffnet. „Bei dieser Begegnung mit den Bolivianern kam spontan der Vorschlag auf, eine Partnerschaft zwischen Bolivien und unserer Diözese zu

Zu seinem 25-jährigen Bischofsjubiläum konnte Homeyer am 15. November 2008 im Hildesheimer Dom auch Erzbischof Julio Kardinal Terrazas Sandoval begrüßen. Mit dem Vorsitzenden der Bolivianischen Bischofskonferenz hatte er 1987 die Partnerschaft des Bistums mit Bolivien besiegelt

beginnen",[273] beschreibt Homeyer die damalige Szene. Tatsächlich war die Partnerschaft aber wohl vor allem die Idee Homeyers, der sich mit folgenden Worten an die Gäste wandte: „Wir würden uns freuen, wenn wir gemeinsam den Weg der Hoffnung in das nächste Jahrtausend gehen könnten."[274] Der Bischof von Potosi in Bolivien, Edmundo Abastoflor, war „tief überrascht und ergriffen"[275] von diesem Angebot und sagte die Annahme durch die bolivianische Kirche zu. Am 20. September 1987 wurde die Partnerschaft offiziell zwischen Bischof Homeyer und Bischof Julio Terrazas Sandoval, dem Vorsitzenden der Bolivianischen Bischofskonferenz, mit einem Gottesdienst im Dom besiegelt.[276] Als Zeichen der Freundschaft schenkte Homeyer Bischof Terrazas spontan sein Brustkreuz. Terrazas revanchierte sich tief bewegt und überreichte Homeyer das Seine, das ihm Bolivianer zu seiner Bischofsweihe geschenkt hatten.[277] Wenige Wochen später erbat Homeyer sein Brustkreuz jedoch zurück und übergab dem Bolivianer dafür eine Nachbildung des Bernwardkreuzes.[278]

Im darauffolgenden Jahr flog der Bischof zum ersten Mal in das Partnerland, besuchte die bolivianische Bischofskonferenz und einige christliche Basisgemeinden zwischen La Paz und El Alto.[279] Wieder zurück in Hildesheim zog er eine nüchterne Bilanz des Erlebten, ohne falsche Rücksichtnahmen und Sentimentalitäten. Zwar kritisierte er die europäischen Staaten, die jahrhundertelang die reichen Bodenschätze des südamerikanischen Landes abgeschöpft hätten, ohne in die Bildung des Volkes zu investieren. Den 85 Prozent getauften Katholiken Boliviens bescheinigte er jedoch, das Taufwasser sei bei ihnen nicht sehr tief gedrungen, die Integration von einheimischer Kultur und Christentum stecke noch in den Anfängen.[280] In den folgenden Jahrzehnten hat Bischof Homeyer die Partnerschaft zwischen dem Bistum und Bolivien auf der Basis von Gegenseitigkeit sehr gefördert. Zahlreiche Partnerschaftsgruppen, der jährliche Bolivientag, die Partnerschafts-Gebetswoche und nicht zuletzt ein reger Austausch freiwilliger Helfer zwischen Hildesheim und Bolivien beweisen, dass Homeyers „spontaner Vorschlag" von 1986 nicht nur angenommen wurde, sondern auch angekommen ist in den Herzen vieler Gläubigen des Bistum.

Hildesheimer Diözesansynode 1989/90

Eine Patenschaft mit Bolivien war begonnen, Orden neu begründet und ein philosophischer „think tank" zur gründlichen Durchdenkung sozialethischer Fragen war angestoßen: Von außen betrachtet hätte man Homeyers Aktivitäten in seinen ersten Amtsjahren leicht als blinden Aktionismus missverstehen können, als Versuch, die Kirche von Hildesheim durch bloße Neugründungen zu beleben, hätte es da nicht auch die Diözesansynode von 1989/90 gegeben, den Versuch, „das Wirken und den Willen Gottes gemeinsam zu entdecken" und gemeinsam zu fragen, „wohin sein Geist uns führen will".[281] Dieser Gedanke erwuchs nicht zuletzt aus den vielen Gesprächen, die Homeyer bald nach seiner Weihe mit allen Priestern geführt hatte. Dabei war ihm zwar bewusst geworden, dass das Zweite Vatikanische Konzil und auch die Würzburger Synode schon deutliche Spuren in seinem Bistum hinterlassen hatten: Tatsächlich veränderten die vielen Ehrenamtlichen, Pfarrgemeinderäte, aber auch die hauptberuflichen Pastoral- und Gemeindereferenten das Bild und das Selbstverständnis der Pfarrgemeinden. „Freilich waren diese Veränderungen noch keineswegs abgeschlossen."[282]

Schon im Jahr seiner Weihe schlug Bischof Josef daher dem Priesterrat und dem Diözesanrat der Katholiken eine Synode vor und stieß damit auf breite Zustimmung.[283] Ziel dieser Synode dürfe aber nicht sein, „die Fülle vorhandener Papiere zu mehren",[284] sondern die Forderungen des Zweiten Vatikanischen Konzils auf die Ebene von Bistum und Pfarrgemeinde zu übertragen. Ein wichtiger Meilenstein auf dem Weg zum mehrfach verschobenen Synodenbeginn[285] war der „Emmaus-Hirtenbrief" des Bischofs im April 1987, in dem er die Synode offiziell für das Frühjahr 1989 ankündigte und die Gemeinden um ihre Unterstützung bat, um gemeinsam „das für unsere nähere Zukunft Erstwichtige zu erkennen und es dann auch zur Tat werden zu lassen."[286] Freilich hatte der Bischof schon konkrete Vorstellungen davon, was für sein Bistum dieses Erstwichtige sein könnte. „In meiner Sicht hat die Bildung, Festigung und Vertiefung von Communio, von wirklicher Gemeinschaft christlichen Lebens, Vorrang in der jetzigen Situation der Kirche. Sie scheint mir das ‚Erstwichtige' zu sein, das Priorität in der Seelsorge unseres Bistums verdient", sagte der Bischof am 10. Oktober 1988 vor dem Priesterrat.[287]

Zur Vorbereitung der Synode berief der Bischof eine Arbeitsgruppe unter dem Vorsitz von Weihbischof Heinrich Pachowiak ein, die nach der Auswertung von 330 Eingaben[288] aus dem Bistum bis Anfang 1989 vier Themenbereiche vorschlug und die Ordnung der Diözesansynode verfasste.

1988 wurden die Synodalen berufen. Unter den 168 Mitgliedern waren 74 Prozent Kleriker, der Anteil der Frauen betrug 17 Prozent. Eine Vorausversammlung zur Hildesheimer Synode formulierte am 24. und 25. Februar 1989 schließlich das Thema der Zusammenkunft: „Kirche und Gemeinde. Gemeinschaft mit Gott – miteinander – für die Welt". Es bildeten sich elf synodale Gruppen, die das Thema der Synode und die vier sogenannten pastoralen Bewährungsfelder – Gemeinde angesichts der gemeinsamen Verantwortung von Laien und Priestern, Ehe und Familie, Feier des Sonntags und Gerechtigkeit, Frieden und Bewahrung der Schöpfung – behandeln wollten.[289] Ursprünglich hatte der Bischof nur eine Vollversammlung geplant. Daraus wurden dann vier Sitzungsperioden. Jeweils vom 5. bis 9. Juni und 19. bis 22. November 1989 sowie vom 12. bis 16. März und 28. bis 30. Juni 1990 kamen die Synodalen im großen Saal des Joseph-Godehard-Hauses zusammen.

Die Debatten wurden teilweise sehr kontrovers geführt. Besonders intensiv rangen die Synodalen mit dem Bischof im Bewährungsfeld Ehe und Familie.[290] Unterschiedliche Ansichten gab es unter anderem zu den wiederverheirateten Geschiedenen. Während die Synodenmitglieder deren Zulassung zur Eucharistie forderten, bat der Bischof um Verständnis für die engen Spielräume, die ihm das Kirchenrecht in dieser Frage ließ.[291] Verschiedene Akzente setzten beide Seiten auch beim Thema der nicht- oder vorehelichen Lebensgemeinschaften. Bischof Homeyer wünschte sich von den Beratungsgremien im Beschlusstext vergeblich eine stärkere Betonung des Ideals der christlichen Ehe. Obwohl er sich in dieser Frage durchaus differenziert äußerte und keineswegs als episkopaler Tugendwächter auftrat, beharrten die Synodenmitglieder auf einer abgeschwächten Textversion.[292] Schließlich sah sich der Bischof im Bewährungsfeld „Ehe und Familie" außerstande, das Votum der Mehrheit der Synode zu übernehmen.[293] In der offiziellen Veröffentlichung der Synodendokumente, die vom Bischof im Dezember 1990 in Kraft gesetzt wurden,[294] fügte Homeyer seinen eigenen Text gefettet in das Schlussdokument. Den ursprünglichen Synodentext setzte er in Fußnoten, so dass die Textänderungen, die der Bischof vorgenommen hat, bis heute nachlesbar sind.

Was blieb von der Hildesheimer Synode der Jahre 1989 und 1990, was hat die Zeit überdauert? Homeyer selbst empfahl,[295] den Synodentext vom letzten Abschnitt „Worauf es ankommt" her zu erschließen. Dort liest man wörtlich: „Wir sind deshalb der Meinung, dass eine Erneuerung der Kirche nur möglich ist, wenn wir über die Gemeinschaft hinaus, die uns im Gottesdienst, in Verbänden und Gemeinschaften geschenkt ist, Gemeinschaften christlichen Lebens suchen."[296] Hier klingt bereits ein Gedanke an, der dem Bischof in den folgenden Jahren immer wichtiger wurde: Die Zukunft der Kirche liegt – sicher nicht nur, aber auch – in „Kleinen Christlichen Gemeinschaften", sie liegt bei Menschen, die sich zusammenfinden, um gemeinsam ihren Glauben zu leben, nicht nur in den Pfarrsälen des Bistums, sondern am Arbeitsplatz, in der Schule, überall dort, wo Christen leben. Und auch ein anderes Wort der Synode wird bis heute zitiert: „Auf eine neue Art Kirche zu werden, beginnt mit dem Versuch, auf eine neue Art Christ zu sein." Das oft gehörte Schlagwort „Auf neue Art Kirche sein": Es wurde damals geboren. Formuliert hatte es Prof. Dr. Heinz-Jürgen Görtz aus Barsinghausen.[297] Gemeinsam mit dem Bischöflichen Kaplan Dr. Nikolaus Schwerdtfeger und Dr. Hildegard Reese war er gebeten worden, den einleitenden Text des Synodendokuments zu erarbeiten. Mehrfach traf sich die kleine Gruppe. Prof. Görtz verfasste schließlich den Text, an dessen Ende es heißt: „Unser Ziel: Auf eine neue Art Kirche zu werden."[298]

Zu den ganz praktischen Ergebnissen der Synode gehörte, zu Homeyers Überraschung,[299] ein Zehn-Prozent-Beschluss, wonach innerhalb von zehn Jahren stufenweise bis zu zehn Prozent des Kirchensteueraufkommens für die Länder der Dritten Welt zur Verfügung gestellt werden sollten. Tatsächlich erhöhte das Bistum in den folgenden Jahren seine Ausgaben auf diesem Gebiet.[300]

Noch unter dem Eindruck der Synode selbst hat Bischof Josef 1990 ein eher positives Fazit des mehrjährigen Prozesses gezogen. Die Frömmigkeit, die Glaubenskraft der Synodalen habe ihn beglückt, die Bereitschaft zur Umkehr beeindruckt und seine Liebe zur Kirche von Hildesheim habe sich vertieft.[301] Vorsichtig ließ er in seinem Schlusswort zur Synode aber auch Fragen anklingen, die ihn beschäftigten: „Für meine Begriffe hatte unsere Synode durchaus einen dialogischen Charakter [...]. Aber ich wünschte mir einen intensiveren Meinungsaustausch, einen intensiveren Gang auch im Austausch der Argumente und des Für und Wider. Ich wünschte mir noch mehr Gemeinsamkeit im Hören auf die Stimme des Herrn und im Suchen nach seinem Willen."[302] Offen äußerte der Bischof seine Bedenken, ob die Gestalt einer Synode die beste Form sei, um eine intensive, offene und kommuniale Kommunikation innerhalb des Bistums zu gestalten und bat um Vorschläge für andere Formen der Beratung.

Der Bischof hat viel dafür getan, die Ergebnisse der Synode in die Gemeinden zu tragen. Im ersten Halbjahr 1991 hielt er auf Dekanatstagen Referate mit dem Titel „Einladung, den Weg der Synode aufzugreifen und weiterzugehen".[303] Zwei Jahre später, 1993, erschien sein sogenannter „Zweiter Bernwardbrief" mit Überlegungen zur „Gemeindeseelsorge nach der

Diözesansynode"[304]. Darin empfahl der Bischof den Gemeinden unter anderem „Grundkurse gemeindlichen Glaubens" und machte konkrete Vorschläge zur Weiterentwicklung der drei Grunddienste Verkündigung, Caritas und Liturgie. Wiederum zwei Jahre danach zog er dann eine eher durchwachsene Bilanz des bisher Erreichten. Die Praxis der Bibelgespräche habe zugenommen und die angebotenen „Exerzitien im Alltag" seien ein Erfolg. Hinsichtlich des politischen Aspekts des Christseins, der Gemeinschaft für die Welt, der Feier des Sonntags oder des Eintretens für Gerechtigkeit, Frieden und Bewahrung der Schöpfung sah der Bischof dagegen wenige Fortschritte.[305] Mit zunehmendem zeitlichem Abstand hellte sich die Erinnerung an die Synode dann deutlich auf. Sie sei für ihn eines der „ganz zentralen und folgenreichsten Ereignisse"[306] während seines bischöflichen Dienstes gewesen, schrieb Homeyer 2003. Beim gemeinsamen Hören auf das Wort Gottes und aufeinander seien ihm und dem Bistum „wesentliche Richtungnahmen für die Seelsorge der beiden letzten Jahrzehnte geschenkt worden". Auch wenn nicht alle Wünsche und Empfehlungen der Synode verwirklicht wurden, so habe sich doch viel verändert und das Bistum sei auf einem guten Weg.

Die Hildesheimer Diözesansynode von 1989/90 fand über die Grenzen des Bistums hinaus Beachtung. Schließlich war Bischof Josef Homeyer nach der Würzburger Synode erst der zweite, der einen solchen Weg mit seinem Bistum ging. Den Anfang hatte 1985/86 Bischof Georg Moser in Rottenburg-Stuttgart gemacht. Frucht dieses Prozesses war ein Buch über die Weitergabe des Glaubens an die kommende Generation.[307] Als weniger gelungen werteten Beobachter die Augsburger Diözesansynode von 1990, die darunter litt, dass Bischof Dr. Josef Stimpfle durch seine „Lehramtlichen Grundlegungen", die er in der letzten Vollversammlung ohne Diskussion zu jedem Thema präsentierte, den Dialogprozess unterbrach. Die Augsburger Synode endete in einem Eklat, weil Stimpfle entgegen seiner öffentlichen Ankündigung nachträglich die Synodenbeschlüsse mit starken inhaltlichen Eingriffen redigierte – „ohne wie sein Hildesheimer Kollege zugleich den beschlossenen Synodentext zu dokumentieren. Danach fand in Deutschland keine Diözesansynode mehr statt."[308]

Der Fall der Mauer

Während die Hildesheimer Synode 1989 und 1990 tagte, wurde auf der östlichen Seite des Eisernen Vorhangs eine ganz andere Geschichte geschrieben: Am 9. November 1989 fiel die Berliner Mauer, kein Jahr später, am 3. Oktober 1990, war Deutschland wieder vereinigt. Für das Bistum Hildesheim, das eine der längsten deutschen Bistumsgrenzen mit dem „Ostblock" teilte, konnte das nicht ohne Folgen bleiben.

Wie viel hat der Hildesheimer Bischof und Europaexperte von diesen Umwälzungen geahnt? War er, wie Papst Johannes Paul II., davon überzeugt, dass der Kommunismus irgendwann zusammenbrechen müsse? Wenig deutet darauf hin. Noch neun Monate vor dem Mauerfall, im Februar 1989, sagte Homeyer bei einem Kongress der Konrad-Adenauer-Stiftung: „Da keine unmittelbare Lösung der Deutschen Frage denkbar ist, muss die Deutsche Frage offen bleiben, muss sie offen gehalten werden."[309] Es sei den Politikern weder erlaubt, sich mit der Teilung abzufinden, noch sei es möglich, „die Lösung der Deutschen Frage übers Knie zu brechen." Als die Bürger der DDR schließlich im November Fakten schufen, war Homeyer vermutlich ebenso überrascht wie alle. In den Sonntagsgottesdiensten vom 19. November 1989 ließ er einen Hirtenbrief verlesen, in dem er sich „aufgewühlt" zeigte von den Ereignissen an der Grenze.[310] Aus seinen Worten spricht die Überzeugung, dass der Lauf der Ereignisse wohl kaum noch umkehrbar sei. So bittet der Bischof die Gemeinden und Gläubigen, mit den DDR-Bürgern zu sprechen und gastfreundlich zu sein, aber auch selbst in die DDR zu fahren und dort Gottesdienste mitzufeiern. Zugleich äußert er sich aber auch besorgt und vor allem unsicher in Bezug auf die Zukunft Deutschlands. „Wir müssen es den Politikern und allen Verantwortlichen bei uns leicht machen, die richtigen Wege und Schritte zu finden, die für unser ganzes Volk und Europa zum Segen werden können."[311] Genau eine Woche nach dem Fall der Mauer bedauerte Homeyer bei seinem Jahresempfang, wer von einer erneuten Einigung Deutschlands spreche, laufe Gefahr, im In- und Ausland missverstanden zu werden.[312] Der Bischof zitierte das Zweite Vatikanische Konzil, wonach Vaterlandsliebe ebenso eine Verpflichtung sei wie die Sorge um die gesamte Menschheitsfamilie. Für Homeyer war also klar, dass die Wiedervereinigung nur in einem größeren europäischen Rahmen denkbar ist.

In den folgenden Monaten und Jahren galt Homeyers Bemühen dann dem Zusammenwachsen der beiden ehemals getrennten deutschen Staaten. Im Gegensatz zum damaligen Bundeskanzler Helmut Kohl sprach der Hildesheimer Bischof nie von „blühenden Landschaften", sondern erkannte schon sehr früh, dass die Wiedervereinigung nicht zum Nulltarif zu haben war.[313] Homeyer warb dafür, in den osteuropäischen Ländern die soziale Marktwirtschaft einzuführen, aber nicht als bloße Kopie des westlichen Modells, sondern ohne dessen Fehler zu wiederholen, zum Beispiel im ökologischen Bereich und bei der Eigentumsbildung von Arbeitnehmern.

Am Tag der Wiedervereinigung, dem 3. Oktober 1990, ließ der Bischof dann im ganzen Bistum zu Gebeten und Dankgottesdiensten die Glocken läuten.[314] Er selbst erinnerte in einem feierlichen Pontifikalamt im Dom daran, dass Europa und seine Völker ihre Existenz letztlich dem „formenden Sauerteig des Evangeliums"[315] zu verdanken hätten. Zugleich warnte er vor den Versuchungen des Nationalismus, der letztlich zur Trennung Deutschlands geführt habe. Hier klingt deutlich eine Frage an, die Homeyer in den folgenden Jahren immer tiefer durchdachte und die bis heute diskutiert wird: Wo liegen die kulturellen und religiösen Wurzeln Europas und welche Rolle spielt dabei das Christentum?

Das Leben im Bischofshaus

Im Herbst 1990 kam ein neuer Bischöflicher Kaplan ins Bischofshaus. Dr. Werner Schreer löste Dr. Nikolaus Schwerdtfeger ab, der Pfarrverwalter in Hildesheim-Himmelsthür wurde.[316] Schreer war nach seiner Weihe 1982 zunächst Kaplan in Bremen-Blumenthal gewesen und hatte mit Unterstützung Homeyers beim damaligen Tübinger Dogmatik-

Professor Dr. Walter Kasper promoviert. Nach seiner Rückkehr ins Bistum 1990 bezog der neue Bischöfliche Kaplan eine Wohnung im Priesterseminar und übernahm wie sein Vorgänger die Stelle eines Subsidiars, nun in der Hildesheimer Pfarrgemeinde St. Mauritius.

Schreer kam in eine längst gut eingespielte und funktionierende bischöfliche Hausgemeinschaft, die zu diesem Zeitpunkt aber auch schon ihre Geschichte hatte. Marlene Pöpping aus Mettingen, Homeyers Sekretärin in Bonn und dann die starke Frau im bischöflichen Sekretariat von Hildesheim, war im September 1985 mit 45 Jahren an Krebs gestorben. Der Bischof hat an ihrer langjährigen Erkrankung mit allen Höhen und Tiefen regen Anteil genommen und unter ihrem Tod sehr gelitten. Er selbst beerdigte sie in ihrer Heimatstadt, wo er Kaplan gewesen war.[317] Pöppings Nachfolgerin Ingeborg Arntz kam im November 1985 ins bischöfliche Sekretariat und arbeitete dort mit Schwester Franzis Feldmann zusammen. Haus und Hauswirtschaft wurden von Maria Suthe geleitet.

Ein Tag im Hildesheimer Bischofshaus begann um 6.30 Uhr mit Frau Suthes telefonischen Weckruf beim Bischof. Noch immer war Josef Homeyer, wie schon als Student, mit einem tiefen Schlaf gesegnet, aus dem er nur schwer erwachte. Da das bischöfliche Badezimmer aber über der Küche lag, konnte Maria Suthe den Erfolg ihrer Weckversuche am Wasserrauschen akustisch leicht kontrollieren und notfalls ein zweites Mal zum Hörer greifen. Um 7 Uhr, später um 7.15 Uhr, wurde die Messe in der kleinen Hauskapelle gefeiert, danach setzten sich der Bischof, seine Hauswirtschaftsleiterin und Marlene Pöpping, später Ingeborg Arntz, zum gemeinsamen Frühstück in das Speisezimmer im Erdgeschoss des linken Hausflügels. Für den Bischof gab es Knabbeln, eine zwiebackähnliche westfälische Spezialität aus gebackenem und getrocknetem Weißbrot mit heißer Milch. Die anderen aßen das ihre. Schließlich kam der Bischöfliche Kaplan ins Haus und ein neuer Arbeitstag begann.

Schreer blieb, wie sein Vorgänger, meist bis mittags im Bischofshaus und erledigte in dieser Zeit die anfallenden Arbeiten, entwarf Texte für den Bischof, beantwortete Briefe und wertete die theologische Fachliteratur aus. Auch über die eigentliche Arbeitszeit hinaus musste er aber jederzeit mit einem Anruf des Chefs rechnen. Der Bischof leistete sehr viel und verlangte dies auch von anderen. „Da ging er mit seinen Mitarbeitern fast so um wie mit sich selbst", erinnert sich Schreer, „wenn die Arbeit da war, dann musste sie erledigt werden."[318] Homeyer hat immer viel mit Büchern gearbeitet. Sollte eine Predigt, eine Rede, ein Vortrag aus seiner Hand entstehen, dann entwarf der Bischof zunächst mit Filzstift ein handschriftliches Konzept. Über den aufgeschlagenen Büchern, gegebenenfalls auch den zugelieferten Schriften des Kaplans oder anderer Fachleute, sprach der Bischof dann seinen Text in ein Diktiergerät und ließ das Gesprochene später von seinem Sekretariat abschreiben.

Punkt 12.15 Uhr kam das Mittagessen auf den Tisch. Während Bischof Heinrich Maria Janssen meist nur mit seinem Sekretär gespeist hatte, liebte sein Nachfolger die große Tischgemeinschaft. So saßen mit Homeyer, Maria Suthe und meist dem Bischöflichen Kaplan auch die Canisianer-Brüder regelmäßig an der Mittagstafel: neben Bruder Karl etwa zwei bis drei weitere Brüder, die im Bischofshaus wohnten. Maria Suthe füllte die hungrigen Mägen gut bürgerlich. Homeyer sei ein guter Esser gewesen, erinnert sie sich, aber keineswegs wählerisch.[319] Es durfte gerne kräftig sein, Eintöpfe waren sehr beliebt. Vor- und Nachspeise waren Pflicht. Ein kurzes gemeinsames Gebet in der Hauskapelle beendete das etwa halbstündige Mittagsmahl.

Ein typischer Arbeitstag im Bischofshaus endete mit dem Abendessen um 18 Uhr. Auch am Abend gab sich der episkopale Magen nicht mit Schnitten zufrieden, sondern verlangte nach einer warmen Mahlzeit, oft Aufgewärmtes vom Mittag. Das war der Bauernsohn von zuhause gewohnt. Dazu gab es nun ein Glas Wein. Der Bischof liebte die weißen, trockenen Frankenweine. In den letzten Jahren hatte Homeyer einen Stammwinzer in Thüngersheim, einer kleinen Stadt am Main. Der schickte seine goldenen Tropfen direkt nach Hildesheim, wenn die Vorräte, die Bruder Karl nach den Sitzungen des Ständigen Rates der deutschen Bischöfe in Würzburg immer wieder auffüllte, zur Neige gingen.

Um 19 Uhr schließlich informierte sich der Bischof beim Deutschlandfunk über die Geschehnisse des Tages und begab sich dann wieder an seinen Schreibtisch. Während andere längst den Feierabend genossen, führte Homeyer jetzt noch Telefonate und studierte Texte und Bücher bis weit nach Mitternacht.

Hauswirtschaftsmeisterin Maria Suthe, der gute Geist in Homeyers Haushalt

Im bischöflichen Arbeitszimmer brannte meist noch Licht, wenn der Domhof schon im tiefen Schlaf lag. Dies waren auch die Stunden, in denen sich der Bischof telefonisch mit seinen Gesprächspartnern unterschiedlichster Disziplinen austauschte, Rat holte, Meinungen erfragte und nicht zuletzt liebenswürdig, aber bestimmt Zuarbeit einforderte. Prof. Dr. Marianne Heimbach-Steins vom Institut für Christliche Sozialwissenschaften der Universität Münster, die mit Homeyer beim „Sozialwort" zusammenarbeitete, hat einen typischen Anruf des Bischofs einmal so beschrieben: „Sitzt man selbst noch spät am Schreibtisch, kann es leicht sein, dass das Telefon klingelt und es meldet sich – ‚Homeyer'. ‚Ich weiß ja, es ist eine Zumutung, aber…' Der Bischof erläutert: Er hat – sehr bald – ein Referat zu halten über ein wichtiges sozialethisches oder gesellschaftspolitisches Thema und benötigt eine kurze Skizze, die das wichtigste Material, die derzeit zentralen wissenschaftlichen Positionen zur Sache darstellt. ‚Könnten Sie mir vielleicht bis morgen Abend…?"[320] In einem solchen bischöflichen Leben konnte ein Fernsehapparat, konnte selbst leichte Literatur keinen Platz haben!

Zum körperlichen Ausgleich gab es die berühmten bischöflichen Spaziergänge um den Hohnsensee, der nicht weit vom Bischofshaus liegt. Doch selbst diese dienten oft dem Gespräch: „Sie haben doch nichts gegen einen kleinen Spaziergang!?"[321] Viele Kapläne – nicht nur die Bischöflichen – zahlreiche Mitarbeiter und unzählige Gäste durften, oder mussten, den Bischof bei diesen Märschen begleiten. Sie können Geschichten erzählen von einem groß gewachsenen Herrn, der mit auf dem Rücken verschränkten Armen, schnellen Schritten und noch schnelleren Gedanken so manchen Gesprächspartner ins Schwitzen brachte – und das bei jedem Wind und Wetter. Mehrere Begleiter sollen sich dabei kräftige Erkältungen eingefangen haben.[322] Eine Runde um den Hohnsensee dauerte in der Regel eine Stunde. Zeit genug, Fragen zu klären und Gedanken auszutauschen. Vermutlich wird man nie erfahren, wie viele Ideen dort an der frischen „Seeluft" entstanden sind.

Unter dem 69. Bischof von Hildesheim war das Bischofshaus bekannt für seine Gastfreundschaft. Oft lud der Hausherr seine vormittäglichen Gesprächspartner noch zum Mittagessen ein. Der weite Bekanntenkreis Homeyers und seine Kontakte in alle Welt brachten es zudem mit sich, dass die Gästezimmer gerne in Anspruch genommen wurden. Häufig bat der Bischof zum festlichen Abendessen, regelmäßig am 19. März eines jeden Jahres, seinem Namenstag. Der Kreis der Eingeladenen wechselte, mal war es eine Gruppe von Lehrern, mal Mitarbeiterinnen von Kindertagesstätten oder Gesprächspartner aus den Parteien. Im Jahre 2000 nahm der Bischof das Jahresthema der Caritas „…und die Armen?" zum Anlass, 24 arme und reiche Menschen an seinen großen Tisch in den Saal des ersten Stocks zu bitten. Zu den prominenten – reichen – Gästen gehörten Erbprinzessin Marie-Luise und Erbprinz Alexander zu Schaumburg-Lippe, der Generalsekretär der Volkswagenstiftung Dr. Wilhelm Krull, der Präsident des Landesarbeitsgerichtes Niedersachsen, Prof. Dr. Gert-Albert Lipke und Vertreter verschiedener Geldinstitute.[323] Mit ihnen speisten in gemischter Sitzordnung Menschen in sozialen Notlagen, die von der Caritas unterstützt wurden, zum Beispiel alleinerziehende Mütter, Menschen aus sozialen Brennpunkten und eine Rentnerin. Zwischen den unterschiedlichen Gästen, die sich im normalen Alltag vermutlich nie begegnet wären, entspann sich unter den Porträts der Wittelsbacher Fürstbischöfe bei Kürbiscremesuppe, Forellenfilet mit Senf-Dill-Soße und Rehrücken in Wacholdersoße schnell ein unkompliziertes und entspanntes Gespräch.[324] Tatsächlich kam die Tischgemeinschaft so lebhaft miteinander ins Plaudern, dass es schwer fiel, für eine gemeinsame Vorstellungsrunde zu unterbrechen. Bereits die Einladung zu diesem besonderen Abendessen habe alle Beteiligten, vor allem die „Reichen", offenbar sensibilisiert und nachdenklich gemacht, berichtete Diözesan-Caritasdirektor Reinhard Heine später den Journalisten.[325]

In solchen Runden fühlte sich der Bischof wohl. Die Rolle des großzügigen Gastgebers spielte er sichtbar gerne. Gute Speisen, gute Weine, ein exzellenter Digestif und die Zigarre danach waren Standard, ohne jemals überheblich oder aufgesetzt zu wirken. Doch der Bischof erwartete von seinen Gästen in der Regel eine „Gegenleistung" in Form eines geistigen Austauschs auf hohem Niveau. Unerheblicher Small-Talk war nicht seine Sache. Wer jemals bei ihm in größerer Runde zu Gast war, der erinnert sich, dass der Bischof nach dem Dessert zunächst ein Lob auf die Köchin sprach und dann inhaltlich zur Sache kam: „Nun, da wir von Frau Suthe auf so unnachahmliche Weise verwöhnt wurden, würde ich doch gerne mit Ihnen über die aktuelle PISA-Studie sprechen. Wie bewerten Sie die Ergebnisse?" Ein Blick zum rechten oder linken Sitznachbarn eröffnete die Runde, keiner kam davon, reihum durfte beziehungsweise musste jeder seine Meinung zum vorgegebenen Thema sagen.[326] Es soll Gäste gegeben haben, die solche Einladungen fürchteten.

Ob Maria Suthe, die Hauswirtschaftsmeisterin und gute Seele des Bischofshauses, solche Einladungen ebenfalls ängstigten, ist nicht überliefert. Herzklopfen habe sie jedenfalls immer gehabt, wenn Gäste kamen, bekannte sie einmal.[327] Bei Einladungen des Bischofs konnte Maria Suthe zwar auf Aushilfskräfte zurückgreifen, doch den Kochlöffel behielt sie selbst fest in der Hand: „Abgeschmeckt wird von mir, schließlich bin ich für das Ergebnis verantwortlich."[328] Die Hauswirtschaftsmeisterin nahm ihre Aufgabe ernst. Als ein Gast einmal scherzte, die vorgesetzte Suppe habe er vor Jahren an diesem Tisch schon einmal gegessen, legte Maria Suthe einen Kalender an, in dem sie fortan akribisch die Speisenfolgen aller Termine archivierte. Wurden zum Beispiel Augustiner-Mönche im Bischofshaus am 30. Januar 1996 mit Tomatensuppe und Wildschweinbraten verwöhnt, so durfte sich der scheidende Bischöfliche Kaplan Dr. Werner Schreer bei seinem Abschiedsessen eine Woche später am 6. Februar mit zwölf Personen an Forellenfilet mit Selleriesalat, Grünkohl mit Bregenwurst und Vanilleeis mit heißen Kirschen ergötzen.[329] Maria Suthe bewahrt diese Aufzeichnungen bis heute auf.

Konsultorenkollegium

Regelmäßig tagte im Bischofshaus das Konsultorenkollegium, lateinisch Collegium Consultorum (CC) genannt. Dieses bischöfliche Beratungsgremium bestand nach einem Beschluss Homeyers aus den Mitgliedern des Domkapitels und verschiedenen Generalvikariatsräten.[330] Meist zwei Mal im Monat trafen sich die Herren im Bischofshaus, um anstehende Entscheidungen zu erörtern, einmal monatlich zu zweitägigen Beratungen, die jeweils am Montagnachmittag um 17 Uhr mit einer Vesper in der Hauskapelle des Bischofs begannen.[331] Nach einem gemeinsamen Schriftgespräch, meist in der Form des „Bibelteilens", aß das Kollegium mit dem Bischof zu Abend, vertrat sich bei gutem Wetter noch ein wenig die Beine im Bischofsgarten und setzte sich dann zum Konveniat zusammen – bis längstens 22 Uhr.

Dieses gesellige Beisammensein des Bischofs mit dem runden Dutzend CC-Mitgliedern geriet nicht selten sehr intensiv. Schreer sind manche dieser Gespräche bis heute im Gedächtnis geblieben. In dieser Atmosphäre tiefer Vertrautheit hat der Bischof oft genug sein Herz aufgemacht und erzählt, was ihn wirklich bewegte. Es traf den Bischof immer tief, wenn es einem Priester schlecht ging. War ein Priester schwer erkrankt oder gab einer seinen Dienst auf, erzählte der Bischof das in der kleinen Runde manchmal mit Tränen in den Augen. Seinen Priestern war der Bischof tatsächlich in großer Brüderlichkeit verbunden.

Am darauf folgenden Dienstag begann der zweite Teil des Treffens regelmäßig mit einer Messe in der Kapelle des Bischöflichen Generalvikariats, danach wurde beraten, ebenfalls in den Räumen der bischöflichen Verwaltung. Zum Mittagessen war die ganze Gruppe wieder im Bischofshaus zu Gast und traf sich dort nach einer Mittagspause um 15 Uhr bis spätestens 18 Uhr zu einem theologischen Studienteil im großen Saal im Obergeschoss des rechten

Hausflügels. Homeyer hatte sich vorgenommen, mit seinen Beratern nach und nach die Beschlusstexte des Zweiten Vatikanischen Konzils zu lesen, was er auch über Jahre hinweg durchhielt. Aufgabe des Bischöflichen Kaplans war es, diesen theologischen Studienteil vorzubereiten und in das jeweilige Dokument einzuführen. Homeyer wollte durch diese gemeinsame Lektüre nach Schreers Eindruck seinen Beratern wohl weniger theologische Nachhilfe geben, als eher das Gemeinschaftsgefühl stärken.[332] Tatsächlich ergaben sich auch daraus nicht selten interessante und mitunter auch sehr persönliche Gespräche.

Ein „Katholischer Kongress" in Hildesheim

Nicht erst das Zweite Vatikanische Konzil hat deutlich gemacht, dass Kirche weit mehr ist als eine Gemeinschaft von Priestern und Bischöfen. Was wäre die katholische Kirche ohne Laien, die den Glauben mit- und weiter tragen? Als die Bürger Mitte des 19. Jahrhunderts mündig wurden, schlossen sich in Deutschland auch Katholiken zusammen, um ihre Interessen zu vertreten. 1837 entstand eine katholische Bewegung gegen Behördenwillkür und die staatliche Reglementierung der Kirche. Unter dem Namen „Piusverein für religiöse Freiheit" trat sie 1848 erstmals an die Öffentlichkeit.[333] Weitere ähnliche Vereine wurden gegründet. Sie trafen sich vom 3. bis 6. Oktober 1848 in Mainz zu einer Generalversammlung – dem ersten deutschen Katholikentag. Ab 1850 wurde das Treffen der Katholiken jährlich veranstaltet und 1868 in Bamberg ein Zentralkomitee gewählt als „perpetuierender Mittelpunkt" für das katholische Vereinswesen. Von Beginn an gehörte die Organisation der Katholikentage zu den Hauptaufgaben dieses Komitees. Papst Pius IX. unterstützte diese katholische Laienbewegung in Deutschland ebenso wie in anderen Ländern, denn er erkannte in ihnen Verbündete zum Schutz der Freiheit der Kirche gegen kirchenfeindliche nationalistische Strömungen in Europa, die die Kirche für ihre Zwecke instrumentalisieren wollten.[334]

Im Laufe der Jahrzehnte wurden die Themen der Katholikentreffen breiter. Neben Fragen des katholischen Vereinswesens und der Mission diskutierten die Teilnehmer immer stärker die Aufgaben der Katholiken in Kirche und Gesellschaft. Dieser ersten Blüte setzte der Nationalsozialismus jedoch ein abruptes Ende. Weil die Teilnehmer auf Geheiß von Hermann Göring eine Treueerklärung zu „Führer und Reich" abgeben sollten, wurde der geplante Katholikentag 1933 in Gleiwitz abgesagt, danach war das Zentralkomitee aus der Öffentlichkeit verbannt.[335]

Bereits 1947 gab es erste Pläne für seine Neugründung. Am 19. Juni 1947 traf sich in Königstein/Taunus ein „Zentralkomitee der Deutschen Katholikentage" erstmals nach dem Krieg wieder, um für 1948 einen Katholikentag in Mainz vorzubereiten.[336] Schnell wurde klar, dass die Aufgaben dieses Komitees über die Organisation von Laientreffen hinausgehen sollten. Nachdem die Fuldaer Bischofskonferenz im August 1951 der Bildung eines „Zentralkomitees der deutschen Katholiken (ZdK)" zugestimmt hatte, konstituierte sich dieses schließlich am 30. April 1952 in Bad Honnef.[337] Laut Statut wurde auch diesem Gremium unter anderem die Aufgabe übertragen, „gemeinsame Tagungen und Unternehmungen der deutschen Katholiken, zum Beispiel Katholikentage, vorzubereiten und durchzuführen."[338] Seitdem sind die in der Regel alle zwei Jahre stattfindenden Katholikentage wieder ein fester Bestandteil des katholischen Lebens in Deutschland geworden.

Dass diese Reihe der Katholikentreffen 1996 durchbrochen wurde und die katholische Welt Deutschlands in jenem Jahr auf die Stadt an der Innerste blickte, hat viel mit dem Hildesheimer Bischof Josef Homeyer zu tun. Für 1994 hatte das ZdK an die Elbe nach Dresden eingeladen, 1998 wollte man das 150-jährige Jubiläum des ersten Katholikentages groß in Mainz feiern, wo 1848 alles angefangen hatte. Und 1996?

Auf seiner Herbstvollversammlung 1992 entschied das ZdK, 1996 statt eines Katholikentages einen „Katholischen Kongreß" abzuhalten. „Kleiner als ein Katholikentag, aber größer als ein reiner Fachkongreß soll dieses Treffen sich mit der Solidarität zwischen Ost und West in Europa, aber auch zwischen Nord und Süd in der Welt und auch mit der Solidarität im vereinten Deutschland befassen. Man verspricht sich von einer solchen Veranstaltung, die vor allem für Multiplikatoren bzw. für in konkreten Solidaritätsaktionen Engagierte gedacht ist, gezieltere Impulse als von einem thematisch immer breiter angelegten und zudem sehr auf Fest und Feier ausgerichteten Katholikentag",[339] wusste die „Herder-Korrespondenz" damals über die Entscheidung des ZdK zu berichten.

Am 22. Mai 1995 mit Bruder Karl im Landesbildungszentrum für Blinde Hannover

Andere Stimmen dagegen vermuteten dahinter nicht zuletzt den Wunsch, vor dem großen Jubiläums-Katholikentag 1998 Geld zu sparen.[340] Tatsächlich war bei den Verantwortlichen aber längst auch die Erkenntnis gereift, dass die katholische Kirche Deutschlands neben Katholikentagen für alle Interessierten auch „Veranstaltungen für die Führungsverantwortlichen"[341] brauche. Eine der treibenden Kräfte hinter dieser Idee war Dr. Friedrich Kronenberg, der damalige Generalsekretär des ZdK und ehemalige Stellvertretende Sekretär der Würzburger Synode. Für ein solches Vorhaben brauchte er einen aufgeschlossenen Bischof. Was lag da näher, als sich an die gute Zusammenarbeit mit Dr. Josef Homeyer im Synoden-Sekretariat zu erinnern? So fand der „Katholische Kongreß" des ZdK vom 12. bis 15. September 1996 nur deshalb in Hildesheim statt, weil Josef Homeyer hier Bischof war. „Er stand hinter diesem Kongress und dachte, wir könnten damit eine neue Initiative auf den Weg bringen",[342] erzählt Kronenberg.

Am 8. März 1993 traf sich der ZdK-Generalsekretär in Hildesheim mit dem Vorstand des Diözesanrats der Katholiken, der gemeinsam mit dem Bistum Mitveranstalter des Kongresses werden sollte, zu ersten Gesprächen.[343] Bezüglich der Teilnehmerzahlen hatte man bereits konkrete Vorstellungen: rund 3.000 sollten es sein.

Um diese Großveranstaltung organisieren und durchführen zu können, wurde im Juni 1994 ein Trägerverein gegründet. Ihm gehörten Persönlichkeiten aus den Reihen des ZdK, des Bistums, des Diözesanrats und der Stadt Hildesheim an.[344] Im Priesterseminar richteten die Organisatoren eine Geschäftsstelle ein, die im April 1995 ihre Arbeit aufnahm. Mehr als 70 Initiativen, Gruppen und Institutionen beteiligten sich schließlich an der Vorbereitung dieses Experimentes.[345]

Unmittelbar vor dem Kongress hatte Bischof Homeyer gemeinsam mit der Evangelischen Akademie der Evangelisch-lutherischen Landeskirche in Braunschweig vom 11. bis 12. September in die Bistumsakademie St. Jakobushaus nach Goslar eingeladen, wo er gemeinsam mit seinem evangelischen Amtsbruder Dr. Christian Krause aus Braunschweig und zahlreichen Gästen Fragen der katholischen und evangelischen Sozialethik diskutierte. Dieses Bistumsforum war zugleich der Auftakt des Tages der Pfarrgemeinderäte im Bistum Hildesheim.[346]

Der eigentliche Kongress zwei Tage später erhielt seinen Rahmen durch die große Eröffnung auf dem Hildesheimer Marktplatz am Donnerstag, 12. September, das große Solidaritätsfest am Samstag und den Abschlussgottesdienst am Sonntag auf dem Domhof. Erinnerte dies noch stark an die Programmstruktur der gewohnten Katholikentage, so betonten die 60 Arbeitskreise den Kongress- und damit Arbeitscharakter der Veranstaltung. Deren Ergebnisse mündeten in die „Hildesheimer Erklärung. Solidarität ist unteilbar",[347] die das Thema des Kongresses in verschiedene Richtungen auslegte. Auch wenn mit 2.143 Personen[348] deutlich weniger Teilnehmer gekommen waren, als ursprünglich geplant, so verbreitete dieser viertägige Kongress in der südniedersächsischen Bischofsstadt doch das Flair eines kleinen Katholikentages.

Was ist davon geblieben? Hat der Kongress eine „Bekehrung zu den Menschen unserer Zeit"[349] gebracht, wie Bischof Josef Homeyer bei der Eröffnung hoffte? Immerhin wurde die „Hildesheimer Erklärung" wie der gesamte Kongress in den Medien überwiegend freundlich aufgenommen. Der Spagat, eine Veranstaltung für bestimmte Zielgruppen anzubieten, ohne auf Breitenwirkung zu verzichten, schien gelungen. „Das Zentralkomitee der deutschen Katholiken hat mit der Arbeitsform des Kongresses ein neues, wirksames, wenn auch weiterzuentwickelndes Instrument erarbeitet",[350] heißt es in der Dokumentation der Veranstaltung.

Kritische Stimmen bemängelten dagegen die offenbar geringe Resonanz des Kongresses in den Gemeinden vor Ort und gaben zu bedenken, dass die modernen Kommunikationsmittel längst auch andere Formen des Austausches zulassen würden. „Dennoch könnten sich weitere Katholische Kongresse, Mischformen zwischen Fachtagung und Katholikentag, als dienlich und sinnvoll erweisen, vorausgesetzt, sie halten das hohe Niveau der Auseinandersetzung [...]."[351]

Bislang ist es bei diesem ersten Katholischen Kongress geblieben. Zumindest in einem solchen Rahmen haben sich Katholiken seit 1996 nicht wieder getroffen. Sowohl Dr. Kronenberg als auch sein Gegenüber Bischof Dr. Josef Homeyer haben das sehr bedauert. Der ehemalige Generalsekretär des ZdK hält dieses Konzept bis heute für richtig und sieht es als „Manko, dass wir einen solchen Kongress auf Entscheiderebene nicht haben."[352] Noch drei Wochen vor Homeyers Tod hat Kronenberg in einem freundschaftlichen Rückblick mit dem Bischof über den Kongress von 1996 gesprochen. Homeyers langjähriger Weggefährte erinnert sich: „Er war der Meinung, dass es richtig war, diesen Versuch zu machen und dass man ihn fortsetzen sollte".

„Für eine Zukunft in Solidarität und Gerechtigkeit"

Mit der Bischofsweihe wurde Dr. Josef Homeyer nicht nur Bischof eines Bistums, sondern bekam auch Sitz und Stimme in der Vollversammlung der Deutschen Bischofskonferenz, die kaum ein Mitbruder so gut kannte wie er als ehemaliger Sekretär. Um Fragen aus den verschiedenen Fachbereichen bearbeiten zu können, hat die DBK „Bischöfliche Kommissionen" eingerichtet, deren Mitglieder Stellungnahmen für die Vollversammlung erarbeiten und die Beschlüsse der Vollversammlung in ihrem Fachgebiet ausführen.[353] Das neue Mitglied in der Bischofskonferenz hatte eigentlich gehofft, Vorsitzender der Kommission X („Kommission Weltkirche") zu werden. Bald nach seiner Weihe wurde Homeyer allerdings von den deutschen Bischöfen in die „Kommission für gesellschaftliche und soziale Fragen" (Kommission VI) gewählt.[354] Drei Jahre später rückte er auf der Herbst-Vollversammlung als Nachfolger des Bamberger Bischofs Dr. Elmar Maria Kredel an die Spitze dieser Kommission.[355]

Gut ein Jahrzehnt später sollte diese Kommission unter Homeyers Leitung mit dem gemeinsamen Wort der katholischen und evangelischen Kirche „Für eine Zukunft in Solidarität und Gerechtigkeit" ein kleines Stück deutscher Kirchengeschichte schreiben.[356] Die Geschichte des offiziell „Wort des Rates der Evangelischen Kirche in Deutschland und der Deutschen Bischofskonferenz zur wirtschaftlichen und sozialen Lage in Deutschland" genannten Textes begann am 23. und 24. Juni 1993 im ostdeutschen Schmochtitz, wo die Kommission VI der DBK tagte. Unter Homeyers Initiative entschieden die Bischöfe dort, ein Konsultationsverfahren zur Erarbeitung eines grundlegenden Wortes zur wirtschaftlichen und sozialen Lage in Deutschland einzuleiten.[357] Im August 1993 stimmte der Ständige Rat der deutschen Bischöfe diesem Vorhaben zu.[358] Formell wurde das geplante Wort damit eine Angelegenheit der gesamten deutschen Kirche, lebte aber ganz wesentlich aus der Initiative und dem Antrieb Homeyers, wie Journalisten schon damals zu Recht erkannten: „Der Hildesheimer Bischof Josef Homeyer ist nicht nur in seiner Diözese dafür bekannt, dass er auch Wege geht, die zu gehen ein gewisses Risiko bedeutet, weil noch nicht bis in alle Einzelheiten klar ist, wo der Weg eigentlich hinführt",[359] schrieb die Herder-Korrespondenz 1993, „ohne diese persönliche Eigenschaft des Vorsitzenden der Kommission für gesellschaftliche und soziale Fragen der Deutschen Bischofskonferenz, der Homeyer auch ist, wäre es zum neuesten Projekt der Kommission wohl nicht gekommen."

Homeyer sah in jenen Jahren die Bundesrepublik Deutschland auf eine soziale und wirtschaftliche Krise zusteuern und fühlte die Kirchen in der Pflicht, dazu ihre Stimme zu erheben. Bei diesem Unternehmen wollte er einen neuen Weg beschreiten, den die Kirche zuvor mit einem solchen Bischofswort noch nie gegangen war und den lediglich die US-amerikanischen Bischöfe bei ihren Hirtenbriefen zum Frieden 1983 und zur Wirtschaft 1986 mit einigem Erfolg ausprobiert hatten:[360] Die amerikanischen Bistumsführer hatten nämlich jeweils Entwürfe zum eigentlichen Hirtenbrief zur Diskussion gestellt und dadurch die Öffentlichkeit an der Erstellung der Endfassung beteiligt.

Homeyer wollte ähnlich vorgehen: In einem sogenannten Konsultationsprozess sollte ein Thesenpapier in einem mehrstufigen Verfahren zunächst von den einzelnen gesellschaftlichen Gruppen beraten und dann in verschiedenen Redaktionsgruppen überarbeitet werden. Tatsächlich trafen sich Homeyer und die anderen Bischöfe der Kommission VI schon am 20. und 21. Oktober 1993 in den Räumen des Katholischen Büros in Bonn mit Vertretern von Parteien, Gewerkschaften, Arbeitgebern und sozialen Verbänden, um ein Thesenpapier unter dem Titel „Unsere Verantwortung für Wirtschaft und Gesellschaft" zu diskutieren, das sich mit acht Themenfeldern befasste, unter anderem Arbeitslosigkeit, Wirtschaft und Sozialpolitik, Ökologie sowie Bildung und Ausbildung. Sechs Tag später, am 27. Oktober, hatten dann Vertreter katholischer Verbände, diözesaner Organisationen und Experten der Katholischen Soziallehre Gelegenheit, sich zu diesem Entwurf des Hirtenwortes zu äußern. Schnell wurde dabei deutlich, dass die geplante Veröffentlichung des Hirtenwortes 1994 nicht zu halten war.

Nun kamen die Protestanten mit ins Boot. Offiziell im November 1993 entschied die Evangelische Kirche Deutschlands (EKD), sich an diesem Konsultationsprozess zu beteiligen, schon seit September aber erarbeitete eine zehnköpfige ökumenische Arbeitsgruppe auf der Basis der bisherigen Diskussionen den Entwurf eines gemeinsamen Hirtenwortes der beiden Kirchen, der schließlich am 22. November 1994 veröffentlicht wurde und die zweite Phase des Konsultationsprozesses einleitete.[361] Mehr als ein Jahr lang gaben Homeyer und die anderen Verantwortlichen nun den Diözesen, Pfarrgemeinden, Landeskirchen und anderen gesellschaftlichen Gruppen Zeit, Eingaben zu diesem Entwurf einzureichen.[362] Der Aufruf fand Gehör: Mehr als 1.000 Stellungsnahmen mit einem Umfang von mehr als 10.000 Druckseiten gingen in den folgenden Monaten bei den beiden zentralen Koordinationsstellen ein, dem Sozialwissenschaftlichen Institut der EKD in Bochum und dem Katholisch-Sozialen Institut der Erzdiözese Köln in Bad Honnef.[363]

Auch Homeyers eigene Diözese beteiligte sich an diesem Prozess. Ende Januar 1995 konstituierte sich in der Bischofsstadt eine 35-köpfige Arbeitsgruppe, die ein „Votum der Diözese Hildesheim" zur Diskussionsgrundlage des gemeinsamen Wortes erstellen sollte.[364] Kritik an dem vorgelegten Text kam vor allem von den Frauenverbänden des Bistums. Sie bemängelten unter anderem, dass die Diskussionsgrundlage Frauen nur am Rande erwähne und damit nicht ihrem heutigen Selbstverständnis entspreche.[365] Im Februar 1996 legte die Hildesheimer Arbeitsgruppe schließlich das Votum des Bistums vor, als einziges Votum eines Bistums in Deutschland überhaupt. In den Text waren 105 Eingaben aus der kirchlichen und nichtkirchlichen Öffentlichkeit des Bistums eingeflossen. Unter anderem forderten die Hildesheimer ein Recht junger Menschen auf Arbeit und die Besserstellung von Familien im Steuersystem. Außerdem sollte ihrer Ansicht nach mehr für die Bewahrung der Schöpfung getan werden, konkret: Man wollte den Ausstieg aus der Kernenergie.[366]

Der von Homeyer angestoßene Konsultationsprozess stieß deutschlandweit auf ein großes Echo, was wohl auch am Verfahren selbst lag: Jeder war gefragt und alle konnten mitreden! Der damalige evangelische Bischof von Berlin, Dr. Wolfgang Huber, feierte dies als „kleine Revolution"[367] und Homeyer kommentierte: „Es sollte eine Praxis der Kirchen werden, dass ein grundsätzliches sozialethisches Wort der Kirche von allen in der Kirche erstellt und darum dann auch getragen wird".[368] Die „Bundesarbeitsgemeinschaft Christen und Christinnen bei Bündnis 90/Die Grünen" sprach sogar von einem „Vorstoß beider Kirchen in Richtung auf eine basisdemokratisch verfasste Gesellschaft."[369]

Bischof Josef an seinem Schreibtisch im Bischofshaus, wo er meist bis spät in die Nacht arbeitete

Vor der Veröffentlichung des Papiers lag aber noch ein weiteres Jahr Arbeit. Die Ergebnisse des Konsultationsprozesses waren nun in eine Textvorlage zu gießen, die in beiden Kirchen eine Mehrheit finden musste. Dafür zeichneten auf katholischer Seite Bischof Homeyer und auf evangelischer Seite der Vizepräsident des EKD-Kirchenamtes, Dr. Hermann Barth, verantwortlich. Ihnen arbeiteten eine Beratergruppe aus Sachverständigen beider Kirchen und eine ökumenische Redaktionskommission zu,[370] die am 12. September 1996 ihren Text vorlegte. Nachdem die Herbst-Vollversammlung der Deutschen Bischofskonferenz wie auch der Rat der EKD im Herbst desselben Jahres verschiedene Änderungswünsche angemeldet hatten, beriefen Homeyer und Barth eine neue ökumenische Arbeitsgruppe, die bis Januar 1997 den endgültigen Text erstellte.[371] Am 19. Februar 1997 nahmen die katholischen Bischöfe das „Gemeinsame Wort" auf ihrer Frühjahrs-Vollversammlung schließlich an, zwei Tage später auch die EKD. Am 22. Februar fügten der Vorsitzende der Deutschen Bischofskonferenz, Bischof Karl Lehmann und der Vorsitzende des Rates der EKD, Landesbischof Klaus Engelhardt, allerletzte redaktionelle Änderungen ein, bevor sie am 28. Februar 1997 schließlich vor die Bundespressekonferenz in Bonn traten und das 112-seitige Werk der Öffentlichkeit vorstellten.

Der langjährige Konsultationsprozess unter den Augen der Öffentlichkeit und die zahlreichen Eingaben von Parteien, Verbänden, Organisationen, Kirchen und Privatpersonen garantierten dem Gemeinsamen Wort „Für eine Zukunft in Solidarität und Gerechtigkeit" große Aufmerksamkeit, weckten aber auch hohe Erwartungen. Was hatten die Kirchen der Öffentlichkeit am Ende zu sagen? In sechs Kapiteln beschreibt das später oft nur „Sozialwort" genannte Papier zunächst eine Gesellschaft, die sich im Umbruch befindet, und entwickelt dann aus dem christlichen Glauben Perspektiven und Impulse für die Weiterentwicklung unseres Gemeinwesens. Die Herausgeber definieren den Grundkonsens einer zukunftsfähigen Gesellschaft, zeigen konkrete Wege und Ziele auf, um zuletzt auch die Aufgaben der Kirchen bei diesem Prozess in den Blick zu nehmen.[372]

Das Echo bei den Parteien, aber auch in den Medien, war fast durchweg positiv, so dass die „tageszeitung" schon unkte, das Papier solle wohl „totgelobt" werden.[373] Tatsächlich beklagten die beiden Kirchenführer Lehmann und Engelhardt ein Jahr nach der Veröffentlichung bei einer ersten Bilanz, das Papier habe nicht zur erhofften intensiven und gründlichen Diskussion geführt und politisch wenig bewegt. Die Politik sei längst in die alten Gräben zurückgekehrt.[374] Außerdem habe die Öffentlichkeit nur die konkreten politischen Forderungen des Wortes rezipiert, aber die ethischen und biblisch-theologischen Grundlegungen kaum wahrgenommen. Im Jahre 2007, zehn Jahre nach dem Erscheinen des Sozialworts, schien das Papier nach dem Urteil verschiedener Sozialverbände denn auch vergessen zu sein.[375]

Ist der Hildesheimer Bischof Dr. Josef Homeyer also gescheitert mit seinem ambitionierten Versuch, der Sozial- und Wirtschaftspolitik einen evangelisch-katholischen Ruck zu geben? Eine Frage, die nicht leicht zu beantworten ist. Homeyer und die anderen Autoren haben selbst immer wieder davor gewarnt, das Papier zu überfordern. Es sei ihnen nicht darum gegangen, Politik zu machen, sondern Politik möglich zu machen. Auch die Kirchen hätten schließlich kein Rezeptbuch zur schnellen Lösung aller Probleme an der Hand. Und das müssten sie auch gar nicht. Wenn Politik die Kunst des Möglichen sei, dann sei es angesichts dessen angebracht, „auch einmal nach dem Wünschbaren zu fragen", wohl wissend, „dass Gottes Reich auf Erden nicht gebaut werden kann, sondern allein Gottes Werk sein wird."[376]

Nach dem Urteil verschiedener Autoren hat sich das Gemeinsame Wort jedenfalls deutlich länger in der Diskussion gehalten als andere kirchliche Verlautbarungen. Einige wollten sogar beim „Bündnis für Arbeit" des damaligen Bundeskanzlers Gerhard Schröder und in der Koalitionsvereinbarung der rot-grünen Bundesregierung nach der Bundestagswahl von 1998 Gedanken aus dem Gemeinsamen Wort herausgelesen haben.[377] Prof. Dr. Marianne Heimbach-Steins, Beraterin Homeyers und eine der besten Kennerinnen des Konsultationsprozesses, ist davon überzeugt, dass sich durch das Gemeinsame Wort „eine neue, lebhafte Debatte um eine tragfähige Gesamtkonzeption sozialer Gerechtigkeit entwickelt hat."[378] Ohne Frage ist es den Kirchen, ist es Homeyer gelungen, sich mit diesem Wort in die gesellschaftliche und politische Debatte einzumischen. Als „historisch" wurde jedoch vor allem die Tatsache empfunden, dass die beiden großen Kirchen dieses Sozialwort gemeinsam unterschrieben und dass es im vorausgegangenen Konsultationsprozess gelungen war, praktisch alle relevanten sozialen, religiösen und politischen Gruppen einzubinden. „Ohne das persönliche Engagement Bischof Homeyers wäre dieses Unternehmen weder begonnen worden noch ans Ziel gekommen",[379] glaubt Prof. Dr. Marianne Heimbach-Steins. Und Dr. Hermann Barth, Homeyers Gegenüber auf evangelischer Seite, bescheinigte dem Bischof zu dessen 70. Geburtstag „eine große Portion Beharrlichkeit – und vielleicht auch Dickköpfigkeit – um das Unternehmen Konsultationsprozess gegen alle skeptische Einrede und einen verbreiteten Kleinglauben auf den Weg […] und ans Ziel"[380] geführt zu haben.

Und Homeyer selbst? Der hatte schon im Februar 1996 zum Abschluss des Konsultationsprozesses in Berlin gesagt: „Das abschließende Wort kann ja wohl nicht das letzte Wort sein. Es kann höchstens ein Zwischenschritt, eine Selbstvergewisserung sein. Der Konsultationsprozess ist ganz gewiss am Ende. Der Lernprozess, so meine ich, muss weiter gehen."[381] Für den Hildesheimer Bischof war das gemeinsame Wort immer nur ein Anstoß zur Diskussion und nie als Magna Charta der katholischen Sozialpolitik des 21. Jahrhunderts gedacht.

Ein Meilenstein auf dem Weg des Weiterdenkens war denn auch das Memorandum „Mehr Beteiligungsgerechtigkeit" der Kommission VI für gesellschaftliche und soziale Fragen der Deutschen Bischofskonferenz, das am 29. Oktober 1998 erschien und wiederum maßgeblich von Homeyer initiiert worden war.[382] Der Untertitel „Beschäftigung erweitern, Arbeitslose integrieren, Zukunft sichern: Neun Gebote für die Wirtschafts- und Sozialpolitik" macht deutlich, dass Homeyer dabei vor allem nach Orientierung suchte, um das von ihm als äußerst bedrückend und auch gefährlich empfundene Problem der Massenarbeitslosigkeit in den Griff zu bekommen. Homeyer war es gelungen, dafür eine hochrangige elfköpfige Expertengruppe zu finden, der neben Praktikern aus der Wirtschaft – etwa Roland Berger von der Roland Berger & Partner Unternehmensberatung – auch Verantwortliche aus der Politik – darunter Dr. Annette Schavan, damals Ministerin für Kultus, Jugend und Sport des Landes Baden-Württemberg – angehörten, außerdem Wissenschaftler aus dem Bereich der Volkswirtschaft – zum Beispiel Prof. Dr. Helmut Hesse von der Universität Göttingen – und Kenner der christlichen Gesellschafts- und Soziallehre – der damalige Weihbischof Prof. Dr. Reinhard Marx aus Paderborn und Prof. Dr. Marianne Heimbach-Steins aus Bamberg wären hier unter anderem zu nennen. Fast noch stärker als im „Gemeinsamen Wort" eineinhalb Jahre zuvor betonen die Autoren hier den Aspekt der Eigenverantwortung und Eigeninitiative.[383] So stellt das 3. „Gebot" des Textes zum Beispiel klar: „In der Sozialen Marktwirtschaft schaffen in erster Linie Unternehmer Arbeitsplätze. Der Staat muss dies durch eine auf Innovation und Risikofähigkeit abzielende Politik flankieren, um Wertschöpfung rentabel zu machen und damit im Lande zu halten."[384] Hier deutet sich eine Denkrichtung an, die der Vorsitzende der Kommission VI fünf Jahre später in dem Papier „Das Soziale neu denken" weiterdachte und ihm dadurch den Vorwurf einbrachte, neoliberales Gedankengut zulasten von Benachteiligten gesellschafts- und kirchenfähig zu machen.

Jens Lüpke als Bischöflicher Sekretär

Seit Februar 1996 hatte Bischof Homeyer einen neuen Assistenten. Der 41-jährige Diakon Jens Lüpke löste Dr. Werner Schreer als Bischöflichen „Kaplan" ab und erhielt, da verheirateter Familienvater, den Titel eines „Bischöflichen Sekretärs".[385] Schreer übernahm neben der Hildesheimer Pfarrgemeinde St. Johannes die Leitung der neu eingerichteten „Arbeitsstelle für pastorale Fortbildung und Beratung (afb)".

Der neue Sekretär stammte aus Verden/Aller, hatte in Münster Theologie studiert und sich dann zum Pastoralreferenten ausbilden lassen. Für seine neue Aufgabe brachte er pastorale Erfahrung aus Winsen/Luhe und Goslar mit. 1992 war er zum Ständigen Diakon geweiht worden.

Nicht zuletzt aufgrund seiner familiären Situation als Ehemann und Vater durfte Jens Lüpke auch zu Hause arbeiten, gleichwie auch er jederzeit mit einem Anruf des Bischofs und Arbeitsaufträgen auch außerhalb der gängigen Arbeitszeiten rechnen musste.[386] Dabei wusste Homeyer sehr wohl, dass er anderen Menschen – und gerade auch seinem Sekretär – eine Menge zumutete, worüber er gelegentlich auch sein Bedauern geäußert hat. Mit einer ausgeprägten Großzügigkeit versuchte der Bischof, gelegentlich dafür einen gewissen Ausgleich zu schaffen.

In starkem Maße war Lüpke der „Vordenker" des Bischofs: Eine sehr große Zahl an Ansprachen und Predigten Homeyers zu politischen wie kirchlichen Themen stammt im Kern vom Bischöflichen Sekretär Lüpke, der – wie sein Chef – in besonderer Weise „weitdenken" und „weitschauen" konnte. Zwischen beiden entwickelte sich, soweit dies dem Bischof möglich war, eine Art von Freundschaft, die jedoch nie bis zum „Du" kam. Homeyer war ohnehin sehr duzfeindlich. Außer den bischöflichen Mitbrüdern und dem Generalvikar durften sich nur wenige Menschen, oft alte Weggefährten, rühmen, mit dem Bischof von Hildesheim „per Du" zu sein. „Da war er sehr strikt: Mit Angestellten siezt man sich, egal wie vertraut man nach vielen Jahren ist", beschreibt Lüpke die Politik Homeyers. Immerhin hat der Bischof dem langjährigen Sekretär testamentarisch seine Privatbibliothek vermacht.

Wenn Homeyer sich mit seinen Sekretären oder anderen, die er schätzte, intellektuell austauschte, dann nutzte er dafür bis zuletzt gerne den Kopierer. Jens Lüpke beschreibt dies sehr anschaulich: „Interessant sind ja immer die Kopien von Aufsätzen, manchmal auch halbe Bücher. Die bekommt man von Bischof Homeyer mit dem Vermerk ‚Kenntnisnahme' zugereicht. Es sind viele und vielfältige aus allen Themengebieten: einmal zur orthodoxen Theologie, dann zur europäischen Identität; bei Gelegenheit zur Finanzkrise oder auch zu den 68er-Folgen. Weit ausgespannt. Bedrängender noch: Diese Texte sind alle ‚angemalt'. Mit dicken Filzunterstreichungen versehen, nicht selten in hastig-krummen Linien, am Rande ein, zwei Anstreichungen, manchmal auch in Grün. Das ist dann der Ernstfall. – ‚Mein Gott' denkt man manchmal, ‚Josef Homeyer, geht das nicht auch anders?' Schaut man von Ferne auf diese angemalten Texte, überträgt sich Unruhe. Hier schichtet einer nicht Getüme, sondern ist mit Gedanken – widerständig suchend, ausrufend – unterwegs. Ein unruhiger Geist (oder ein beunruhigter?) Bei näherem Zusehen erschließt sich aus diesen Anmalungen stets der Blick fürs Wesentliche, unbeeindruckt von Kapriolen und narzisstischen Faxen."[387] Solche Textkopien wurden natürlich unausgesprochen mit dem Auftrag zugesandt, sie doch bitte bald möglichst zu lesen und sich eine Meinung dazu zu bilden. Die Nachfrage des Bischofs: „Haben Sie gelesen, was ich Ihnen geschickt habe? Was meinen Sie dazu?" ließ nicht lange auf sich warten.

EXPO 2000

Drei Jahre nach dem „Gemeinsamen Wort" der beiden Kirchen 1997 stand der Hildesheimer Bischof im Jahre 2000 wieder deutschlandweit, ja weltweit im Rampenlicht der Öffentlichkeit, wenn auch auf gänzlich andere Weise: In Hannover fand die erste Weltausstellung auf deutschem Boden statt und lockte unter dem Namen „EXPO 2000" vom 1. Juni bis zum 31. Oktober Menschen aus aller Welt in die niedersächsische Landeshauptstadt. Die Deutsche Bischofskonferenz tat ihr Möglichstes, um die katholische Kirche angemessen zu präsentieren und ernannte den Hildesheimer Bischof zu ihrem Beauftragten für diese Weltausstellung.[388]

Herzstück des ökumenischen Engagements beider großer Kirchen war der „Christuspavillon" direkt neben dem Deutschen Pavillon. „Mögen Menschen, wenn sie hier in den Pavillon kommen, gegen die Mythen vom Übermenschen, von der Beherrschbarkeit der Natur, der technischen Machbarkeit an den Grund ihrer Hoffnung erinnert werden: Jesus Christus",[389] hatte Homeyer bei der Grundsteinlegung gesagt und damit das Thema der Weltausstellung „Mensch – Natur – Technik" aus christlicher Sicht reflektiert.[390] Nach Montreal 1967 stellten sich die beiden Kirchen damit überhaupt erst zum zweiten Mal in der 150-jährigen Geschichte der Weltausstellungen mit einem gemeinsamen Bauwerk vor. Der Christuspavillon war das bislang größte gemeinsame Projekt der Evangelischen Kirche in Deutschland und der Deutschen Bischofskonferenz.[391] Die Baukosten von rund 16,5 Millionen DM wurden zwar hauptsächlich von der evangelischen Kirche und Sponsoren aufgebracht, aber das Programm gemeinsam mit dem Bistum erarbeitet. In der lichten, hellen Konstruktion aus Stahl und Glas fanden regelmäßig Gottesdienste statt, wurden sogar Kinder getauft und Paare getraut.[392]Mehr als einmal traten der Bischof von Hildesheim und die damalige Landesbischöfin Dr. Margot Käßmann dort gemeinsam auf, so auch beim „Tag der christlichen Kirchen" mit dem Friedensnobelpreisträger und emeritierten anglikanischen Erzbischof von Kapstadt, Desmond Tutu.[393]

Als sich die Tore der EXPO wieder schlossen, hatten rund 1,7 Millionen Menschen den Pavillon besucht.[394] Homeyer war erstaunt und erfreut zugleich über das große Interesse an diesem christlichen Ausstellungsbeitrag: „Entscheidend ist offensichtlich das schlichte Dasein und Dabeisein von Kirche als Kirche, das Tun dessen, was zu ihrem Grundauftrag gehört, nämlich mit und bei den Menschen zu sein."[395] Der Christuspavillon war nach Homeyers Ansicht zudem als „das bisher größte ökumenische Experiment"[396] eine Erfahrung, die nicht folgenlos bleiben könne.

Auf katholischer Seite erwies sich auch der Pavillon des Heiligen Stuhls als Besuchermagnet. Er führte am 29. Juni, dem Fest Peter und Paul und damit dem „Tag des heiligen Stuhls", selbst Kardinalstaatssekretär Angelo Sodano an die Leine[397] und ins Hildesheimer Bischofshaus. Überhaupt nutzten hochrangige Vertreter der katholischen Kirche im Sommer 2000 gerne die bischöfliche Residenz für ihre Besuche auf der EXPO. Die Besucher gaben sich im Bischofshaus fast die Klinke in die Hand und blieben meist auch über Nacht. Vor allem für Hauswirtschaftsleiterin Maria Suthe war dies eine harte, aber interessante Zeit. Sie hatte ihren Urlaub schon vor der EXPO genommen und arbeitete dann vom Frühling bis in den Herbst hinein fast jeden Tag.[398]

Hirtenwort „Eucharistiefeier am Sonntag"

Das Millenniumsjahr brachte dem Bistum nicht nur einen Blick in die Welt, sondern auch ein Hirtenwort, das zu manchen Diskussionen in den Pfarrgemeinden führte. Am zweiten Fastensonntag, dem 19. März 2000, ließ Bischof Homeyer in den Gottesdiensten ein Fastenhirtenwort verlesen, das sich unter dem Titel „Eucharistiegemeinde am Sonntag" mit der rechten Feier des Gottesdienstes am Sonntag beschäftigte.[399] Der Bischof sah sich nach eigenen Worten vor einer doppelten Herausforderung: die eucharistische Mitte zu stärken und zugleich Wort-Gottes-Feiern spirituell zu vertiefen.[400] Als „verbindliche Richtungsnahme" erklärte er, nach einem Übergangszeitraum von drei Jahren dürfe in jeder Pfarrkirche nur noch eine Eucharistiefeier am Sonntag angeboten werden. Wort-Gottes-Feiern ohne Kommunionfeier sollten dann „vorrangig als Bereicherung des liturgischen Lebens – aber eben nicht als Ersatz für die Eucharistiefeier – regelmäßig gefeiert werden."[401] Dieser Vorstoß fand überdiözesane Beachtung. Kommentatoren erinnerten daran, dass auch in der Alten Kirche an Sonn- und Feiertagen nur einmal Eucharistie gefeiert wurde. Die Rückbesinnung auf diese eine Eucharistiefeier könne durchaus heilsam sein und einen Klärungsprozess in anderen Diözesen anstoßen.[402]

Der Konflikt um die Schwangerschaftskonfliktberatung

Die letzten Jahre des ausgehenden 20. Jahrhunderts stürzten die katholische Kirche Deutschlands in eine schwere Krise. Der Streit um einen Ausstieg aus der Schwangerschaftskonfliktberatung, der letztlich ein Umstieg wurde, stellte die Einigkeit des deutschen Episkopats und seine Loyalität zum Nachfolger Petri in Rom auf eine harte Probe. Auch wenn sich der Hildesheimer Bischof in dieser Frage nicht annähernd so stark exponierte wie sein von ihm sehr geschätzter Amtsbruder Dr. Franz Kamphaus in Limburg, so war er doch alles andere als nur ein Mitläufer in der Menge der Bischöfe und hat, oft hinter den Kulissen, alles getan, um einen solchen Ausstieg zu verhindern. Worum ging es?

Das ehemalige Westdeutschland und die DDR hatten die Frage der Abtreibung gesetzlich völlig unterschiedlich geregelt. Nach der Vereinigung der beiden deutschen Staaten 1990 musste die Gesetzgebung daher vereinheitlich werden. Das schließlich am 21. August 1995 verabschiedete Schwangeren- und Familienhilfeänderungsgesetz verfolgte die Idee, einer abtreibungswilligen Schwangeren nicht mehr mit Strafe zu drohen, sondern sie zu einer Beratung zu verpflichten. Sollte sich die Frau danach dennoch zur Abtreibung entschließen, blieb der Eingriff rechtswidrig, aber straffrei.[403]

Mitte der 90er Jahre befand sich ein erheblicher Teil der Beratungsstellen für Schwangere in kirchlicher Trägerschaft und wurde meist vom „Sozialdienst katholischer Frauen" (SkF) betrieben. Deren Beraterinnen hatten die Erfahrung gemacht, „dass Frauen nicht leichtfertig abtreiben, sondern sich im allgemeinen in einer außergewöhnlichen Not- und Konfliktsituation befinden, wenn sie an einen solchen Schritt denken, dass Frauen aber auch selbst der beste Garant für den Lebensschutz ihres Kindes sind."[404] Die katholischen Bischöfe durften also davon ausgehen, dass durch die gute Arbeit ihrer Beratungsstellen viele eigentlich zur Abtreibung entschlossene Frauen umzustimmen waren, folglich zahlreiche Kinder gerettet werden konnten. Andererseits wurden die Beratungsnachweise fraglos auch von manchen Frauen genutzt, um eine rechtswidrige, aber straffreie Abtreibung vornehmen zu lassen. Nicht ganz ohne Grund nannte der Bischof von Fulda, Erzbischof Dr. Dr. Johannes Dyba, diese Beratungsnachweise „Tötungslizenzen" und verbot seinen Beratungsstellen schon am 29. September 1993 diese Nachweise weiterhin auszustellen.[405]

Die Mehrheit der deutschen Bischöfe, darunter auch jener von Hildesheim, folgte dieser Argumentation jedoch nicht, sondern entschied auf der Herbstvollversammlung vom 25. bis 28. September 1995 in Fulda mit großer Mehrheit, den Schein auch weiterhin ausstellen zu lassen.[406] Am 21. November jenen Jahres veröffentlichte Homeyer für sein Bistum die in Würzburg beschlossenen „Vorläufigen Bischöflichen Richtlinien für katholische Schwangerschaftskonfliktberatungsstellen"[407], die keinen Zweifel daran ließen, dass die Beratung einer Schwangeren dem Schutz des Ungeborenen zu dienen habe. Jeder Hinweis auf Ärzte oder Krankenhäuser, die Abtreibungen vornehmen, blieb den Beraterinnen verboten.[408]

Zugleich setzte die Vollversammlung der Bischöfe im Herbst 1995 eine fünfköpfige Arbeitsgruppe ein, die mit Papst Johannes Paul II. und der Glaubenskongregation Gespräche über die Beteiligung der katholischen Kirche an der staatlichen Schwangerschaftskonfliktberatung aufnehmen sollte.[409] Unter der Leitung des Mainzer Bischofs und DBK-Vorsitzenden Dr. Karl Lehmann waren daraufhin die Kardinäle von Köln und München-Freising, Dr. Joachim Meisner und Dr. Friedrich Wetter, sowie die Bischöfe von Freiburg und Rottenburg-Stuttgart, Dr. Oskar Saier und Dr. Walter Kasper, am 5. Dezember 1995 und am 4. April 1997 im Vatikan. Diese Gespräche zeigten jedoch, dass der Papst mit der Mehrheit der deutschen Bischöfe völlig uneins war in der Frage, ob die Kirche Beratungsscheine ausstellen dürfe, die zu einer straffreien Abtreibung führen können. Auch ein Krisengipfel am 27. Mai 1997 mit allen Diözesanbischöfen in Rom brachte keine Annäherung.[410] Am 11. Januar 1998 erreichte die deutschen Bischöfe schließlich ein lange erwarteter Brief von Johannes Paul II., in dem dieser das Eintreten der deutschen Bischöfe für den Schutz des ungeborenen Lebens zunächst ausdrücklich lobte, dann jedoch in Bezug auf den Beratungsschein von einer „Zweideutigkeit"

1992 mit Papst Johannes Paul II.

sprach, „welche die Klarheit und Entschiedenheit des Zeugnisses der Kirche und ihrer Beratungsstellen verdunkelt."[411] Eindringlich „bat" der Papst die Bischöfe, solche Scheine nicht mehr ausstellen zu lassen, aber dennoch „auf wirksame Weise in der Beratung der hilfesuchenden Frauen präsent" zu bleiben.

Dieser Brief des Heiligen Vaters setzte aber keineswegs den Schlusspunkt unter die quälenden Auseinandersetzungen, ganz im Gegenteil. Sie sollten sich noch zwei weitere Jahre hinziehen. Zunächst erklärte der Ständige Rat der deutschen Diözesanbischöfe am 26. Januar 1998 in Würzburg, der Bitte des Papstes Folge zu leisten. Eine neue Arbeitsgruppe erhielt den Auftrag, Wege zu finden, die Beratung ohne einen Schein der bisherigen Art fortsetzen zu können. Sie schlug den Bischöfen am 14. Januar 1999 vor, am Beratungsschein festzuhalten, diesen aber mit einem „Beratungs- und Hilfeplan" zu verbinden, der den Schutz des werdenden Lebens noch deutlicher herausstellen würde.[412] Dieser „Beratungs- und Hilfeplan" sah verschiedene konkrete Hilfsangebote für Schwangere vor. Auch dann noch hätte der Beratungsschein aber für eine Abtreibung genutzt werden können, weshalb der „Beratungs- und Hilfeplan" das grundsätzliche Dilemma der Bischöfe nicht löste. Zu deren großer Überraschung billigte Johannes Paul II. in einem Brief vom 3. Juni 1999 diesen Plan jedoch, mit einer gravierenden Veränderung: Es sollte der Satz eingefügt werden: „Diese Bescheinigung kann nicht zur Durchführung straffreier Abtreibungen verwendet werden."[413]

Wäre ein solcher Zusatz überhaupt möglich und gültig gewesen auf einem Beratungsschein, der gesetzlichen Vorgaben folgen musste? Bischof Homeyer bat nach dem Eingang des Papstbriefes den Göttinger Staats- und Verfassungsrechtler Prof. Dr. Christian Starck, genau diese Frage in einem Gutachten zu klären.[414] Starck kam zu dem Ergebnis, dass die Kirche dem Beratungsschein tatsächlich einen solchen, vom Papst gewünschten einschränkenden Vermerk anfügen dürfe. „Wir hätten auf eine solche Lösung schon viel eher kommen sollen, um die Eindeutigkeit unserer Beratung für das Leben zu unterstreichen",[415] frohlockte Homeyer. Auf der Basis dieses Gutachtens fasste am 21./22. Juni 1999 der Ständige Rat der Bischofskonferenz in Würzburg den Beschluss, in der staatlichen Schwangerschaftskonfliktberatung zu verbleiben, aber die Beratungsscheine mit dem erbetenen Zusatz des Papstes zu versehen.

Tatsächlich war aber keineswegs sicher, dass staatliche Stellen sich an den einschränkenden Zusatz auf dem Beratungsschein hätten halten müssen. Es schien denkbar, dass Frauen trotz dieser Einschränkung straffrei abtreiben würden. Das war auch dem Hildesheimer Bischof völlig klar: „Wir werden nicht verhindern können, dass diese Bescheinigungen Ärzten vorgelegt und von ihnen auch akzeptiert werden".[416] Einen Missbrauch werde man in Kauf nehmen, dies habe man nicht in der Hand.

Wäre das im Sinne des Papstes gewesen? Genau diese Frage stellte der Kölner Kardinal Meisner tatsächlich am 30. Juli 1999 in einem Brief an Johannes Paul II.[417] Die Antwort des Papstes erreichte den Vorsitzenden der Deutschen Bischofskonferenz Lehmann am 18. September 1999 durch einen Brief von Kardinal Joseph Ratzinger und Kardinalstaatssekretär Angelo Sodano. Darin stellten beide klar: Wenn die Möglichkeit bestünde, dass Frauen trotz des einschränkenden Zusatzes auf den Beratungsscheinen straffrei abtreiben könnten, wäre dies nicht im Sinne des Papstes.[418]

Damit war der Kampf um einen Kompromiss, den die Mehrheit der deutschen Bischöfe hätte mittragen können, so gut wie verloren. Auf der Herbstvollversammlung vom 20. bis 23. September 1999 in Fulda kam es praktisch zu einer Spaltung der Gruppe. Während ein Teil der Bischöfe sich dafür aussprach, Beratungsnachweise, die straffreie Abtreibungen ermöglichen würden, bald nicht mehr ausstellen zu lassen, wollten die anderen Bischöfe, darunter auch Homeyer, dem Papst ihre Bedenken noch einmal persönlich vortragen.[419] Der regelmäßig stattfindende und für November 1999 geplante „Ad-Limina-Besuch" der deutschen Bischöfe „an den Gräbern der Apostel" in Rom sollte dafür Gelegenheit bieten.

Tatsächlich prallten dort die unterschiedlichen Ansichten noch einmal in aller Schärfe aufeinander. Auf der einen Seite standen Dyba und Meisner, die für den Ausstieg aus der gesetzlichen Schwangerschaftskonfliktberatung eintraten, auf der anderen Seite kämpfte der „Münsteraner Block" für den Verbleib, mit dem Limburger Bischof Dr. Franz Kamphaus an der Spitze und den Bischöfen Dr. Reinhard Lettmann (Münster), Dr. Heinrich Mussinghoff (Aachen), Dr. Hermann Josef Spital (Trier), dem Hamburger Erzbischof Dr. Ludwig Averkamp und dem Hildesheimer Bischof Dr. Josef Homeyer an seiner Seite,[420] den „Der Spiegel" schon ein Jahr zuvor als „möglichen Widerständler" bezeichnet hatte.[421] Auch der Freiburger Bischof Dr. Oskar Saier, Homeyers Osnabrücker Nachbar Dr. Franz-Josef Bode und andere neigten dieser Fraktion zu. Auf der einen Seite stand die Furcht vor einer Verdunklung des kirchlichen Zeugnisses, auf der anderen die von Kamphaus mit folgenden Worten formulierte Überzeugung: „Die Kirche muss sich auch auf schwierige und zweideutige Situationen einlassen, um zu retten, was zu retten ist."[422]

In Rom verliefen die persönlichen Gespräche der einzelnen Bischöfe mit Papst Johannes Paul II. zunächst sehr freundlich. „Heiliger Vater, da wäre noch ein Thema, über das ich mit Ihnen reden wollte", eröffneten viele Bischöfe die Aussprache, bevor der Papst ihnen freundlich ins Wort fiel: „Ach ja, die Sache mit dem Zettel…"[423] Fast zum Eklat kam es dann bei einem Gespräch aller Bischöfe mit Kardinal Ratzinger.[424] Der Limburger Bischof Dr. Franz Kamphaus sollte die Position der deutschen Bischöfe zum Thema Schwangerschaftskonfliktberatung vortragen. Inhaltlich wusste er die Mehrzahl seiner Amtsbrüder hinter sich. Ratzinger fragte nach Kamphaus' Vortrag freundlich zurück, ließ aber erkennen, dass ihm diese Position nicht gefiel. Da meldete sich Kamphaus' stärkster Widersacher, Erzbischof Dr. Dr. Johannes Dyba aus Fulda zu Wort. Laut und vernehmlich stellte er klar, dass Kamphaus nicht die Position aller Bischöfe vertrete. Man könne auch eine Gegenposition formulieren. Dieser Einwurf war nicht zwischen den Bischöfen abgesprochen. Totenstille! Da hielt es den Bischof von Hildesheim nicht mehr auf seinem Sitz. Energisch und im Ton wohl wenig diplomatisch widersprach Homeyer dem Bischof von Fulda. Ein Wort gab das andere, bis Ratzinger schließlich einschritt und sagte: „Ich bitte den Bischof von Hildesheim, sich in seinen Ausdrücken zu mäßigen."[425] Da muss Homeyer schon klar gewesen sein, dass der Kampf verloren war. Rom hatte gesprochen!

Tatsächlich beschlossen die Bischöfe beim Ständigen Rat am 22. und 23. November 1999, bis spätestens Ende 2000 aus der staatlichen Schwangerschaftskonfliktberatung auszusteigen, aber Frauen weiterhin zu beraten, wenn auch ohne den umstrittenen Schein. Homeyer hat diese Entscheidung mitgetragen, aber sehr unter ihr gelitten. Mehrfach besprach er sich mit seinen

Priestern im Priesterrat und ließ durchblicken, dass er fast geneigt gewesen sei, den Gehorsam gegenüber Rom zu verweigern.[426] Dass der Bischof sich dann doch zum Ausstieg, beziehungsweise Umstieg in eine Beratung ohne Schein entschied, geschah nicht aus Schwäche, sondern aus großer Loyalität gegenüber dem Papst.[427] Am 18. Juni 2000 veröffentlichte Homeyer einen Brief an die Gemeinden, in dem er seine Seelenqual andeutete. Die Ausstellung von Beratungsscheinen könne ebenso missverstanden werden, wie der Verzicht darauf, schrieb er damals. „Das Dilemma ist nicht auflösbar. Eine Entscheidung in die eine oder andere Richtung bleibt eine belastete Entscheidung, hinterlässt offene Fragen."[428] Wie die meisten Bischöfe hat Homeyer den Ausstieg seiner 17 Beratungsstellen im Bistum dann zum 1. Januar 2001 vollzogen.[429]

Doch Homeyer wäre nicht Homeyer, wenn er in dieser Sache nicht auch ein positives Zeichen gesetzt hätte. Zum gleichen Datum errichtete er nämlich die Stiftung „Gemeinsam für das Leben" mit dem „Zweck einer umfassenden Förderung einer Kultur des Lebens"[430] und stattete sie mit einem Grundstockvermögen von 4,5 Millionen DM aus. Initiiert hatte er diese Stiftung bereits zu seinem 70. Geburtstag am 1. August 1999 und dafür um Geldspenden gebeten,[431] ebenso fünf Jahre später zu seinem 75. Geburtstag.[432] Schon in ihrem ersten Jahr 2001 förderte die Stiftung erste Beratungsangebote in einem sozialen Brennpunkt der Braunschweiger Weststadt[433] und gab bis 2010 rund 774.000 Euro aus für 190 Projekte im Bereich Prävention, Beratung oder Freiwilligendienste.[434] Homeyer war seiner Stiftung immer sehr verbunden und hat sie gefördert, wo er nur konnte. Beim Festakt zum zehnjährigen Bestehen der Stiftung am 23. März 2011 bekannte Stiftungs-Geschäftsführer Ralf Regenhardt mit Blick auf den Gründer: „Wir sehen jetzt erst, wie groß die Fußabdrücke sind, die er uns hinterlassen hat."[435]

Kurz vor seiner Emeritierung bezeichnete Homeyer das quälende Ringen um den Verbleib in der staatlichen Schwangerschaftskonfliktberatung als einen der dunkelsten Momente seiner Bischofsjahre. „Ich war mit vielen Bischöfen der Meinung, es entspreche eigentlich dem Auftrag des Herrn, sich ganz besonders der Ausgegrenzten und der Verzweifelten und Notleidenden anzunehmen. Plötzlich damit konfrontiert zu werden, dass man das auch anders sehen kann, hat mich ungemein belastet. Allerdings musste ich dann einsehen, dass es auch eine andere Sicht dieser Situation gibt."[436] Ob er die Position des Papstes bei aller Loyalität tatsächlich aus innerer Überzeugung mitgetragen hat, bleibt dahingestellt. Prof. Dr. Gottfried Leder, langjähriges Mitglied im Hildesheimer Diözesanrat und entschiedener Gegner des Ausstiegs berichtet jedenfalls, er habe dem Bischof damals gesagt, „dass wir wohl beide bis zum Jüngsten Gericht Geduld haben müssten, bevor wir endgültig wüssten, was hier das Richtige sei. Bis heute hält sich bei mir der rein visuelle Eindruck, er habe nach kurzem Zögern ganz leicht mit dem Kopf genickt."[437]

Friedensgrund und Jugendarbeit

Homeyer wollte aufbauen, er wollte Menschen versöhnen und über Grenzen hinweg zueinander bringen. Nirgendwo zeigt sich dies besser als in jenem Projekt, das bis heute untrennbar mit Homeyers Namen verbunden ist: dem „Friedensgrund". Jeden Sommer führt er junge

Menschen aus dem Bistum und Ländern Osteuropas an einem osteuropäischen Ort zusammen, wo sie gemeinsam arbeiten, miteinander beten und dadurch mitbauen an einem vereinten und versöhnten Europa.

Die Ursprünge des „Friedensgrund" liegen in Bergen-Belsen, einem ehemaligen Konzentrationslager der Nationalsozialisten in der Nähe von Celle. 1986 feierte die Sühnekirche vom Kostbaren Blut in Bergen ihr 25. Weihejubiläum. Vor Vertretern unterschiedlicher Nationen und Konfessionen erklärte der Bischof dort, er wolle 1990 ein internationales Friedenstreffen der Jugend zu der nahe gelegenen Gedenkstätte einberufen.[438] Homeyer hielt Wort. Vom 12. bis 24. Juli 1990 trafen sich rund 80 Jugendliche aus verschiedenen Ländern in einem Zeltdorf neben dem ehemaligen KZ als „betende Gemeinschaft" in einer „Kommunität auf Zeit", um sich mit der Geschichte des Konzentrationslagers auseinanderzusetzen. Dort erst entstanden bei einem Bibelgespräch mit dem Bischof der Name „Friedensgrund" und die Idee, das Treffen jährlich zu wiederholen. Lassen wir den Bischof selbst erzählen: „Es ging um die Stelle im Epheserbrief, in der uns der Satz überraschte […] ‚Denn er (Christus) ist unser Friede'. Im Gespräch sagte dann plötzlich einer, der lange geschwiegen hatte: Letztlich ist Christus die Ursache, der Grund des Friedens. Sollten wir nicht jedes Jahr in einem andern von den Deutschen heimgesuchten Land in Osteuropa ein Friedensgrund-Camp machen, und zwar mit den Jugendlichen des jeweiligen Landes?"[439]

So geschah es und aus kleinen Anfängen wuchs eine Tradition des Betens und Arbeitens, die nun schon seit mehr als zwei Jahrzehnten Jugendliche anzieht. Inzwischen müssen es mehrere tausend gewesen sein. Es gibt nur wenige Länder im Osten Europas, in denen der „Friedensgrund" noch nicht war. In Tschechien (Tepla bei Pilsen, 1994), Rumänien (Sinpaul bei Arad, 1996), Serbien (Kovilj bei Novi Sad, 2001), Weißrussland (Sanarotsch, 2003) und vielen anderen Orten standen schon die großen Schlafzelte der Hildesheimer Malteser, haben sich die Jugendlichen mit Schaufel, Spaten oder einfachem Werkzeug an die Arbeit gemacht, haben die steinerne Treppe zu einer Kirche gebaut – wie 1995 im ukrainischen Welyka Wolja[440] – den Zeltplatz für

Der Bischof beim „Friedensgrund" 2003 in Rumänien. Homeyer war bekannt dafür, dass er im Lager das Leben und die Verpflegung der Jugendlichen teilte

eine internationale Begegnungsstätte angelegt – 1998 im kroatischen Batina[441] – oder ein Jahr danach im litauischen Tytuvena Gräben für die Stromkabel eines Klosters ausgehoben.[442] Und mitten unter ihnen der Hildesheimer Bischof mit Arbeitskleidung und Werkzeug. Selbst im August 2004, wenige Wochen vor seiner Emeritierung, ist Homeyer noch einmal mit 180 Jugendlichen aus zehn europäischen Ländern aufgebrochen nach Stary Sacz in Polen, wo ein Pilgerzentrum entstehen sollte.[443] Höhepunkt dieser Reise war für Homeyer der gemeinsame Besuch in Auschwitz. Dies sei für alle ein Schock gewesen, erzählte der Bischof nach seiner Rückkehr, ein Schock allerdings, der die Gespräche der Jugendlichen untereinander befruchtet habe: „Es gab ein großes Bedürfnis, ohne Schuldzuweisungen öffentlich über die Vergangenheit zu sprechen".[444] Doch nicht nur die Vergangenheit warf ihre Schatten auf die sommerlichen Treffen der Jugendlichen, sondern mitunter auch eine ganz aktuelle Gegenwart. So geschah es beim Friedensgrund in Hildesheim im Jahre 2000, dass sich erstmals wieder Jugendliche aus Serbien und Kroatien nach dem verheerenden Krieg auf dem Balkan begegneten und miteinander sprachen.[445]

Selten war der Bischof seinen Jugendlichen so nah wie beim „Friedensgrund", auch weil er sich vor keiner Arbeit drückte. Im Gegenteil: Ob mit Spitzhacke oder Schubkarre, mit Schaufel oder bloßen Händen, „unser Bischof ist beim Arbeiten nicht zu bremsen", erzählten Teilnehmer immer wieder.[446] Es waren Begegnungen auf Augenhöhe ohne jede episkopale Überheblichkeit. Am eindrücklichsten liest sich das im Reisebericht dreier junger Frauen, die mit dem Bischof 1992 in Russland waren: „War er sonst für die meisten von uns relativ weit weg, räumlich wie persönlich, kam er in unserer Lebenswelt de facto kaum vor, so kam er uns auf den gemeinsamen Fahrten nahe […]. Er suchte das Gespräch mit uns. Wir haben ihn in dieser Zeit erlebt als einen von vielen, als einen von uns. Wie wir musste auch er sein Bündel tragen, wie wir schuftete er unter der Sonne Russlands im Klostergarten von Mojaisk, wie unsere Zelte ‚soff' regelrecht auch sein Zelt ab, als der große Regen kam, mit uns badete er in der Moskwa […]."[447] Dort, beim Baden, spielte sich auch jene verbürgte kleine Episode ab, die ebenfalls von den drei Damen berichtet wird. „Hat jemand den Bischof gesehen", fragte jemand. „Da hinten, die schwimmende, weiße Boje" antwortete ein anderer. Diese kleine Anspielung auf Homeyers weißen Haarschopf hat der Bischof später augenzwinkernd mit erhobenem Zeigefinger beantwortet, als er davon hörte. Wenn, was oft geschah, der Bischof an seinem Geburtstag, dem 1. August, beim „Friedensgrund" war, spendierte er allen Teilnehmern ein Eis.[448]

Beim „Friedensgrund" war sich der Bischof für keine Arbeit zu schade

Eines ist sicher: Der 69. Bischof von Hildesheim war auch ein Jugendbischof, fern von Anbiederung und falschen Kompromissen. „Wer, wenn nicht ihr!“ rief er den Jugendlichen bei einer Chrisammesse zu, die sich unter ihm zu einem jährlichen Treffen der Bistumsjugend entwickelte,[449] und mehr als einmal hat er eigene Hirtenbriefe an die Kinder und Jugendlichen geschrieben.[450] Unvergessen bleiben die Fußwallfahrt mit 160 jungen Menschen vom Eichsfeld nach Vierzehnheiligen im Juli 1986[451] und die Wallfahrt nach Taizé im Juli 1988, bei der der Bischof mit 54 Jugendlichen zunächst mit dem Reisebus in die Nähe von Dijon fuhr und dann von dort in fünf Tagesetappen zu je 20 Kilometern jenen kleinen französischen Ort erreichte, den er wenige Jahre zuvor mit seinem Bischöflichen Kaplan Schwerdtfeger zum ersten Mal besucht und schätzen gelernt hatte.[452] Unter Jugendlichen fühlte sich der Bischof wohl, das spürte man auch bei den monatlichen Jugendvespern in der Benediktinerabtei von Marienrode. Für Homeyer waren solche Begegnungen „erfüllte Momente eines Bischofs“[453] und mehr als einmal fragte er mit bangem Blick auf die Erwachsenen und Etablierten: „Leben wir, lebt Kirche so, dass sie von Jugendlichen als eine Kirche der Zukunft erfahren werden kann?“[454]

„Das Soziale neu denken“

Als Vorsitzender der Kommission für gesellschaftliche und soziale Fragen der DBK hatte sich Homeyer deutschlandweit einen Namen als „Sozialbischof“ gemacht, nicht zuletzt durch das Gemeinsame Wort der Kirchen von 1997. Ein letzter großer Einwurf in diesem Amt gelang ihm ein knappes Jahr vor seiner Emeritierung mit dem Dokument „Das Soziale neu denken“ zur Reform des Sozialstaates.[455] Am Rande einer Pressekonferenz in Hildesheim hatte Homeyer dieses Papier am 8. November 2002 für das folgende Frühjahr angekündigt.[456] Tatsächlich aber konnten der Vorsitzende der deutschen Bischofskonferenz, Karl Kardinal Lehmann, Bischof Dr. Reinhard Marx als Mitglied der Kommission für gesellschaftliche und soziale Fragen der Deutschen Bischofskonferenz und Bischof Homeyer als deren Vorsitzender den Text erst am 12. Dezember 2003 gemeinsam in Berlin vorstellen. Entstanden ist auch dieses Papier wie das „Gemeinsame Wort“ von 1997 in weiten Teilen im Hildesheimer Bischofshaus. Unterstützt wurde Homeyer dabei von seinen bewährten und vertrauten Zuarbeitern im Sekretariat der Deutschen Bischofskonferenz, allen voran Dr. Matthias Meyer, dem Sekretär der Kommission für gesellschaftliche und soziale Fragen.[457] Abermals hatte der Hildesheimer Bischof für diesen sogenannten „Impulstext“ eine hochrangige Expertenrunde um sich geschart, die wie er in Sorge war um den Sozialstaat, darunter den ehemaligen Bundesverfassungsrichter Prof. Dr. Paul Kirchhof und Prof. Dr. Hans Tietmeyer, bis 1999 Präsident der Deutschen Bundesbank.[458]

Im Vergleich zum Gemeinsamen Wort der beiden Kirchen 1997 hatten sich die Akzente inzwischen leicht verschoben. Forderte Homeyer damals noch eine Reform des Sozialstaats, so glaubte er diesen nun an sich gefährdet. „Wenn wir nichts ändern, keine Reformen wagen, setzen wir den Sozialstaat aufs Spiel.“[459] Große Reformbarrieren sah Homeyer in der Dominanz partikularer Interessen, in einem stellenweise erstarrten Föderalismus und im Fehlen von Strukturen, die das ganze politische und soziale System im Blick haben. Konsequenterweise müsse der Staat die Abhängigkeit vom Wohlfahrtssystem abbauen und Selbstständigkeit fördern, heißt es in dem Papier. Daher forderte Homeyer einen „Subsidiaritäts-Check“, der den „gesamten Sozialstaatskomplex nach den Kriterien des Subsidiaritätsprinzips auf notwendige Reformen hin“ durchforste, darüber hinaus einen „Solidaritäts-Check“ um bestehende Gerechtigkeitslücken aufzudecken und zu beseitigen. Ein „Sozialstaats-TÜV“ schließlich solle nach dem Vorbild der Fünf Wirtschaftsweisen auf Fehlentwicklungen aufmerksam machen und den Blick auf das Ganze richten.

Das Echo auf dieses Dokument war durchwachsen. Während Lehmann und Homeyer in ihrem Vorwort den Impulstext als „wenigstens partielle Fortschreibung“[460] des Gemeinsamen Wortes von 1997 verstanden wissen wollten und der damalige Ratsvorsitzende der Evangelischen Kirche in Deutschland, Bischof Wolfgang Huber, das Dokument ausdrücklich begrüßte,[461] sahen Kritiker eine Abkehr vom Gemeinsamen Wort der Kirchen. „Segen für Sozialabbau“ titelte die „Süddeutsche Zeitung“ und beschrieb damit in etwa den Tenor dessen, was zum Beispiel die Sozialethik-Professoren Dr. Karl Gabriel aus Münster, Dr. Friedhelm Hengsbach aus Frankfurt und Dr. Dietmar Mieth aus Tübingen kritisierten.[462] Mit dem Impulstext hätten die Bischöfe das Prinzip der Verteilungsgerechtigkeit aufgegeben und die sozialkatholischen Vorstellungen von sozialer Gerechtigkeit und solidarischer Verantwortung zugunsten von Vorsorge und Eigenverantwortung abgeschwächt, beklagten sie in einem gemeinsamen Dokument.[463] Analysten der Konrad-Adenauer-Stiftung nannten den Impulstext „eher vernünftig als aufregend“.[464] Kirchliches und Religiöses sei ihm fast gänzlich fern. Mit einem für kirchliche Texte bemerkenswert nüchternen und realistischen Sprachduktus bewegen sich die Impulstext-Autoren nach Ansicht der Analysten im politischen Diskurs auf gleicher Augenhöhe mit den politischen Akteuren. Die Position der Kirche werde dadurch rezeptionstauglicher, aber auch verwechselbarer.

Im Großen und Ganzen war die Berichterstattung aber eher freundlich, wobei die Medien vor allem die Schlagworte „Sozialstaats-TÜV“ und „Solidaritäts-Check“ übernahmen.[465]

Homeyer freute sich über dieses lebhafte Echo, war aber auch getroffen von dem Vorwurf, der Impulstext rede einem neoliberalen Sozialabbau das Wort: „Leider sind bei einigen Kritikern Einzelaspekte aus dem Text herausgegriffen worden, ohne dass die Kernanliegen thematisiert wurden: den Reformen eine langfristige Perspektive zu geben, die Dominanz partikularer Interessen zu beenden und die Interessen derjenigen einzubringen, die sich selbst nicht Gehör verschaffen können“,[466] bedauerte er in einem Interview.

Präsident der ComECE

Als Bischof von Hildesheim führte Josef Homeyer auf europäischer Ebene jene Versöhnungsarbeit fort, die er als Sekretär der Deutschen Bischofskonferenz so erfolgreich begonnen hatte, nun aber mit anderem Mandat und damit ganz anderen Möglichkeiten: nämlich als Präsident der „Kommission der Bischofskonferenzen der Europäischen Gemeinschaft – Commissio Episcopatuum Communitatis Europensis (ComECE)“. Welche Aufgabe hatte diese Kommission?

Die katholische Kirche sah sich nach der Katastrophe des Zweiten Weltkriegs beim Zusammenwachsen der Völker auf europäischer Ebene als Beobachter, Akteur und Ratgeber und gründete daher eigene Vertretungen bei den europäischen Institutionen. Vorreiter waren zunächst einzelne Orden. 1956, ein Jahr vor Unterzeichnung der „Römischen Verträge", eröffneten die Jesuiten am Sitz der Europäischen Gemeinschaft ein „Katholisches Sekretariat für europäische Fragen (CIDSE)", wenige Jahre später folgten die Dominikaner, die Salesianer, die Franziskaner und andere Ordensgemeinschaften.[467] Nachdem sich in der Folge des Zweiten Vatikanischen Konzils Bischofskonferenzen auf nationaler Ebene konstituiert hatten, errichtete die Gruppe der Bischofskonferenzen in Europa 1971 den „Rat der Europäischen Bischofskonferenzen – Consilium Conferentiarum Episcoporum Europae (CCEE)". Damals wurde Europa noch durch den Eisernen Vorhang geteilt, was die Zusammenarbeit innerhalb der CCEE enorm erschwerte. Bald zeigte sich, dass die Bischofskonferenzen auf dem Gebiet der Europäischen Gemeinschaft (EG) den immer dynamischeren Integrationsprozess in Westeuropa nicht länger ignorieren konnten. Daher gründeten sie neben der CCEE die ComECE als Vertretung der Bischofskonferenzen in der EG und eröffneten am 3. März 1980 ein Büro in Brüssel.[468] Erster ComECE-Präsident wurde der Bischof von Essen, Franz Kardinal Hengsbach. Man darf davon ausgehen, dass Josef Homeyer als Sekretär der Deutschen Bischofkonferenz maßgeblichen Einfluss auf die Gründung der ComECE genommen hat,[469] zumal ihm immer klar war, dass man auf europäischer Ebene die Entscheidungsträger direkt ansprechen muss, um etwas im Sinne der Kirche erreichen zu können.[470] Laut Homeyer ist der Aufbau und die Arbeit der ComECE denn auch maßgeblich von der katholischen Kirche Deutschlands finanziert worden.[471]

Im ersten Jahrzehnt seines Bestehens, unter den Bedingungen eines in Machtblöcke geteilten Kontinents, beschränkte sich das Sekretariat der ComECE zunächst darauf, die Politik der EG – später Europäische Union (EU) – zu beobachten, zu beraten und Informationen weiterzugeben, zum Beispiel durch die Zeitschrift „L'Europe au fil des jours". Erste Kontakte zum Europaparlament und zur Europäischen Kommission wurden geknüpft.[472] Nach dem Fall der Mauern in Europa und der allmählichen Vergrößerung der EU stellten sich plötzlich neue Fragen: Was trägt die Völker Europas? Wie können unterschiedliche religiöse und kulturelle Traditionen gedeihlich zueinander finden? Welche Rolle kommt den Kirchen beim Zusammenwachsen der Völker zu? Es wurde immer deutlicher, dass Europa mehr war als eine westeuropäisch geprägte Wirtschafts- und Handelszone. Der ComECE erwuchsen daraus neue Aufgaben und ein neues Selbstverständnis. Sie musste nun den Völkern Europas helfen, ihre Identität zu finden.

Anfang der 90er Jahre des 20. Jahrhunderts gewann dieser Prozess an Dynamik. Daran hatten EG-Kommissionspräsident Jacques Delors[473] und der neue Präsident der ComECE, Dr. Josef Homeyer, entscheidenden Anteil. Der Hildesheimer Bischof bewegte sich da schon rund ein Jahrzehnt in offizieller Funktion auf der europäischen Bühne: Noch im Jahr seiner Weihe war er 1983 von der DBK als Vertreter der deutschen Bischöfe in die CCEE gewählt worden, den Rat der Bischofskonferenzen ganz Europas.[474] Auf der Herbstvollversammlung der DBK 1989 in Fulda hatte er dann auch den Essener Kardinal Franz Hengsbach als deutsches Mitglied in der ComECE abgelöst, der Vertretung der katholischen Bischofskonferenzen auf EG- beziehungsweise EU-Ebene. Im Spätherbst 1993 schließlich wurde er als Nachfolger des Straßburger Erzbischofs Dr. Charles Amarin Brand zum ComECE-Präsidenten gewählt.[475] Im gleichen Jahr stieg der irische Priester Msgr. Noel Treanor – später Bischof von Down und Connor in Irland – vom Mitarbeiter des ComECE-Sekretariats zu dessen Generalsekretär auf.

Mit Homeyer und Treanor hatte sich 1993 nun ein schlagkräftiges Team gefunden, das der ComECE 13 Jahre lang seinen Stempel aufdrückte.[476] Zunächst bauten die beiden Männer das Sekretariat aus: Neue Mitarbeiter mit juristischen Kenntnissen stellten die Verbindung zu den einzelnen europäischen Institutionen her. Theologen, Politologen und Ökonomen aus verschiedenen Mitgliedstaaten der EU stärkten die inhaltliche Arbeit. Im Sekretariat der ComECE wurde nun offiziell Englisch, Deutsch, Französisch und Italienisch gesprochen.[477] Mit dem neuen monatlichen Informationsblatt „Europe Infos" ergänzten der Präsident und sein Generalsekretär die Öffentlichkeitsarbeit der ComECE und bauten seit 2006 gemeinsam mit der Karl-Franzens-Universität in Graz und der Diözese Graz-Seckau eine „Sommeruniversität" auf, um junge Eliten aus Mittel-, Ost- und Südosteuropa für das Zusammenwachsen Europas zu gewinnen.

Einer breiteren Öffentlichkeit wurde der ComECE-Präsident durch verschiedene Erklärungen des europäischen Bischofsgremiums bekannt. An der Schwelle des neuen Jahrtausends, fast zehn Jahre nach dem Fall des Eisernen Vorhangs, stellte Homeyer am 11. März 1999 in Brüssel das ComECE-Wort „Wahrheit, Erinnerung und Solidarität – Schlüssel zu Frieden und Versöhnung" vor.[478] Darin zog Homeyer ein erstes, durchwachsenes Fazit des europäischen Integrationsprozesses. Die kommunistische Diktatur sei unblutig überwunden und die politischen und wirtschaftlichen Herausforderungen mutig angegangen worden, heißt es lobend in dem Papier. Allerdings hätten die Konflikte im ehemaligen Jugoslawien leider deutlich gemacht, dass es nicht gelungen sei, „die Rückkehr des Krieges nach Europa zu verhindern." Die europäische Integration könne aber nur gelingen, „wenn auf diesem Weg ein Beitrag zur Friedensfähigkeit der europäischen Staatengemeinschaft geleistet werden kann." Nie ließ Homeyer den geringsten Zweifel daran, dass es dazu parlamentarischer Strukturen auf europäischer Ebene bedürfe. Kaum zwei Monate nach dem „Friedenswort" forderte daher die ComECE am 9. Mai 1999 in einer Erklärung alle Bürger der Europäischen Union dazu auf, ihre Abgeordneten für das Europäische Parlament zu wählen.[479] „Durch die Beteiligung an der Wahl tragen die Gläubigen dazu bei, dass christliche Werte – wie die Achtung vor dem Leben und der Menschenwürde – bei der Weiterentwicklung des europäischen Projektes grundlegend bleiben", heißt es in der Erklärung. In diesem Satz klingt ein Thema an, das Homeyer in den folgenden Jahren auf europäischer Ebene noch sehr beschäftigen sollte: der Kampf um einen Gottesbezug in der europäischen Verfassung.

Der Kampf um den Gottesbezug in der EU-Verfassung

Am 28. Februar 2002 tagte zum ersten Mal ein „Konvent zur Zukunft Europas" mit Vertretern der europäischen Institutionen, der nationalen Regierungen und Parlamente. Die Delegierten berieten über eine Reform der Europäischen Union und unternahmen erste Schritte, den Entwurf einer europäischen Verfassung zu erarbeiten.[480] Am 22. Mai desselben Jahres formulierte das Sekretariat der ComECE unter Homeyer in einer Stellungnahme zwei Forderungen an den Konvent: Zum einen möge, „in einen zukünftigen EU-Verfassungsvertrag die Erklärung Nr. 11 des Anhangs zur Schlussakte des Vertrags von Amsterdam aufgenommen werden – als Ausdruck der Respektierung des Status der Kirchen und religiösen Gemeinschaften, wie er von jedem der Mitgliedsstaaten anerkannt wird."[481] Diese Erklärung schreibt, kurz gesagt, fest, dass die Kirchen in den einzelnen Staaten der EU ihren je eigenen Rechtsstatus behalten dürfen. Zum anderen – so die zweite Forderung – müsse ein Verfassungsentwurf ausdrücklich die durch das Christentum geprägten religiösen Wurzeln Europas anerkennen. Hinter der erstgenannten Forderung steckte die Furcht, die EU könne versuchen, den unterschiedlichen Status der Kirchen in den einzelnen EU-Mitgliedsländern europaweit zu vereinheitlichen. Wenn man bedenkt, wie sehr sich das Staat-Kirchen-Verhältnis im laizistischen Frankreich von jenem im katholischen Polen unterscheidet, war dies eine begründete Furcht. Deshalb hatte schon der Vertrag von Amsterdam zur Weiterentwicklung der EU 1997 festgehalten: „Die Europäische Union achtet den Status, den Kirchen und religiöse Vereinigungen oder Gemeinschaften in den Mitgliedsstaaten nach deren Rechtsvorschriften genießen und beeinträchtigt ihn nicht."[482] Da die EU dieses Prinzip im Grunde also schon anerkannt hatte, war zu erwarten, dass diese oder eine ähnliche Formulierung auch in den Verfassungsentwurf aufgenommen würde.

Deutlich größer waren im EU-Konvent die Widerstände gegen die zweite Forderung der ComECE, jene nach einem Gottesbezug in der EU-Verfassung. Kann man die Bürger in den EU-Staaten mit ihren ganz unterschiedlichen kulturellen und religiösen Traditionen auf eine Verfassung verpflichten, die einen Gott anruft?

Man kann. Man muss sogar, wurde Homeyer nicht müde, zu betonen. Bei unzähligen Begegnungen in seinem Bistum, bei Gesprächen mit Meinungsbildnern und Politikern und nicht zuletzt durch stille Lobbyarbeit im Hintergrund versuchte der Präsident der ComECE jahrelang, diese in seinen Augen historische Chance zu nutzen und eine künftige EU-Verfassung an Gott zu binden. Aber warum eigentlich? Ein Gottesbezug sei „Bürgschaft gegen Totalitarismen in säkularen und pluralistischen Gesellschaften"[483], erklärte Homeyer beim St.-Michaels-Jahresempfang der DBK am 21. Oktober 2003 in Berlin vor Bundestagspräsident Wolfgang Thierse, Bundeskanzler Gerhard Schröder und der CDU-Vorsitzenden Angela Merkel; er sei „identitätsstiftender Aufruf der Vergangenheit"[484], einer Vergangenheit, in der Juden in Auschwitz vergast und Muslime in der spanischen Reconquista erschlagen wurden. „Um der Würde dieses Gedächtnisses […] muss es einen Gottesbezug in der Verfassung geben."

Dem Hildesheimer Bischof und ComECE-Präsidenten war dabei jederzeit klar, dass ein solcher Gottesbezug für Nichtgläubige schwer zu akzeptieren wäre. Homeyer ging es nie darum, anderen Menschen seinen eigenen Gottesbegriff aufzuzwingen, sondern eine Formulierung zu finden, der sowohl Nichtchristen wie auch Nichtgläubige zustimmen könnten. Am 25. Oktober 2002 schrieb er in seiner Eigenschaft als ComECE-Präsident dem Präsidenten der Europäischen Volkspartei, Wilfried Martens, er sei „überzeugt, dass für Gläubige wie Nichtgläubige akzeptable Formulierungen gefunden werden können."[485] Wenige Monate später, im Juni 2003, erhielt der ehemalige französische Präsident und damalige Vorsitzende des Verfassungskonventes, Valéry Giscard d'Estaing, Post von Homeyer. Durch einen Gottesbezug „würde die Union ausdrücklich anerkennen, dass ihre Bürger frei sind, sich auf Gott zu berufen, seien sie Christen, Juden oder Muslime",[486] heißt es darin.

Die Mühe war vergebens – zumindest zum Teil. Im EU-Verfassungsentwurf vom 13. Juni 2003, der im Oktober 2004 von den Staats- und Regierungschefs der 25 EU-Mitgliedstaaten unterzeichnet wurde,[487] fehlt zwar der ausdrückliche Gottesbezug. Doch der Text verweist immerhin auf die „kulturellen, religiösen und humanistischen Überlieferungen Europas"[488]. Außerdem verpflichtet Artikel I-51 des Verfassungsentwurfs die EU darauf, die Stellung der Kirchen in den einzelnen Mitgliedsländern zu achten und bestimmt: „Die Union pflegt in Anerkennung der Identität und des besonderen Beitrags dieser Kirchen und Gemeinschaften einen offenen, transparenten und regelmäßigen Dialog mit ihnen."[489] Jacques Delors, der ehemalige Präsident der EU-Kommission, betont, dass sich die Länder der EU zwar der Trennung von Staat und Kirche verpflichtet fühlen, aber der Einfluss der Kirchen, vor allem das von ihnen vertretene Wertesystem, für die Europäische Union von größter Bedeutung sei. „Dabei geht es nicht nur um die konstruktive Haltung der Kirchen zum europäischen Friedenswerk, sondern vor allem um den Einfluss der christlichen Ethik auf die Grundsätze der europäischen Einigung."[490]

Entsprechend ausgewogen war denn auch die Reaktion des ComECE-Präsidenten Homeyer und seiner beiden Stellvertreter Bischof Adrianus van Luyn aus Rotterdam und Erzbischof Hippolyte Simon aus Clermont auf den Verfassungsentwurf: Die drei Bischöfe bedauerten in ihrer Stellungnahme vom 19. Juni 2003 das Fehlen eines Gottesbezugs, bezeichneten den Artikel I-51 zugleich aber als großen Fortschritt.[491] In der Tat: Bislang waren die Kontakte zwischen der EU und der katholischen Kirche informell, meist auf persönlicher Ebene, und jederzeit wieder aufgebbar. Durch die neue Verfassung sollten sie nun endlich institutionalisiert werden. Möglicherweise war Homeyer dies ohnehin wichtiger als der ausdrückliche Gottesbezug selbst. Einer polnischen Journalistin sagte er in jenen Jahren: „Für mich ist die Invocatio Dei [die Anrufung Gottes in der Verfassung, d. Verf.] nur eine Chiffre für das Berücksichtigen der Kirche insgesamt [...]. Eine Invocatio wäre gut, aber entscheidender ist, dass die Kirchen als Realität und in ihrer Gestaltungsfreiheit akzeptiert werden."[492] Dies zumindest ist auf europäischer Ebene ohne Frage gelungen, woran der Hildesheimer Bischof entscheidenden Anteil hat.[493]

Im Rahmen des „Friedensgrund" in Marienrode besuchte Homeyer 2005 mit den Jugendlichen das ehemalige Konzentrationslager in Bergen-Belsen und legte an der Inschriftenwand eine Rose nieder. Seinen Einsatz für einen Gottesbezug in der EU-Verfassung begründete der Bischof auch mit den nationalsozialistischen Untaten

Osteuropa und Orthodoxie

Papst Johannes Paul II. verglich die Kirchen West- und Osteuropas oft mit zwei Lungenflügeln, die nur zusammen atmen können. Dieses Bild hat Homeyer immer wieder aufgerufen, um sein Engagement für das Zusammenwachsen der Völker Europas zu begründen.[494] Homeyers besonderes Interesse galt dabei Polen und den Nachfolgestaaten des ehemaligen Jugoslawien. Seit 1995 bis zu seiner Emeritierung 2004 war er Mitglied der Kontaktgruppe der Polnischen und Deutschen Bischofskonferenz und in dieser Eigenschaft oft jenseits der Oder zu Gast. Bis zuletzt hat er die politische, aber auch die kirchliche Entwicklung beim östlichen Nachbarn der Deutschen aufmerksam beobachtet. Voller Bewunderung sprach er oft über die tiefe Frömmigkeit der Menschen in Polen und über die Entschiedenheit, mit der die polnischen Bischöfe die Herausforderungen nach dem Fall des Eisernen Vorhangs annahmen und sich auf das neue Europa einließen.

Als einer der besten und auch langjährigen Kenner, als Freund Polens, konnte es sich der ComECE-Präsident leisten, jene Verletzungen und Empfindlichkeiten, die auch ein halbes Jahrhundert nach dem Ende des Zweiten Weltkrieges auf beiden Seiten der Oder immer noch spürbar waren, deutlich zu benennen. Am 21. September 2005 reiste eine Delegation polnischer Bischöfe nach Fulda, um sich mit den deutschen Amtsbrüdern an den 40. Jahrestag des Briefwechsels der polnischen und deutschen Bischöfe von 1965 zu erinnern.[495] Bei diesem Festakt beschrieb und würdigte der Hildesheimer Bischof in einer Rede den langen Weg der Versöhnung, den beide Völker in den voraus gegangenen vier Jahrzehnten zurückgelegt hatten, nannte aber auch klar die „heißen Eisen" zwischen Deutschen und Polen: im Osten die Angst der Polen vor einer möglichen deutsch-russischen Umklammerung, ihre Befürchtung, als kulturell minderwertig und unterlegen betrachtet zu werden und schließlich der Verdacht, die deutsche Kirche könnte die polnische Frömmigkeit insgeheim als rückständig belächeln.[496] Im Westen dagegen herrsche nach Homeyers Worten Unverständnis darüber, dass Polen sich schwer tue, seinen Anteil an der Vertreibung Deutscher nach dem Zweiten Weltkrieg aufzuarbeiten. Er beschrieb das deutsche Unbehagen über die überraschend großen polnischen Vorbehalte gegen ein „Zentrum gegen Vertreibungen" und nannte schließlich die Furcht, die polnischen Frommen könnten die deutsche Kirche insgeheim als befallen von Protestantismus und Säkularismus, jedenfalls als nicht richtig katholisch und irgendwie unpäpstlich gering schätzen. Obwohl, oder gerade weil er die Fortschritte, aber auch die gegenseitigen Empfindlichkeiten im Verhältnis beider Länder sehr genau sah, hat Josef Homeyer Polen sehr geliebt und sich entschieden für einen EU-Beitritt dieses Landes eingesetzt.[497]

Immer wichtiger wurde dem Hildesheimer „Europabischof" seit den 90er Jahren des 20. Jahrhunderts der Kontakt zu den orthodox geprägten Ländern Ost- und vor allem Südosteuropas. Dort sah sich Homeyer als ComECE-Präsident in zweifacher Weise gefordert: als Integrator und Friedensstifter. In der erstgenannten Rolle versuchte er, das Zusammenwachsen der Völker Südosteuropas in einem neuen, einigen Europa zu fördern, wo er nur konnte. Mehr als einmal hat Homeyer die Episode erzählt, als er mit einem orthodoxen Metropoliten über die Eingliederung seines Landes in die Europäische Union sprach. „Fast erregt brach es aus ihm heraus: ‚Eure

Sprache verrät euch doch, Ost-Erweiterung – Expansion, Kolonialisierung, Hegemonialisierung. Dass wir eine eigene Geschichte, eine eigene Kultur haben, wird kaum wahrgenommen'".[498] In diesem Punkt war nach Homeyers Überzeugung noch viel aufzuarbeiten: „Die alten und neuen Mitglieder der EU müssen gemeinsam das künftige Europa gestalten und wir müssen in den Traditionen dieser Länder, deren Erfahrungen, vor allem mit den Totalitarismen, das Verbindende, das Europäische suchen und in die künftige Gestalt Europas einbringen."[499]

Als Friedensstifter stand Homeyer vor einer kaum kleineren Aufgabe. Nach dem Zusammenbruch des Kommunismus und dem Auseinanderfallen Jugoslawiens waren die Völker Südosteuropas jahrelang in Kriege, ethnische und religiöse Auseinandersetzungen verstrickt. Als der serbisch-kroatische Krieg ausbrach, versuchte sich Homeyer in einer Art Pendeldiplomatie, um zwischen den serbisch-orthodoxen Bischöfen und den katholischen Bischöfen in Kroatien sowie in Bosnien zu vermitteln. Im Januar 1993 besuchte er den serbischen Patriarch Pavle Stojcevic in Belgrad,[500] im April desselben Jahres reiste er mit seinem Limburger Amtsbruder Dr. Franz Kamphaus nach Kroatien, wo sie „die Hilflosigkeit der Vereinten Nationen angesichts der verzweifelten Situation vor allem in Bosnien" heftig beklagten.[501] Alleine, unter Lebensgefahr, durchwanderte er mitten im Krieg 1999 das Niemandsland von Kroatien nach Serbien, „um die serbisch-orthodoxen Bischöfe zu besuchen und ihnen das Eingeständnis westlicher Schuld und die Bitte um Versöhnung zu bringen."[502]

Der ComECE-Präsident beließ es aber nicht beim Klagen, er handelte. Anfang Juli 1993 lud er den kroatischen Bischof von Sibenik, Srecko Badurina, und den serbisch-orthodoxen Bischof Irinej Bulovic aus Novi Sad zu einem Gespräch und inoffiziellen Gedankenaustausch in die ungarische Stadt Pecs ein. Im Mittelpunkt der zweitägigen Begegnung habe das Bemühen der beiden Amtsbrüder gestanden, nach Wegen zur Überwindung des Konflikts und seiner katastrophalen Folgen im ehemaligen Jugoslawien zu suchen, ließ Homeyer anschließend über seine Pressestelle verlauten.[503] Immerhin wurde ein Folgetreffen vereinbart, das dann auch tatsächlich vom 8. bis 10. Oktober 1993 in einem größeren Rahmen im Kloster Marienrode bei Hildesheim stattfand. Auf Einladung Homeyers sprachen dort serbische, kroatische und deutsche Bischöfe miteinander und gründeten eine gemeinsame Historikerkommission, die als Projekt an die Wissenschaftliche Arbeitsgruppe für weltkirchliche Aufgaben der Deutschen Bischofskonferenz angeschlossen wurde[504] und zu der jede Seite drei Historiker entsenden sollte. Um den Beteiligten ein Gefühl dafür zu geben, wie sehr die eigene Wahrnehmung die jeweilige Geschichtsschreibung beeinflussen kann, wurde in Marienrode ein Kroate gebeten, über „Religion und Nation bei den Serben" zu sprechen, ebenso machte sich ein Serbe danach Gedanken über „Religion und Nation bei den Kroaten".[505] Der Hildesheimer Bischof verfolgte mit diesem Marienroder Treffen nach eigenen Worten nämlich das Ziel, „die an Unrecht, Gewalt und Leiden schwere Geschichte der letzten hundert Jahre erstmals miteinander zu betrachten"[506] und Fixierungen und Feindbilder abzubauen.

Bei den kriegerischen Auseinandersetzungen nach dem Zerfall Jugoslawiens, in denen die Serben der Welt als Aggressoren galten, war Homeyer immer auf strikte Neutralität zwischen den Parteien bedacht und warb auch um Verständnis für die Position der Serbischen Orthodoxen Kirche in dem schon seit Jahren andauernden Krieg. Man müsse die serbische Haltung von den geschichtlichen Voraussetzungen her verstehen, sagte der Bischof 1995 in einem Interview.[507] Die Serbische Orthodoxe Kirche sehe sich in einem schweren Unglück und tiefen Leid, das untrennbar mit dem Schicksal des serbischen Volkes verbunden sei. Sie fühle sich vom Ausland und den nicht-orthodoxen Kirchen verfolgt und absolut unverstanden. Bei aller Liebe zu den Serben ließ er sich aber nie dazu verleiten, sie zu verklären und die Argumente der Gegenseite zu ignorieren.[508] Ausländische Kritik an der serbischen Politik dürfe jedoch nicht mit Feindschaft gegen das serbische Volk verwechselt werden, stellte er klar.[509]

Homeyers verständnisvolle Haltung gegenüber den Serben war umstritten. Es gab damals durchaus Stimmen, die darauf drängten, die Serbische Orthodoxe Kirche international zu isolieren, um Druck auf Serbien auszuüben, das als hauptschuldig in diesem Konflikt galt.[510] Homeyer hat sich davon nicht beeindrucken lassen. Als der Kosovo am 17. Februar 2008 seine Unabhängigkeit von Serbien erklärte, warb Homeyer um Verständnis für beide Seiten: „Einerseits verständlich, dass Serbien das für seine Identität so ungemein bedeutsame Kosovo nicht aufgeben will. Andererseits muss man aber sehen, dass die Bevölkerungsmehrheit der muslimischen Albaner im Kosovo sich aufgrund der bisherigen Erfahrungen mit den Serben von Serbien bedroht fühlt und auf Unabhängigkeit drängt, ja besteht."[511]

Mehrfach hat Homeyer während des serbisch-kroatischen Krieges die orthodoxen Bischöfe Serbiens besucht und einmal im Belgrader Bischofshaus ein Bombardement durch NATO-Kampfflugzeuge miterlebt. Durch diese Besuche gewann er allmählich das Vertrauen der orthodoxen Bischöfe. Besonders eng wurde das Verhältnis zu Bischof Irinej Bulovic aus Novi Sad, der auch beim Treffen in Marienrode dabei war. „Man sah in ihm einen Mann, der ohne konkrete Aufgaben zu uns kam", erinnert sich Bischof Bulovic an Homeyer, „er war einfach da und sah in uns auch die Leidenden. Das hat einen guten Eindruck gemacht."[512] Wie sehr Homeyer die unterschiedlichen Positionen im Jugoslawienkonflikt aus der Geschichte der Völker heraus interpretierte, zeigt ein Besuch in Serbien vom 3. bis 6. April 1998, bei dem ihn Rolf Koppe, der Auslandsbischof der Evangelischen Kirche in Deutschland, begleitete. Beide besuchten unter anderem die Stadt Kragujevac, in der deutsche Soldaten 1941 mehr als 2.000 Zivilisten umgebracht hatten, darunter viele Frauen und Kinder.[513] Bei einem Vortrag in der Belgrader Akademie der Wissenschaften und Künste sagte Homeyer danach: „Kann das europäische Haus gebaut werden gewissermaßen im Vergessen der ermordeten serbischen Kinder?"[514]

Auch später hat sich Homeyer immer wieder für einen echten Frieden zwischen den Völkern des ehemaligen Jugoslawiens eingesetzt, der die gegenseitigen Verletzungen nicht verleugnet, sondern benennt und aufarbeitet. Am 30. März 1999 veröffentlichte er mit dem serbisch-orthodoxen Bischof für Mitteleuropa, Konstantin Dokic, trotz unterschiedlicher Bewertungen bezüglich des Eingreifens der NATO[515] in diesem Konflikt einen gemeinsamen Friedens-Aufruf an alle Gemeinden,[516] und im Mai desselben Jahres sprach er in Belgrad mit Patriarch Pavle. Beide vereinbarten, einen offiziellen Briefwechsel zwischen dem „Heiligen Synod", dem Leitungsorgan der Serbischen Orthodoxen Kirche, und der ComECE aufzunehmen. Gemäß einer zweiten Vereinbarung sollten sich in einer Klausurwoche katholische und serbisch-orthodoxe Bischöfe treffen, um gemeinsame Schritte zu einer Verständigung der Völker zu erörtern.[517] Homeyer musste nach seiner Rückkehr einräumen, dass sich in Bezug auf die

Frage der Kriegsschuld und geschichtlicher Belastungen hohe Barrieren zwischen den katholischen und orthodoxen Gesprächspartnern aufgetan hatten. Natürlich war dem ComECE-Präsidenten völlig klar, dass solche Mauern nur über Jahre hinweg abgebaut werden können.

Aus dieser Erkenntnis entstand die Idee, in den Ländern Südosteuropas interreligiöse Soziale Seminare zu gründen, die eine neue Elite für ein vereintes Europa heranbilden sollten. Homeyer hat diese Idee in späteren Jahren, vor allem nach seiner Emeritierung 2004, mit Nachdruck verfolgt.

Auch in der deutschen Kirche und in seinem eigenen Bistum förderte Homeyer die Beschäftigung mit der Orthodoxie, wo er nur konnte. Schon als Sekretär der Deutschen Bischofskonferenz zum Beispiel war er dem Ostkirchlichen Institut (OKI) in Regensburg sehr zugetan und sorgte 1975 dafür, dass ein finanzieller Zuschuss auf das nächste Jahr übertragen werden konnte. Das OKI hatte in jenem Jahr gerade ein altes Kapuzinerkloster angemietet und konnte den Zuschuss nicht gleich investieren, im folgenden Jahr wäre er eigentlich verloren gewesen. „So darf sicher bei den zahlreichen Gründungsinitiativen von Bischof Homeyer neben dem Philosophischen Institut in Hannover auch das Ostkirchliche Institut in Regensburg genannt werden", [518] schrieb Prälat Dr. Nikolaus Wyrwoll – Direktor im OKI und Priester des Bistums Hildesheim – nach dem Tod des Bischofs.

Selbst die serbisch-orthodoxen Gemeinden in seinem Bistum konnten auf Homeyers Förderung hoffen. Am 16. Februar 2004 überreichte er gemeinsam mit der evangelischen Landesbischöfin Dr. Margot Käßmann und dem damaligen Oberbürgermeister Hannovers, Herbert Schmalstieg, dem serbisch-orthodoxen Erzpriester Milan Pejic einen Scheck für die in finanzielle Not geratene serbisch-orthodoxe Gemeinde der Landeshauptstadt.[519]

Warum hat er das alles getan? Warum hat sich Bischof Homeyer jahrzehntelang so stark für die orthodoxe Kirche eingesetzt? Das lag sicher an der rationalen Einsicht, dass eine Einigung Europas nur gelingen wird, wenn die orthodoxen Christen für diese Idee gewonnen werden können. Doch sein Interesse und seine Bewunderung für die Orthodoxie gingen weit tiefer. „Die orthodoxe Kirche hat in ihrer Spiritualität und Frömmigkeit manches anders, vielleicht auch mehr bewahrt als die westlichen Kirchen",[520] sagte er einmal. Er verwies gerne auf die Gottessehnsucht der orthodoxen Christen, auf ihre Ikonenfrömmigkeit. „Ich könnte mir vorstellen, dass die Erfahrung orthodoxer Spiritualität viele Menschen nachdenklich stimmt [...]. Sie kann ein Gespür vermitteln, dass es Gott wirklich gibt, dass er mit mir zu tun hat, dass ich von ihm her leben kann, dass ich durchaus Hoffnung haben kann und keine Angst zu haben brauche."[521]

„Eckpunkte 2020"

Bischof Dr. Josef Homeyer hat viele Aufbrüche in seinem Bistum erlebt, die meisten davon selbst angestoßen. Doch er musste auch manchen Niedergang hinnehmen, vor allem in finanzieller Hinsicht. Am Beginn des ersten Jahrzehnts des neuen Jahrtausends stand das Bistum nahe am Abgrund. Schon seit Jahren hatte der Haushalt nur mit dem Griff in die Rücklagen ausgeglichen werden können. Aber 2002 und dann vor allem 2003 verschärften eine Konjunkturschwäche mit hoher Arbeitslosigkeit und eine Steuerreform die Lage noch einmal deutlich.[522] Ohne Eingreifen des Bischofs hätte das Bistum spätestens 2005 seine finanziellen Reserven aufgebraucht und dann den Gang zu den Banken antreten müssen. Soweit durfte es nicht kommen, zumal allgemein erwartet wurde, dass der Papst Homeyers Rücktritt zum 75. Geburtstag im August 2004 annehmen und das Bistum in der folgenden bischofslosen Übergangszeit, der sogenannten Sedisvakanz, nur eingeschränkt handlungsfähig sein würde.

Der Bischof musste also handeln. Als er schließlich am 15. Dezember 2003 nach Beratung mit allen entscheidenden Gremien das Papier „Eckpunkte 2020 – Kurz- und mittelfristige Strukturplanung für die Diözese Hildesheim" unterschrieb, war dies der Versuch, sein im finanziellen Sinkflug befindliches Bistum kurz vor dem Aufschlag noch einmal abzufangen. Das konnte nur mit schmerzhaften Einschnitten gelingen, einfache Budgetkürzungen hätten die strukturellen Probleme des Bistums nicht behoben. „Wir sind an die Grenzen unserer finanziellen Leistungsfähigkeit gelangt. Die Angebote der Diözese und ihrer Einrichtungen können nach Umfang und Intensität nicht aufrecht erhalten werden", heißt es in dem Papier.[523] Im Zuge dieser „Eckpunkte" sollten unter anderem die 350 Pfarrgemeinden des Bistums bis 2020 auf 120 Gemeinden zusammengeführt und dadurch Finanzzuweisungen eingespart, außerdem Gebäude abgestoßen und Stellen eingespart werden. In der Folge wurde unter anderem die Katholische Erwachsenenbildung stark beschnitten und das „Bischof-Oscar-Romero-Haus" in Hannover, ebenso das „Niels-Stensen-Haus" in Lilienthal-Worphausen geschlossen. Kaum ein Bereich blieb ohne Einschnitte. Die Zahl der Mitarbeiterinnen und Mitarbeiter wollte man durch Fluktuation und altersbedingtes Ausscheiden senken. Kurzzeitig waren sogar Kündigungen im Gespräch, die dann aber nicht zuletzt durch finanziellen Verzicht der Mitarbeitenden verhindert werden konnten.

Keine Frage: Die Zeit des Wachstums, die Jahre des Ausbaus kirchlicher Strukturen waren vorbei. Als Homeyer Bischof von Hildesheim wurde, lag der Bistumshaushalt bei 136,8 Millionen DM, die Kirchensteuereinnahmen bei 101,7 Millionen DM.[524] 1990 war der Haushalt schon auf knapp 206 Millionen DM angewachsen[525] und lag Mitte des Jahrzehnts bei 291 Millionen DM.[526] Bereits damals aber gab es Warnzeichen. Der Haushalt 1995 musste mit 20 Millionen DM aus der Rücklage ausgeglichen werden. Mit Hilfe verschiedener Sparbeschlüsse konnten die Ausgaben zwar gesenkt werden, doch das strukturelle Defizit, die zu großzügige Infrastruktur des Bistums, war damit nicht beseitigt worden. Dass Homeyer dieses Thema dann noch wenige Monate vor seiner Emeritierung angehen musste, hat ihn schwer getroffen und ihm einige der dunkelsten Momente seiner Bischofsjahre beschert.[527] Zögern allerdings erschien ihm unverantwortlich gegenüber seinem Nachfolger und der Kirche von Hildesheim.

Zu Homeyers entschiedenem und zupackendem Handeln mögen auch die abschreckenden Nachrichten aus der Bundeshauptstadt beigetragen haben. Im November 2002 hatten Unternehmensberater von McKinsey die Verbindlichkeiten des in finanzielle Schieflage geratenen Erzbistums Berlin auf 148 Millionen Euro berechnet.[528] Wenig später verabschiedete das Hauptstadtbistum einen „Plan zur Wiederherstellung der wirtschaftlichen Handlungsfähigkeit", der harte Einschnitte in den Bistumshaushalt bis hin zu Kündigungen vorsah. Dennoch war der Berliner Bischof Georg Kardinal Sterzinsky gezwungen, seine Mitbrüder bei der Frühjahrsvollversammlung 2003 in Freising um finanzielle Hilfe zu bitten. Zwar einigten sich die deutschen Bischöfe darauf, den Katholiken an der Spree mit einem Darlehen von 50 Millionen Euro aufzuhelfen – was den meisten Bistümern angesichts eigener finanzieller Probleme durchaus nicht leicht fiel – setzten aber zugleich einen Treuhandausschuss ein, der dafür sorgen sollte, dass das geliehene Geld richtig eingesetzt würde. Zum Vorsitzenden dieses Treuhandausschusses bestimmten die Bischöfe ihren Hildesheimer Kollegen Josef Homeyer.

Regelmäßig fuhr der Bischof in den folgenden Monaten nach Berlin, um dort die Fortschritte der Sanierungsbemühungen zu überwachen.[529] Dass Sterzinskys Diözese, aber auch Homeyers eigenes Bistum am Ende des Jahrzehnts schließlich finanziell wesentlich besser dastanden als noch wenige Jahre zuvor,[530] ist vor allem dem deutlichen Wirtschaftsaufschwung der Jahre 2010 und 2011 nach einer schweren Wirtschaftskrise zu verdanken, wäre aber ohne Homeyers entschlossenes Handeln nicht denkbar gewesen. Wie knapp das Bistum Hildesheim Mitte des Jahrzehnts vor einer finanziellen Katastrophe stand, machte Finanzdirektor Helmut Müller am 24. November 2007 vor dem Diözesankirchensteuerrat deutlich. Seit der Verabschiedung von „Eckpunkte 2020" seien insgesamt gut 40 Millionen Euro eingespart worden, rechnete er dem Gremium damals vor. „Wenn Sie das gegen die Rücklagen aufrechnen, dann merken Sie, dass wir ohne ‚Eckpunkte 2020' heute tief verschuldet wären."[531] Bischof Homeyer hat den Erfolg der finanziellen Sanierungsmaßnahmen noch erlebt, aber weniger seinem eigenen Handeln, als vielmehr guten Beratern und einem Team fachkundiger Mitarbeiter zugerechnet.[532] Dennoch bleibt es sein Verdienst, „Eckpunkte 2020" noch vor seiner Emeritierung angestoßen zu haben.

Emeritierung und Tod

Nach dem seit 1983 geltenden Recht der römisch-katholischen Kirche wird ein Diözesanbischof, der das 75. Lebensjahr beendet hat, „gebeten, seinen Amtsverzicht dem Papst anzubieten, der nach Abwägung aller Umstände entscheiden wird."[533] Homeyer, der am 1. August 2004 75 Jahre alt wurde, hat dies im Frühjahr jenes Jahres brieflich getan. Es gab Spekulationen, Papst Johannes Paul II. könnte Homeyers Rücktrittsangebot ausschlagen und der bald 75-jährige Bischof länger im Amt bleiben,[534] doch sachlich sprach wenig dafür. Dennoch mussten viele Mitarbeiter Homeyers den Eindruck gewinnen, dass der 74-Jährige seinen bevorstehenden Geburtstag und Abschied so lange als möglich ignorieren wollte, wenn er beides schon nicht vermeiden konnte. Homeyer bürdete sich bis zum letzten Tag sein gewohntes Arbeitspensum auf. Von Amtsmüdigkeit konnte bei ihm wahrlich keine Rede sein, im Gegenteil. Gegenüber Journalisten hat er damals, wenn auch mit einem Lachen, zugegeben, nicht ganz sicher zu sein, ob er seinen Rücktritt freiwillig eingereicht hätte.[535] Sollte der Vatikan seinen Amtsverzicht nicht annehmen, würde er jedenfalls „kein Theater machen".[536] Schließlich waren die Zeiten zwar voller Um- und Abbrüche, aber deshalb auch sehr spannend – gerade für einen Geist wie Josef Homeyer. „Jetzt bricht Kirche wirklich auf. Dass man jetzt aussteigen muss – schade!"[537]

Das Bistum stand nun vor der Aufgabe, ein Fest zum runden Geburtstag seines Bischofs vorbereiten zu dürfen, ohne zu wissen, ob dies auch ein Abschiedsfest werden würde. Nach einiger Diskussion entschied man, am Freitag den 20. August 2004, ein feierliches Abendlob im Dom zu feiern und danach geladene Gäste zu einem Empfang in das „Dorint Sülte Hotel" zu bitten. Der folgende Tag, Samstag der 21. August, sollte ein großer „Bistumstag" für alle werden.[538] Mit diesem Termin, drei Wochen nach dem eigentlichen Bischofsgeburtstag, umgingen die Planer zum einen die Schulferien – die immer ein schlechter Zeitpunkt für Feste sind – zum anderen erhofften sie sich bis dahin Klarheit darüber, ob Johannes Paul II. den Rücktritt Homeyers annehmen würde. Dies tat der Heilige Vater in Rom dann auch tatsächlich mit Wirkung zum Freitag, 20. August 2004,[539] so dass der „Bistumstag" nicht nur eine Geburtstagsfeier, sondern zugleich der Abschied von Bischof Josef war.

Es wurde ein fröhliches Fest, dem doppelten Anlass mehr als angemessen. Mit rund 400 Gästen, darunter fast 40 katholischen, evangelischen und orthodoxen Bischöfen und fünf Kardinälen, feierte der Bischof am Freitag das Abendlob.[540] Vom anschließenden Empfang im „Dorint"-Hotel mit diversen Festreden berichtete der NDR live in seinem Abendmagazin „Hallo Niedersachsen". Die Festansprache hielt Prof. Dr. Dr. h.c. Johann Baptist Metz aus Münster, der dem Bischof über Jahrzehnte freundschaftlich verbunden war, nicht zuletzt durch die Zusammenarbeit bei der „Würzburger Synode", deren zentrales Dokument „Unsere Hoffnung" Metz entworfen hatte. Zum „Bistumstag" am folgenden Samstag kamen bei strahlendem Sonnenschein rund 1.500 Menschen zum Domhof, um ihren Bischof zu verabschieden. Margareta Meyer, Vorsitzende des Diözesanrats, übergab dem Geburtstagskind am frühen Nachmittag eine dreistöckige Riesen-Geburtstagstorte und einen Scheck über 33.187,37 Euro.[541] Homeyer hatte im Vorfeld statt persönlicher Geschenke Spenden für seine Stiftung „Gemeinsam für das Leben" und den Bernward-Hilfsfonds erbeten, worauf der Diözesanrat die Aktion „75 Kerzen für den Bischof" startete. Die Idee dahinter: Dem Bischof sollten 75 Kerzen im „Wert" von jeweils 250 Euro geschenkt werden, wofür der Diözesanrat bistumsweit um Spenden warb. Zahlreiche Einzelspender, Pfarrgemeinden, Institutionen und Verbände ließen sich davon ansprechen und „kauften" eine dieser Kerzen. Schließlich kam fast doppelt so viel Geld zusammen, wie ursprünglich geplant.

Bei der Bischofsmesse um 10 Uhr und der nachmittäglichen Dankandacht um 15 Uhr war im Dom kein Sitzplatz mehr frei. „Immer wieder brandet Applaus durch den voll besetzten Dom", schrieb die KirchenZeitung damals, „es gibt stehende Ovationen für Bischof Josef. Hier und da schimmern Augen feucht, sind kleine Schluchzer zu hören. Es herrscht Abschiedsstimmung […]."[542] Und es wurde zum bewegenden Höhepunkt eines großen Tages, als Bischof Josef in seinem Dankwort am Ende der Andacht schließlich einen Bogen zur Bischofsweihe im November 1983 schlug und noch einmal aus dem fünften Kapitel des Zweiten Briefes an die Korinther, Vers 20, zitierte: „Du, Kirche von Hildesheim, das ist in dieser Abschiedsstunde mein Wunsch für dich: Wie vor 21 Jahren im Weihegottesdienst hier an diesem Altar: Du, Kirche von Hildesheim, ich bitte dich an Christi statt. ‚Lasst euch mit Gott versöhnen!'"[543]

An jenem 21. August war aus dem aktiven Bischof Dr. Josef Homeyer ein Emeritus geworden, „Bischof em.", so lautete fortan sein offizieller Titel. Dieser Lebenseinschnitt brachte auch äußerliche Veränderungen mit sich: Der Bischof musste, nicht sofort aber in den folgenden Monaten, das Bischofshaus für seinen noch zu findenden Nachfolger räumen. Mehrere Umzugsoptionen in die Nähe von Hildesheim wurden verworfen, schließlich schlug Homeyers Generalvikar Karl Bernert das Wohnhaus Domhof 28, wenige Meter vom Bischofshaus, vor. Dort gab es eine Kapelle, was dem Emeritus entgegenkam. Nachdem das Haus saniert worden war, zog der Bischof schließlich im Dezember jenes Jahres vom Bischofshaus am Domhof Nr. 25 in seinen Altersruhesitz. Organisiert hat den Umzug weitgehend Maria Suthe. „Die Bücher waren seine Hauptsorge, für alles andere war ich zuständig. Hauptsache er hatte ein Bett, um sich hinlegen zu können",[544] erinnert sich die Hauswirtschaftsmeisterin.

Auch an der neuen Adresse unterhielt Homeyer noch ein Büro, allerdings weitaus kleiner als früher. Zwei seiner langjährigen Sekretärinnen, Ingeborg Arntz und Irmgard Klaproth, später Christiane Aselmeier, wechselten sich dort am Vormittag ab. Besonders dankbar zeigte sich der Bischof über das Bleiben von Irmgard Klaproth, die eigentlich schon in Rente war, aber als eine der wenigen Homeyers Handschrift lesen und seine Stimme auf dem Diktiergerät verstehen konnte. Denn Homeyer diktierte noch immer….

Tatsächlich ging dem Bischof die Arbeit nach seiner Emeritierung keineswegs aus. Mit der ComECE war abgesprochen, dass Homeyer bis zum Ende der Wahlperiode 2006 Präsident dieses Gremiums bleiben sollte. Erst bei der Vollversammlung vom 22. bis 24. März 2006 wurde er von seinem bisherigen Stellvertreter, dem Rotterdamer Bischof Dr. Adrianus

Am 20. August 2004 nahm Papst Johannes Paul II. Homeyers Rücktritt an. Der Bischof mit der päpstlichen Urkunde

Herman van Luyn SDB, in diesem Amt abgelöst.[545] Noch fast zwei Jahre nach Beginn seines „Ruhestands" bereiste Bischof em. Dr. Josef Homeyer daher mit offiziellem Mandat der EU-Bischöfe vor allem die Länder Ost- und Südosteuropas. Auch nach dem Rückzug aus der ComECE pflegte er auf Bitten dieser Kommission seine wertvollen Kontakte nach Osteuropa und nutzte sie, um den interreligiösen Dialog zu fördern[546] und den Aufbau interreligiöser Räte in den von ethnischen und religiösen Unruhen schwer erschütterten Balkanländern zu begleiten. Solche Räte gibt es inzwischen in Bosnien-Herzegowina, Montenegro, Albanien und Mazedonien. Homeyer hoffte, sie könnten zu einer Aussöhnung zwischen den katholischen und orthodoxen Christen, Protestanten sowie den Muslimen und Juden beitragen. „Jahrhunderte haben sie zusammen gelebt, nahezu befreundet, über Nacht entdeckten sie sich als Feinde, was eine eindeutige politische Irreführung ist", bedauerte Homeyer, „da ist einiges aufzuarbeiten."[547]

Aufarbeiten, miteinander reden – diesem Ziel waren auch jene Interreligiösen Gespräche verpflichtet, die jahrelang von der Konrad-Adenauer-Stiftung in Serbien organisiert wurden. Am letzten derartigen Dialoggespräch im Sommer 2009 in der serbischen Stadt Palic hat auch Homeyer teilgenommen. Eineinhalb Tage trafen sich dort geistliche Würdenträger fast aller jener Länder, die einmal zum ehemaligen Jugoslawien gehört hatten, um über „Demokratie und Religion" zu reden. Homeyer habe dort keine offizielle Funktion gehabt, sei aber von allen Teilnehmern als „primus inter pares" anerkannt worden, erinnert sich Reinhard Wessel, Leiter des kroatischen Auslandsbüros der Konrad-Adenauer-Stiftung.[548] Wenn, wie gelegentlich geschehen, die ehemaligen Feinde über die Bewertung der Balkankriege in Streit gerieten, gelang es dem ehemaligen ComECE-Präsidenten mit seiner „gewinnenden Art" immer wieder, diese Gegensätze aufzufangen und einander anzunähern. Die natürliche Autorität des Bischofs sei fast körperlich spürbar gewesen, erzählt Wessel nicht ohne Bewunderung: „Wenn Homeyer aus dem Konferenzsaal ging, dann sank die Raumtemperatur um mindestens zehn Grad. Kam er wieder, war das gleich eine andere Atmosphäre."

Spätestens damals zeigte sich, dass die interreligiösen Gespräche mit hochrangigen Vertretern verschiedener Religionen mitunter an Grenzen stießen, oft sogar wieder alte Kriegswunden aufrissen. Immer wichtiger wurde dem Bischof daher der Gedanke, Feindschaften in Osteuropa durch soziale Bildung aufzubrechen. In seinen letzten Lebensjahren nutzte der emeritierte Bischof seine guten Kontakte deshalb, um mit finanzieller Unterstützung der Konrad-Adenauer-Stiftung in Osteuropa interreligiöse Institute und vor allem Soziale Seminare aufzubauen, die von der Akademie Franz-Hitze-Haus in Münster und dem Sozialinstitut Kommende Dortmund konzipiert worden waren. In diesen Seminaren sollten die „tiefer liegenden Fragen gründlich bedacht"[549] werden, vor allem im Bereich Wirtschaft, Politik und Sozialethik. Homeyer hoffte, dadurch in den Ländern Ost- und Südosteuropas eine neue Elite heranzubilden, die Verantwortung in Politik, Wirtschaft und Gesellschaft übernehmen könnte. Sein Vorbild waren jene Sozialen Seminare, die er als Kaplan in Mettingen kennen gelernt hatte.[550]

Homeyer hat sich über die Chancen solcher „hoffnungsvollen Ansätze"[551] keine Illusionen gemacht und die Schwierigkeiten, den oft tiefen Hass zwischen den Volksgruppen auf dem Balkan sehr wohl gesehen. Interreligiöse Räte, Institute und Seminare könnten höchstens ein

Tropfen auf den heißen Stein sein, sagte er wenige Monate vor seinem Tod. „Wie sich diese Ansätze auswirken und ausweiten, das wird man erst in zehn Jahren sagen können."[552]

Ein Teil der Saat, die der ehemalige ComECE-Präsident so leidenschaftlich ausstreute, ist tatsächlich erst nach seinem Tod aufgegangen. Bei einem interreligiösen Treffen in der bulgarischen Hauptstadt Sofia im September 2008 hatte Homeyer seine Hilfe beim Aufbau interreligiöser Räte angeboten[553] und im Rahmen eines zweitägigen Kongresses im bulgarischen Kloster Klissura im Mai 2009 gemeinsam mit Dr. Martin Dabrowski vom Franz-Hitze-Haus in Münster eine Weiterentwicklung der „Interreligiösen Sozialen Seminare" für Bulgarien vorgestellt.[554] Am Sonntag, 17. Oktober 2010, ein halbes Jahr nach Homeyers Tod, überreichte schließlich Metropolit Kyrill, der orthodoxe Bischof der bulgarischen Schwarzmeerstadt Varna, den ersten 30 Absolventen des Sozialen Seminars zu „Neuorientierung in Gesellschaft und Kirche" ein Diplom. In vier Wochenendkursen hatten sich die meist jungen Bulgaren in Varna mit der ethischen Verantwortung von Christen in der Gesellschaft, Menschenrechten und christlichen Elementen in der Marktwirtschaft auseinandergesetzt.

Ohne den langjährigen Hildesheimer Bischof wäre dieser Erfolg nicht denkbar gewesen. Er habe die Idee der Sozialen Seminare nach Bulgarien getragen und „mit der großen Menschlichkeit seiner Person dafür geworben",[555] sagte Metropolit Kyrill bei einem Gottesdienst zum Gedenken an Homeyer. Nicht nur in der bulgarischen Hauptstadt Sofia, sondern auch in anderen Bistümern Bulgariens sollen solche Sozialen Seminare eingerichtet werden.[556] Stark gefördert hat Homeyer daneben den „Interreligiösen Rat" und ein „Interreligiöses Institut" in Sarajevo, Bosnien-Herzegowina.[557]

In diesen und anderen Angelegenheiten war der „Ruhestands"-Bischof etwa ein Drittel des Jahres auf Reisen, meist länger als früher. Nun konnte er Einladungen annehmen, die er als aktiver Bischof aus Zeitgründen hatte ausschlagen müssen. Es blieb jetzt auch mehr Zeit, sich mit der Kultur und der Geschichte Osteuropas zu beschäftigen. Voller Bewunderung sprach Homeyer oft von der Glaubensstärke der Menschen dort und dem Wiederaufleben religiösen Lebens nach dem Zusammenbruch des Kommunismus.[558]

Das Leben am Domhof 28

Für den emeritierten Bischof und seine Hausgemeinschaft verlief das Leben am Domhof 28 etwas geruhsamer als früher im Bischofshaus. Homeyer stand gegen acht Uhr auf und feierte eine halbe Stunde später Messe in der St.-Andreas-Kapelle, die räumlich mit dem Haus verbunden ist. Diese kleine Kapelle aus dem 14. Jahrhundert war vor Homeyers Einzug gründlich saniert und von Martin Spatz, dem Innenarchitekten des Bistums, stilsicher eingerichtet worden.[559] Ikonen schmücken die Wände. Bevor Homeyers Nachfolger Norbert Trelle kam, assistierte Bruder Karl dem Bischof, danach im Wechsel die Diakone Günther Nerger und Alois Grimm. Neben Maria Suthe kam auch die Nachbarin Theresia Alberty regelmäßig zu den privaten Messen.[560]

Nach dem Frühstück las der Bischof ausführlich die „Hildesheimer Allgemeine Zeitung" und vor allem seine geliebte „FAZ", meist im Wohnzimmer im Erdgeschoss, weil er dort die

Zeitung besser ausbreiten konnte, im Sommer auf der geräumigen Ostterrasse. Ab 10.30 Uhr durften dann Besucher kommen, die sich aber nicht mehr ganz so häufig anmeldeten wie früher. Wenn doch, dann erlebten sie einen bescheidenen und interessierten Pensionär. Prof. Dr. Tihomir Popovic, Vizepräsident des Diözesanrates der Serbischen Orthodoxen Diözese für Mitteleuropa, schildert einen Besuch am Domhof 28: „Das Ambiente war ein anderes als bei allen anderen Anlässen, bei denen ich den Bischof bis dahin hatte erleben dürfen: Die Wohnung machte den Eindruck einer schlichten Behausung eines Gemeindepfarrers und man unterhielt sich auf einem durch und durch bescheidenen, bürgerlichen Balkon mit Blick auf den Hinterhof, der Bischof in weißem T-Shirt. Es war aber der gleiche Bischof Homeyer, den ich aus seiner Amtszeit gekannt hatte: ein durchdringender Blick und eine selbstbewusste Stimme; die Themen, wie immer, politisch, der Ton, wie immer, neugierig und würdevoll-engagiert."[561]

Kamen keine Besucher, blieb ausreichend Zeit für die Beschäftigung mit der Heiligen Schrift und der Liturgie. Während Homeyer nach seiner Emeritierung zunächst Papstbücher über Jesus Christus verschlang, konzentrierte er sich später auf die Lesungen in den liturgi-

Die drei Brüder vor dem Hof in Harsewinkel am 7. Juli 2005, dem 80. Geburtstag von Alois Strotdrees: Bernhard Homeyer, Alois Strotdrees und Josef Homeyer (von links)

schen Texten des Folgetages. Dabei entdeckte er für sich manche neuen Zusammenhänge und Verbindungen in den Schriften der Bibel – „zum Beispiel, dass die Botschaft, die Jesus Christus verkündet hat, von vorne herein und hartnäckig als eine universale verstanden wurde, als eine, die nicht einem Volk, nicht bestimmten Menschen gilt, sondern alle Menschen aller Zeiten inklusive der Schöpfung angeht."[562] Diese Universalität des Evangeliums wurde ihm in seinen letzten Jahren immer deutlicher und es tat ihm nach eigenen Worten sehr leid, nicht früher und intensiver dieses Studium gepflegt haben zu können.

Meist las der Bischof verschiedene Bücher gleichzeitig, in der Regel theologische Literatur. Durch seine Kontakte in den Osten fand Homeyers seit Jahrzehnten wachsendes Interesse für die Gedankenwelt der orthodoxen Kirche neue Nahrung. Immer öfter nahm er Bücher orthodoxer Theologen in die Hand. Nachzulesen, wie deren Tradition und Theologie manche Schwerpunkte anders setzte als die römisch-katholische Lehre, empfand Homeyer als große Bereicherung.

Jeden Vormittag betete der Bischof das Brevier und den Rosenkranz, beides verband er, wenn eben möglich, mit einem Gang durch den großen Garten, der sich hinter den Häusern des Domhofs bis zum Pfaffenstieg erstreckt. Eine starke Steinmauer grenzt die vielbefahrene Straße von der kaum einsehbaren Gartenanlage ab. Dort hinein haben frühere Architekten einen kleinen Pavillon aus Stein gebaut, der gerade Platz genug bietet für einen kleinen Tisch und eine Bank. Hier saß Homeyer oft an schönen Tagen, betete und las. Zum bischöflichen „Hof" gehörte auch ein Hühnerstall, direkt an der Gartenmauer, links vom Pavillon. Dort hielt der Emeritus einige Hühner, eine kleine Erinnerung an die Kindheit auf dem Bauernhof.

So verging der Vormittag. Mittagessen nahm der Bischof in den letzten Jahren nicht mehr ein. Homeyer kannte seine Neigung zu Übergewicht, die ihn in Münster und Bonn zu regelmäßigen Fastenkuren gezwungen hatte. Wenn keine Gäste im Haus waren, musste ein Obstteller genügen, den ihm seine Hauswirtschaftsleiterin bereit stellte. Außerdem dauerte ihm ein Mittagessen zu lange. Die gewonnene Zeit nutzte er gerne für einen kurzen Mittagsschlaf. Maria Suthe allerdings setzte sich oft gegen 10.30 Uhr mit den Sekretärinnen zusammen. Man trank eine Tasse Kaffee, manchmal gab es ein Stück Kuchen und später allemal ein Mittagessen. „Abgesehen von seinem Mittagsschlaf hat er durchgearbeitet bis zum Abendessen, aber mir war das zu lange", erzählt Maria Suthe.

Am Nachmittag lief der Bischof oft seine vertraute Runde um den Hohnsensee und zog sich danach wieder in sein Arbeitszimmer zurück. Diese Stunden galten dann meist dem Studium der osteuropäischen Geschichte und Kultur, oder der Bischof bereitete sich auf einen seiner zahlreichen Vorträge vor, denn Homeyer war auch – oder gerade – als Emeritus ein gefragter Referent. Um diese Tageszeit telefonierte er auch viel. Später nahm er noch einmal das Brevier und den Rosenkranz zur Hand, dann war es auch schon Zeit zum Abendessen: immer um 18 Uhr und immer eine warme Mahlzeit, wie gewohnt! Auch von den lieb gewonnenen Kommentaren und Berichten um 19 Uhr im Deutschlandfunk konnte er nicht lassen. Wie verbrachte der emeritierte Bischof dann einen gewöhnlichen Abend am Domhof 28? Man ahnt es: lesend, telefonierend und diktierend.

Ehrungen

In seinem letzten Lebensjahrzehnt erfuhr Homeyer zahlreiche Ehrungen. Sie waren ein beredtes Zeichen dafür, dass die beeindruckende Lebensleistung dieses Mannes nicht nur gesehen, sondern auch geschätzt wurde. Der Bischof selbst hat sich nie um solche Würden bemüht, doch man spürte, dass er sich ehrlich darüber freute. So verlieh ihm der Fachbereich Erziehungswissenschaften der Universität Hannover am 27. November 2002 gemeinsam mit der damaligen Landesbischöfin Dr. Margot Käßmann die Ehrendoktorwürde in Anerkennung seiner „herausragenden Verdienste um Lehre und Forschung" an der Universität der Landeshauptstadt.[563] Damit wollte der Fachbereich ausdrücklich nicht nur die Gründung des „Forschungsinstitut für Philosophie Hannover" würdigen, sondern auch Homeyers Einsatz für die Verständigung der Völker und Religionen in Europa. Der Geehrte nutzte den Festakt, um in einer beeindruckenden Rede abermals für den Gottesbezug in der geplanten europäischen Verfassung zu werben.[564]

Das Wirken Homeyers, sein Werben um Versöhnung hat vor allem in Polen und Serbien reiche Früchte getragen. Während es im Verhältnis der Deutschen zu ihren östlichen Nachbarn darum gehen musste, zwei Völker miteinander auszusöhnen, bemühte sich Homeyer auf dem Balkan, die Serbische Orthodoxe Kirche vor einer zeitweise drohenden internationalen Isolierung zu bewahren und die verfeindeten Konfessionen und Religionen miteinander ins Gespräch zu bringen. Beide – der polnische Staat wie die Serbische Orthodoxe Kirche – ehrten den emeritierten Bischof dafür mit hohen Orden. Am 26. März 2002 ließ der polnische Präsident Aleksander Kwasniewski Homeyer durch seinen Berliner Botschafter Dr. habil. Jerzy Kranz in der Berliner Botschaft das „Offizierkreuz des Polnischen Verdienstordens" überreichen. Kranz erinnerte in seiner Laudatio an die gute Zusammenarbeit zwischen den Kirchen beider Länder, die durch Bischof Homeyer voran getrieben worden sei, vor allem während des Kriegsrechts in Polen unter General Jaruszelski: „Die Kirchen haben Tunnel durch den Eisernen Vorhang gegraben."[565] Als erster Deutscher überhaupt erhielt Homeyer dann am 1. Juni 2004 den „Orden des Heiligen Sava", den höchsten Orden der Serbischen Orthodoxen Kirche „für die gezeigte brüderliche Liebe zur Serbischen Orthodoxen Kirche, für seine Bereitschaft, die Wahrheit über das Leiden des serbischen Volkes vor der Welt zu zeigen" – so die Verleihungsurkunde.[566] Es war ein bewegender Moment, als Bischof HH Konstantin, der serbisch-orthodoxe Bischof für Mitteleuropa, Homeyer im Hildesheimer Bischofshaus den Orden selbst um den Hals legte und an Homeyers Reisen nach Serbien sowie seine Vermittlungsbemühungen während des Balkankrieges erinnerte. „Der damalige Besuch hat eine große Spur hinterlassen", sagte Konstantin anerkennend.[567]

Überschreiten von Grenzen, Brücken bauen, Versöhnen, Verbinden – Werte, die auch das Kuratorium des Göttinger Edith-Stein-Preises dazu bewogen, den emeritierten Hildesheimer Bischof am 7. November 2005 im Alten Rathaus der Stadt Göttingen auszuzeichnen.[568]

Natürlich waren sich auch die Verantwortlichen des Landes Niedersachsen und der Bischofsstadt Hildesheim über die Bedeutung ihres Mitbürgers Homeyer völlig im Klaren. Mit Blick auf den „Friedensgrund", das FIPH, die Bolivienpartnerschaft und die „Stiftung Gemeinsam für das Leben" verlieh der damalige Niedersächsische Ministerpräsident Christian Wulff ihm und dem evangelischen Landesbischof im Ruhestand Dr. Horst Hirschler am 30. September 2004 im Gästehaus der Landesregierung in Hannover die „Niedersächsische Landesmedaille".[569] Mit einer großen „Sympathie für den anderen"[570] habe Homeyer an „der Weiterentwicklung der gesellschaftlichen Kultur und des politischen Lebens in Niedersachsen mitgewirkt", lobte der Ministerpräsident den fünf Wochen zuvor aus dem Amt geschiedenen Bischof, der im Gegenzug freimütig bekannte: „Ich liebe dieses Land Niedersachsen."[571]

„Sie haben Spuren in dieser Stadt hinterlassen, die auch in vielen Jahren noch sichtbar sein werden und Hildesheim auch überregional bekannt gemacht." Mit diesen Worten begründete der damalige Oberbürgermeister der Stadt Hildesheim, Dr. Ulrich Kumme, die Entscheidung des Stadtrates, den Bischof gemeinsam mit Dr. h.c. Eleonore Auerbach zu Ehrenbürgern der Stadt Hildesheim zu machen. Bei der Übergabe der Ehrenurkunde im Rahmen eines Festaktes am 27. Juni 2005 im Roemer- und Pelizaeus-Museum in Hildesheim zeigte sich Homeyer ergriffen von dieser besonderen Ehre. Als Kind vom Lande sei es ihm immer schwer gefallen, in Städten zu leben. „Ohne den Hildesheimern schmeicheln zu wollen: In dieser Stadt habe ich mich immer am wohlsten gefühlt", sagte er in einer kurzen Dankesrede.[572] Diese Zuneigung sei nicht zuletzt auch Frucht der vielen guten Gespräche mit den Menschen der Stadt und resultiere aus dem „konstruktiven Verhältnis zwischen Rathaus und Domhof", lobte der Geehrte. Tatsächlich erinnert sich Kurt Machens, Kummes Nachfolger als Oberbürgermeister Hildesheims, dass Homeyer bei vielen Gelegenheiten echtes Interesse an seiner Bischofsstadt gezeigt hat: „Wo liegen die tatsächlichen Probleme?", habe er ihn immer wieder gefragt, „was machen die Menschen, denen es schlecht geht? Woran liegt es, dass es ihnen schlecht geht? Wie kann man helfen?"[573] Für Bischof Homeyer, dem oft fälschlich nachgesagt wurde, er interessiere sich mehr für die große Politik als für sein Bistum und sei mehr in der Welt unterwegs als zuhause, dürfte diese Ehrenbürgerschaft eine Genugtuung gewesen sein.

So beeindruckend die Auflistung von Homeyers Auszeichnungen auch ist, sie wäre nicht vollständig ohne eine weitere Ehrung, die freilich in keinem seiner Lebensläufe steht. Am 8. Oktober 2002 besuchte den Bischof im Bischofshaus eine Gruppe von 24 Bolivianern auf Informationsreise durch das Bistum Hildesheim. In einer überraschenden, kleinen Zeremonie ernannten sie den Begründer der Bolivien-Partnerschaft zum „Ehrenhäuptling der bolivianischen Hoch- und Tieflande". Als Zeichen dieser Würde überreichten ihm die Südamerikaner eine Peitschenschnur als Schulterschmuck und einen großen Stab.[574] Wer den Bischof damals strahlend und gerührt zugleich erlebte, der ahnte wohl, dass ihm dieser Beweis der Zuneigung nicht minder wichtig war, als andere Auszeichnungen.

Goldenes Priester- und 25-jähriges Bischofsjubiläum

Am Sonntagnachmittag des 10. Februar 2008 feierte Josef Homeyer mit einem großen Gottesdienst im übervollen Dom sein Goldenes Priesterjubiläum, gemeinsam mit mehr als 130 Priestern, Diakonen und Bischöfen, darunter auch seinem Nachfolger Norbert Trelle, der

Mit einem festlichen Gottesdienst im Hildesheimer Dom feiern Bischof em. Dr. Josef Homeyer und sein Nachfolger Bischof Norbert Trelle am 10. Februar 2008 gemeinsam ihr 50-jähriges beziehungsweise 40-jähriges Priesterjubiläum. Danach zeigen sie sich vor der geöffneten Bernwardtür

Der Bischof beim Jugendpastoralen Symposium aus Anlass seines 25-jährigen Bischofsjubiläums am 14. November 2008 auf dem Wohldenberg

auf 40 Jahre im priesterlichen Dienst zurück blicken konnte.[575] In wenigen, aber treffenden Worten zeichnete Weihbischof Dr. Nikolaus Schwerdtfeger in seiner Predigt ein sehr charakteristisches Bild dieser beiden Persönlichkeiten: „Unterschiedlich seid Ihr ja, das ist nicht zu übersehen: Der eine Westfale, der andere Rheinländer; der eine vom Bauernhof, der andere aus einer Architektenfamilie; der eine zu Beginn eines großen kirchlichen Neuaufbruchs geweiht, der andere am Anfang tiefgreifender gesellschaftlicher Umwälzungen; der eine schon bald in der kirchlichen Administration, der andere lange Zeit Gemeindepfarrer; der eine interessiert an großer Geschichte, um Horizonte aufzureißen und hinauszudrängen in universum mundum, der andere ein Freund kleiner Geschichten, um den Alltag sprechen und Jesus Christus als Fundament wahrer Authentizität aufleuchten zu lassen [...]."[576]

Ein halbes Jahrhundert Priester! Bischof Homeyer, der sich seiner westfälischen Heimat immer verbunden gefühlt hatte, dem im fernen Innsbruck „die Weite des Münsterlandes, die Fichtenwälder, die Heide und nicht zuletzt die Ems" ans Herz gewachsen waren,[577] wollte dieses Goldene Jubiläum auch dort feiern, wo sein geistlicher Weg einst begonnen hatte. Am 17. Februar 1958 war Josef Homeyer als neu geweihter Priester zum Primizgottesdienst in seine Heimatkirche St. Lucia in Harsewinkel eingezogen. Auf den Tag genau 50 Jahre später stand er dort gemeinsam mit dem Dechanten Wim Wigger und seinem Studienfreund Prof.

Dr. Bernhard Fraling in seinem alten Primizgewand wieder am Altar.[578] Der anschließende Empfang im Pfarrheim und das Treffen im Familienkreis wurden zu einem emotionalen Wiedersehen mit alten Weggefährten. Gerhard Deppenwiese, der einst die Pfadfindergruppe St. Georg in Harsewinkel geleitete hatte, zu der Homeyer gehörte, und später Bürgermeister geworden war, gratulierte dem Jubilar. Auch ehemalige Mitarbeiter und Bekannte aus Münster konnten ihm noch einmal persönlich die Hand schütteln. Homeyer hatte gebeten, auf Geschenke zu verzichten und dafür die „Interreligiöse Akademie" in Sarajevo zu unterstützen. Die ihm angetragene Ehrenmitgliedschaft der St.-Hubertus-Schützenbruderschaft Harsewinkel nahm der Jubilar aber gerne an.

Wenige Monate später, am 13. November 2008, stand Homeyers 25-jähriges Bischofsjubiläum an, das am Tag darauf mit einem Jugendpastoralen Symposium im Jugendhaus auf dem Wohldenberg und am Samstag, 15. November, im Dom gefeiert wurde.[579] Während auf dem Wohldenberg vor allem die Jugendlichen selbst zu Wort kamen und mit einem sichtlich gelösten Bischof Erinnerungen und Erfahrungen aus dem „Friedensgrund" austauschten,[580] gehörte der Festgottesdienst den Grußworten der Repräsentanten aus Kirche und Politik.

80. Geburtstag

Eine letzte Gelegenheit, den 69. Bischof von Hildesheim öffentlich zu feiern, bot sein 80. Geburtstag am 1. August 2009. Zur feierlichen Terz am darauf folgenden Samstag, 8. August um 10 Uhr, füllten viele Menschen den Dom. Rund 250 Gäste kamen danach zum Empfang in das Hildesheimer „Novotel", wo der ehemalige Bundesverfassungsrichter Prof. Dr. Dieter Grimm den Festvortrag über „Einige Asymmetrien der europäischen Integration" hielt.[581] Homeyers damalige Dankrede liest sich heute wie ein Vermächtnis, wie eine letzte, große Niederschrift seiner durch jahrzehntelange Erfahrungen gewachsenen Erkenntnisse. So ermahnte er seine Zuhörer, Europapolitik nicht als reine Wirtschaftspolitik zu verstehen, der Kontinent könnte sonst seine Seele, seinen „Glutkern" verlieren. Zugleich ermutigte der Bischof aber auch, den kulturellen Austausch zwischen den Völkern Europas zu fördern und das Verhältnis der christlich geprägten Länder Europas mit der muslimisch geprägten Türkei zu entideologisieren.[582] Der Jubilar schloss mit den Worten: „Als ich vor 80 Jahren geboren wurde, hatte Europa das Schlimmste noch vor sich. Heute zum 80. Geburtstag kann ich sagen, meine Generation hat manches nicht erreicht, was wir mit Europa dereinst verbunden haben. Ich kann aber auch sagen: Europa, das Beste kommt noch!"[583]

Tod und Beerdigung

Homeyer verfügte trotz eines chronischen Herzleidens[584] über eine robuste Gesundheit. Anders wären seine sommerlichen Arbeitseinsätze beim „Friedensgrund" bis ins hohe Alter nicht denkbar gewesen. Angesichts seiner Ungeduld und Rastlosigkeit hätte er für ernsthaftere Erkrankungen ohnehin keine Zeit gehabt. Selbst als er sich in seiner aktiven Bischofszeit einmal eines nicht ganz kleinen Eingriffs in einer Klinik unterziehen musste, verschwand er nach vier Tagen, obwohl die Ärzte ihn 14 Tage lang auskurieren wollten.[585] Der Chefarzt kam ins Schwitzen und beruhigte sich erst, als er seinen Patienten am folgenden Tag in einer Nachrichtensendung im Fernsehen sah: Homeyer war zu einem dienstlichen Termin nach Prag gereist und offenbar wohlauf.

In seinen letzten Lebensjahren spürte der Emeritus aber zunehmend sein Alter. Am 5. Dezember 2005 stürzte er in seinem Schlafzimmer und zog sich einen schmerzhaften Bluterguss zu. Im Hildesheimer Bernwardkrankenhaus diagnostizierten die Ärzte einen angebrochenen Wirbel und verordneten strenge Bettruhe. Dass er sich daran hielt und sogar im Bett aß, zeigt, wie groß seine Schmerzen waren. Selbst die Einführung seines Nachfolgers Norbert Trelle am 11. Februar 2006 stand Homeyer nur mit Hilfe von Schmerzmitteln durch. Ein zweites Mal stürzte der Bischof im Frühjahr 2007 bei einem Besuch in Duderstadt. Diesmal blieb es zwar bei schmerzhaften Prellungen und zwei angeknacksten Rippen. So richtig erholt hat sich der Bischof von diesen Stürzen aber nie. Auch wenn die Schmerzen langsam nachließen und der Emeritus äußerlich wieder gesund erschien, so blieb doch seine Angst vor erneuten Stürzen, verschlimmert durch nachlassende Sehkraft. Konnte man dem Bischof bis zu seinem ersten Sturz noch regelmäßig bei seinen Märschen um den Hohnsensee begegnen, so wurden diese Spaziergänge später seltener. In den letzten Jahren verließ er das Haus nur noch ungerne ohne Begleitung, was ihn aber keineswegs an seinen Reisen nach Osteuropa hinderte.

In starkem Kontrast zu seinen körperlichen Schwächen stand Homeyers ungebrochene geistige Wachheit. Bis zuletzt war der Altbischof ein gefragter Referent. Noch wenige Tage vor seinem Tod wurde er bei verschiedenen Veranstaltungen gesehen, wo er sich als kenntnisreicher und interessierter Gesprächspartner zeigte.

Leider holten den Bischof noch kurz vor seinem Tod unschöne Ereignisse aus seiner aktiven Bischofszeit ein: Das Jahr 2010 wurde überschattet von einem Skandal um den sexuellen Missbrauch von Kindern und Jugendlichen durch Priester, durch den auch das Bistum Hildesheim in das Blickfeld einer kritischen Öffentlichkeit geriet. Auslöser waren Beschuldigungen, die Ende Januar gegen ehemalige Lehrer des Berliner Canisius-Kollegs erhoben wurden. Dort sollten sich Jesuiten vor Jahrzehnten sexuell an Schülerinnen und Schülern vergangen haben. Einer der Beschuldigten war nach seinem Weggang aus Berlin 1982 ins Bistum Hildesheim gekommen und 1995 unter Bischof Homeyer als Priester inkardiniert worden. Recherchen ergaben, dass der Bischof im Jahre 1993 von Beschwerden über angeblich unsittliches Verhalten des Paters gegenüber einer jungen Frau erfahren hatte.[586] Homeyer verbot dem Beschuldigten damals jede weitere Jugendarbeit und versetzte ihn. Am 2. Februar 2010 musste er jedoch gegenüber Journalisten bekennen: „Aus heutiger Sicht haben wir die Vorwürfe zu wenig ernst genommen und die Tragweite der weiteren Entwicklungen eindeutig unterschätzt. Ich bedaure dies zutiefst." Wer ihm nahe stand, wusste, dass ihn dieses Thema sehr bedrückte.

Am Sonntag, 14. März 2010, starb Alois Strotdrees, der vier Jahre ältere Bruder Homeyers und Erbe des elterlichen Hofes in Harsewinkel. Der Bischof sagte zu, den Verstorbenen zu beerdigen. Zuvor aber wollte er sich im Bernwardkrankenhaus verschiedenen schon länger geplanten Kontrolluntersuchungen unterziehen. Dabei traf den 80-Jährigen eine weitere schlechte Nachricht: Die Magen-Darm-Spezialisten des Krankenhauses entdeckten einen abnormen Befund im Darm, der operativ geklärt werden musste. Eigentlich wollten die Ärzte den Bischof gleich im Krankenhaus behalten. Homeyer aber lehnte mit Hinweis auf die bevorstehende Beerdigung seines Bruders ab und verließ das Krankenhaus für wenige Tage. Am darauffolgenden Freitag, 19. März, feierte er in Harsewinkel gemeinsam mit Erzbischof Dr. Ludwig Averkamp, einem Verwandten der Familie,[587] das Requiem für den Verstorbenen.[588] Es war zugleich der Gedenktag des Heiligen Josef, des Bischofs Namenstag! Nach dem Beerdigungskaffee saß Homeyer noch mit der Familie des Verstorbenen zusammen. Die Frau seines Neffen hatte Blumen für das „Namenstagkind" besorgt, man stimmte einen Kanon zu seinen Ehren an, was Homeyer sichtlich bewegt genoss. Ob er ahnte, dass es das letzte Mal sein würde?

Zu Beginn der folgenden Woche, Montag, 22. März, begab sich der Bischof dann für den geplanten Eingriff wieder ins Bernwardkrankenhaus.

Homeyers Herz war seit langem geschwächt. Das machte ihn zu einem erheblichen Risikopatienten, was er auch wusste. Der 80-Jährige hatte eine Ahnung davon, wie gefährlich seine Situation war, wollte aber nicht lange darüber reden.[589] Am Dienstag, 23. März, wurde der Bischof schließlich erfolgreich am Darm operiert. Bei der Operation handelte es sich nach Auskunft der Ärzte nicht um einen kleinen Eingriff, sondern um eine sehr ernste Erkrankung. „Die lange und schwere Operation verlief ohne Komplikationen. Es zeigte sich aber ein schwererer Befund als erwartet",[590] erklärten sie später.

Dennoch ging es dem Frischoperierten bald wieder so gut, dass er nach der „Frankfurter Allgemeine Zeitung" verlangte. Er war voller Lebensmut, sein Geist eilte dem Körper, der sich nur langsam erholte, aber weit voraus. Am Wochenende verschlechterte sich sein Zustand dann wieder. Eine Durchblutungsstörung führte zu einer Entzündung, was die Ärzte am Montag, 29. März, zu einer zweiten Operation zwang. Auch diesen Eingriff überstand der Bischof zunächst, musste aber intensivmedizinisch behandelt werden. Durch die eingeschränkte Herz-Lungenfunktion wurde sein Herz nun aber schnell schwächer.[591] Am gleichen Abend, gegen 18.30 Uhr, spendete ihm Krankenhausseelsorger Pater Jeremias OSB, einer jener Benediktiner, die Homeyer nach Hildesheim geholt hatte, im Beisein von Maria Suthe die Krankensalbung. Wenige Stunden später, gegen 4.30 Uhr am Morgen des 30. März 2010, verstarb Dr. Josef Homeyer, der 69. Bischof von Hildesheim. Es war der Dienstag der Karwoche.

Kurz danach verständigte Schwester M. Canisia Corleis, Geschäftsführerin des Bernwardkrankenhauses, telefonisch Maria Suthe und Bruder Karl, der wiederum Bischof, Weihbischof, Generalvikar und einige andere Herren informierte. So versammelten sich wenig später Maria Suthe, Pater Jeremias, Bischof Norbert Trelle, Weihbischof Hans-Georg Koitz, Homeyers früherer Generalvikar Prälat Karl Bernert und sein Nachfolger Dr. Werner Schreer sowie der Bischöfliche Kaplan Roland Baule am Bett des Toten und sprachen die Sterbegebete.

Um sieben Uhr verkündete die Canta Bona, die größte Glocke des Doms, den Hildesheimern mit tiefen, dumpfen Schlägen die Nachricht vom Tod des emeritierten Bischofs. Um 9 Uhr traf sich das Domkapitel im Bischofshaus mit Bischof Norbert Trelle, um das weitere Vorgehen zu beraten. Man beschloss, den Toten erst am Samstag nach Ostern zu begraben. Bis zu den Feiertagen würde er im offenen Sarg in der Krankenhauskirche „Maria, Heil der Kranken" aufgebahrt bleiben, nach Ostern bis zum Requiem im geschlossenen Sarg in der Godehard-Basilika.[592] Unsicher war das Domkapitel über den Ort der Bestattung. Seine letzte Ruhe, so viel war sicher, sollte Homeyer in der neuen Bischofsgruft des Mariendoms finden, die in Bau war. Bis zu deren geplanten Vollendung im Jahre 2014 musste aber eine andere würdige Grabstelle gefunden werden. Zunächst kam die Annenkapelle im Kreuzgang des Doms ins Gespräch. Domkapitular Wolfgang Osthaus überzeugte schließlich mit der Idee, den Verstorbenen in einer Gruft im Boden des nördlichen Querschiffs der Godehardbasilika zu begraben.[593]

Am Todestag um 12 Uhr trat Bischof Norbert Trelle im Generalvikariat vor die Journalisten und fand bewegende Worte für seinen Vorgänger: „Gemeinsam mit dem ganzen Bistum

Mitglieder der Hildesheimer Schützengesellschaft halten in St. Godehard Ehrenwache am Sarg des Bischofs

Hildesheim trauere ich um einen Mann, der wie nur wenige seiner Vorgänger die Kirche von Hildesheim geprägt hat. Ich trauere um einen großen Europäer, der sich um die Einigung dieses Kontinents verdient gemacht hat und ich trauere nicht zuletzt um einen großartigen Menschen, der mir ein Freund und unaufdringlicher Ratgeber war."[594] In den folgenden Stunden und Tagen erreichten das Bischofshaus Kondolenzschreiben von Bundeskanzlerin Angela Merkel und anderen Spitzenpolitikern. Auch der Vorsitzende der Deutschen Bischofskonferenz, der Freiburger Bischof Dr. Robert Zollitsch und weitere Vertreter aus Kirche und Gesellschaft zeigten sich erschüttert.[595] Papst Benedikt XVI. kondolierte schriftlich und schrieb: „Möge der allmächtige Gott den Dienst des Verstorbenen, besonders seinen Einsatz für die sozialen Belange der Menschen sowie für die Ökumene, reichlich vergelten".[596]

Hunderte verneigten sich vor dem offenen Sarg von Bischof Dr. Josef Homeyer in der Krankenhauskirche, darunter auch viele Jugendliche, die am Tag nach seinem Tod zur traditionellen Chrisammesse nach Hildesheim gekommen waren. Mehr als 1000 Gläubige strömten dann wenige Tage später, am Samstag nach Ostern, 10. April 2010, um 10 Uhr zum Auferstehungsamt in die Basilika St. Godehard, die seit der Schließung des Doms als Bischofskirche diente. Rund 50 Bischöfe, der Apostolische Nuntius Erzbischof Dr. Jean-Claude Périsset, Niedersachsens Ministerpräsident Christian Wulff und viele andere Würdenträger aus Politik und Kirche wurden Zeuge, wie Bischof Norbert Trelle vor dem schlichten Holzsarg, der mit einem Kreuz, einem Evangeliar und der Mitra Homeyers geschmückt war,[597] in einer nachdenklichen Predigt „Hoffnungslinien des Lebens" seines Vorgängers beschrieb. Jeder spürte: Hier wurde nicht nur ein Mann zu Grabe getragen, sondern der Vertreter einer Generation, jener Generation, die Europa wieder aufgebaut und der die Kirche viel zu verdanken hat: „Zu dieser Generation der werdenden Priester nach dem Krieg gehörte Josef Homeyer. Es war die Generation des Wagnisses, des sursum corda – trotz allem. Die Erfahrungen der Trümmer und der moralischen Zertrümmerung blieben ein Leben lang für ihn bestimmend, sie waren der Schlüssel für sein priesterliches Selbstverständnis. Sie wurden zur permanenten Antriebskraft für seine Glaubensverkündigung bei den Menschen, für seinen Dienst der Versöhnung unter den Völkern Europas, für sein Bemühen um weltweite Partnerschaften."[598]

In einer langen Prozession begleiteten die Gläubigen nach dem Gottesdienst den Sarg zur Gruft im nördlichen Querschiff. Dort ist der 69. Bischof von Hildesheim seitdem begraben, unterhalb einer überlebensgroßen Statue des Heiligen Godehard, der Homeyer vor fast 1000 Jahren im Bischofsamt vorausging und einst das Kloster Niederaltaich führte, das der Verstorbene so sehr liebte. So ist Dr. Josef Homeyer an diesem Ort hinein gelegt in die Geschichte seines Bistums, als Teil einer Stafette von Bischöfen, die jeder auf seine Weise das Bistum gestaltet haben. Mit Bischof Josef endete eine Ära. Vielleicht darf man sagen: Mit ihm endete für das Bistum Hildesheim die Nachkriegszeit, jene Epoche, die geprägt war von Männern und Frauen, die nach ihren Kriegserfahrungen Europa in eine friedlichere Zukunft führen wollten.

Das ausgehobene Grab im nördlichen Querschiff von St. Godehard zwei Tage vor der Beerdigung Homeyers

Schlussbetrachtung

Dr. phil. Dr. h.c. Josef Homeyer, 69. Bischof von Hildesheim, Nachfolger auf dem Stuhl des Heiligen Bernward – wer war dieser Mann? Europabischof? Sozialbischof? So nannten ihn oft zugespitzt die Journalisten.[599] Ein politischer Bischof, wie sein damaliger Pressesprecher in einem Porträt zum 70. Geburtstag des Bischofs 1999 schrieb?[600] Zehn Jahre später, zum 80. Geburtstag, bescheinigte ihm die Bischöfliche Pressestelle angesichts seiner Körpergröße im doppelten Wortsinne „Ein herausragender Kopf" zu sein.[601] Karl Kardinal Lehmann, der ehemalige Vorsitzende der Deutschen Bischofskonferenz und Weggefährte des Bischofs, hat mehr als einmal betont, dass die heutigen bewährten Strukturen der Deutschen Bischofskonferenz ohne Homeyers Wirken in den 70er Jahren des 20. Jahrhunderts nicht denkbar wären.[602] In einem Hintergrundgespräch mit den Pressesprechern der deutschen Bischöfe bezeichnete er Homeyer als eine der prägenden deutschen Bischofspersönlichkeiten der letzten Jahrzehnte.[603]

Das ist alles richtig und trifft Homeyers Wirken, seinen hohen analytischen Verstand und sein mitunter ungeduldig vorandrängendes Handeln. Doch wer den Bischof auch als Mensch beschreiben und die Motive seines Handelns verstehen möchte, der muss wohl weiter zurück schauen, bis in seine Kindheit.

Bischof Josef selbst hat an seinem 80. Geburtstag drei existenzielle Erfahrungen beschrieben, die ihm zur Quelle seines Denkens und Handelns geworden seien.[604] Zum einen: „Das schreckliche Leid in meiner kleinen und unverhältnismäßig mehr in der großen Welt: die grausamen, unmenschlichen und unsinnigen Kriege und ihre verheerenden Folgen, das überviele unverschuldete Leid, die unheilbaren Krankheiten, die unsägliche Armut in vielen Teilen der Welt." Zum Zweiten: „Die erstaunlich große Zahl der Menschen, die das alles gar nicht wahrnehmen, unempfindlich für die Not in der eigenen Umgebung und in der Welt, unbeirrbar selbstbezogen, egoistisch leben." Und schließlich: „Die Erfahrung, die ich vor allem meinen Eltern verdanke: Aber es gibt Gott, der den Menschen und die Welt erschaffen hat, um sie an seinem Gottsein teilhaben zu lassen." Es mag ein nettes Gedankenspiel sein, Homeyers Lebenswerk diesen drei Grunderfahrungen zuzuordnen. Man würde dann sicherlich sein Wirken im gesellschaftlichen und politischen Bereich und das Eintreten für die Einigung Europas seinen Kriegserlebnissen zuschreiben. Man könnte in der Begründung einer Bolivienpartnerschaft und der Gründung der Stiftung „Gemeinsam für das Leben" den Versuch sehen, die Menschen für ihre Mitmenschen in die Pflicht zu nehmen und schließlich den Grund für sein unerschütterliches Gottvertrauen in einem gläubigen Elternhaus suchen.

Auch das ist alles richtig. Und doch muss, wer sich der Person Josef Homeyer nähert, weitere Faktoren nennen, die sein Wirken beeinflussten: Charaktereigenschaften, die manchen Erfolg erst ermöglicht haben, mitunter aber auch irritierten.

Josef Homeyer war ein Menschenfreund. Er konnte auf andere zugehen und wollte es auch. Niemand hat das besser auf den Punkt gebracht als Dr. Heinrich Mussinghoff, Bischof von Aachen und bis 2011 Stellvertretender Vorsitzender der Deutschen Bischofskonferenz in seinem Nachruf auf den Verstorbenen: „Als Gläubiger liebte Bischof Homeyer die Menschen und das Leben, er konnte Nähe gewähren, war großzügig und konnte Vertrauen schenken. Seine gewinnende Art ließ manche Unrast und Ungeduld, die es auch gab, erträglich werden."[605] Dabei half ihm sein Humor, den er wohl von seinem Vater geerbt hatte. Zahlreiche Anekdoten erzählen von Homeyers Wortwitz, seiner Fähigkeit, Situationen blitzschnell zu erfassen und ironisch zu deuten. Homeyers Humor war nicht derber Natur, eher fein und hintergründig. Gelang ihm ein Schalk, dann konnte er herzhaft lachen. Manchmal stellte er sein Gegenüber aber auch nur mit einem hintergründigen Lächeln auf die Probe, als wolle er sagen: Na, hast Du die Spitze verstanden? Was sagst Du jetzt?[606]

Sein Humor half dem Bischof zweifelsohne auch, eine seiner größten Schwächen zu überspielen, die sogar dem Norddeutschen Rundfunk nicht verborgen blieb: „Lächelnd wird bei Bischof Josef, wie sich Homeyer in seinem Bistum nennen lässt, hingenommen, was bei anderen peinlich wirken könnte. Homeyers kaum vorhandenes Erinnerungsvermögen für Gesichter ist im Bistum beinahe sprichwörtlich."[607] In der Tat: Der Bischof konnte sich keine Gesichter merken, was mitunter zu grotesken Situationen führte. So traf er einmal auf der Straße eine junge Frau, die er zwar kannte, aber verwechselte. „Geht es Ihnen und Ihrem Kind gut?" fragte er die junge Dame. Die erblasste und stammelte: „Herr Bischof, Sie sind ja ein Prophet. Woher wissen Sie denn, dass ich schwanger bin, das weiß ja noch niemand...?" Er habe ihren Glauben an seine prophetischen Fähigkeiten nicht enttäuschen wollen und die Verwechslung daher nicht aufgeklärt, erzählte er später lachend.[608]

Gerade weil Bischof Homeyer für die Gläubigen seines Bistums erreichbar sein wollte, hat ihn der Vorwurf geschmerzt, er sei öfter in Europa unterwegs als im Bistum. Manche glaubten, Rumänien und Polen seien ihm wichtiger als Rhumspringe und Pattensen. Der Bischof wusste sehr wohl um diese Befindlichkeiten und hat einmal seinen Terminkalender analysieren lassen. Ergebnis: Er verbrachte wesentlich mehr Zeit auf Pastoralreisen in seinem Bistum als im Ausland. Vielsagend heißt es in einem Porträt zu seinem 70. Geburtstag: „Dass Homeyer die Aufgaben als Ortsbischof [...] für noch wichtiger hält als seine nationalen und internationalen Verpflichtungen und sie mit ebenso viel Ernst, Gewissenhaftigkeit und Hingabe wahrnimmt, wird vielfach nicht gesehen. Umso größer ist häufig das Erstaunen über einen zutiefst frommen, theologisch gebildeten und im Umgang mit den pastoralen Problemen vor Ort vertrauten Bischof."[609] Der ungerechte Vorwurf, seine wahren Interessen lägen außerhalb des Bistum, traf den Bischof tief.[610]

Allerdings hat er auch nicht immer die Sprache der Menschen gesprochen. Seine Vorträge und auch manche Predigt zeugen von Homeyers intensiver Auseinandersetzung mit der Geschichte und den Problemen Europas. Dass seine Zuhörer in der Regel über weniger Hintergrundwissen verfügten, war ihm nicht immer bewusst.[611] Mitunter kleidete er seine Botschaft in eine manieristische Sprache, die das Verständnis nicht erleichterte. Vielleicht steckt tatsächlich mehr als nur ein Körnchen Wahrheit in dem Urteil eines Journalisten: „Er war ein Mann der großen Gedanken für kleine Kreise."[612]

Dr. Josef Homeyer – ein Europabischof? Ganz gewiss! ein Sozialbischof? Auch das! Aber eben auch der 69. Bischof von Hildesheim. Ein Mann, der sein Bistum und die Menschen liebte, auch wenn beide Seiten einander nicht immer verstanden; vor allem aber ein Mann, der Gott suchte.

„In Mundum Universum – Gehet hinaus in alle Welt!" Unter diesem Wahlspruch aus dem Markusevangelium wurde Prälat Dr. Josef Homeyer am 13. November 1983 zum 69. Bischof von Hildesheim geweiht, unter diesem Wahlspruch führte er sein Bistum fast 21 Jahre in der Spannung zwischen Weltdienst und Gottesdienst, zwischen Europa und Edemissen. Der Bischof hat diesen Auftrag aus voller Seele, mit seinem ganzen Leben und all seiner Kraft verfolgt. Ob er dem gewaltigen Anspruch gerecht geworden ist, muss ein anderer entscheiden.

Das sah Josef Homeyer letztlich ähnlich. In seinen letzten Lebensjahren strahlte er die Ruhe eines Mannes aus, der zwar noch viel vorhatte, dessen Terminkalender gut gefüllt war, der aber nicht den Eindruck erweckte, Versäumtes noch unbedingt erledigen zu müssen. Der Emeritus war mit sich und der Welt weitgehend im Reinen. In einem seiner letzten Interviews, neun Monate vor seinem Tod, sagte er: „Das Leben ist einfach eine unerhörte Freude, vor allem wenn man weiß, dass das erst der Anfang ist. Es wird eine Zeit kommen, die zeitlos ist, wo alles noch schöner sein wird. Und auf die hin zu leben, das ist schon ein Geschenk."[613]

Anmerkungen

1 Vgl. Weihbischof Dr. Nikolaus Schwerdtfeger im Gespräch mit dem Verfasser, 14. Dezember 2010.

2 Wesentliche Hinweise zur Kindheit Homeyers verdanke ich der großartigen Arbeit von Gisbert Strotdrees (Hrsg.): Einen geringen Kotten auffgerichtet. Die Geschichte des Hofes und der Familie Strotdrees – Homeyer gt. Strotdrees – in Harsewinkel, Münster, Privatdruck, 2005. Gisbert Strotdrees, ein Neffe von Dr. Josef Homeyer, Journalist und Historiker, hat diese Geschichte aufgezeichnet und seinen Eltern zur Goldenen Hochzeit gewidmet; vgl. hieraus: Strotdrees, Gisbert: „Schrecken der Eltern über das eine und das andere". Aufbaujahre und Kriegszeiten 1916–1950, S. 60–64, hier: S. 61.

3 Strotdrees, Gisbert: „Drees zum Stroet". Der Name des Hofes und der Familie, in: ders. (Hrsg.): Einen geringen Kotten auffgerichtet. Die Geschichte des Hofes und der Familie Strotdrees – Homeyer gt. Strotdrees – in Harsewinkel, Münster, Privatdruck, 2005, S. 9f., hier: S. 9.

4 STAM Marienfeld Akten, Abschnitt 14, Nr. 62, zit. nach: Strotdrees, Gisbert: „Drees zum Stroet". Der Name des Hofes und der Familie, in: ders. (Hrsg.): Einen geringen Kotten auffgerichtet. Die Geschichte des Hofes und der Familie Strotdrees – Homeyer gt. Strotdrees – in Harsewinkel, Münster, Privatdruck, 2005, S. 9f., hier: S. 9

5 Vgl. Strotdrees, Gisbert:„Einen geringen Kotten auffgerichtet. Die Gründung der Hofstelle 1665, in: ders. (Hrsg.): Einen geringen Kotten auffgerichtet. Die Geschichte des Hofes und der Familie Strotdrees – Homeyer gt. Strotdrees – in Harsewinkel, Münster, Privatdruck, 2005, S. 12f., hier: S. 12.

6 Vgl. Strotdrees, Gisbert: „Dass der Abgebrannte eines guten Rufes sich erfreutet". Eine neue Generation auf dem Hof und der Brand 1853, in: ders. (Hrsg.): Einen geringen Kotten auffgerichtet. Die Geschichte des Hofes und der Familie Strotdrees – Homeyer gt. Strotdrees – in Harsewinkel, Münster, Privatdruck, 2005, S. 46–58, hier: S. 47.

7 Strotdrees, Gisbert: Schriftliche Mitteilung an den Verfasser, 15. Januar 2012.

8 Ebd.

9 Vgl. Homeyer, Josef: Geschenkte Freiheit, in: Siegel, Ulrike (Hrsg.): „Kein Rindvieh – bloß kein Rindvieh". Persönlichkeiten unserer Zeit erinnern sich an ihre ländlichen Wurzeln, Münster-Hiltrup, Landwirtschaftsverlag, 2007, S. 162–175, hier: S. 162.

10 Ebd.

11 Ebd.

12 Vgl. Homeyer, Josef: Meine Kindheit und Jugend auf dem elterlichen Hof in Harsewinkel, in: Strotdrees, Gisbert (Hrsg.): Einen geringen Kotten auffgerichtet. Die Geschichte des Hofes und der Familie Strotdrees – Homeyer gt. Strotdrees – in Harsewinkel, Münster, Privatdruck, 2005, S. 76–81, hier: S. 76.

13 A.a.O., S. 77.

14 Vgl. Strotdrees, Gisbert: „Schrecken der Eltern über das eine und das andere". Aufbaujahre und Kriegszeiten 1916–1950, in: ders. (Hrsg.): Einen geringen Kotten auffgerichtet. Die Geschichte des Hofes und der Familie Strotdrees – Homeyer gt. Strotdrees – in Harsewinkel, Münster, Privatdruck, 2005, S. 60–64, hier: S. 62.

15 Vgl. o.V: Jugendlichen das Gefühl nehmen, überflüssig zu sein, in: Bischöfliche Pressestelle Hildesheim, Pressemitteilung vom 24. Januar 1984.

16 Homeyer, Josef: Dankeswort von Bischof Dr. Josef Homeyer, in: Strotdrees, Gisbert: Bischof em. Dr. Josef Homeyer. Das Fest der goldenen Primiz, Münster, Privatdruck, 2008, S. 21f., hier: S. 20.

17 Vgl. Homeyer, Josef: Meine Kindheit und Jugend auf dem elterlichen Hof in Harsewinkel, in: Strotdrees, Gisbert (Hrsg.): Einen geringen Kotten auffgerichtet. Die Geschichte des Hofes und der Familie Strotdrees – Homeyer gt. Strotdrees – in Harsewinkel, Münster, Privatdruck, 2005, S. 76–81, hier: S. 80.

18 Ebd.

19 Dr. Josef Homeyer im Gespräch mit Dr. Heribert Prantl, in: Josef, Hildesheim, Bernward Mediengesellschaft, 2004, S. 37.

20 Vgl. Bischof Dr. Josef Homeyer im Gespräch mit dem Verfasser, 20. Juli 2009.

21 Vgl. Homeyer, Josef: Der Beitrag der Kirchen zum Werden Europas. Vortrag von Bischof Dr. Josef Homeyer am „Abend der Öffentlichkeit" (Zum Abschluss des Pastoralbesuches) am 21. März 2003, unveröffentlicht.

22 Dr. Josef Homeyer im Gespräch mit Dr. Heribert Prantl, in: Josef, Hildesheim, Bernward Mediengesellschaft, 2004, S. 37.

23 O.V: „Unvergesslichste Stunde meines Lebens", in: Frankfurter Rundschau, 1. Mai 2005, ohne Seitenangabe.

24 Diese Anekdote ist überliefert in: Homeyer, Josef: Dankeswort von Bischof Dr. Josef Homeyer, in: Strotdrees, Gisbert: Bischof em. Dr. Josef Homeyer.

Das Fest der goldenen Primiz, Münster, Privatdruck, 2008, S. 21f., hier: S. 20.

25 Vgl. Homeyer, Josef: Geschenkte Freiheit, in: Siegel, Ulrike (Hrsg.): „Kein Rindvieh – bloß kein Rindvieh". Persönlichkeiten unserer Zeit erinnern sich an ihre ländlichen Wurzeln, Münster-Hiltrup, Landwirtschaftsverlag, 2007, S. 162–175, hier: S. 170.

26 Vgl. Holtz, Eva: Porträt Bischof Dr. Josef Homeyer für die Kliniken Wahrendorff, undatiert.

27 Homeyer, Josef: Geschenkte Freiheit, in: Siegel, Ulrike (Hrsg.): „Kein Rindvieh – bloß kein Rindvieh". Persönlichkeiten unserer Zeit erinnern sich an ihre ländlichen Wurzeln, Münster-Hiltrup, Landwirtschaftsverlag, 2007, S. 162–175, hier: S. 170f.

28 Dr. Josef Homeyer im Gespräch mit Dr. Heribert Prantl, in: Josef, Hildesheim, Bernward Mediengesellschaft, 2004, S. 6.

29 Homeyer, Josef: Geschenkte Freiheit, in: Siegel, Ulrike (Hrsg.): „Kein Rindvieh – bloß kein Rindvieh". Persönlichkeiten unserer Zeit erinnern sich an ihre ländlichen Wurzeln, Münster-Hiltrup, Landwirtschaftsverlag, 2007, S. 162–175, hier: S. 171.

30 Homeyer, August, zit. nach: Strotdrees, Gisbert: schriftliche Mitteilung an den Verfasser, 15. Januar 2012.

31 Vgl. Homeyer, Josef: Dank an die Jugend. „Welten", die mich berührt haben. Begegnung am 14. November 2008 auf dem Wohldenberg, unveröffentlichter Vortrag.

32 Dr. Josef Homeyer im Gespräch mit Dr. Heribert Prantl, in: Josef, Hildesheim, Bernward Mediengesellschaft, 2004, S. 37.

33 Vgl. Resch, Joseph: Innsbruck als Stätte der Priesterbildung, in: Verlag Felizian Rauch (Hrsg.): Festschrift des Verlages Felizian Rauch Innsbruck. Herausgegeben anlässlich der Hundertjahrfeier der Wiedererrichtung der Theologischen Fakultät Innsbruck (1857–1957) und der Gründung des Theologischen Konvikts – Canisianum – (1858–1958), Innsbruck, Verlag Felizian Rauch, 1958, S. 1–41, hier: S. 1ff.

34 Vgl. Galling, Kurt (Hrsg.): Die Religion in Geschichte und Gegenwart. Handwörterbuch für Theologie und Religionswissenschaft, 3. Auflage, Tübingen, J.C.B. Mohr, 1959, Dritter Band, S. 770.

35 Vgl. Janssens, Johannes: Zum Geleit, in: Festschrift zur Hundertjahrfeier des theologischen Konvikts Innsbruck 1858–1958, Innsbruck, Selbstverlag des Collegiums Canisianum, 1958, S. 5f., hier: S. 5.

36 Vgl. o.V.: Ehrentafel großer Söhne des Konviktes, in: Festschrift zur Hundertjahrfeier des theologischen Konvikts Innsbruck 1858–1958, Innsbruck, Selbstverlag des Collegiums Canisianum, 1958, S. 61–66, hier: S. 62f.

37 Dr. Josef Homeyer im Gespräch mit Dr. Heribert Prantl, in: Josef, Hildesheim, Bernward Mediengesellschaft, 2004, S. 37.

38 Vgl. Prof. Dr. Bernhard Fraling im Gespräch mit dem Verfasser, 11. November 2010.

39 Vorgimler, Herbert: Theologie ist Biographie. Erinnerungen und Notizen, Münster, Aschendorff, 2006, S. 108.

40 Vgl. Lakner, Franz: Collegium Canisianum, in: Festschrift zur Hundertjahrfeier des theologischen Konvikts Innsbruck 1858–1958, Innsbruck, Selbstverlag des Collegiums Canisianum, 1958, S. 43–60, hier: S. 60.

41 Vgl. Gierlichs, Karl Josef: Norddeutsche Landsmannschaft, in: Festschrift zur Hundertjahrfeier des theologischen Konvikts Innsbruck 1858–1958, Innsbruck, Selbstverlag des Collegiums Canisianum, 1958, S. 82.

42 Ebd.

43 Ebd.

44 Ebd.

45 Vgl. Prof. Dr. Bernhard Fraling im Gespräch mit dem Verfasser, 11. November 2010.

46 Vgl. Batlogg, Andreas: 25 Jahre danach: Was bleibt von Karl Rahner?, in: Korrespondenzblatt des Canisianums, 142. Jahrgang, Heft 1, 2009, S. 2–12, hier: S. 8.

47 Vgl. a.a.O., S. 9

48 Bischof Dr. Josef Homeyer im Gespräch mit dem Verfasser, 20. Juli 2009.

49 Vgl. Dr. Josef Homeyer im Gespräch mit Dr. Heribert Prantl, in: Josef, Hildesheim, Bernward Mediengesellschaft, 2004, S. 38.

50 Homeyer, Josef: Geschenkte Freiheit, in: Siegel, Ulrike (Hrsg.): „Kein Rindvieh – bloß kein Rindvieh". Persönlichkeiten unserer Zeit erinnern sich an ihre ländlichen Wurzeln, Münster-Hiltrup, Landwirtschaftsverlag, 2007, S. 162–175, hier: S. 171.

51 Dr. Josef Homeyer im Gespräch mit Dr. Heribert Prantl, in: Josef, Hildesheim, Bernward Mediengesellschaft, 2004, S. 38.

52 Die Beschreibung der gemeinsamen Motorradwallfahrt ins Heilige Land verdanke ich Prof. Dr. Bernhard Fraling, Gespräch mit dem Verfasser am 11. November 2010.

53 Homeyer schreibt in seinem Beitrag: Meine Kindheit und Jugend auf dem elterlichen Hof in Harsewinkel, in: Strotdrees, Gisbert (Hrsg.): Einen geringen Kotten auffgerichtet. Die Geschichte des Hofes und der Familie Strotdrees – Homeyer gt. Strotdrees – in Harsewinkel, Münster, Privatdruck, 2005, S. 76–81, auf S. 78, die Reise nach Jerusalem habe im Jahre 1952 stattgefunden. In dem Buch: Josef

Homeyer. Bischof von Hildesheim, Hildesheim, Bernward Mediengesellschaft, 1983, wird die Reise auf S. 15 dagegen auf 1953 terminiert, wie dies auch Prof. Dr. Bernhard Fraling erinnert und was vermutlich auch stimmt. Verschiedene Unternehmungen aus Homeyers Studienzeit sind heute nur noch schwer terminierbar.

54 Vgl. Homeyer, Josef: Meine Kindheit und Jugend auf dem elterlichen Hof in Harsewinkel, in: Strotdrees, Gisbert (Hrsg.): Einen geringen Kotten aufgerichtet. Die Geschichte des Hofes und der Familie Strotdrees – Homeyer gt. Strotdrees – in Harsewinkel, Münster, Privatdruck, 2005, S. 76–81, hier: S. 78.

55 Auch diese Jahresangabe ist nicht sicher. Wenn die Reise nach Jerusalem 1952 stattfand, wie Homeyer einmal schreibt (siehe Anmerkung 53), dann könnte das freie Jahr mit Zimmersuche auch 1953 gewesen sein. Wahrscheinlich ist, dass Homeyer und Fraling ihr Freijahr nach der Jerusalemreise nahmen.

56 Hinweise auf den Inhalt von Homeyers Dissertation verdanke ich Prof. Dr. Bernhard Fraling, Gespräch am 11. November 2010.

57 Homeyer, Josef: Entwicklung und Begriff der Soziologie und der Versuch einer soziologischen Erfassung des Dorfes Harsewinkel, Universität Innsbruck, Dissertation, 1954, zit. nach: Schasching, Johannes: Zu den Menschen gehen, in: Schreer, Werner/Steins, Georg (Hrsg.): Auf neue Art Kirche sein. Festschrift für Bischof Dr. Josef Homeyer, München, Bernward bei Don Bosco, 1999, S. 27–30, hier: S. 27.

58 Theo Meenen im Gespräch mit dem Verfasser, 10. November 2010.

59 Dieses Kapitel beruht teilweise auf den Erinnerungen von Theo Meenen und Prof. Dr. Bernhard Fraling, Gespräche mit dem Verfasser am 10. und 11. November 2010.

60 Voillaume, René, zit. nach: O.V.: Kleine Brüder Jesu, in: Internet-Lexikon Wikipedia, im Internet publiziert unter URL: http://de.wikipedia.org/wiki/Kleine_Br%C3%BCder_Jesu, [Stand: 10.12.2011].

61 Die Schilderungen der Frankreichfahrt beruhen vor allem auf den Erinnerungen von Dr. Ferdinand Rudolphi, Gespräch mit dem Verfasser am 6. November 2011.

62 Ferdinand Rudolphi in einem Brief an seine Eltern vom 8. Juli 1955.

63 Ebd.

64 Vgl. o.V.: Kleine Schwestern Jesu, in : Internet-Lexikon Wikipedia, im Internet publiziert unter URL: http://de.wikipedia.org/wiki/Kleine_Schwestern_Jesu, [Stand: 10.12.2011].

65 Vgl. Strotdrees, Gisbert: Erntedank im Februar, in: Bischof em. Dr. Josef Homeyer. Das Fest der Goldenen Primiz, Münster, Privatdruck, 2008, S. 5.

66 Vgl. o.V.: Bischof Homeyer: Überaus dankbar für Priesterjahre, in: Die Glocke, 18. Februar 2008.

67 Vgl. ebd.

68 Vgl. Maria Suthe im Gespräch mit dem Verfasser, 14. Oktober 2010.

69 Vgl. Ibbenbürener Volkszeitung im Interview mit Dr. Josef Homeyer, Aufzeichnungen der Bischöflichen Pressestelle Hildesheim, 3. November 2003.

70 Bordfeld, Elmar: Im Gespräch mit Bischof Josef Homeyer. „Wir müssen das Östliche wiederentdecken", in: Die Politische Meinung, Nr. 478, September 2009, S. 72–75, hier: S. 74.

71 Vgl. Pfarrer Franz Leenders im Gespräch mit dem Verfasser, 13. September 2010.

72 Ibbenbürener Volkszeitung im Interview mit Dr. Josef Homeyer, Aufzeichnungen der Bischöflichen Pressestelle Hildesheim, 3. November 2003.

73 Ebd.

74 Vgl. Hammerschmidt, Rudolf: Dr. Josef Homeyer, in: Josef Homeyer. Bischof von Hildesheim, Hildesheim, Bernward Verlag, 1983, S. 14–24, hier: S. 14.

75 Ibbenbürener Volkszeitung im Interview mit Dr. Josef Homeyer, Aufzeichnungen der Bischöflichen Pressestelle Hildesheim, 3. November 2003.

76 Vgl. Homeyer, Josef: Auf neue Art Kirche sein. Erfahrungen und Hoffnungen, in: Homeyer, Josef/Steins, Georg (Hrsg.): Kirche – postmodern „überholt?", Erfahrungen und Visionen in einer Zeit des Umbruchs, München, Bernward bei Don Bosco, 1996, S. 139–161, hier: S. 139.

77 Ein ausgezeichneter Überblick über die Situation im Bistum Münster findet sich in: Damberg, Wilhelm: Abschied vom Milieu? Katholizismus im Bistum Münster und in den Niederlanden 1945–1980, Paderborn/München/Wien/Zürich, Schöningh, 1997; hier: S. 211.

78 Ebd.

79 Ebd.

80 Vgl. Homeyer, Josef: Ländliche Bildung, in der Reihe: Bertram, Elsbeth u. a. (Hrsg.): Das neue Land. Zukunft und Gestalt der ländlichen Gesellschaft, Heft 7, Dingden, Landvolkdienst im „Katholische Landjugendbewegung Deutschlands e.V." , undatiert, S. 8.

81 A.a.O., S. 23.

82 Ebd.

83 Stroot, Martin, zit. nach: Ruholl, Cornelia: Erinnerungen an Dr. Josef Homeyer. Schlüsselrolle bei Gründung der Recker Fürstenbergschule, in: Münsterländische Volkszeitung, 6. April 2010, im Internet

publiziert unter URL: http://www.mv-online.de/lokales/kreis_steinfurt/tecklenburgerland/1299306_Schluesselrolle_bei_Gruendung_der_Recker_Fuerstenbergschule.html [Stand: 30.8.2011].

84 Pfarrer Franz Leenders im Gespräch mit dem Verfasser, 13. September 2010.

85 Vgl. Rahner, Karl/Vorgrimler, Herbert: Kleines Konzilskompendium. Sämtliche Texte des Zweiten Vatikanums, 31. Auflage, Freiburg, Herder, 2004, S. 331ff.

86 Vgl. Damberg, Wilhelm: Abschied vom Milieu? Katholizismus im Bistum Münster und in den Niederlanden 1945–1980, Paderborn/München/Wien/Zürich, Schöningh, 1997, S. 455.

87 Vgl. ebd.

88 A.a.O., S. 463.

89 Vgl. zur Chronologie der Friedensschule: Pötter, Karlheinz: Kurze Chronologie der Friedensschule, in: Alder, Alois (Hrsg.): Friedensschule Münster 1969–1989. Festschrift zum zwanzigjährigen Bestehen der Friedensschule Münster, Münster, 1989, S. 12f.

90 Vgl. Dikow, Joachim: Gründung und Entwicklung der Friedensschule, in: Regenbrecht, Aloysius/Dikow, Joachim/Alder, Alois (Hrsg.): 20 Jahre Friedensschule. Bilanz eines Schulversuchs, Münster, Verlag Regensberg, 1991, S. 19–64, hier: S. 22ff.

91 Vgl. Löher, Ludwig: Die äußere Entwicklung der Friedensschule 1969–1979, in: Regenbrecht, Aloysius/Dikow, Joachim/Alder, Alois: 10 Jahre Friedensschule, Münster, Verlag Regensberg, 1979, S. 39–52, hier: S. 40.

92 Vgl. Dikow, Joachim: Die Friedensschule, in: Arbeitsgemeinschaft freier Schulen (Hrsg.): Freie Schule. Gesellschaftliche Funktion des Freien Schulwesen in der Bundesrepublik Deutschland. Begründung und Darstellung, Stuttgart, Ernst Klett Verlag, 1971, S. 119–122, hier: S. 119.

93 Homeyer, Josef: Gemeinde und Schule, in: Zentralkomitee der Deutschen Katholiken (Hrsg.): Gemeinde des Herrn. 83. Deutscher Katholikentag Trier 1970, Paderborn, Verlag Bonifacius-Druckerei, 1970, S. 692–707, hier: S. 697ff.

94 Vgl. Homeyer, Josef: Aktuelle Perspektiven kirchlicher Aufgaben in der Schule, in: Molinski, Waldemar (Hrsg.): Katholische Schule von morgen, Recklinghausen, Georg Bitter Verlag, 1969, S. 56–83, hier: S. 68f.

95 Vgl. K. N.: Kirchliche Auftragsforschung: Ende eines Instituts, in: Herder Korrespondenz, 34. Jahrgang, 1980, S. 163f, hier: S. 164.

96 Vgl. Schmolke, Michael: Visionär mit Bodenhaftung, in: Communicatio Socialis, 43. Jahrgang, Heft 2, 2010, S. 199–201, hier: S. 199.

97 So die Einschätzung von Dr. Gerhard Fuest, einem langjährigen Mitarbeiter Homeyers im Schuldezernat des Bistums Münster, Gespräch mit dem Verfasser am 11. November 2010.

98 Vgl. K. N.: Kirchliche Auftragsforschung: Ende eines Instituts, in: Herder Korrespondenz, 34. Jahrgang, 1980, S. 163f, hier: S. 163.

99 Vgl. Vogel, Johann Peter: Erinnerung an Bischof Dr. Josef Homeyer, in: R&B. Informationsschrift Recht und Bildung des Instituts für Bildungsforschung und Bildungsrechte e.V., 7. Jahrgang, Heft 2, 2010, S. 2–3, hier: S. 2.

100 A.a.O., S. 3.

101 Vgl. o.V.: Zum Strukturplan für das deutsche Bildungswesen, in: Herder Korrespondenz, 24. Jahrgang, 1970, S. 333–340.

102 Vgl. o.V.: Kirchliche Bildungspolitik zwischen Kritik und Alternative. Katholische Stellungnahmen zum Strukturplan des Deutschen Bildungsrates, in: Herder Korrespondenz, 25. Jahrgang, 1971, S. 227–231, hier: S. 228ff.

103 Vgl. Bruder Karl Thalmann im Gespräch mit dem Verfasser, 13. Oktober 2010.

104 O.V.: Geschichte der Deutschen Bischofskonferenz – Langfassung (23.09.2004), Online publiziert auf der Homepage der DBK unter URL: http://www.alt.dbk.de/katholische_kirche/deutschland/geschichte/langfassung/index.html [Stand: 18. 03. 2011], S. 3.

105 Vgl. Gatz, Erwin: Die Katholische Kirche in Deutschland im 20. Jahrhundert, Freiburg, Herder, 2009, S. 203.

106 Vgl. Die Deutsche Bischofskonferenz – STATUT, in: Sekretariat der Deutschen Bischofskonferenz (Hrsg.): Dokumente der Deutschen Bischofskonferenz, Bd. 1. 1967–1968, Köln, J.P. Bachem Verlag, 1998, S. 46ff.

107 Vgl. Wenner, Reinhard: Schriftlicher Hinweis an den Verfasser, 3. November 2011.

108 Vgl. Wittstadt, Klaus: Julius Kardinal Döpfner (1913–1976). Anwalt Gottes und der Menschen, München, Don Bosco Verlag, 2001, S. 226.

109 Vgl. Wenner, Reinhard: Schriftlicher Hinweis an den Verfasser, 3. November 2011.

110 Vgl. o.V.: Zur Herbstvollversammlung der Deutschen Bischofskonferenz, in: Herder-Korrespondenz, 25. Jahrgang, 1971, S. 508–510, hier: S. 508.

111 Vgl. zur Geschichte der DBK: O.V.: Geschichte der Deutschen Bischofskonferenz – Langfassung (23.09.2004), Online publiziert auf der Homepage der DBK unter URL: http://www.alt.dbk.de/katholische_kirche/deutschland/geschichte/langfassung/index.html [Stand: 18.03.2011].

112 Vgl. Bruder Karl Thalmann im Gespräch mit dem Verfasser, 13. Oktober 2010.

113 Vgl. im Folgenden die Erinnerungen von Hermann Teriete, Gespräch mit dem Verfasser am 3. November 2011.

114 Vgl. Kronenberg, Friedrich: Die Würzburger Synode. Ein Zeitzeuge berichtet über seine Erinnerungen und reflektiert seine Erfahrungen. Vortrag vor der Jahresversammlung des Würzburger Diözesangeschichtsvereins am 18. November 2005 in Würzburg, Druckfassung zur Verfügung gestellt von Dr. Kronenberg, S. 4.

115 Vgl. Bertsch, Ludwig u. a. (Hrsg.): Gemeinsame Synode der Bistümer in der Bundesrepublik Deutschland. Beschlüsse der Vollversammlung. Offizielle Gesamtausgabe I, Freiburg/Basel/Wien, Herder, 1976, S. 858.

116 Vgl. Kronenberg, Friedrich: Die Würzburger Synode. Ein Zeitzeuge berichtet über seine Erinnerungen und reflektiert seine Erfahrungen. Vortrag vor der Jahresversammlung des Würzburger Diözesangeschichtsvereins am 18. November 2005 in Würzburg, Druckfassung zur Verfügung gestellt von Dr. Kronenberg, S. 22.

117 Homeyer, Josef, zit. nach: O.V.: Zur Organisationsreform der Deutschen Bischofskonferenz. Ein Gespräch mit Prälat Josef Homeyer, in: Herder Korrespondenz, 26. Jahrgang, 1972, S. 174–178, hier: S. 174.

118 Dr. Josef Homeyer im Gespräch mit Dr. Heribert Prantl, in: Josef, Hildesheim, Bernward Mediengesellschaft, 2004, S. 35.

119 Vgl. die bereits zitierte Arbeit von Kronenberg, Friedrich: Die Würzburger Synode. Ein Zeitzeuge berichtet über seine Erinnerungen und reflektiert seine Erfahrungen. Vortrag vor der Jahresversammlung des Würzburger Diözesangeschichtsvereins am 18. November 2005 in Würzburg, und Homeyer, Josef: Die Würzburger Synode 1975. Zur Rezeption in der Bundesrepublik Deutschland, Vortrag bei der Studientagung „Mythos und Wirklichkeit" vom 14. bis 18. September 2005 in Weingarten, im Internet publiziert unter URL: http://www.downloads.bistum-hildesheim.de/1/10/1/28786491753436507692.pdf [Stand: 29. August 2011]. Beide Zeitzeugen berichten darin an zahlreichen Stellen von ihren guten persönlichen Erinnerungen an die Synode.

120 Vgl. cri/aps: Stichwort: Würzburger Synode, in: Katholische Nachrichtenagentur (KNA), Meldung vom 6. Dezember 2010.

121 Vgl. Büker, Hubertus: Wie die Kirche sich erneuern soll. Vor 40 Jahren begann die gemeinsame Synode der Bistümer in der Bundesrepublik Deutschland, in: KirchenZeitung. Die Woche im Bistum Hildesheim, Nr. 1, 2. Januar 2011, S. 6.

122 Renzikowski, Christoph: „Eine Gesprächskultur, die es heute leider so nicht mehr gibt". Walter Bayerlein zum Start der Würzburger Synode vor 40 Jahren, in: Katholische Nachrichtenagentur (KNA), Meldung vom 6. Dezember 2010.

123 Döpfner, Julius, zit. nach: Renzikowski, Christoph: „Streiten, ohne sich zu zerstreiten". Vor 40 Jahren begann die Würzburger Synode, in: Katholische Nachrichtenagentur (KNA), Meldung vom 6. Dezember 2010.

124 Kronenberg, Friedrich: Kondolenzbrief an Bischof Norbert Trelle anlässlich des Todes von Bischof em. Dr. Josef Homeyer, 7. April 2010, unveröffentlicht, zur Verfügung gestellt von Dr. Kronenberg.

125 Dr. Friedrich Kronenberg im Gespräch mit dem Verfasser, 9. November 2010.

126 Homeyer, Josef, zit. nach: O.V: Durst im Dom, in: Der Spiegel, 1. Januar 1973, S. 30.

127 Homeyer, Josef: Die Würzburger Synode 1975. Zur Rezeption in der Bundesrepublik Deutschland, Vortrag bei der Studientagung „Mythos und Wirklichkeit" vom 14. bis 18. September 2005 in Weingarten (Geschichtsverein der Diözese Rottenburg-Stuttgart und Akademie der Diözese Rottenburg-Stuttgart). Vorgetragen am 16. September 2005, S. 43.

128 Lehmann, Karl, in: Kardinal Karl Lehmann weiht neues Dienstgebäude des Sekretariats der Deutschen Bischofskonferenz in Bonn ein. Ansprache des Vorsitzenden der Deutschen Bischofskonferenz, Kardinal Karl Lehmann, Pressemitteilung der DBK (06.09.2004), online publiziert auf der Homepage der DBK unter URL: http://www.alt.dbk.de/aktuell/meldungen/00145/print_de.html [Stand: 18.03.2011].

129 Vgl. Wenner, Reinhard: Schriftlicher Hinweis an den Verfasser, 3. November 2011.

130 Vgl. Dr. Rainer Ilgner im Gespräch mit dem Verfasser, 4. November 2011.

131 Ebd.

132 Vgl.: Kardinal Karl Lehmann weiht neues Dienstgebäude des Sekretariats der Deutschen Bischofskonferenz in Bonn ein. Begrüßungsansprache des Sekretärs der Deutschen Bischofskonferenz, Pater Dr. Hans Langendörfer SJ, Pressemitteilung der DBK (06.09.2004), online publiziert auf der Homepage der DBK unter URL: http://www.dbk.de/presse/details/?presseid=759&cHash=1ec3ef06c244f7d1e82e3ef5bdc895ba [Stand: 02.08.2011].

133 Maria Suthe im Gespräch mit dem Verfasser, 14. Oktober 2010.

134 O.V.: Zur Organisationsreform der Deutschen Bischofskonferenz. Ein Gespräch mit Prälat Josef Homeyer, in: Herder-Korrespondenz, 26. Jahrgang, 1972, S. 174–178, hier: S. 175.
135 Vgl. D.Ä.S.: Organisationsreform in der Deutschen Bischofskonferenz, in: Herder-Korrespondenz, 29. Jahrgang, 1975, S. 540–543, hier: S. 541.
136 Vgl. Wenner, Reinhard: Schriftlicher Hinweis an den Verfasser, 3. November 2011.
137 Reinhard Wenner, ehemaliger Leiter des Bereichs „Kirchenrecht und Kirchenrechtliche Dokumentation" im Sekretariat der DBK schrieb dem Verfasser am 3. November 2011: „Arbeitsvertraglich ist vereinbart worden, dass ich unmittelbar dem Sekretär der DBK, also Homeyer, zugeordnet bin. Dr. Homeyer hat vor seinem Weggang nach Hildesheim 1983 im Sekretariat der DBK den Geschäftsverteilungsplan geändert und [...] dem Leiter des Bereichs ‚Recht, Haushalt, Finanzen' das Kommando über den Leiter der Gemeinsamen Dienste und über mich übertragen. Die beiden Betroffenen sind vorher nicht gehört worden. Homeyer hat trotz mehrfacher Proteste seine Entscheidung nicht zurück genommen. Auch Homeyers Nachfolger als Sekretär der DBK, Wilhelm Schätzler, war nicht bereit, den Vertragsbruch seines Vorgängers rückgängig zu machen. [...] ich habe nach drei Jahren vergeblichen Anmahnens schließlich die Arbeitsgerichte bemüht und in beiden Instanzen obsiegt."
138 So übereinstimmend etwa Dr. Rainer Ilgner, Maria Suthe und Hermann Teriete in ihren Gesprächen mit dem Verfasser.
139 Dr. Rainer Ilgner im Gespräch mit dem Verfasser, 4. November 2011.
140 Schmolke, Michael: Visionär mit Bodenhaftung, in: Communicatio Socialis, 43. Jahrgang, Heft 2, 2010, S. 199–201, hier: S. 200.
141 Vgl. Oertel, Ferdinand: Visionär mit Bodenhaftung, in: Communicatio Socialis, 43. Jahrgang, Heft 2, 2010, S. 201–202, hier: S. 202.
142 Vgl. F.O.: Die Mediendienstleistungsgesellschaft der deutschen Bischöfe, in: Herder-Korrespondenz, 29. Jahrgang, 1975, S. 381–384, hier: S. 383.
143 Zum Beispiel eine Stellungnahme der DBK zu Ehe und Familie am 10. Mai 1979, vgl. D.Ä.S: Katholische Stellungnahmen zu Ehe und Familie, in: Herder-Korrespondenz, 33. Jahrgang, 1979, S. 280–283, hier: S. 280.
144 Im August 1973 klärte Homeyer Irritationen über einen für den 23. September angesetzten „Angola-Sonntag". Einige Medien hatten vermutet, die DBK würde sich von antiportugiesischen Kräften instrumentalisieren lassen, vgl. o.V.: Kurzinformationen, in: Herder-Korrespondenz, 27. Jahrgang, 1973, S. 539–541, hier: S. 540.
145 Vgl. Deckers, Daniel: Der Kardinal, München, Pattloch, 2002, S. 223f.
146 Vgl. Küng, Hans: Umstrittene Wahrheit, München/Zürich, Piper Verlag, 2007, S. 412f.
147 O.V.: Wie in Moskau, in: Der Spiegel, Heft Nr. 22, 1974, S. 57–58, hier: S. 57.
148 Vgl. Küng, Hans: Umstrittene Wahrheit, München/Zürich, Piper Verlag, 2007, S. 600.
149 Ebd.
150 Vgl. O.V.: Geschichte der Deutschen Bischofskonferenz – Langfassung (23.09.2004), Online publiziert auf der Homepage der DBK unter URL: http://www.alt.dbk.de/katholische_kirche/deutschland/geschichte/langfassung/index.html [Stand: 18.03.2011], S. 9.
151 Kycia, Thomas/Zurek, Robert: „Wyszynskis Mut hat Hoffnung auf Versöhnung geweckt". Gespräch mit Josef Homeyer, in: Kerski, Basil/Kycia, Thomas/ Zurek, Robert (Hrsg.): „Wir vergeben und bitten um Vergebung". Der Briefwechsel der polnischen und deutschen Bischöfe von 1965 und seine Wirkung, Osnabrück, fibre Verlag, 2006, S. 69–80, hier: S. 70.
152 A.a.O., S. 71.
153 Bischof Dr. Josef Homeyer im Pressegespräch mit Journalisten über Papst Johannes Paul II., 15. Oktober 2003.
154 Ausgezeichnet dokumentiert ist diese Reise bei Hammerschmidt, Rudolf: Eine Pilgerreise durch Polen. Reise der deutschen Bischöfe vom 11. bis 15. September 1980, Kevelaer, Butzon & Bercker, 1980.
155 Vgl. Dr. Rainer Ilgner und Manfred Kuhl im Gespräch mit dem Verfasser, 4. November 2011.
156 Vgl. Hammerschmidt, Rudolf: Dr. Josef Homeyer, in: Josef Homeyer. Bischof von Hildesheim, Hildesheim, Bernward Verlag, 1983, S. 14–24, hier: S. 18f.
157 Vgl. Homeyer, Josef: Die Katholische Kirche im geteilten Deutschland und ihre Bedeutung für das Zusammengehörigkeitsgefühl, in: von Hehl, Ulrich/Hockerts, Hans Günter (Hrsg.): Der Katholizismus – gesamtdeutsche Klammer in den Jahrzehnten der Teilung?, Paderborn/München/Wien/Zürich, Ferdinand Schöningh-Verlag, 1996, S. 19–31, hier: S. 26.
158 Vgl. o.V.: Kirchen rechtfertigen ihre Anpassung an die damalige DDR-Führung. „Stabilisierung der SED hingenommen", in: Nürnberger Nachrichten, 24. Januar 1994, Seite unbekannt.
159 A.a.O.
160 Vgl. o.V.: Bischof: Kirchen waren uneins in DDR-Bewertung, in: Süddeutsche Zeitung, 22. Januar 1994, S. 5.

161 Vgl. Strack, Christoph: „Seelsorger der Politik ist tot", publiziert am 3.6.2009 auf der Homepage kirchensite.de. Online mit dem Bistum Münster, im Internet unter URL: http://kirchensite.de/aktuelles/news-aktuelles/datum/2009/06/03/seelsorger-der-politik-ist-tot [Stand: 22. Oktober 2011].

162 Dr. Friedrich Kronenberg im Gespräch mit dem Verfasser, 9. November 2010.

163 Vgl. Schäfer, Bernd: Staat und katholische Kirche in der DDR, Köln, Böhlau Verlag, 1998, S. 317.

164 O.V.: Geschichte der Deutschen Bischofskonferenz – Langfassung (23.09.2004), Online publiziert auf der Homepage der DBK unter URL: http://www.alt.dbk.de/katholische_kirche/deutschland/geschichte/langfassung/index.html [Stand: 18.03.2011], S. 11.

165 Vgl. Steuer, Albert: Ein Seiteneinsteiger am Rhein, in: Katholische Nachrichtenagentur (KNA), Meldung vom 7. März 2011.

166 Vgl. o.V.: Kurzinformationen, In: Herder-Korrespondenz, 29. Jahrgang, 1975, S. 478.

167 Vgl. Hermann Teriete im Gespräch mit dem Verfasser, 3. November 2011.

168 Vgl. Hammerschmidt, Rudolf: Dr. Josef Homeyer, in: Josef Homeyer. Bischof von Hildesheim, Hildesheim, Bernward Verlag, 1983, S. 14–24, hier: S. 22.

169 Vgl. Dr. Josef Homeyer im Gespräch mit Dr. Heribert Prantl, in: Josef, Hildesheim, Bernward Mediengesellschaft, 2004, S. 39.

170 Vgl. o.V.: Personen, in: Herder-Korrespondenz, 37. Jahrgang, 1983, S. 584.

171 Vgl. Maria Suthe im Gespräch mit dem Verfasser, 14. Oktober 2010.

172 Vgl. zur Geschichte der Akademie Klausenhof deren Selbstdarstellung im Internet unter URL: http://www.akademie-klausenhof.de/Organisation_Geschichte.aspx?Bereich=22 [Stand: 12.9.2011].

173 Vgl. Becker, Alois: schriftlicher Hinweis an den Verfasser vom 20. September 2011.

174 Vgl. o.V.: Bischof Homeyer, ein Wegbegleiter des Klausenhofs, in: aktuell. Zeitung der Akademie Klausenhof, Nr. 2, Juni 2010, S. 2.

175 Vgl. Seibel, Wolfgang: Die Deutsche Synode – vergangen und vergessen?, in: Stimmen der Zeit, 136. Jahrgang, Heft 1, 2011, S. 13–29, hier: S. 13.

176 Vgl. Hammerschmidt, Rudolf: Dr. Josef Homeyer, in: Josef Homeyer. Bischof von Hildesheim, Hildesheim, Bernward Verlag, 1983, S. 14–24, hier: S. 16.

177 Homeyer, Josef: Joseph Kardinal Höffner als Vorsitzender der Deutschen Bischofskonferenz – Erfahrungen des langjährigen Sekretärs der Bischofskonferenz (1972–1983), in: Presseamt des Erzbistums Köln (Hrsg.): 100. Geburtstag von Joseph Kardinal Höffner (1906–1987). Eine Dokumentation, Köln, 2007, S. 23–33, hier: S. 26f.

178 Vgl. Augstein, Rudolf: Was ein Hirte so alles weiß, in: Der Spiegel, Heft-Nr. 39, 1980, S. 18.

179 Vgl. o.V.: Gehirnwäsche vom Kardinal, in: Der Spiegel, Heft-Nr. 39, 1976, S. 67.

180 Ebd.

181 Vgl. E.M.: Die Herbstvollversammlung der Deutschen Bischofskonferenz, in: Herder Korrespondenz, 30. Jahrgang, 1976, S. 540–543, hier: S. 542.

182 Vgl. o.V.: Gehirnwäsche vom Kardinal, in: Der Spiegel, Heft-Nr. 39, 1976, S. 67.

183 Homeyer, Josef: Joseph Kardinal Höffner als Vorsitzender der Deutschen Bischofskonferenz – Erfahrungen des langjährigen Sekretärs der Bischofskonferenz (1972–1983), in: Presseamt des Erzbistums Köln (Hrsg.): 100. Geburtstag von Joseph Kardinal Höffner (1906–1987). Eine Dokumentation, Köln, 2007, S. 23–33, hier: S. 29.

184 Der Spiegel berichtet zum Beispiel in Nr. 46/1980, S. 64f., es habe vier Jahre später eine weitere öffentliche Irritation zwischen Homeyer und Kardinal Höffner gegeben. Homeyer habe 1979 zum Thema Empfängnisverhütung mit Blick auf die „Königsteiner Erklärung" der Bischöfe gesagt: „Die Art und Weise der Empfängnisregelung ist eine Gewissensentscheidung der Ehepartner. Dies ist eindeutig und wiederholt von den Bischöfen festgestellt worden." Höffner, so die Zeitung weiter, wies dies angeblich 1980 mit den Worten zurück: „Mag sein, dass es ausnahmsweise besonders begabte Theologen, tief denkende, tief schauende Theologen geben kann, die sich berechtigt fühlen, abweichen zu dürfen vom ordentlichen Lehramt der Kirche. Wir haben nicht die Auffassung vertreten, dass etwa ein gesamtes Volk zu dieser tiefen theologischen Erkenntnis […] kommen könnte."

185 Vgl. Homeyer, Josef: Kollegialität heißt: gemeinsam die Wahrheit suchen, in: Sekretariat der Deutschen Bischofskonferenz (Hrsg.): „Gerechtigkeit und Liebe". Joseph Kardinal Höffner, Vorsitzender der Deutschen Bischofskonferenz 1976–1987, Arbeitshilfe der DBK Nr. 55, Bonn, 1987, S. 27–30, hier: S. 27.

186 Homeyer, Josef: Joseph Kardinal Höffner als Vorsitzender der Deutschen Bischofskonferenz – Erfahrungen des langjährigen Sekretärs der Bischofskonferenz (1972–1983), in: Presseamt des Erzbistums Köln (Hrsg.): 100. Geburtstag von Joseph Kardinal Höffner (1906–1987). Eine Dokumentation, Köln, 2007, S. 23–33, hier: S. 26f.

187 E.M.: Die Herbstvollversammlung der Deutschen Bischofskonferenz, in: Herder Korrespondenz, 30. Jahrgang, 1976, S. 540–543, hier: S. 540.

188 Homeyer, Josef: Joseph Kardinal Höffner als Vorsitzender der Deutschen Bischofskonferenz – Erfahrungen des langjährigen Sekretärs der Bischofskonferenz (1972–1983), in: Presseamt des Erzbistums Köln (Hrsg.): 100. Geburtstag von Joseph Kardinal Höffner (1906–1987). Eine Dokumentation, Köln, 2007, S. 23–33, hier: S. 26f.

189 Vgl. Domkapitular Adolf Pohner im Gespräch mit dem Verfasser, 12. Oktober 2010.

190 Vgl. Weihbischof Hans-Georg Koitz im Gespräch mit dem Verfasser, 26. Oktober 2010.

191 Vgl. Bruder Karl Thalmann im Gespräch mit dem Verfasser, 20. Oktober 2010.

192 Vgl. Theo Meenen im Gespräch mit dem Verfasser, 10. November 2010.

193 Vgl. Nowak, Josef: Ein erstes Gespräch mit Bischof Homeyer, in: Josef Homeyer. Bischof von Hildesheim, Hildesheim, Bernward, 1983, S. 27–35, hier: S. 30.

194 Apostolische Bulle an den H.H. Dr. Josef Homeyer, erwählter Bischof von Hildesheim, in: Bischöfliches Generalvikariat Hildesheim (Hrsg.): Kirchlicher Anzeiger für das Bistum Hildesheim, Nr. 19, 1983, S. 265–267, hier: S. 265.

195 Katholische Nachrichtenagentur (KNA), zit. nach: O.V.: Zitiert, in: KirchenZeitung. Die Woche im Bistum Hildesheim, Nr. 46, 16. November 2008, S. 15.

196 Vgl. Nowak, Josef: Ein erstes Gespräch mit Bischof Homeyer, in: Josef Homeyer. Bischof von Hildesheim, Hildesheim, Bernward, 1983, S. 27–35, hier: S. 27.

197 Homeyer, Josef: A.a.O., S. 35.

198 Vgl. Hermann Teriete im Gespräch mit dem Verfasser, 3. November 2011.

199 Vgl. ebd.

200 Vgl. o.V.: Kurzinformationen, in: Herder-Korrespondenz, 37. Jahrgang, 1983, S. 484–485, hier: S. 485.

201 D.S.: Fulda: Episkopat im Umbruch, in: Herder-Korrespondenz, 37. Jahrgang, 1983, S. 494–496, hier: S. 496.

202 Thissen, Werner: Grußwort von Erzbischof Dr. Werner Thissen, Hamburg, als Vertreter der Deutschen Bischofskonferenz zum 25jährigen Bischofsjubiläum von Bischof Dr. Josef Homeyer am 15. November 2008, unveröffentlicht.

203 Vgl. Weihbischof Hans-Georg Koitz im Gespräch mit dem Verfasser, 26. Oktober 2010.

204 Vgl. Maria Suthe im Gespräch mit dem Verfasser, 19. Oktober 2010.

205 Vgl. Maria Suthe im Gespräch mit dem Verfasser, 2. Dezember 2011.

206 Vgl. Homeyer, Josef: Über Staat und Kirche (8. November 1983), in: Die Diözese Hildesheim in Vergangenheit und Gegenwart, 52. Jahrgang, 1984, S. 209–213, hier: S. 209.

207 Vgl. Lukas, Michael: Erledigung und Neubesetzung des Bischöflichen Stuhls Hildesheim. Hintergrundinformationen zu Emeritierung, Sedisvakanz, Bischofswahl und Bischofsweihe im Bistum Hildesheim (20.11.2005), online publiziert auf der Homepage des Bistums Hildesheim unter URL: http://www.informations.bistum-hildesheim.de/113316397080027.pdf [Stand: 01.08.2011], S. 6.

208 Vgl. Nowak, Josef: Hildesheimer Bischofsweihe wie kaum je zuvor, in: Bischof Josef Homeyer. Gehet in alle Welt, Hildesheim, Bernward Verlag, 1983, S. 18–26, hier: S. 18ff.

209 Vgl. o.V.: Bischofsweihe live im Fernsehen. Am Buß- und Bettag Hörfunk-Sendung in Radio Niedersachsen, in: Bischöfliche Pressestelle Hildesheim, Pressemitteilung vom 7. November 1983.

210 Vgl. o.V.: Kardinal Höffner weiht Josef Homeyer zum Bischof. Zahlreiche Ehrengäste am 13. November in Hildesheim erwartet, in: Bischöfliche Pressestelle Hildesheim, Pressemitteilung vom 7. November 1983.

211 Vgl. Pachowiak, Heinrich: Weihe unseres neuen Diözesanbischofs am 13. November 1983, in: Kirchlicher Anzeiger für das Bistum Hildesheim, Nr. 18, 1983; S. 241–242, hier: S. 241.

212 Höffner, Josef, zit. nach: O.V.: Josef Homeyer zum Bischof von Hildesheim geweiht. Höffner: Blick über die Grenzen der Kirche in Deutschland hinaus, in: Bischöfliche Pressestelle Hildesheim, Pressemitteilung vom 14. November 1983.

213 Für die Bischofsinsignien vgl. Lukas, Michael: Erledigung und Neubesetzung des Bischöflichen Stuhls Hildesheim. Hintergrundinformationen zu Emeritierung, Sedisvakanz, Bischofswahl und Bischofsweihe im Bistum Hildesheim (20.11.2005), online publiziert auf der Homepage des Bistums Hildesheim unter URL: http://www.informations.bistum-hildesheim.de/113316397080027.pdf [Stand: 01.08.2011], S. 16ff.

214 Vgl. Bruder Karl Thalmann im Gespräch mit dem Verfasser, 14. November 2011.

215 Vgl. o.V.: Das Wappen, in: Bischof Josef Homeyer. Gehet in alle Welt, Hildesheim, Bernward Verlag, 1983, S. 13.

216 Vgl. o.V.: Josef Homeyer zum Bischof von Hildesheim geweiht. Höffner: Blick über die Grenzen der Kirche in Deutschland hinaus, in: Bischöfliche Pressestelle Hildesheim, Pressemitteilung vom 14. November 1983.

217 Genscher, Hans-Dietrich, zit. nach: O.V.: „Sie werden uns in Bonn fehlen". Glückwünsche aus dem In-

und Ausland für Dr. Josef Homeyer, in: Bischöfliche Pressestelle Hildesheim, Pressemitteilung vom 9. September 1983.

218 Vgl. Bode, Matthias: Sorgen und Nöte im Blick. Zum Tode von Bischof Dr. Josef Homeyer. Engagement für das Bistum und für Europa, in: KirchenZeitung. Die Woche im Bistum Hildesheim, Nr. 15, 11. April 2010, S. 13.

219 Janssen, Heinrich Maria, zit. nach: O.V.: Drei Heilige unter den bisherigen Oberhirten. Bischof Janssen heißt seinen Nachfolger willkommen, in: Bischöfliche Pressestelle Hildesheim, Pressemitteilung vom 10. November 1983.

220 Vgl. o.V.: Flächenmäßig größte Diözese in der Bundesrepublik. Bistum Hildesheim hat prozentual die wenigsten Katholiken, in: Bischöfliche Pressestelle Hildesheim, Pressemitteilung vom 26. August 1983.

221 Vgl. o.V.: Bistumshaushalt 1983 umfasst 136,9 Millionen DM. Erstmals seit 1975 Rückgang. Hary: Auswirkung der Rezession, in: Bischöfliche Pressestelle Hildesheim, Pressemitteilung vom 21. März 1983.

222 Eigene Erinnerung des Verfassers.

223 Schwarze, Wigbert: Herzlichen Glückwunsch, in: KirchenZeitung. Die Woche im Bistum Hildesheim, Bischof Josef zum 75. – Sonderbeilage der Kirchenzeitung zum 75. Geburtstag von Bischof Josef, 1. August 2004, S. IV.

224 Theo Meenen im Gespräch mit dem Verfasser, 10. November 2010.

225 Schriftlicher Hinweis Weihbischof Dr. Nikolaus Schwerdtfeger, 3. Juni 2011.

226 Im Folgenden Dr. Nikolaus Schwerdtfeger im Gespräch mit dem Verfasser, 14. Dezember 2010.

227 Schutz, Roger: Taizé. Vertrauen – Verzeihen – Versöhnen. Aus Schriften von Frére Roger, Freiburg i. Br. 1983, S. 26, zit. nach: Homeyer, Josef: Grußwort des Bischofs von Hildesheim, Dr. Josef Homeyer, bei der 6. Generalsynode der VELKD vom 23.–27.10.1984 in Hildesheim, in: Kirchlicher Anzeiger für das Bistum Hildesheim, Nr. 17, 1984, S. 257–265, hier: S. 264.

228 Vgl. vol/cst/brg/: Stichwort: Taizé, in: Katholische Nachrichtenagentur (KNA), Meldung vom 31.Dezember 2010.

229 Forster, Edeltraud, zit. nach: O.V.: „Klosterneugründung in Marienrode ist historischer Vorgang". Homeyer: Aufnahme einer reichen benediktinischen Tradition, in Bischöfliche Pressestelle Hildesheim, Pressemitteilung vom 4. Mai 1988.

230 Vgl. Führkötter, Adelgundis: Die Abtei St. Hildegard zu Eibingen, das Mutterkloster des neuen Priorates Marienrode, in: Bistum Hildesheim (Hrsg.): Marienrode. Gegenwart und Geschichte eines Klosters, Hildesheim, Bernward Verlag, 1988, S. 20–24, hier: S. 20.

231 Vgl. im Folgenden Lorke, Wolfgang: Die Restaurierung der Konventsgebäude, der Klosterkirche St. Michael und der Nebengebäude in Marienrode (1986–1988), in: Die Diözese Hildesheim in Vergangenheit und Gegenwart, 56. Jahrgang, 1988, S. 139–152, hier: S. 139 f.

232 Vgl. o.V.: Benediktinerinnen kommen ins Bistum Hildesheim. Seit fast 200 Jahren die erste Niederlassung des Ordens, in: Bischöfliche Pressestelle Hildesheim, Pressemitteilung vom 19. November 1984.

233 Campenhausen, Axel Freiherr von, zit. nach: O.V.: „Klosterneugründung in Marienrode ist historischer Vorgang". Homeyer: Wiederaufnahme einer reichen benediktinischen Tradition, in: Bischöfliche Pressestelle Hildesheim, Pressemitteilung vom 4. Mai 1988.

234 Der Verfasser erinnert sich an seine Wohnungssuche beim Wechsel nach Hildesheim im Januar 2002, als er ein Angebot von Frau Graf, der Ehefrau des ehemaligen Gutspächters von Marienrode, erhielt. Frau Graf erzählte dem damals noch völlig ahnungslosen Verfasser, wie ungern sie Marienrode verlassen hatte, auch wenn sie versicherte, inzwischen ihren Frieden mit Bischof Homeyer gemacht zu haben.

235 Homeyer, Josef, zit. nach: O.V.: Benediktinerinnen gründen Priorat in Hildesheim. Urkunde unterzeichnet. Bischof: Historische Stunde für das Bistum, in: Bischöfliche Pressestelle Hildesheim, Pressemitteilung vom 14. November 1985.

236 Vgl. o.V.: Kloster Marienrode den Benediktinerinnen übergeben. Feierlicher Gottesdienst mit Bischöfen, Äbten und Äbtissinnen, in: Bischöfliche Pressestelle Hildesheim, Pressemitteilung vom 6. Mai 1988.

237 Homeyer, Josef: Predigt am 05. Mai 1988, dem 950. Todestag des hl. Goedehard, und aus Anlaß der Übergabe des wiedererrichteten Klosters Marienrode an die Benediktinerinnen von Eibingen, in: Lukas, Michael: Josef Homeyer (1929–2010). Priester – Bischof – Europäer, Regensburg, Schnell und Steiner, 2012, S. 205–208, hier: S. 206.

238 Ebd.

239 Vgl. o.V.: „Klosterneugründung in Marienrode ist historischer Vorgang". Homeyer: Wiederaufnahme einer reichen benediktinischen Tradition, in: Bischöfliche Pressestelle Hildesheim, Pressemitteilung vom 4. Mai 1988.

240 Vgl. o.V.: Reiche benediktinische Tradition lebt wieder auf. Nonnen übernehmen in Marienrode restauriertes Zisterzienserkloster, in: Bischöfliche Pressestelle Hildesheim, Pressemitteilung vom 4. Mai 1988.

241 Einen guten Überblick über die Aktivitäten der Benediktinerinnen in Marienrode gibt das Buch: Offen für Gott – offen fürs Leben. Das Benediktinerinnenkloster Marienrode, Hildesheim, Bernward Mediengesellschaft und Schnell + Steiner, 2004.

242 Vgl. o.V.: Benediktiner errichten Niederlassung in Hannover. Zweite Gründung nach 200jähriger Unterbrechung im Bistum Hildesheim, in: Bischöfliche Pressestelle Hildesheim, Pressemitteilung vom 30. Mai 1986.

243 Vgl. o.V.: Kloster-Gründung in Hannover wird offiziell bekanntgegeben. Benediktiner gestalten feierlichen Gottesdienst im Hildesheimer Dom, in: Bischöfliche Pressestelle Hildesheim, Pressemitteilung vom 3. Oktober 1986.

244 Schröer, Stephan, zit. nach: O.V: „Ein denkwürdiges geschichtliches Ereignis". Homeyer: Mönche knüpfen an 800jährige benediktinische Tradition an, in: Bischöfliche Pressestelle Hildesheim, Pressemitteilung vom 3. Oktober 1986.

245 Holst, Werner, zit. nach: O.V.: Polnische Oratorianer kommen ins Bistum Hildesheim. Priestergemeinschaft in Goslar eröffnet. „Zeichen der Versöhnung", in: Bischöfliche Pressestelle Hildesheim, Pressemitteilung vom 30. November 1987.

246 Vgl. o.V.: „Keine Polonisierung durch polnische Priester". Homeyer tritt Befürchtungen des Bundes der Vertriebenen entgegen, in: Bischöfliche Pressestelle Hildesheim, Pressemitteilung vom 3. Dezember 1987.

247 Vgl. Schneeberger, Annemie: Bethlehem-Schwestern führen Tradition der Heideklöster fort. Bisher 21 Niederlassungen der Ordensfamilie in Westeuropa und Übersee, in: Bischöfliche Pressestelle Hildesheim, Pressemitteilung vom 9. Juli 1991.

248 Vgl. o.V.: Erstes Kloster der „Schwestern von Bethlehem" in Deutschland. Eröffnung am 15. Juli. Niederlassung in Neuenkirchen-Hertel bei Soltau, in: Bischöfliche Pressestelle Hildesheim, Pressemitteilung vom 13. Juni 1991.

249 Vgl. o.V.: „Schwestern von Bethlehem" kommen ins Bistum Hildesheim. Erste Niederlassung der Gemeinschaft in der Bundesrepublik überhaupt, in: Bischöfliche Pressestelle Hildesheim, Pressemitteilung vom 22. Februar 1990.

250 Vgl. Schneeberger, Annemie: Neues Zentrum christlichen Lebens in der Diaspora. Steyler Missionsschwestern wollen in der Seelsorge mitarbeiten, in: Bischöfliche Pressestelle Hildesheim, Pressemitteilung vom 17. Oktober 1990.

251 Homeyer, Josef, zit. nach: O.V.: Neue Katholische Ordensniederlassung im Bistum Hildesheim. Karmelitinnen aus Island übernehmen „Niels-Stensen-Kloster" in Hannover, in: Bischöfliche Pressestelle Hildesheim, Pressemitteilung vom 12. Oktober 1998.

252 Vgl. o.V.: Minoriten gründen Kloster in Uelzen. Erste Niederlassung im Bistum Hildesheim. Eröffnung am 6. Oktober, in: Bischöfliche Pressestelle Hildesheim, Pressemitteilung vom 5. September 1991.

253 Vgl. o.V.: Schwestern von der göttlichen Vorsehung – Münster / Westfalen, in: Arbeitsgemeinschaft der Ordensfrauen in der Diözese Hildesheim (Hrsg.): Schwesterntage in Hildesheim, Hildesheim, 1984, S. 25f., hier: S. 25.

254 Vgl. o.V.: Ordensfrauen verlassen nach 42 Jahren Hildesheim. Schwestern von der Göttlichen Vorsehung im Dienst des Bischofshauses, in: Bischöfliche Pressestelle Hildesheim, Pressemitteilung vom 29. März 1999.

255 Vgl. Lindemann, Benedikt: Bischof Dr. Josef Homeyer †, in: 35. Rundbrief der Abtei Dormitio B.M.V. Jerusalem, 29. September 2010, S. 26.

256 Vgl. o.V.: Benediktiner für Hildesheim. Jerusalemer Abtei will Vertretung in St. Godehard gründen, in: Bischöfliche Pressestelle Hildesheim, Pressemitteilung vom 16. März 2003.

257 Vgl. o.V.: Benediktiner bleiben! Jerusalemer Abtei und Bistum Hildesheim unterzeichnen Vertrag, in: Bischöfliche Pressestelle Hildesheim, Pressemitteilung vom 15. Mai 2008.

258 Homeyer, Josef, zit. nach: O.V.: Bischof Homeyer hebt Bedeutung der Klöster hervor. „Schulen des Gottsuchens". Ab 5. Mai Benediktinerinnen in Marienrode in: Bischöfliche Pressestelle Hildesheim, Pressemitteilung vom 4. Januar 1988.

259 Collins, Gregory, zit. nach: O.V.: Abschied am Lappenberg. Jerusalemer Benediktiner verlassen Hildesheim im Mai 2013, in: Bischöfliche Pressestelle Hildesheim, Pressemitteilung vom 19. November 2011.

260 Vgl. o.V.: Kurze Darstellung des Forschungsinstituts für Philosophie Hannover, in: Jahrbuch des Forschungsinstituts für Philosophie Hannover, Band 3, 1990/91, S. 152–154, hier: S. 152.

261 Vgl. o.V.: Bischof Homeyer plant Gründung eines Instituts für Philosophie. Ziel: Philosophische Grundlagenforschung. Eventuell Standort Hannover, in: Bischöfliche Pressestelle Hildesheim, Pressemitteilung vom 9. Juni 1986.

262 Vgl. o.V.: Geplantes Institut für Philosophie stößt auf positive Resonanz. Diözesansynode soll in den Gemeinden beginnen. Priesterrat tagte, in: Bischöfliche Pressestelle Hildesheim, Pressemitteilung vom 5. November 1986.

263 Vgl. se: Pläne, in: Herder-Korrespondenz, 41. Jahrgang, 1987, S. 407–408, hier: S. 408.

264 Vgl. Homeyer, Josef: Urkunde über die Errichtung einer rechtsfähigen kirchlichen Stiftung des öffentlichen Rechts als Träger eines Forschungsinstitutes für Philosophie, in: Kirchlicher Anzeiger für das Bistum Hildesheim, Nr. 19, 1988, S. 289–292.

265 Homeyer, Josef, zit. nach: Bode, Matthias: „Die Reisen sind wie Exerzitien". Josef Homeyer feiert silbernes Bischofsjubiläum. Viele Kontakte nach Südosteuropa, in: KirchenZeitung. Die Woche im Bistum Hildesheim, Nr. 46, 16. November 2008, S. 15.

266 Vgl. Homeyer, Josef: Urkunde über die Errichtung einer rechtsfähigen kirchlichen Stiftung des öffentlichen Rechts als Träger eines Forschungsinstitutes für Philosophie, in: Kirchlicher Anzeiger für das Bistum Hildesheim, Nr. 19, 1988, S. 289–292, hier: S. 289f.

267 So auch der ehemalige Dechant Theo Meenen im Gespräch mit dem Verfasser, 10. November 2010.

268 Vgl. Hösle, Vittorio u. a.: Vorwort, in: Jahrbuch des Forschungsinstituts für Philosophie Hannover, Band 12, 2001, S. 11–12.

269 Kruip, Gerhard: Perspektiven der zukünftigen Arbeit des Forschungsinstituts für Philosophie Hannover, in: Jahrbuch des Forschungsinstituts für Philosophie Hannover, Band 12, 2001, S. 185–187, hier: S. 186.

270 Vgl. Bohlken, Volker u. a. (Hrsg.): Kirche – Kernenergie – Klimawandel. Eine Stellungnahme mit Dokumenten, Berlin, Lit-Verlag, 2010.

271 Vgl. Homeyer, Josef: Brief des Bischofs von Hildesheim zur Eröffnung der Partnerschaft zwischen der Kirche in Bolivien und der Kirche von Hildesheim am 20. September 1987, in: Kirchlicher Anzeiger für das Bistum Hildesheim, Nr. 13, 1987, S. 191–198, hier: S. 191ff.

272 Vgl. Abastoflor, Edmundo: „Neue Weisungen, neue Sendungen, neuer Aufbruch", in: KirchenZeitung. Die Woche im Bistum Hildesheim, Nr. 31, 2. August 2009, S. 10.

273 Homeyer, Josef: Brief des Bischofs von Hildesheim zur Eröffnung der Partnerschaft zwischen der Kirche in Bolivien und der Kirche von Hildesheim am 20. September 1987, in: Kirchlicher Anzeiger für das Bistum Hildesheim, Nr. 13, 1987, S. 191–198, hier: S. 192.

274 Homeyer, Josef, zit. nach: O.V.: Partnerschaft zwischen Bistum Hildesheim und Kirche in Bolivien. Homeyer: Gemeinsam Weg der Hoffnung ins nächste Jahrtausend gehen, in: Bischöfliche Pressestelle Hildesheim, Pressemitteilung vom 17. Februar 1986.

275 Abastoflor, Edmundo, zit. nach ebd.

276 Vgl. o.V.: Eröffnung der Partnerschaft des Bistums Hildesheim mit der Kirche Boliviens, in: Kirchlicher Anzeiger für das Bistum Hildesheim, Nr. 12, 1987, S. 179.

277 Vgl. o.V.: „Einheit mit Bolivien leben und festigen". Bistum Hildesheim schließt Partnerschaft. Feierliche Eröffnung, in: Bischöfliche Pressestelle Hildesheim, Pressemitteilung vom 21. September 1987.

278 Vgl. Bruder Karl Thalmann im Gespräch mit dem Verfasser, 14. November 2011.

279 Vgl. Weihbischof Dr. Nikolaus Schwerdtfeger im Gespräch mit dem Verfasser, 14. Dezember 2010.

280 Vgl. Hanke, Peter: „Das Taufwasser ist nicht sehr tief gedrungen". Bischof Homeyer berichtet über Eindrücke aus Bolivien, in: Bischöfliche Pressestelle Hildesheim, Pressemitteilung vom 26. Mai 1988.

281 Homeyer, Josef: Vorwort, in: Bistum Hildesheim (Hrsg.): Diözesansynode Hildesheim 1989/90. Kirche und Gemeinde. Gemeinschaft mit Gott. Miteinander. Für die Welt, Hildesheim, Bernward Verlag, 1990, S. 5–7, hier: S. 5.

282 Homeyer, Josef: Auf neue Art Kirche sein. Erfahrungen und Hoffnungen, in: Homeyer, Josef/Steins, Georg (Hrsg.): Kirche – postmodern „überholt"? Erfahrungen und Visionen in einer Zeit des Umbruchs, München, Bernward bei Don Bosco, 1996, S. 139–161, hier: S. 140.

283 Vgl. zur Geschichte der Synode im Folgenden: Demel, Sabine/ Heinz, Hanspeter/Pöpperl, Christian (Hrsg.): „Löscht den Geist nicht aus". Synodale Prozesse in deutschen Diözesen, Freiburg im Breisgau, Herder, 2005, S. 46ff.

284 Homeyer, Josef, zit. nach: O.V.: „Zeichen der Zuversicht und der Hoffnung". Bischof Homeyer: Diözesansynode soll Vision von Kirche entwickeln, in: Bischöfliche Pressestelle Hildesheim, Pressemitteilung vom 2. Juni 1989.

285 In einem Interview mit der KNA stellte Homeyer den Beginn der Synode zunächst für Frühjahr 1986 in Aussicht (vgl. o.V.: „Spaltung in ideologische Blöcke überwinden". Bischof Homeyer: Zur Einigung Europas geistige Bewegung nötig, in: Bischöfliche Pressestelle Hildesheim, Pressemitteilung vom 19. Dezember 1984), später sprach er von einer regelmäßigen, sich im Abstand von einigen Jahren wiederholenden Einrichtung, die möglicherweise erstmals im Herbst 1988 stattfinden könne (vgl. o.V.: Bischof Homeyer kündigt erneut Diözesansynode an. Fraglicher Termin: Herbst 1988. „Ab sofort muß das Gespräch beginnen", in: Bischöfliche Pressestelle Hildesheim, Pressemitteilung vom 16. Juni 1986).

286 Homeyer, Josef: Brief des Bischofs von Hildesheim Dr. Josef Homeyer an die Gemeinden zur Vorbereitung einer neuen Diözesansynode, in: Kirchlicher Anzeiger für das Bistum Hildesheim, Nr. 6, 1987, S. 103–109, hier: S. 104.

287 Homeyer, Josef: „Leben in christlicher Gemeinschaft“ als das Erstwichtige in der Seelsorge unseres Bistums, in: Bistum Hildesheim (Hrsg.): Kirche als Gemeinschaft, Hildesheim, 1988, S. 1–17, hier: S. 1.

288 Vgl. o.V.: Kurzinformationen: Die erste Sitzungsperiode der Hildesheimer Diözesansynode fand vom 5. bis 9. Juni statt, in: Herder-Korrespondenz, 43. Jahrgang, 1989, S. 336–337, hier: S. 336.

289 Vgl. zum zeitlichen Ablauf der Synode o.V.: Zeittafel, in: Bistum Hildesheim (Hrsg.): Diözesansynode Hildesheim 1989/90. Kirche und Gemeinde. Gemeinschaft mit Gott. Miteinander. Für die Welt, Hildesheim, Bernward Verlag, 1990, S. 136.

290 Vgl. Demel, Sabine/ Heinz, Hanspeter/Pöpperl, Christian (Hrsg.): „Löscht den Geist nicht aus“. Synodale Prozesse in deutschen Diözesen, Freiburg im Breisgau, Herder, 2005, S. 48.

291 Vgl. o.V.: Kurzinformationen: Vom 19. bis 22. November fand die zweite Sitzungsperiode der Hildesheimer Diözesansynode statt, in: Herder-Korrespondenz, 44. Jahrgang, 1990, S. 44–45, hier: S. 44.

292 Vgl. für diesen Streitpunkt die unterschiedlichen Textversionen in: Bistum Hildesheim (Hrsg.): Diözesansynode Hildesheim 1989/90. Kirche und Gemeinde. Gemeinschaft mit Gott. Miteinander. Für die Welt, Hildesheim, Bernward Verlag, 1990, S. 67–70.

293 Vgl. a.a.O., S. 53.

294 Vgl. o.V.: Diözesansynode 1989/90. Dokumentation, in: Kirchlicher Anzeiger für das Bistum Hildesheim, Nr. 12, 1991, S. 185–186, hier: S. 185.

295 Vgl. Homeyer, Josef: Hirtenwort des Bischofs über die Synode, in: Kirchlicher Anzeiger für das Bistum Hildesheim, Nr. 1, 1991, S. 1–6, hier: S. 6.

296 Bistum Hildesheim (Hrsg.): Diözesansynode Hildesheim 1989/90. Kirche und Gemeinde. Gemeinschaft mit Gott. Miteinander. Für die Welt, Hildesheim, Bernward Verlag, 1990, S. 135.

297 Schriftlicher Hinweis von Weihbischof Dr. Nikolaus Schwerdtfeger, 3. Juni 2011.

298 Bistum Hildesheim (Hrsg.): Diözesansynode Hildesheim 1989/90. Kirche und Gemeinde. Gemeinschaft mit Gott. Miteinander. Für die Welt, Hildesheim, Bernward Verlag, 1990, S. 25.

299 Vgl. Seeber, David: „Es bedarf einer zweiten Bekehrung“. Fragen an Bischof Josef Homeyer zur gesellschaftlichen Verantwortung von Katholiken, in: Herder-Korrespondenz, 44. Jahrgang, 1990, S. 417–423, hier: S. 418.

300 Vgl. o.V.: Drei Millionen aus Kirchensteuermitteln für „Dritte Welt“. Bistum will stufenweise zehn Prozent für Entwicklungsprojekte bereitstellen, in: Bischöfliche Pressestelle Hildesheim, Pressemitteilung vom 5. Januar 1994.

301 Vgl. Homeyer, Josef: Schlußwort bei der Diözesansynode am 30. Juni 1990, in: Lukas, Michael: Josef Homeyer (1929–2010). Priester – Bischof – Europäer, Regensburg, Schnell und Steiner, 2012, S. 209–211, hier: S. 209f.

302 A.a.O., S. 210.

303 Vgl. Bergsma, Joop: Treue zum Konzil. Die Hildesheimer Diözesansynoden, in: Schreer, Werner/ Steins, Georg (Hrsg.): Auf neue Art Kirche sein: Wirklichkeiten – Herausforderungen – Wandlungen; Festschrift für Bischof Dr. Josef Homeyer, München, Bernward bei Don Bosco, 1999, S. 63–78, hier: S. 72.

304 Vgl. 1000 Jahre Bischof Bernward. Brief des Bischofs von Hildesheim Dr. Josef Homeyer an die Gemeinden aus Anlass des Jubiläums, Hildesheim, Bernward Verlag, 1993, S. 9ff.

305 Vgl. Bergsma, Joop: Treue zum Konzil. Die Hildesheimer Diözesansynoden, in: Schreer, Werner/ Steins, Georg (Hrsg.): Auf neue Art Kirche sein: Wirklichkeiten – Herausforderungen – Wandlungen; Festschrift für Bischof Dr. Josef Homeyer, München, Bernward bei Don Bosco, 1999, S. 63–78, hier: S. 73.

306 Homeyer, Josef, zit. nach: Bode, Matthias: Im Bistum zu Haus, doch immer einen Blick für die Weltkirche. Am 13. November vor 20 Jahren wurde Josef Homeyer in Hildesheim zum Bischof geweiht, in: KirchenZeitung. Die Woche im Bistum Hildesheim, Nr. 45, 9. November 2003, S. 14.

307 Vgl. Heinz, Hanspeter/Pöpperl, Christian: Gut beraten? Synodale Prozesse in deutschen Diözesen, in: Herder-Korrespondenz, 58. Jahrgang, 2004, S. 302–306, hier: S. 303.

308 Ebd.

309 Homeyer, Josef: Das gewandelte Verhältnis der Katholischen Kirche zu Nation, Staat und Parteien. Referat beim Kongreß der Konrad-Adenauer-Stiftung „40 Jahre Bundesrepublik Deutschland“ am 17. und 18. Februar 1989 in Berlin, S. 15, Bistumsarchiv Hildesheim, unveröffentlicht.

310 Vgl. Homeyer, Josef: Wort des Bischofs zur Situation der Besucher und Übersiedler aus der DDR, in: Kirchlicher Anzeiger für das Bistum Hildesheim, Nr. 21, 1989, S. 318–319, hier: S. 318.

311 A.a.O., S. 319.

312 Vgl. o.V.: „Respekt und Bewunderung gegenüber Bewohnern der DDR“. Homeyer: Sprechen von erneuter Einigung Deutschlands mißverständlich, in: Bischöfliche Pressestelle Hildesheim, Pressemitteilung vom 20. November 1989.

313 Vgl. o.V.: „Heimliches Grundmisstrauen der DDR-Bürger abbauen“. Bischof Homeyer: Voraussetzung für notwendige Kultur der Solidarität, in: Bischöfliche Pressestelle Hildesheim, Pressemitteilung vom 23. August 1990.

314 Vgl. o.V.: Aufruf zu Gebet und Gottesdiensten am 3. Oktober. Bistumsleitung in Hildesheim: Nur dazu sollen die Glocken läuten, in: Bischöfliche Pressestelle Hildesheim, Pressemitteilung vom 25. September 1990.

315 Homeyer, Josef, zit. nach: O.V.: „Mit deutscher Vereinigung zur Einheit Europas". Bischof Homeyer: Jetzt nicht auf Kunst des Machens ohne Gott setzen, in: Bischöfliche Pressestelle Hildesheim, Pressemitteilung vom 4. Oktober 1990.

316 Vgl. o.V.: Dr. Schreer neuer Bischöflicher Kaplan. Theologischer Berater von Bischof Homeyer, in: Bischöfliche Pressestelle Hildesheim, Pressemitteilung vom 5. November 1990.

317 Vgl. Maria Suthe im Gespräch mit dem Verfasser, 19. Oktober 2010.

318 Generalvikar Dr. Werner Schreer im Gespräch mit dem Verfasser, 18. Oktober 2010.

319 Vgl. Maria Suthe im Gespräch mit dem Verfasser, 19. Oktober 2010.

320 Heimbach-Steins, Marianne: Laudatio auf Bischof Dr. Josef Homeyer anlässlich der Verleihung des Dr. phil. h.c. durch die Erziehungswissenschaftliche Fakultät der Universität Hannover am 27. November 2002 (31.3.2010), online publiziert im Internet unter URL: http://www.uni-muenster.de/imperia/md/content/fb2/c-systematischetheologie/christlichesozialwissenschaften/heimbach-steins/laudatio_auf_bischof_dr._homeyer_nov.pdf [Stand: 24.8.2011].

321 Homeyer, Josef, zit. nach: Bongartz, Heinz-Günter: Predigt in der Dankandacht zur Emeritierung von Bischof Dr. Josef Homeyer am 21. August 2004, unveröffentlicht.

322 Vgl. Deppe, Edmund: „Ab 21 Uhr startet unser Bischof durch!" Weihbischof Hans-Georg Koitz im „engagiert"-Interview, in: engagiert in Kirche und Gesellschaft. Eine Beilage der KirchenZeitung. Die Woche im Bistum Hildesheim, Nr. 8, 2004, S. IVff.

323 Vgl. o.V.: Bischof lädt Arme und Reiche zum Namenstag ein. Begegnung soll persönliches Kennenlernen ermöglichen. Caritas-Jahresthema, in: caritas press. Pressedienst des Caritasverbandes für die Diözese Hildesheim, Pressemitteilung vom 31. März 2000.

324 Vgl. o.V.: Begegnung zwischen Arm und Reich einmalige Chance. Heine: Außerordentlich gutes Gespräch mit sehr unterschiedlichen Gästen, in: caritas press. Pressedienst des Caritasverbandes für die Diözese Hildesheim, Pressemitteilung vom 31. März 2000.

325 Vgl. Link, Beate-Maria: „Offen lassen, wer arm oder reich ist". Eine besondere Begegnung zum Namenstag des Bischofs, in: caritas press. Pressedienst des Caritasverbandes für die Diözese Hildesheim, Pressemitteilung vom 31. März 2000.

326 Persönliche Erinnerung des Verfassers an eine dieser Einladungen.

327 Vgl. Lukas, Michael: Die ordnende Hand im Hintergrund. Hauswirtschaftsmeisterin Maria Suthe begleitet Bischof Homeyer seit 30 Jahren, in: engagiert in Kirche und Gesellschaft. Eine Beilage der KirchenZeitung. Die Woche im Bistum Hildesheim, Nr. 8, August 2004, S. XV.

328 Ebd.

329 Vgl. Terminkalender Maria Suthe, in Privatbesitz.

330 Vgl. Satzungen für den Priesterrat und das Konsultorenkollegium in der Diözese Hildesheim, in: Kirchlicher Anzeiger für das Bistum Hildesheim, Nr. 9, 1985, S. 113–116.

331 Beschreibung dieser Treffen durch Weihbischof Dr. Nikolaus Schwerdtfeger, schriftlicher Hinweis vom 3. Juni 2011.

332 Dies ist zumindest die Einschätzung des damaligen Bischöflichen Kaplans Dr. Werner Schreer.

333 Vgl. Kronenberg, Friedrich (Hrsg.): Zentralkomitee der deutschen Katholiken ZdK. Funktion „Salz", Aachen, M. Brimberg Druck- und Verlagsgesellschaft, 1990, S. 7.

334 Vgl. Raabe, Felix: Zwischen Kirche und Welt. 150 Jahre Deutsche Katholikentage, in: Herder-Korrespondenz, 52. Jahrgang, 1998, S. 230–235, hier: S. 231.

335 Vgl. Kronenberg, Friedrich (Hrsg.): Zentralkomitee der deutschen Katholiken ZdK. Funktion „Salz", Aachen, M. Brimberg Druck- und Verlagsgesellschaft, 1990, S. 10.

336 Vgl. Kronenberg, Friedrich: Zeugnis und Dienst. Zum 70. Geburtstag von Bischof Dr. Franz Hengsbach, undatiert, S. 152.

337 Vgl. a.a.O., S. 160.

338 A.a.O., S. 162.

339 ru: Erwartungen. Katholikentagspläne bis zum Jahr 2000, in: Herder-Korrespondenz, 47. Jahrgang, 1993, S. 6f., hier: S. 6.

340 Vgl. zur Bonsen, Elmar: Statt Katholikentag ein Kongreß über weltweite Solidarität, in: Süddeutsche Zeitung, 11. September 1996, S. 10.

341 Dr. Friedrich Kronenberg im Gespräch mit dem Verfasser, 9. November 2010.

342 Ebd.

343 Vgl. o.V.: Kongreß „Solidarität ist unteilbar" in Hildesheim. ZdK-Generalsekretär und Vorstand des Diözesanrates führten erstes Gespräch, in: Bischöfliche Pressestelle Hildesheim, Pressemitteilung vom 17. März 1993.

344 Vgl.: Muth, Michael: Organisation und Durchführung, in: Zentralkomitee der deutschen Katholiken (Hrsg.): Solidarität ist unteilbar. Katholischer Kon-

greß, 12.–15. Sept. 1996 in Hildesheim. Dokumentation, Kevelaer, Butzon und Bercker, 1997, S. 18f., hier: S. 18.

345 Vgl. o.V.: Namhafte Referenten beim Katholischen Kongreß. Alle in der Solidaritätsarbeit Engagierten sind nach Hildesheim eingeladen, in: Bischöfliche Pressestelle Hildesheim, Pressemitteilung vom 28. Juni 1996.

346 Vgl. Großmann, Thomas: Bericht über den Kongress. Programm, in: Zentralkomitee der deutschen Katholiken (Hrsg.): Solidarität ist unteilbar. Katholischer Kongreß, 12.–15. Sept. 1996 in Hildesheim. Dokumentation, Kevelaer, Butzon und Bercker, 1997, S. 11–18, hier: S. 15.

347 Vgl. o.V.: Hildesheimer Erklärung. „Solidarität ist unteilbar", in: Zentralkomitee der deutschen Katholiken (Hrsg.): Solidarität ist unteilbar. Katholischer Kongreß, 12.–15. Sept. 1996 in Hildesheim. Dokumentation, Kevelaer, Butzon und Bercker, 1997, S. 369–372.

348 Vgl. Großmann, Thomas: Bericht über den Kongress. Programm, in: Zentralkomitee der deutschen Katholiken (Hrsg.): Solidarität ist unteilbar. Katholischer Kongreß, 12.–15. Sept. 1996 in Hildesheim. Dokumentation, Kevelaer, Butzon und Bercker, 1997, S. 11–18, hier: S. 16.

349 Homeyer, Josef: Sendung und Segen, in: Zentralkomitee der deutschen Katholiken (Hrsg.): Solidarität ist unteilbar. Katholischer Kongreß, 12.–15. Sept. 1996 in Hildesheim. Dokumentation, Kevelaer, Butzon und Bercker, 1997, S. 30f.

350 Großmann, Thomas: Bericht über den Kongress. Programm, in: Zentralkomitee der deutschen Katholiken (Hrsg.): Solidarität ist unteilbar. Katholischer Kongreß, 12.–15. Sept. 1996 in Hildesheim. Dokumentation, Kevelaer, Butzon und Bercker, 1997, S. 11–18, hier: S. 18.

351 Foitzik, Alexander: Zukunft in ungeteilter Solidarität. Die Botschaft des katholischen Kongresses in Hildesheim, in: Herder-Korrespondenz, 50. Jahrgang, 1996, S. 501–505, hier: S. 505.

352 Friedrich Kronenberg im Gespräch mit dem Verfasser, 9. November 2010.

353 Vgl. Lukas, Michael: Erledigung und Neubesetzung des Bischöflichen Stuhls Hildesheim. Hintergrundinformationen zu Emeritierung, Sedisvakanz, Bischofswahl und Bischofsweihe im Bistum Hildesheim (20.11.2005), online publiziert auf der Homepage des Bistums Hildesheim unter URL: http://www.informations.bistum-hildesheim.de/113316397080027.pdf [Stand: 01.08.2011], S. 11.

354 Vgl. D.S.: Fulda: Episkopat im Umbruch, in: Herder-Korrespondenz, 37. Jahrgang, 1983, S. 494–496, hier: S. 496.

355 Vgl. o.V.: Kurzinformationen, in: Herder-Korrespondenz, 40. Jahrgang, 1986, S. 546–549, hier: S. 547.

356 Für eine umfassende Darstellung der Geschichte dieses „Gemeinsamen Wortes" vergleiche Heimbach-Steins, Marianne/Lienkamp, Andreas (Hrsg): Für eine Zukunft in Solidarität und Gerechtigkeit. Wort des Rates der Evangelischen Kirche in Deutschland und der Deutschen Bischofskonferenz zur wirtschaftlichen und sozialen Lage in Deutschland, München, Bernward bei Don Bosco, 1997.

357 Vgl. a.a.O., S. 15.

358 Vgl. a.a.O., S. 30.

359 Nt: Risiko, in: Herder-Korrespondenz, 47. Jahrgang, 1993, S. 598–599, hier: S. 598.

360 Vgl. ebd.

361 Vgl. Heimbach-Steins, Marianne/Lienkamp, Andreas (Hrsg): Für eine Zukunft in Solidarität und Gerechtigkeit. Wort des Rates der Evangelischen Kirche in Deutschland und der Deutschen Bischofskonferenz zur wirtschaftlichen und sozialen Lage in Deutschland, München, Bernward bei Don Bosco, 1997, S. 30.

362 Vgl. A.F.: Kirchen: Zur wirtschaftlich-sozialen Lage in Deutschland, in: Herder-Korrespondenz, 49. Jahrgang, 1995, S. 9–11, hier: S. 9.

363 Vgl. o.V.: Kurzinformationen, in: Herder-Korrespondenz, 50. Jahrgang, 1996, S. 51.

364 Vgl. o.V.: Sozialwort der Kirchen findet außerordentliche Resonanz. Auch Ausland interessiert. Beratungprozeß im Bistum Hildesheim eröffnet, in: Bischöfliche Pressestelle Hildesheim, Pressemitteilung vom 31. Januar 1995.

365 Vgl. o.V.: Intensiv und kritisch am Konsultationsprozess beteiligt. Arbeitstagung der Verbände. Freter: Alternative Gruppen einbeziehen, in: Bischöfliche Pressestelle Hildesheim, Pressemitteilung vom 23. August 1995.

366 Vgl. o.V.: Rechtstitel junger Menschen auf Arbeit gefordert. Bistumsstellungnahme zur Vorbereitung eines Sozialwortes der Kirchen, in: Bischöfliche Pressestelle Hildesheim, Pressemitteilung vom 27. Februar 1996.

367 Huber, Wolfgang, zit. nach: Nientiedt, Klaus: Besser als sein Medienecho. Der 26. Deutsche Evangelische Kirchentag in Hamburg, in: Herder-Korrespondenz, 49. Jahrgang, 1995, S. 411–418, hier: S. 417.

368 Homeyer, Josef, zit. nach: Foitzik, Alexander: Nicht das letzte Wort. Konsultationsphase für ein Sozialwort der Kirchen abgeschlossen, in: Herder-Korrespondenz, 50. Jahrgang, 1996, S. 123–128, hier: S. 123.

369 Ebd.

370 Vgl. o.V.: Kurzinformationen, in: Herder-Korrespondenz, 50. Jahrgang, 1996, S. 51.

371 Vgl. Heimbach-Steins, Marianne/Lienkamp, Andreas (Hrsg): Für eine Zukunft in Solidarität und Gerechtigkeit. Wort des Rates der Evangelischen Kirche in Deutschland und der Deutschen Bischofskonferenz zur wirtschaftlichen und sozialen Lage in Deutschland, München, Bernward bei Don Bosco, 1997, S. 30f.

372 Vgl. Kirchenamt der Evangelischen Kirche in Deutschland und Sekretariat der Deutschen Bischofskonferenz (Hrsg.): Für eine Zukunft in Solidarität und Gerechtigkeit. Wort des Rates der Evangelischen Kirche in Deutschland und der Deutschen Bischofskonferenz zur wirtschaftlichen und sozialen Lage in Deutschland, Bonn 1997.

373 Vgl. Foitzik, Alexander: Neuer ethischer Grundkonsens. Kirchen veröffentlichen gemeinsames Wirtschafts- und Sozialwort, in: Herder-Korrespondenz, 51. Jahrgang, 1997, S. 177–182, hier: S. 181.

374 Vgl. fo: Grenzen, in: Herder-Korrespondenz, 52. Jahrgang, 1998, S. 167–168, hier: S. 167.

375 Vgl. Foitzik, Alexander: Anspruch, in: Herder-Korrespondenz, 61. Jahrgang, 2007, S. 167–168, hier: S. 168.

376 Homeyer, Josef: Zur wirtschaftlichen und sozialen Lage, in: Die neue Ordnung, 51. Jahrgang, Nr. 2, 1997, S. 84–98, hier: S. 97f.

377 Vgl. Düren, Harald: Für eine Zukunft in Solidarität und Gerechtigkeit, in: Sparkasse, Nr. 11, November 2000, S. 502ff.

378 Heimbach-Steins, Marianne/Lienkamp, Andreas: Für eine Zukunft in Solidarität und Gerechtigkeit. Eine Relecture des Wirtschafts- und Sozialwortes der Kirchen nach zehn Jahren, in: Stimmen der Zeit, Nr. 7, 2007, S. 457–470, hier: S. 457f.

379 Heimbach-Steins, Marianne: Laudatio auf Bischof Dr. Josef Homeyer anlässlich der Verleihung des Dr. phil. h.c. durch die Erziehungswissenschaftliche Fakultät der Universität Hannover am 27. November 2002 (31.3.2010), online publiziert im Internet unter URL: http://www.uni-muenster.de/imperia/md/content/fb2/c-systematischetheologie/christlichesozialwissenschaften/heimbach-steins/laudatio_auf_bischof_dr._homeyer_nov.pdf [Stand: 24.8.2011].

380 Barth, Hermann: Die ökumenische Logik des Konsultationsprozesses, in: Schreer, Werner/Steins, Georg (Hrsg.): Auf neue Art Kirche sein. Festschrift für Bischof Dr. Josef Homeyer, München, Bernward bei Don Bosco, 1999, S. 265–280, hier: S. 265.

381 Kirchenamt der Evangelischen Kirche in Deutschland und Sekretariat der Deutschen Bischofskonferenz (Hrsg): Aufbruch in eine solidarische und gerechte Zukunft. Dokumentation der Berliner Konsultation über ein gemeinsames Wort der Kirchen zur wirtschaftlichen und sozialen Lage in Deutschland. Gemeinsame Texte 8, Bonn 1996, S. 192.

382 Sekretariat der Deutschen Bischofskonferenz (Hrsg.): Mehr Beteiligungsgerechtigkeit. Beschäftigung erweitern, Arbeitslose integrieren, Zukunft sichern: Neun Gebote für die Wirtschafts- und Sozialpolitik. Memorandum einer Expertengruppe, berufen durch die Kommission VI für gesellschaftliche und soziale Fragen der Deutschen Bischofskonferenz, Nr. 20, Bonn, 1998, S. 9.

383 Vgl. o.V.: Kurzinformationen: Expertengruppe der Bischofskonferenz fordert Integration der Arbeitslosen, in: Herder-Korrespondenz, 52. Jahrgang, 1998, S. 644–645.

384 Sekretariat der Deutschen Bischofskonferenz (Hrsg.): Mehr Beteiligungsgerechtigkeit. Beschäftigung erweitern, Arbeitslose integrieren, Zukunft sichern: Neun Gebote für die Wirtschafts- und Sozialpolitik. Memorandum einer Expertengruppe, berufen durch die Kommission VI für gesellschaftliche und soziale Fragen der Deutschen Bischofskonferenz, Nr. 20, Bonn, 1998, S. 9.

385 Vgl. o.V.: Jens Lüpke neuer Bischöflicher Sekretär in Hildesheim, in: Bischöfliche Pressestelle Hildesheim, Pressemitteilung vom 15. Dezember 1995.

386 Vgl. Jens Lüpke im Gespräch mit dem Verfasser, 20. Oktober 2010.

387 Lüpke, Jens: „Ein unruhiger Geist mit westfälischer Weltordnung", in: KirchenZeitung. Die Woche im Bistum Hildesheim, Nr. 31, 2. August 2009, S. 11.

388 Vgl. Lehmann, Karl: Grußwort des Vorsitzenden der Deutschen Bischofskonferenz Bischof Professor Dr. Dr. Karl Lehmann, Mainz zum Richtfest des Pavillons des heiligen Stuhles bei der EXPO 2000 am 14. Januar 2000 in Hannover, Pressemitteilung der Deutschen Bischofskonferenz vom 14. Januar 2000.

389 Homeyer, Josef: Dereinst also werden Menschen fragen! Statio des Bischofs von Hildesheim Dr. Josef Homeyer zur Grundsteinlegung des Christlichen Pavillon auf der EXPO 2000 am 19. Juli 1999 in Hannover, Bistumsarchiv Hildesheim, unveröffentlicht.

390 Vgl. o.V.: Kirchen eröffnen Expo-Büros in Hannover. Homeyer: Perspektiven zur Überwindung der Risse dieser Welt aufzeigen, in: Bischöfliche Pressestelle Hildesheim, Pressemitteilung vom 20. November 1997.

391 Vgl. o.V.: Überdurchschnittlich hohe Besucherzahl im Christus-Pavillon, in: Bischöfliche Pressestelle Hildesheim, Pressemitteilung vom 3. Juli 2000.

392 Vgl. S. O.: Expo: Die kirchliche Präsenz nimmt langsam Formen an, in: Herder-Korrespondenz, 53. Jahrgang, 1999, S. 441–443.

393 Vgl. S. O.: Expo: Das Engagement der Kirchen überzeugt, in: Herder-Korrespondenz, 54. Jahrgang, 2000, S. 388–390, hier: S. 389.

394 Vgl. o.V.: Nachrichten. Die Kirchen bilanzieren ihr eigenes Engagement auf der „Expo 2000" positiv, in: Herder-Korrespondenz, 54. Jahrgang, 2000. S. 646.

395 Ruh, Ulrich: „Es braucht das ganze Europa". Ein Gespräch mit Bischof Josef Homeyer, in: Herder-Korrespondenz, 54. Jahrgang, 2000, S. 610–614, hier: S. 614.

396 O.V.: Nachrichten. Die Kirchen bilanzieren ihr eigenes Engagement auf der „Expo 2000" positiv, in: Herder-Korrespondenz, 54. Jahrgang, 2000. S. 646.

397 Vgl. Ebd.

398 Maria Suthe im Gespräch mit dem Verfasser, 19. Oktober 2010.

399 Vgl. Homeyer, Josef: Eucharistiegemeinde am Sonntag. Hirtenwort des Bischofs von Hildesheim Dr. Josef Homeyer zur österlichen Bußzeit 2000, in: Kirchlicher Anzeiger für das Bistum Hildesheim, Nr. 4, 2000, S. 85–98.

400 Vgl. a.a.O., S. 96.

401 A.a.O., S. 97.

402 Vgl. U.R.: Vorstoß, in: Herder-Korrespondenz, 54. Jahrgang, 2000, S. 222–223.

403 Vgl. zu diesem Thema sehr ausführlich Spieker, Manfred: Katholische Kirche und Schwangerschaftskonfliktberatung in Deutschland. Eine Bilanz nach zehn Jahren, in: Forum Katholische Theologie, 19. Jahrgang, Heft 3, 2003, S. 161–177.

404 Ullrich, Anneliese: Hilfen zur verantworteten Entscheidung. Erfahrungen mit der Schwangerschaftskonfliktberatung, in : Herder-Korrespondenz, 49. Jahrgang, 1995, S. 25–29, hier: S. 28.

405 Vgl. Spieker, Manfred: Katholische Kirche und Schwangerschaftskonfliktberatung in Deutschland. Eine Bilanz nach zehn Jahren, in: Forum Katholische Theologie, 19. Jahrgang, Heft 3, 2003, S. 161–177, hier: S. 165.

406 Vgl. ru: Differenziert. Bischöfe gegen den Ausstieg aus der gesetzlichen Schwangerschaftskonfliktberatung, in: Herder-Korrespondenz, 49. Jahrgang, 1995, S. 573–574, hier: 573.

407 Vgl. Vorläufige Bischöfliche Richtlinien für katholische Schwangerschaftskonfliktberatungsstellen nach § 219 StGB in Verbindung mit den §§ 5–7 des Schwangerschaftskonfliktgesetzes (SchKG), in: Kirchlicher Anzeiger für das Bistum Hildesheim, Nr. 21, 1995, S. 378–384.

408 Vgl. a.a.O., S. 380, Paragraph 6.

409 Vgl. Spieker, Manfred: Katholische Kirche und Schwangerschaftskonfliktberatung in Deutschland. Eine Bilanz nach zehn Jahren, in: Forum Katholische Theologie, 19. Jahrgang, Heft 3, 2003, S. 161–177, hier: S. 166f.

410 Vgl. K.N.: Schwangerschaftskonfliktberatung: Warten auf Rom, in: Herder-Korrespondenz, 51. Jahrgang, 1997, S. 332–334.

411 Vgl. den Brief des Papstes im Volltext: „Eindringliche Bitte". Das römische Votum zur Schwangerschaftsberatung, in: Herder-Korrespondenz, 52. Jahrgang, 1998, S. 122–124, hier: S 124.

412 Vgl. A.F.: Konfliktberatung. Jetzt entscheidet der Papst, in: Herder-Korrespondenz, 53. Jahrgang, 1999, S. 170–172.

413 Vgl. U.R: Hartnäckig. Der zweite Papstbrief zur Schwangerschaftskonfliktberatung, in: Herder-Korrespondenz, 53. Jahrgang, 1999, S. 328–329, hier: S. 328.

414 Vgl. Spieker, Manfred: Kirche und Abtreibung in Deutschland. Ursachen und Verlauf eines Konflikts, 2. Auflage, Paderborn u. a., Schöningh Verlag, 2008, S. 164f.

415 Homeyer, Josef, zit. nach: Bode, Matthias: §218: Bischof hofft auf Einigung mit Staat. Homeyer zeigt sich erleichtert über die Einheit von Papst und Bischöfen, in: KirchenZeitung. Die Woche im Bistum Hildesheim, Nr. 25, 27. Juni 1999, S. 11.

416 Ebd.

417 Vgl. Spieker, Manfred: Kirche und Abtreibung in Deutschland. Ursachen und Verlauf eines Konflikts, 2. Auflage, Paderborn u. a., Schöningh Verlag, 2008, S. 170.

418 Vgl. a.a.O., S. 171.

419 Vgl. U. R.: Beratung: Die Zeichen stehen auf Ausstieg, in: Herder-Korrespondenz, 53. Jahrgang, 1999, S. 547–549.

420 Vgl. Strack, Christoph: Am Montag tagt die Bischofskonferenz in Fulda – Konflikte sind programmiert. Wahre Brüder im Geiste?, in: Hamburger Abendblatt, 17. September 1999, S. 2.

421 Vgl. o.V.: Kampfansage aus Rom, in: Der Spiegel, Nr. 5/1998, S. 28–35, hier: S. 35.

422 Kamphaus, Franz, zit. nach: Nientiedt, Klaus: Nach dem Papstbrief, in: Herder-Korrespondenz, 52. Jahrgang, 1998, S. 109–111, hier: S. 109.

423 Drobinski, Matthias: „Ach ja, die Sache mit dem Zettel". Johannes Paul II. duldet keinen Nachweis über die Beteiligung der Kirche an Abtreibungen, in: Süddeutsche Zeitung, 24. November 1999, S. 14.

424 Vgl. Ebd.

425 Joseph Kardinal Ratzinger, zit. nach: Weihbischof Hans-Georg Koitz im Gespräch mit dem Verfasser, 26. Oktober 2010.

426 Vgl. Domkapitular Adolf Pohner im Gespräch mit dem Verfasser, 12. Oktober 2010.

427 Vgl. o.V.: „Zeugnis für das Leben mit Entschiedenheit fortsetzen". Homeyer: Gesellschaftlich hohe Anerkennung des Beratungskonzeptes verpflichtet, in: Bischöfliche Pressestelle Hildesheim, Pressemitteilung vom 14. Oktober 1999.

428 Homeyer, Josef: Schwangerenberatung wird neu ausgerichtet. Brief des Bischofs an die Gemeinden im Bistum Hildesheim, 18. Juni 2000, Drucksache des Bischöflichen Generalvikariats Hildesheim, hier: S. 2.

429 Vgl. Bischöfliche Richtlinien für Katholische Schwangerschaftsberatungsstellen, in: Kirchlicher Anzeiger für das Bistum Hildesheim, Nr. 1, 2001, S. 7–12, hier: S. 7f.

430 Homeyer, Josef: Urkunde über die Errichtung der Stiftung „Gemeinsam für das Leben"– Stiftungsurkunde, in: Kirchlicher Anzeiger für das Bistum Hildesheim, 2000, Nr. 1, S. 1–7, hier: S. 1ff.

431 Vgl. o.V.: „Gemeinsam für das Leben". Bischof Homeyer initiiert Stiftung für Schwangere und Mütter in Not, in: caritas press. Pressedienst des Caritasverbandes für die Diözese Hildesheim, Pressemitteilung vom 8. September 1999.

432 Vgl. o.V.: Seelsorger und Lenker. Hildesheimer Bischof Dr. Josef Homeyer feiert seinen 75. Geburtstag, in: Bischöfliche Pressestelle Hildesheim, Pressemitteilung vom 22. Juli 2004.

433 Vgl. o.V.: Erste Projekte werden unterstützt. Stiftung „Gemeinsam für das Leben" nimmt Arbeit auf. Vergaberichtlinien beschlossen, in: Bischöfliche Pressestelle Hildesheim, Pressemitteilung vom 5. November 2001.

434 Vgl. Bischöfliche Stiftung Gemeinsam für das Leben (Hrsg.): Steh auf und geh. Jahresbericht 2010, S. 4f.

435 Regenhardt, Ralf, zit. nach: Wala, Rüdiger: „Ein kräftiges Ja für das Leben". Festakt zum zehnjährigen Jubiläum der Bischöflichen Stiftung „Gemeinsam für das Leben", in: KirchenZeitung. Die Woche im Bistum Hildesheim, Nr. 15, 10. April 2011, S. 10.

436 Bischof Dr. Josef Homeyer im Interview mit Prof. Wilfried Köpke, 18. Mai 2004.

437 Leder, Gottfried: Auf neue Art Kirche sein…? Laienhafte Anmerkungen, Berlin, Lit Verlag, 2008, S. 141.

438 Vgl. o.V.: Internationales Friedenstreffen in Bergen-Belsen. Teilnehmer leben zwölf Tage als „betende Gemeinschaft" zusammen, in: Bischöfliche Pressestelle Hildesheim, Pressemitteilung vom 2. Juli 1990.

439 Homeyer, Josef: Dank an die Jugend. Welten, die mich berührt haben. Begegnung am 14. November 2008 auf dem Wohldenberg, Rede anlässlich eines Jugendsymposiums zu seinem Silbernen Bischofsjubiläum, unveröffentlicht.

440 Vgl. o.V.: Zeltlager in der Ukraine bedeutsam für die Ökumene. Homeyer: Jugendbegegnung hat gezeigt, dass Einheit möglich ist, in: Bischöfliche Pressestelle Hildesheim, Pressemitteilung vom 23. August 1995.

441 Vgl. o.V.: Bischof Homeyer reist mit Jugendlichen nach Kroatien. Zweiwöchiges Zeltlager. 115 Teilnehmer aus Deutschland und Osteuropa, in: Bischöfliche Pressestelle Hildesheim, Pressemitteilung vom 7. September 1998.

442 Vgl. Kappenberg, Bernd: Mit Spitzhacke für den Aufbau eines neuen Europa. Bischof Homeyer bei internationalem Zeltlager mit Jugendlichen in Litauen, in: Bischöfliche Pressestelle Hildesheim, Pressemitteilung vom 8. September 1999.

443 Vgl. o.V.: Versöhnung statt Schuldzuweisung. Der „Friedensgrund 2004" brachte Jugendliche aus zehn Ländern zusammen, in: Bischöfliche Pressestelle Hildesheim, Pressemitteilung vom 16. August 2004.

444 Homeyer, Josef, zit. nach: ebd.

445 Vgl. Wala, Rüdiger: „Unser Bischof ist beim Arbeiten nicht zu bremsen". Erst Geburtstag, dann Friedensgrund: Die Arbeits-Wallfahrt des Bischofs und der Jugend beginnt, in: KirchenZeitung. Die Woche im Bistum Hildesheim, Sonderbeilage zum 75. Geburtstag von Bischof Josef, 1.August 2004, S. II.

446 Ebd.

447 Kühn, Sibylle/Satzky-Pollok, Stefanie/Saul-Sievers, Barbara: Ein Bischof packt zu. Friedensgrund – ein Grund, zurückzublicken, in: engagiert in Kirche und Gesellschaft. Eine Beilage der KirchenZeitung. Die Woche im Bistum Hildesheim, Nr. 8, August 2004, S. X.

448 Vgl. Heimann, Judith, in: KirchenZeitung. Die Woche im Bistum Hildesheim, Nr. 31, 2. August 2009, S. 11.

449 Eigene Erinnerung des Verfassers, ebenfalls Titel einer Ausstellung über die jugendpastoralen Aktivitäten des Bischofs aus Anlass seines Silbernen Bischofsjubiläums am 14. November 2008 auf dem Wohldenberg.

450 Vgl. zum Beispiel: Homeyer, Josef: Hirtenwort an die Jugend, in: Kirchlicher Anzeiger für das Bistum Hildesheim, Nr. 2, 1986, S. 29–32, oder Homeyer, Josef: 2. Hirtenbrief an die Kinder, in: Kirchlicher Anzeiger für das Bistum Hildesheim, 1986, Nr. 11, S. 163–164.

451 Vgl. o.V.: Bischof Homeyer zu Fuß nach Vierzehnheiligen. Wallfahrt mit 160 Jugendlichen. 124 Kilometer in fünf Tagen, in: Bischöfliche Pressestelle Hildesheim, Pressemitteilung vom 30. Juni 1986.

452 Vgl. o.V.: Bischof Homeyer fährt mit Jugendlichen nach Taizé. 100 Kilometer Fußwallfahrt. Aufenthalt

in Mönchsgemeinschaft, in: Bischöfliche Pressestelle Hildesheim, Pressemitteilung vom 27. Juni 1988.

453 Bischof Dr. Josef Homeyer im Interview mit Prof. Wilfried Köpke, 18. Mai 2004.

454 Homeyer, Josef: Bischofswort zum 2. Weihnachtstag 1984, zit. nach: Ausstellung „Wenn nicht ihr – wer sonst?" über die jugendpastoralen Aktivitäten des Bischofs aus Anlass seines Silbernen Bischofsjubiläums am 14. November 2008 auf dem Wohldenberg.

455 Vgl. Sekretariat der Deutschen Bischofskonferenz (Hrsg.): Das Soziale neu denken. Für eine langfristig angelegte Reformpolitik, Reihe: Die deutschen Bischöfe. Kommission für gesellschaftliche und soziale Fragen, Nr. 28, Bonn, 12. Dezember 2003.

456 Vgl. o.V.: Vorrang für das Gemeinwohl. Bischof Homeyer erarbeitet mit Experten ein Thesenpapier zu gesellschaftlichen Reformen, in: Bischöfliche Pressestelle Hildesheim, Pressemitteilung vom 8. November 2002.

457 Vgl. Lüpke, Jens: Mündlicher Hinweis an den Verfasser vom 14. September 2011.

458 Vgl. Homeyer, Josef: Statement des Vorsitzenden der Kommission für gesellschaftliche und soziale Fragen der Deutschen Bischofskonferenz, Bischof Dr. Josef Homeyer, zur Vorstellung des Impulstextes „Das Soziale neu denken. Für eine langfristig angelegte Reformpolitik" in der Pressekonferenz am 12. Dezember 2003 in Berlin, im Internet veröffentlicht unter URL: http://www.dbk.de/presse/details/?presseid=18&cHash=56b2e6635d122a9dc2620277abbbe4ee [Stand: 16. September 2011].

459 Homeyer, Josef: Statement des Vorsitzenden der Kommission für gesellschaftliche und soziale Fragen der Deutschen Bischofskonferenz, Bischof Dr. Josef Homeyer, zur Vorstellung des Impulstextes „Das Soziale neu denken. Für eine langfristig angelegte Reformpolitik" in der Pressekonferenz am 12. Dezember 2003 in Berlin, in: Pressemitteilungen der Deutschen Bischofskonferenz, Pressemitteilung vom 12. Dezember 2003.

460 Lehmann, Karl/Homeyer, Josef: Vorwort, in: Sekretariat der Deutschen Bischofskonferenz (Hrsg.): Das Soziale neu denken. Für eine langfristig angelegte Reformpolitik, Reihe: Die deutschen Bischöfe. Kommission für gesellschaftliche und soziale Fragen, Nr. 28, Bonn, 12. Dezember 2003, S. 3–4, hier: S. 4.

461 Vgl. Facius, Gernot: Lehmann stellt Reformpapier „Das Soziale neu denken" vor – Plädoyer für radikalen Umbau des Sozialstaates. Bischofskonferenz fordert „Sozialstaats-TÜV", in: Die Welt, 13. Dezember 2003, S. 4.

462 Vgl. Drobinski, Matthias: Segen für Sozialabbau, in: Süddeutsche Zeitung, 13. Dezember 2003, S. 4.

463 Vgl. A.F.: Sozialstaat: Kirche mahnt zu grundlegenden Reformen, in: Herder-Korrespondenz, 58. Jahrgang, 2004, S. 7–9, hier: S. 8.

464 Koecke, Johannes Christian/Schäfer, Matthias: „Das Soziale neu denken". Ein Papier der deutschen Bischöfe zur Reform der sozialen Sicherungssysteme, in: Analysen und Argumente aus der Konrad-Adenauer-Stiftung, Nr. 6, 12. Dezember 2003, S. 3f., im Internet publiziert unter URL: http://www.kas.de/wf/de/33.3564/ [Stand: 29. August 2011].

465 Vgl. zum Beispiel o.V.: Katholische Bischöfe fordern „Sozialstaats-TÜV", in: Süddeutsche Zeitung Online, 12. Dezember 2003, im Internet unter URL: http://sueddeutsche.dehttp://www.sueddeutsche.de/politik/papier-vorgelegt-katholische-bischoefe-fordern-sozialstaats-tuev-1.426588 [Stand: 30. März 2011]; oder Meisner, Matthias: Ohne Rezept. Die Katholischen Bischöfe begreifen Reformen als Chance. Kritiker des Sozialworts vermissen die Schlussfolgerungen, in: Der Tagesspiegel, 13. Dezember 2003, S. 4.

466 Homeyer, Josef, zit. nach: Buchner, Bernd: „Wo der Wind des Wandels weht". Bischof Homeyer verteidigt Sozialwort gegen Kritik, in: Katholische Nachrichtenagentur (KNA), Meldung vom 30. Januar 2004.

467 Vgl. Homeyer, Josef: Kirchliche Arbeit auf europäischer Ebene: Strukturen und Erfahrungen, in: Duchhardt, Heinz/Morawiec, Malgorzata (Hrsg.): Die europäische Integration und die Kirchen. Akteure und Rezipienten. Veröffentlichungen des Instituts für Europäische Geschichte Mainz, Beiheft 85, Göttingen, Vandenhoeck & Ruprecht, 2010, S. 107–121.

468 Vgl. Homeyer, Josef: Die Zusammenarbeit der EU-Bischofskonferenzen in der COMECE. 25 Jahre im Dienste der Ecclesia in Europa, in: Osservatore Romano, Deutsche Aufgabe, 28. Juli 2006, S. 11f., im Internet publiziert unter URL: http://www.downloads.bistum-hildesheim.de/1/10/2/76364566852456015802.pdf [Stand: 29. August 2011].

469 Vgl. Dr. Rainer Ilgner im Gespräch mit dem Verfasser am 4. November 2011.

470 Vgl. Krämer, Raphael: Die Katholische Kirche und die Europäische Integration in Deutschland, Bonn, Rheinische Friedrich-Wilhelms-Universität, Magisterarbeit, 2006, S. 18.

471 Vgl. a.a.O., S. 27.

472 Vgl. die Darstellung der Geschichte der ComECE auf deren Homepage unter URL: http://www.co-

mece.org/site/de/werwirsind/geschichtedercomece?SWS=5e2eb074d6eb70facedeeaaa7595e91c [Stand: 29. August 2011].

473 Jacques Delors hatte am 14. April 1992 vor Kirchenvertretern erklärt: „Wenn es uns in den kommenden zehn Jahren nicht gelingt, Europa eine Seele, eine Spiritualität, einen Sinn zu geben, haben wir das Spiel verloren. Glauben Sie mir: Nur mit seinen juristischen Fähigkeiten und seinem wirtschaftlichen know how wird Europa keinen Erfolg haben", zit. nach: Homeyer, Josef: Kirchliche Arbeit auf europäischer Ebene: Strukturen und Erfahrungen, in: Duchhardt, Heinz/Morawiec, Malgorzata (Hrsg.): Die europäische Integration und die Kirchen. Akteure und Rezipienten. Veröffentlichungen des Instituts für Europäische Geschichte Mainz, Beiheft 85, Göttingen, Vandenhoeck & Ruprecht, 2010, S. 107–121, hier: S. 114.

474 Vgl. U.R.: Europa: Wachablösung beim Rat der Bischofskonferenzen, in: Herder-Korrespondenz, 47. Jahrgang, 1993, S. 224–225, hier: S. 224.

475 Vgl. o.V.: Bischof Homeyer leitet EG-Bischofsgremium. Organ der Zusammenarbeit und Abstimmung besteht seit 1980, in: Bischöfliche Pressestelle Hildesheim, Pressemitteilung vom 24. November 1993.

476 Vgl. die Darstellung der Geschichte der ComECE auf deren Homepage unter URL: http://www.comece.org/site/de/werwirsind/geschichtedercomece?SWS=5e2eb074d6eb70facedeeaaa7595e91c [Stand: 29. August 2011].

477 Vgl. Homeyer, Josef: Kirchliche Arbeit auf europäischer Ebene: Strukturen und Erfahrungen, in: Duchhardt, Heinz/Morawiec, Malgorzata (Hrsg.): Die europäische Integration und die Kirchen. Akteure und Rezipienten. Veröffentlichungen des Instituts für Europäische Geschichte Mainz, Beiheft 85, Göttingen, Vandenhoeck & Ruprecht, 2010, S. 107–121, hier: S. 111.

478 Vgl. o.V.: „Wahrheit, Erinnerung und Solidarität – Schlüssel zu Frieden und Versöhnung". Wort der ComECE zum Frieden, Pressemitteilungen der Deutschen Bischofskonferenz, Pressemitteilung vom 11. März 1999.

479 Vgl. Homeyer, Josef u. a.: Das erste Europaparlament des 21. Jahrhunderts. Erklärung der Kommission der Bischofskonferenzen der Europäischen Gemeinschaft (COMECE) zu den Wahlen zum Europäischen Parlament vom 10.–13. Juni 1999, in: Pressemitteilungen der Deutschen Bischofskonferenz, Pressemitteilung vom 9. Mai 1999.

480 Vgl. U.R.: Europa: Kirchliche Wünsche an den EU-Konvent, in: Herder-Korrespondenz, 56. Jahrgang, 2002, S. 331ff.

481 A.a.O., S. 331.

482 Schlussakte des Vertrags von Amsterdam zur Änderung des Vertrags über die Europäische Union vom 10. November 1997, im Internet veröffentlicht unter URL: http://eur-lex.europa.eu/de/treaties/dat/11997D/htm/-11997D.html [Stand: 23. Januar 2012].

483 Homeyer, Josef: Bloß keine Visionen – Der Verfassungsentwurf der Europäischen Union und jüdisch-christliche Anfragen, in: ders: Was trägt uns in Europa? Die Kirche und ihre Verantwortung, München, Bernward bei Don Bosco, 2004, S. 115–124, hier: S. 121.

484 A.a.O., S. 122f.

485 Homeyer, Josef, zit. nach: Zenit, Meldung vom 28. Oktober 2002, im Internet veröffentlicht unter URL: http://www.zenit.org/article-3110?l=german [Stand: 1. September 2011].

486 Homeyer, Josef, zit. nach: U.R: Teilerfolg. Die Kirchen und der EU-Verfassungsentwurf, in: Herder-Korrespondenz, 57. Jahrgang, 2003, S. 328.

487 Vgl. zur Europäischen Verfassung: Schubert, Klaus/Klein, Martina: Europäische Verfassung, in: Das Politiklexikon, 4. Aufl., Bonn, Dietz, 2006, zit. nach: Online-Lexikon der Bundeszentrale für Politische Bildung, im Internet veröffentlicht unter URL: http://www.bpb.de/popup/popup_lemmata.html?guid=MMYQMX [Stand: 29. August 2011].

488 Europäischer Konvent: Entwurf eines Vertrags über eine Verfassung für Europa, dem Europäischen Rat überreicht auf seiner Tagung in Thessaloniki am 20. Juni 2003, Amt für amtliche Veröffentlichungen der Europäischen Gemeinschaften, Luxemburg, 2003, S. 5.

489 A.a.O., S. 68.

490 Delors, Jaques: Zur Rolle der Kirchen im europäischen Einigungsprozess, in: Schreer, Werner/Steins, Georg (Hrsg.): Auf neue Art Kirche sein. Wirklichkeiten – Herausforderungen – Wandlungen. Festschrift für Bischof Dr. Josef Homeyer, München, Bernward bei Don Bosco, 1999, S. 390–394, hier: S. 390.

491 Vgl. U.R.: Europa: Die Kirchen und der Verfassungsvertrag, in: Herder-Korrespondenz, 58. Jahrgang, 2004, S. 386–388, hier: S. 387.

492 Bischof Dr. Josef Homeyer im Interview mit einer polnischen Journalistin, undatiert.

493 Bischof Adrianus van Luyn SDB, Nachfolger Homeyers als Präsident der ComECE, schrieb in einem Nachruf auf Homeyer: „Von seinen bischöflichen Mitbrüdern und von den Mitarbeitern der ComECE hoch geschätzt, trägt sein ausdauerndes Engagement für eine nachdrücklichere Präsenz der

Bischofskonferenzen bei den europäischen Institutionen noch immer reiche Früchte", in: Europa trauert um Bischof Dr. Josef Homeyer (30. März 2010), im Internet veröffentlicht unter URL: http://www.zenit.org/article-20196?l=german [Stand: 29. August 2011].

494 Vgl. o.V.: Verstärkter Dialog mit orthodoxer Kirche notwendig. Homeyer: Beitrag der östlichen und westlichen Kirche wichtig für Europa, in: Bischöfliche Pressestelle Hildesheim, Pressemitteilung vom 23. Februar 1999.

495 Vgl. o.V.: Gemeinsame Erklärung der Deutschen und der Polnischen Bischofskonferenz aus Anlass des 40. Jahrestages des Briefwechsels von 1965, in: Pressemitteilungen der Deutschen Bischofskonferenz, Pressemitteilung vom 9. September 2005.

496 Vgl. Homeyer, Josef: Der lange Weg der Versöhnung. Ansprache von Bischof em. Dr. Josef Homeyer, Hildesheim, beim Festakt zum 40. Jahrestag des Briefwechsels der polnischen und deutschen Bischöfe von 1965 am 21.09. 2005 in Fulda, in: Pressemitteilungen der Deutschen Bischofskonferenz, Pressemitteilung vom 21. September 2005.

497 Vgl. o.V.: Polen ist EU-fit. Generalkonsul sprach beim Jahresempfang des Hildesheimer Bischofs, in: Bischöfliche Pressestelle Hildesheim: Pressemitteilung vom 8. Mai 2002.

498 Homeyer, Josef: Europa – das ständige Zukunftsprojekt. Vortrag von Dr. Josef Homeyer, Emeritierter Bischof von Hildesheim, beim Pfingstdialog 2007: „Geist und Gegenwart – Europa. Träume und Traumata" auf Schloss Seggau in der Steiermark am 25. Mai 2007, im Internet veröffentlicht unter URL: http://www.downloads.bistum-hildesheim.de/1/10/3/22861511712541237938.pdf. [Stand: 29. August 2011].

499 Ebd.

500 Vgl. o.V.: Bischof Homeyer bei Patriarch Pavle in Belgrad. Besuch diente der Vertiefung der Beziehungen zwischen beiden Kirchen, in: Bischöfliche Pressestelle Hildesheim, Pressemitteilung vom 8. Februar 1993.

501 Vgl. o.V.: „Entsetzen über Hilflosigkeit der Vereinten Nationen". Deutsche Bischöfe beraten in Kroatien Wege zur Lösung des Konflikts, in: Bischöfliche Pressestelle Hildesheim, Pressemitteilung vom 27. April 1993.

502 Schwerdtfeger, Nikolaus: Vesper anlässlich des 75. Geburtstages von Bischof Josef im Hohen Dom zu Hildesheim am 20. August 2004, im Internet publiziert unter URL: http://www.downloads.bistum-hildesheim.de/1/10/1/89264131226553286816.pdf [Stand: 29. August 2011].

503 Vgl. o.V.: Hoffnungsvoller Dialog mit serbischen und kroatischen Bischöfen. Homeyer: Offene Atmosphäre bei inoffiziellem Meinungsaustausch in Ungarn, in: Bischöfliche Pressestelle Hildesheim, Pressemitteilung vom 4. August 1993.

504 Vgl. Markic, Tomislav: Frieden ist Werk der Gerechtigkeit. Der Einsatz der kroatischen katholischen Bischöfe für den Frieden im Krieg in Kroatien (1991–1995), Universität Wien, Dissertation, 2005, S. 387.

505 Projektgruppe Gerechter Frieden der Deutschen Kommission Justitia et Pax (Hrsg.): Erfahrungen aus dem Konflikt im ehemaligen Jugoslawien. Teil I: Analysen und Empfehlungen, Schriftenreihe Gerechtigkeit und Frieden, Arbeitspapier 87, 2. Auflage, Bonn, 1998, S. 34, im Internet publiziert unter URL: http://www.justitia-et-pax.de/de/shop/img/arb_87.pdf [Stand: 17.10.2011].

506 Homeyer; Josef, zit. nach: o.V.: Dialog mit Serbischer Kirche ohne Grundvertrauen nicht möglich. Homeyer: Starke nationale Orientierung aufgrund leidvoller Erfahrungen, in: Bischöfliche Pressestelle Hildesheim, Pressemitteilung vom 31. Januar 1995.

507 Vgl. Homeyer, Josef: Interview in Publik-Forum vom 13. Januar 1995, zit. nach: A.F.: Serbien: Die orthodoxe Kirche im Bosnienkonflikt, in: Herder-Korrespondenz, 49. Jahrgang, 1995, S. 119f. , hier: S. 120.

508 Vgl. Popovic, Tihomir: In memoriam Bischof Homeyer, in: Radio Vatikan, Meldung vom 10. April 2010.

509 Vgl. o.V: Hildesheimer Bischof: Serben nicht verteufeln. Bischof von Hildesheim aus Belgrad zurück, in: die tageszeitung, 9.1.1993, S. 32;

510 Vgl. Bremer, Thomas: In Geschichte verstrickt. Die Serbische Orthodoxie und ihre Rolle im gegenwärtigen Jugoslawienkonflikt, in: Herder-Korrespondenz, 49. Jahrgang, 1995, S. 466–470, hier: S. 469.

511 Homeyer, Josef, zit. nach: Pottler, Birgit: Im Kreuzfeuer: Gemischte Gefühle im und für den Kosovo, Radio Vatikan, Meldung vom 21. Februar 2008.

512 Bischof Irinej Bulovic im Gespräch mit dem Verfasser, 21. Oktober 2010.

513 Vgl. o.V.: Bischof Homeyer reist nach Serbien. Versöhnungsveranstaltung in Kragujevac. Begegnung mit Patriarch Pavle, und: Bischöfe Homeyer und Koppe zufrieden über Serbien-Besuch. Gespräche in einer guten und freundschaftlicher [sic!] Atmosphäre geführt, in: Bischöfliche Pressestelle Hildesheim, beide Pressemitteilungen vom 21. April 1998.

514 Homeyer, Josef: Der Ort der orthodoxen Kultur im heutigen Europa. Statement des Bischofs von Hildesheim, Präsident des Rates der Bischofskonfe-

renzen der Europäischen Gemeinschaft (ComECE), Dr. Josef Homeyer, in der Akademie der Wissenschaften und Künste zu Belgrad am 4. April 1998.

515 Vgl. Drobinski, Matthias: Europa darf die Serben nicht ausgrenzen. Bischof Homeyer und sein orthodoxer Amtsbruder Konstantin für Dialog der Kichen [sic!], in: Süddeutsche Zeitung, 15. April 1999, S. 6.

516 Vgl. o.V.: Bischöfe Homeyer und Konstantin rufen zum Frieden auf. Gemeinsamer Brief an katholische und serbisch-orthodoxe Gemeinden, in: Bischöfliche Pressestelle Hildesheim, Pressemitteilung vom 29. April 1999.

517 Vgl. o.V.: „Geste der Versöhnung in Belgrad". Bischof Homeyer führte Gespräche mit serbisch-orthodoxer Bischofskonferenz, in: Bischöfliche Pressestelle Hildesheim, Pressemitteilung vom 16. Juni 1999.

518 Wyrwoll, Nikolaus: Bischof Josef Homeyer 1929–2010. Ein dankbarer Rückblick, Ostkirchliches Institut Regensburg, 2010, im Internet veröffentlicht unter URL: http://www.oki-regensburg.de/homeyer1.htm [Stand: 29.08.2011].

519 Vgl. o.V.: Kirchen und Stadt helfen serbisch-orthodoxer Gemeinde, in: Evangelischer Pressedienst (epd) Niedersachsen-Bremen, Meldung vom 11. Februar 2004.

520 Haverkamp, Christof/Mügge, Marlies: Interview mit Bischof Dr. Josef Homeyer. „Jetzt begrüßen die orthodoxen Kirchen die EU", in: Der Christliche Osten, 55. Jahrgang, Heft 2, 2000, S. 125–127, hier: S. 127.

521 Ebd.

522 Vgl. o.V.: Eckpunkte 2020 verabschiedet. Hildesheimer Bischof Homeyer bringt Strukturplanung des Bistums auf den Weg, in: Bischöfliche Pressestelle Hildesheim, Pressemitteilung vom 18. Dezember 2003.

523 Homeyer, Josef: Eckpunkte 2020. Kurz- und mittelfristige Strukturplanung für die Diözese Hildesheim, in: Kirchlicher Anzeiger für das Bistum Hildesheim, Nr. 1, 2004, S. 1–17, hier: S. 2.

524 Vgl. o.V.: Ordentlicher Haushaltsplan 1983, in: Kirchlicher Anzeiger für das Bistum Hildesheim, Nr. 11, 1983, S. 164f.

525 Vgl. o.V.: Bistumshaushalt 1990 umfasst 206 Millionen Mark. Rückgang gegenüber Vorjahr um 2,6 Prozent. Steuereinnahmen sinken, in: Bischöfliche Pressestelle Hildesheim, Pressemitteilung vom 26. März 1990.

526 Vgl. o.V.: Bistumshaushalt 1995 umfasst 291 Millionen Mark. 20 Millionen Mark aus Betriebsmittelrücklagen. Sparmaßnahmen, in: Bischöfliche Pressestelle Hildesheim, Pressemitteilung vom 30. März 1995.

527 Vgl. Bischof Dr. Josef Homeyer im Interview mit Prof. Wilfried Köpke, 18. Mai 2004.

528 Vgl. S.O.: Fall, in: Herder-Korrespondenz, 57. Jahrgang, 2003, S. 166f.

529 Vgl. N.Z.: Erzbistum Berlin: Langer Weg aus der Schuldenfalle, in: Herder-Korrespondenz, 58. Jahrgang, 2004, S. 61–63.

530 Vgl. o.V.: Aus der Abstiegszone ins Mittelfeld. Diözesankirchensteuerrat im Bistum Hildesheim genehmigte Jahresabschluss 2009, in: Bischöfliche Pressestelle Hildesheim, Pressemitteilung vom 21. Juni 2010.

531 Müller, Helmut, zit. nach: O.V.: Gleichgewicht der Ziele. Diözesankirchensteuerrat im Bistum Hildesheim beschloss Haushalt 2008, in: Bischöfliche Pressestelle Hildesheim, Pressemitteilung vom 25. November 2007.

532 Vgl. Bischof Dr. Josef Homeyer im Gespräch mit dem Verfasser, 20. Juli 2009.

533 Can. 401 CIC, in: Deutsche Bischofskonferenz u. a. (Hrsg.): Codex des Kanonischen Rechtes, 5. Auflage, Kevelaer, Butzon und Bercker, 2001, S. 179.

534 Vgl. buc: Bischof Homeyer bleibt möglicherweise länger im Amt, in: Katholische Nachrichtenagentur (KNA), Meldung vom 27. Juli 2004.

535 Vgl. Bischof Dr. Josef Homeyer im Interview mit Prof. Wilfried Köpke, 18. Mai 2004.

536 Homeyer, Josef, zit. nach: buc: Bischof Homeyer bleibt möglicherweise länger im Amt, in: Katholische Nachrichtenagentur (KNA), Meldung vom 27. Juli 2004.

537 Bischof Dr. Josef Homeyer im Gespräch mit Dr. Heribert Prantl, in: Josef, Hildesheim, Bernward Mediengesellschaft, 2004, S. 42.

538 Zum Programm des Bistumstages vgl. o. V: Kerzen, Kinder, Kardinäle. Diözese Hildesheim feiert den Geburtstag von Bischof Homeyer mit einem Bistumstag, in: Bischöfliche Pressestelle Hildesheim, Pressemitteilung vom 18. August 2004.

539 Vgl. o.V.: Bistum Hildesheim unter neuer Leitung. Papst Johannes Paul II. hat das Rücktrittsgesuch von Bischof Dr. Josef Homeyer angenommen, in: Bischöfliche Pressestelle Hildesheim, Pressemitteilung vom 20. August 2004.

540 Vgl. Bode, Matthias: Viel Lob für den Bischof. Festakt mit 400 Gästen aus Kirchen und Gesellschaft, in: KirchenZeitung. Die Woche im Bistum Hildesheim, Nr. 35, 29. August 2004, S. 13.

541 Vgl. Mathies, Hildegard: Das ganze Bistum macht dem Bischof ein Riesengeschenk. Höhepunkt des Bistumstags: Eine große Torte als Zeichen der Unterstützung für die Anliegen des Bischofs. Spenden für Stiftungen, in: KirchenZeitung. Die Woche im Bistum Hildesheim, 29. August 2004, S. 12.

542 Mathies, Hildegard: „Von ganzem Herzen danke für die treue Weggemeinschaft". 1500 Menschen aus dem ganzen Bistum feiern mit Bischof Josef Geburtstag und Abschied auf dem Domhof, in: KirchenZeitung. Die Woche im Bistum Hildesheim, Nr. 35, 29. August 2004, S. 3.

543 Homeyer, Josef: Dankwort des Bischofs von Hildesheim Josef Homeyer in der Andacht 21. 8.2004, im Internet publiziert unter URL: http://www.bistum-hildesheim.de/bho/dcms/sites/bistum/bistum/bischoefe/dok/homeyer_dankwort_210804.pdf [Stand: 29. August 2011].

544 Maria Suthe im Gespräch mit dem Verfasser, 26. Oktober 2010.

545 Vgl. o.V.: Europa: Die EU-Bischofskonferenzen wählten eine neue Führung, in: Herder-Korrespondenz, 60. Jahrgang, 2006, S. 263.

546 Vgl. Bordfeld, Elmar: Bischof Homeyer: „Vom Gegeneinander zum Miteinander". Interreligiöses Treffen der Konrad-Adenauer-Stiftung in Sofia (Bulgarien), in: Zenit, Meldung vom 1. Oktober 2008, publiziert im Internet unter URL: http://www.zenit.org/article-16026?l=german [Stand: 1.9.2011].

547 Bischof Dr. Josef Homeyer im Gespräch mit dem Verfasser, 20. Juli 2009.

548 Vgl. Reinhard Wessel, Leiter Auslandsbüro Kroatien der Konrad-Adenauer-Gesellschaft im Gespräch mit dem Verfasser, 30. September 2011.

549 Bischof Dr. Josef Homeyer im Gespräch mit dem Verfasser, 20. Juli 2009.

550 Vgl. Bordfeld, Elmar: Im Gespräch mit Bischof Josef Homeyer. „Wir müssen das Östliche wiederentdecken", in: Die Politische Meinung, Nr. 478, September 2009, S. 72–75, hier: S. 74.

551 Bischof Dr. Josef Homeyer im Gespräch mit dem Verfasser, 20. Juli 2009.

552 Ebd.

553 Vgl. Bordfeld, Elmar: Bischof Homeyer: „Vom Gegeneinander zum Miteinander". Interreligiöses Treffen der Konrad-Adenauer-Stiftung in Sofia (Bulgarien), in: Zenit, Meldung vom 1. Oktober 2008, publiziert im Internet unter URL: http://www.zenit.org/article-16026?l=german [Stand: 1.9.2011].

554 Vgl. Bordfeld, Elmar: „Soziale Seminare" sollen Bulgariens Gesellschaft verändern, in: Zenit, Meldung vom 30. Mai 2009, publiziert im Internet unter URL: http://www.zenit.org/article-17928?l=german [Stand: 1.9.2011].

555 Metropolit Kyrill, zit. nach: Bordfeld, Elmar: Varna: Metropolit Kyrill setzt auf katholische Soziallehre, in: Zenit, Meldung vom 21. Oktober 2010, publiziert im Internet unter URL: http://www.zenit.org/article-21648?l=german, [Stand: 1.9.2011].

556 Vgl. ebd.

557 Vgl. Pöttering, Hans-Gert, zit. nach: Hans-Gert Pöttering würdigt Bischof Josef Homeyer, in: Konrad-Adenauer-Stiftung, Pressemeldung vom 30. März 2010, im Internet veröffentlich unter der URL: http://www.kas.de/wf/de/33.19211/ [Stand: 12.9.2011].

558 Vgl. Bischof Dr. Josef Homeyer im Interview mit Matthias Bode und Stefan Branahl am 20. Oktober 2008.

559 Vgl. Hauptabteilung Kommunikations- und Öffentlichkeitsarbeit im Bischöflichen Generalvikariat (Hrsg.): Die St.-Andreas-Kapelle der Domdechanei in Hildesheim, Bernward Medien GmbH, Hildesheim 2008.

560 Vgl. Maria Suthe im Gespräch mit dem Verfasser, 26. Oktober 2010.

561 Popovic, Tihomir: In memoriam Bischof Homeyer, in: Radio Vatikan, Meldung vom 10. April 2010.

562 Bischof Dr. Josef Homeyer im Gespräch mit dem Verfasser, 20. Juli 2008.

563 Vgl. o.V.: Bischof Homeyer wird Ehrendoktor. Auszeichnung durch die Universität Hannover am 27. November, in: Bischöfliche Pressestelle Hildesheim, Pressemitteilung vom 17. Oktober 2002.

564 Vgl. Homeyer, Josef: Wider die Entkopplung von Religion und Politik, in: ders: Was trägt uns in Europa? Die Kirche und ihre Verantwortung, München, Bernward bei Don Bosco, 2004, S. 101–108.

565 Kranz, Jerzy, zit. nach: O.V.: Aussöhnung mit dem östlichen Nachbarn. Bischof Dr. Josef Homeyer mit dem Offizierkreuz des Polnischen Verdienstordens ausgezeichnet, in: Bischöfliche Pressestelle Hildesheim, Pressemitteilung vom 27. März 2002.

566 Vgl. o.V.: Hohe Auszeichnung für Homeyer. Hildesheimer Bischof erhält den höchsten Orden der Serbisch-Orthodoxen Kirche, in: Bischöfliche Pressestelle Hildesheim, Pressemitteilung vom 28. Mai 2004.

567 Vgl. o.V.: Guter Freund und Europäer. Bischof Dr. Josef Homeyer erhielt als erster Deutscher den Sava-Orden der Serbisch-Orthodoxen Kirche, in: Bischöfliche Pressestelle Hildesheim, Pressemitteilung vom 1. Juni 2004.

568 Vgl. o.V.: Ausgezeichneter Einsatz für Europa. Bischof em. Dr. Josef Homeyer erhält den diesjährigen Göttinger Edith-Stein-Preis, in: Bischöfliche Pressestelle Hildesheim, Pressemitteilung vom 6. Juni 2005; und: O. V: Brückenbauer zwischen Ost und West. Emeritierter Bischof Dr. Josef Homeyer mit Edith-Stein-Preis ausgezeichnet, in: Bischöfliche Pressestelle Hildesheim, Pressemitteilung vom 7. November 2005.

569 Vgl. o.V.: „Sie haben sich um Niedersachsen verdient gemacht". Bischof Dr. Josef Homeyer erhielt von Ministerpräsident Christian Wulff die Niedersächsische Landesmedaille, in: Bischöfliche Pressestelle Hildesheim, Pressemitteilung vom 30. September 2004.

570 Wulff, Christian: Laudatio des Niedersächsischen Ministerpräsidenten Christian Wulff aus Anlass der Verleihung der Niedersächsischen Landesmedaille an Herrn Bischof em. Dr. Josef Homeyer und Herrn Landesbischof i. R. Dr. Horst Hirschler am 30. September 2004, 12.00 Uhr, im Gästehaus der Landesregierung, im Internet veröffentlicht unter URL: http://www.downloads.bistum-hildesheim.de/1/10/1/98261032681134624190.pdf [Stand: 9.9.2011].

571 Homeyer, Josef: Dankwort zur Verleihung der Landesmedaille, im Internet veröffentlicht unter URL: http://www.downloads.bistum-hildesheim.de/1/10/1/98127069945069345892.pdf [Stand: 9.9.2011].

572 Vgl. o.V.: Liebe zu Hildesheim belohnt. Bischof em. Dr. Josef Homeyer wurde am Montag zum Ehrenbürger ernannt, in: Bischöfliche Pressestelle Hildesheim, Pressemitteilung vom 27. Juni 2005.

573 Vgl. Machens, Kurt: Grußwort, in: Bernward Medien GmbH (Hrsg.): Dokumentation anlässlich des 80. Geburtstages von Bischof em. Dr. Josef Homeyer, Hildesheim, 2009, S. 41–45, hier: S. 42.

574 Vgl. o.V.: Andere Länder, andere Gottesdienste. Bischof Dr. Josef Homeyer empfing bolivianische Reisegruppe, in: Bischöfliche Pressestelle Hildesheim, Pressemitteilung vom 8. Oktober 2002.

575 Vgl. o.V.: Jahrzehnte für den Herrn. Hildesheimer Bischöfe Homeyer und Trelle feierten gemeinsam ihre Priesterjubiläen, in: Bischöfliche Pressestelle Hildesheim, Pressemitteilung vom 11. Februar 2008.

576 Schwerdtfeger, Nikolaus: 50-jähriges Priesterjubiläum von Bischof Dr. Josef Homeyer und 40-jähriges Priesterjubiläum von Bischof Norbert Trelle am 10. Februar 2008 im Hohen Dom zu Hildesheim, publiziert im Internet unter URL: http://www.downloads.bistum-hildesheim.de/1/10/3/54154279289610497458.pdf [Stand: 29. August 2011].

577 Ausführlich dokumentiert wurde Homeyers Goldene Primiz von seinem Neffen Gisbert Strotdrees. Hier: Homeyer, Josef: Dankeswort von Bischof Dr. Josef Homeyer, in: Strotdrees, Gisbert: Bischof em. Dr. Josef Homeyer. Das Fest der Goldenen Primiz, Münster, Privatdruck, 2008, S. 20f., hier: S. 21.

578 Vgl. Praest, Meinolf: Aus dem witten Sand in die Welt. Festgottesdienst und Empfang zur Goldprimiz von Bischof Josef Homeyer, in: Neue Westfälische, 18. Februar 2008, zit. nach: Strotdrees, Gisbert: Bischof em. Dr. Josef Homeyer. Das Fest der Goldenen Primiz, Münster, Privatdruck, 2008, S. 29.

579 Vgl. o.V.: Ein Vierteljahrhundert im Dienste des Bistums. Dr. Josef Homeyer feiert am Samstag sein Silbernes Bischofsjubiläum im Dom, in: Bischöfliche Pressestelle Hildesheim, Pressemitteilung vom 13. November 2008.

580 Vgl. o.V.: Lieben, vertrauen und zutrauen. Bistum ehrte Bischof Dr. Josef Homeyer mit einem Jugenpastoralen [sic!] Symposium, in: Bischöfliche Pressestelle Hildesheim Pressemitteilung vom 16. November 2008.

581 Vgl. o.V.: „Gott gedenkt meiner seit 80 Jahren". Der Hildesheimer Bischof em. Dr. Josef Homeyer feierte seinen 80. Geburtstag, in: Bischöfliche Pressestelle Hildesheim, Pressemitteilung vom 8. August 2009.

582 Vgl. o.V.: Das Beste kommt noch. Hildesheimer Bischof em. Dr. Josef Homeyer fordert neues Nachdenken über Europa, in: Bischöfliche Pressestelle Hildesheim: Pressemitteilung vom 8. August 2009.

583 Homeyer, Josef: Dankworte, in: Bernward Medien GmbH (Hrsg.): Dokumentation anlässlich des 80. Geburtstages von Bischof em. Dr. Josef Homeyer, Hildesheim, 2009, S. 73–79, hier: S. 79.

584 Die Berichte von Homeyers Erkrankungen und seinem Tod beruhen wesentlich auf den Erinnerungen von Maria Suthe, Gespräch mit dem Verfasser am 26. Oktober 2010.

585 Vgl. Machens, Kurt: Grußwort, in: Bernward Medien GmbH (Hrsg.): Dokumentation anlässlich des 80. Geburtstages von Bischof em. Dr. Josef Homeyer, Hildesheim, 2009, S. 41–45, hier: S. 42.

586 Vgl. o.V.: Tragweite eindeutig unterschätzt. Sexuelle Übergriffe von Pater R. auch im Bistum Hildesheim, in: Bischöfliche Pressestelle Hildesheim, Pressemitteilung vom 2. Februar 2010.

587 Vgl. Strotdrees, Gisbert: Schriftliche Nachricht an den Verfasser, 15. Januar 2012.

588 Vgl. aes: Altbischof Josef Homeyer gestorben. Plötzlicher Tod nach Darmoperation löst Trauer und Bestürzung auch in seiner Heimatstadt aus, in: Neue Westfälische, 31. März 2010.

589 Vgl. Reichardt, Hartmut: „Homeyer, ein großartiger Mensch". Bischof Norbert Trelle würdigt seinen Vorgänger. Schwester Canisia: „Er war wirklich sehr krank", in: Hildesheimer Allgemeine Zeitung, 31. März 2010, S. 15.

590 von Knobelsdorff, Georg/Corleis, Schwester M. Canisia, zit nach: Reichardt, Hartmut: „Sein Geist eilte dem Körper weit voraus", in: „Hildesheimer Allgemeine Zeitung", 1. April 2010, S. 17.

591 Vgl. ebd.

592 Vgl. o.V.: Beerdigung in St. Godehard. Bischof em. Dr. Josef Homeyer wird am 10. April beigesetzt, in: Bischöfliche Pressestelle Hildesheim: Pressemitteilung vom 30. März 2010.

593 Persönliche Erinnerung des Verfassers.

594 Trelle, Norbert, zit. nach: O.V.: Bischof, Europäer, Freund. Bischof Norbert Trelle würdigt seinen verstorbenen Vorgänger Dr. Josef Homeyer, in: Bischöfliche Pressestelle Hildesheim: Pressemitteilung vom 30. März 2010.

595 Vgl. o.V.: Große Trauer um Bischof Josef. Zahlreiche Menschen kondolieren zum Tod von Bischof em. Dr. Josef Homeyer, in: Bischöfliche Pressestelle Hildesheim, Pressemitteilung vom 1. April 2010.

596 Ratzinger, Joseph, zit. nach: O.V.: Der Papst trauert um Josef Homeyer. Der Brief des Heiligen Vaters erreichte am Donnerstag das Bischofshaus, in: Bischöfliche Pressestelle Hildesheim, Pressemitteilung vom 1. April 2010.

597 Vgl. bph/bd: Das Bistum nimmt Abschied von Bischof Josef Homeyer. Bewegendes Auferstehungsamt in der Hildesheimer Basilika St. Godehard, in: KirchenZeitung. Die Woche im Bistum Hildesheim, 18. April 2010, S. 11.

598 Trelle, Norbert: Hoffnungslinien des Lebens. Spes Quaerens Intellectum. Predigt zum Begräbnis von Bischof Josef Homeyer am 10. April 2010 von Norbert Trelle, im Internet veröffentlicht unter URL: http://www.downloads.bistum-hildesheim.de/1/10/3/96873193754238333522.pdf [Stand: 29. August 2011].

599 Vgl. zum Beispiel Reichardt, Hartmut: Nicht auf diesen Bischof vorbereitet. Heute wird Dr. Josef Homeyer in der Basilika St. Godehard beigesetzt. Eine erste Bilanz zum Wirken des 69. Diözesan-Bischofs, in: Hildesheimer Allgemeine Zeitung, 10. April 2010, S. 11; oder: jsp: Der Europäer-Bischof, in: Christ in der Gegenwart, Nr. 62, 2010, S. 164.

600 Vgl. Hanke, Peter: Dr. Josef Homeyer. Portrait eines Bischofs, in: Die Diözese Hildesheim in Vergangenheit und Gegenwart, 67. Jahrgang, 1999, S. 285–290, hier: S. 285.

601 Vgl. o.V.: Ein herausragender Kopf. Der Hildesheimer Bischof em. Dr. Josef Homeyer wird 80 Jahre alt, in: Bischöfliche Pressestelle Hildesheim, Pressemitteilung vom 28. Juli 2009.

602 Vgl. Lehmann, Karl: Grußwort beim Festakt zur Feier des 75. Geburtstages von Herrn Bischof Dr. Josef Homeyer am 20. August 2004 in Hildesheim, publiziert im Internet unter URL: http://www.bistum-hildesheim.de/bho/dcms/sites/bistum/bistum/bischoefe/dok/lehmann_grusswort_200804.pdf [Stand: 29. August 2011].

603 Vgl. Karl Kardinal Lehmann in einem Hintergrundgespräch mit der Arbeitsgemeinschaft der (Erz)Bischöflichen Pressesprecher Deutschlands am 23. März 2011 in Mainz, persönliche Erinnerung des Verfassers.

604 Vgl. Homeyer, Josef: Rückblick, in: Bernward Medien GmbH (Hrsg.): Dokumentation anlässlich des 80. Geburtstages von Bischof em. Dr. Josef Homeyer, Hildesheim, 2009, S. 9f.

605 Mussinghoff, Heinrich: Gedenkwort des Stellvertretenden Vorsitzenden der Deutschen Bischofskonferenz, Bischof Dr. Heinrich Mussinghoff, für Bischof em. Dr. Josef Homeyer. Hildesheim, 10. April 2010, im Internet veröffentlicht unter URL: http://www.downloads.bistum-hildesheim.de/1/10/3/96902082569993939646.pdf [Stand: 29. August 2011].

606 Der Verfasser erinnert sich an einen Besuch des Bischofs im Gefängnis Salinenmoor bei Celle im Rahmen einer Pastoralreise. Im Gespräch mit der Gefängnisleitung erkundigte sich der Bischof nach den Glaubensüberzeugungen der Gefangenen. Als er hörte, dass nur verhältnismäßig wenige Katholiken unter den Gefangenen seien, sinnierte er mit einem feinen Lächeln, damit sei ja dann wohl die Überlegenheit des Katholizismus bewiesen.

607 Köpke, Wilfried: Hirtenstab und Flugticket. Der EU-Bischof aus Hildesheim, Radiobeitrag im Norddeutschen Rundfunk zum 75. Geburtstag des Bischofs am 1. August 2004.

608 Bischof Dr. Josef Homeyer im Gespräch mit dem Verfasser, 20. Juli 2009.

609 Hanke, Peter: Kirche im Umbruch. Bischof Homeyer vollendet 70. Lebensjahr, in: Bischöfliche Pressestelle Hildesheim, Pressemitteilung vom 26. Juli 1999.

610 Vgl. Bischof Dr. Josef Homeyer im Gespräch mit Prof. Wilfried Köpke, 18. Mai 2004.

611 Der Verfasser beschreibt ein Beispiel aus eigener Erfahrung: Mehrfach sprach der Bischof in Vorträgen in Bezug auf Auschwitz ohne weitere Erklärung vom jüdischen „Schema Israel". Erst nach mehrmaligem Hören begriff der Verfasser, dass damit wohl das „Sch'ma Israel", das jüdische Glaubensbekenntnis gemeint war. Wie viele Zuhörer dürften dies verstanden haben?

612 Reichardt, Hartmut: Nicht auf diesen Bischof vorbereitet. Heute wird Dr. Josef Homeyer in der Basilika St. Godehard beigesetzt. Eine erste Bilanz zum Wirken des 69. Diözesan-Bischofs, in: Hildesheimer Allgemeine Zeitung, 10. April 2010, S. 11.

613 Bischof Dr. Josef Homeyer im Gespräch mit dem Verfasser, 20. Juli 2009.

Prälat Homeyer, damals Sekretär der Deutschen Bischofskonferenz und der Würzburger Synode, berät sich 1973 mit Synodenpräsident Julius Kardinal Döpfner

Mit Joseph Kardinal Höffner, dem Vorsitzenden der Deutschen Bischofskonferenz

Als Sekretär der Deutschen Bischofskonferenz begleitete Homeyer den Vorsitzenden Joseph Kardinal Höffner im Januar 1978 nach Asien. Im Sterbehaus in Kalkutta trafen sie Mutter Teresa

Der neu geweihte 69. Bischof von Hildesheim

Homeyer las auch in ungewöhnlichen Situationen sein Brevier, hier zum Beispiel im Jahre 2000 auf einer Bolivienreise am Flughafen

Bei einer Audienz trägt Bischof Josef Homeyer Papst Johannes Paul II. vor

Homeyer auf dem Weg zur Eröffnung der Europasynode im Vatikan am 1. Oktober 1999. Daneben (von links) Reinhard Marx, Weihbischof in Paderborn, Norbert Trelle, Weihbischof in Köln und Viktor Josef Dammertz, Bischof von Augsburg

Beim „Tag der christlichen Kirchen" auf der EXPO 2000 übergab eine ungarische Delegation die von Papst Johannes Paul II. gesegnete Erdenkrone des Friedens an Bischof Homeyer und Dr. Margot Käßmann, Bischöfin der Evangelisch-Lutherischen Landeskirche Hannover

Mützenwechsel beim Fest „Domhof International" am 13. August 2005

Zusammen mit rund 160 Jugendlichen aus Hildesheim und Osteuropa verlegt Bischof Homeyer beim „Friedensgrund" 2003 im Kloster Neamt in Rumänien Abwasserleitungen für ein ökumenisches Jugendzentrum

Beim „Friedensgrund" 2003 in Rumänien gedachte Bischof Josef mit den Jugendlichen auf dem Soldatenfriedhof von Letcani der Opfer des Krieges

Josef Homeyer war ein leidenschaftlicher Diskutant. Hier spricht er beim Katholikentag 2006 in Saarbrücken über Gerechtigkeit und Frieden

Im Gespräch mit Nuntius Erzbischof Dr. Erwin Josef Ender (links) und Karl Kardinal Lehmann beim Michaelsempfang der Deutschen Bischofskonferenz am 21. Oktober 2003 in Berlin

Homeyer mit Papst Benedikt XVI.

Am 14. November 2008 auf dem Wohldenberg beim Jugendpastoralen Symposium

Beim Jugendpastoralen Symposium aus Anlass von Homeyers 25-jährigen Bischofsjubiläum am 14. November 2008 mit dem bolivianischen Erzbischof Julio Kardinal Terrazas Sandoval (rechts)

Ein Blick aus dem Arbeitszimmer im Bischofshaus

Beim „Bistumstag" zur Verabschiedung Homeyers am 21. August 2004 schenkt der Diözesanrat dem Bischof eine dreistöckige Geburtstagstorte. Margareta Meyer, die Vorsitzende des Diözesanrats, und der Bischof schneiden sie gemeinsam an

Der letzte „Friedensgrund" mit Bischof Homeyer 2006 in Guca Gora in Bosnien-Herzegowina

Homeyers Alterssitz am Domhof 28 hatte einen direkten Zugang zur St. Andreas-Kapelle aus dem 14. Jahrhundert, die mit Ikonen geschmückt ist

Der Bischof beim Interview in seinem Arbeitszimmer im Bischofshaus

Bei der Einführung von Bischof Norbert Trelle zum Bischof von Hildesheim am 11. Februar 2006 im Dom

Wie lebt der emeritierte Bischof in seinem neuen Zuhause am Domhof 28? Am 19. April 2005 erhielt Homeyer Besuch von der „Bild-Zeitung"

Bischof Norbert Trelle am 10. April 2010 am Sarg seines Vorgängers. In der Mitte (mit Brille) Nuntius Erzbischof Dr. Jean-Claude Périsset

Rund 50 Bischöfe kamen am 10. April 2010 in die Basilika St. Godehard, um dem Verstorbenen die letzte Ehre zu erweisen

Bischof Josef mit wachem Blick auf das, was kommen mag

Ausgewählte Ansprachen und Predigten.

Zusammengestellt von Thomas Scharf-Wrede

Der Nachlass von Bischof Dr. Josef Homeyer umfasst – was sicherlich niemanden verwundert – eine schier unvorstellbare Menge an Manuskripten und Notizen: Predigten aus seiner gesamten priesterlichen und bischöflichen Schaffenszeit, Ansprachen und Grußworte bei kirchlichen wie außerkirchlichen Veranstaltungen, Manuskripte für Zeitschriften und Bücher und vieles mehr. Handschriftliche Texte – in der ihm eigenen, im Laufe der Jahre immer schwerer zu lesenden Schrift – wie maschinenschriftlich oder PC-geschriebene Ausführungen, meist durch ihn selbst oder sein Sekretariat konkret mit Datum, Ort und Anlass gekennzeichnet.

Diese Vielzahl an Texten zu ordnen, war uns in der Kürze der Zeit nicht möglich – die archivische Ordnung und Erschließung des im Bistumsarchiv Hildesheim befindlichen Nachlasses von Bischof Dr. Josef Homeyer ist eine noch vor uns liegende Aufgabe. Insofern handelt es sich bei den im nachfolgenden wiedergegebenen Predigten und Ansprachen auch um keine im engeren Sinn systematische Auswahl, sondern lediglich um einen (ersten) Versuch, den so ungemein weit gefächerten Wirkungskreis von Bischof Dr. Josef Homeyer wenigstens ansatzhaft widerzuspiegeln; in chronologischer Reihenfolge.

Einem die Aufgabe der Christen in der Welt in den Blick nehmenden Vortrag bei der Katholischen Erwachsenenbildung im Bistum Hildesheim folgt die Predigt anlässlich der Wiederbegründung des Benediktinerinnenklosters Marienrode, der sich wiederum das Bischöfliche Schlusswort zur von ihm selbst initiierten Hildesheimer Diözesansynode 1989/90 anschließt. Wie wichtig Bischof Dr. Homeyer gerade die deutsch-polnische Versöhnung gewesen ist, verdeutlicht exemplarisch seine Ansprache anlässlich des 25. Jahrestags des Briefwechsels des polnischen und deutschen Episkopats. Für sein kontinuierliches Werben für eine gerechte, solidarische Gesellschaft steht ein kurzer „Impuls“ auf dem Katholischen Kongress in Hildesheim, für sein intensives Bemühen um eine geistliche Erneuerung des Bistums Hildesheim der Hirtenbrief zur Hinführung auf das Heilige Jahr 2000. Als nur ein Beispiel für die vielen, intensiven Vorträge und Predigten zur „Verortung“ der Orthodoxie resp. orthodoxen Kultur in Europa wie für die langjährige Arbeit Bischof Dr. Homeyers als Präsident des Rates der Bischofskonferenzen der Europäischen Gemeinschaft ist im Folgenden seine Ansprache aus dem April 1998 bei der Akademie der Wissenschaften und Künste in Belgrad wiedergegeben. Den Themenbereich Ökumene zeigen zwei eher kleine Ansprachen auf: ein Statement bei der Pfarrkonferenz des Evangelisch-Lutherischen Kirchenkreises Gifhorn und ein weiteres zur Frage des Ablasses. Im Mai des gleichen Jahres ging er in seinem Schlussstatement zur 33. Priesterratssitzung in Hildesheim auf den priesterlichen Lebensstil ein. Dass

Bischof Dr. Homeyer zu Fragen der Entwicklung resp. Weiterentwicklung Europas ein gefragter Referent war, verdeutlicht sein Beitrag auf dem Kolloquium „Quo vadis Europa?" im Jahr 2003. Abgerundet wird die Auswahl von Ansprachen und Predigten durch Bischof Dr. Homeyers kleine Dankesrede anlässlich seines 80. Geburtstags im Jahr 2009.

Thomas Scharf-Wrede

9. November 1985, Hildesheim

Vortrag bei der Jahrestagung der Arbeitsgemeinschaft für Katholische Erwachsenenbildung der Diözese Hildesheim

Weltdienst der Christen als Aufgabe katholischer Erwachsenenbildung

Ich bin zunächst einmal dankbar dafür, die Gelegenheit zu haben, der katholischen Erwachsenenbildung oder, zumindest den für sie Verantwortlichen in unserem Bistum zu begegnen. So soll das erste Wort ein Wort ganz herzlichen Dankes Ihnen für die Arbeit sein, die Sie zum Teil schon seit vielen Jahren bei uns im Sinne der katholischen Erwachsenenbildung leisten. Daß die Erwachsenenbildung eines der schwierigsten Felder ist, die wir zu beackern haben, erlebe ich seit 25 Jahren. Ich möchte das am Beginn meiner Darlegungen ausdrücklich betonen – nicht zuletzt deshalb weil auch manches kritische Wort zu hören sein wird. Dann möge das aber bitte nicht als Kritik an der Arbeit des einen oder anderen Mitarbeiters oder Gremiums in unserem Bistum verstanden werden.

Meine bisherigen Erfahrungen in Bezug auf den gegenwärtigen Stand der katholischen Erwachsenenbildung, die ich zunächst schildern möchte; beruhen nicht auf Beobachtungen in unserem Bistum, sondern auf dem, was ich vorher erlebt habe. Ich würde mich allerdings wundern, wenn es hierzulande vollständig anders wäre, und habe in den letzten zwei Jahren gelegentlich auch hier manches Stöhnen von Ihrer Seite vernommen.

Wer soll eigentlich erreicht werden?

Von der ersten Begegnung mit der Erwachsenenbildung als Kaplan in Mettingen über meine verschiedenen Funktionen im Heimatbistum Münster bis hin zur Tätigkeit als Sekretär der Deutschen Bischofskonferenz – die ersten Jahre in München und dann in Bonn – hatte ich immer auch Kontakt zur katholischen Erwachsenenbildung, und zwar sowohl mit den Verantwortlichen wie auch jeweils mit denen vor Ort. Und ich muß gestehen, daß ich – bei aller Freude, die diese Menschen hier zu haben pflegen, sonst könnten sie das alles gar nicht durchhalten – immer auch Unzufriedenheit mit der Arbeit selbst verspürte, nicht selten auch Enttäuschung oder sogar Resignation, ohne daß man sich allerdings darin beirren ließ, die Arbeit weiter zu tun.

Ein Grund dafür liegt, wenn ich so an meinen letzten Gesprächspartner, den Leiter eines lokalen Bildungswerkes in Bonn zurückdenke, in dem Erlebnis der Diskrepanz zwischen Anspruch und Wirklichkeit bezüglich der Teilnehmer an Veranstaltungen der katholischen Erwachsenenbildung. Daß es auch noch andere Gründe gibt, ist unbestritten. Ich möchte nur auf diesen aus ganz bestimmten Gründen hinweisen.

Es besteht ja weithin Übereinstimmung darüber, wem katholische Erwachsenenbildung gelten soll, nämlich jedermann ohne Ausnahme und nicht nur und auch nicht bevorzugt den kirchlich engagierten Christen. Daß das so ist, daß das beabsichtigt wird, ist unbestritten. Dennoch – die Veranstaltungen vor Ort zeigen, daß tatsächlich die Teilnehmer sich fast ausschließlich aus dem Kreis der „Kirchlich-Hochverbundenen" rekrutieren. Gelegentlich kommen zwar auch einmal Nicht-Katholiken oder kirchlich Distanzierte, aber gerade dort, wo die Erwachsenenbildung Orientierungs- und Lebenshilfe aus christlichem Welt- und Menschenverständnis heraus geben will, trifft man gewöhnlich fast nur den Kern der Gemeinde, die „Getreuen", die sowieso immer dabei sind.

Erschreckende Gewichtsverlagerung

Dann kam einmal eine Phase – ich kann sie zeitlich nicht genau bestimmen –, wo man in der Absicht, offenbar vorhandene Hemmschwellen zu kirchlichen Veranstaltungen abzubauen, versucht hat, das Angebot zu erweitern vor allem in Richtung auf Näh-, Bastel- und Kochkurse, Dia-Vorträge, Reiseberichte, Blumenstecken und Alltagsthemen – alles Dinge, die man in jedem Programm jeder anderen Erwachsenenbildung auch finden kann. Man tat das mit dem Ziel, kirchlich Distanzierten auf diese Weise allmählich den Zugang auch zu spezifisch religiösen Veranstaltungen zu erleichtern. Franz Henrich, Direktor der Katholischen Akademie in Bayern und langjähriger streitbarer Vorsitzender der Katholischen Bundesarbeitsgemeinschaft für Erwachsenenbildung, hat vor wenigen Jahren in einem ganz bedeutsamen Referat von einer „erschreckenden Gewichtsverlagerung" im Angebot katholischer Erwachsenenbildung gesprochen und damit eben dieses Phänomen gemeint.

Gleichwohl kann man aber den Eindruck haben, daß die Teilnehmer an kirchlichen Erwachsenenbildungsmaßnahmen eine unterschiedliche Wertschätzung seitens der Veranstalter erfahren. Da gibt es einmal diejenigen, die man erreicht, aber eigentlich gar nicht unbedingt haben will; und dann gibt es diejenigen, die große Mehrheit, die man bisher bedauerlicherweise nicht erreicht, aber eigentlich als Teilnehmer haben möchte. Das unterscheidende Kriterium ist der Grad der Kirchlichkeit bzw. Gemeindebindung, hauptsächlich – wie immer dann – gemessen am Besuch des Sonntagsgottesdienstes und der Übernahme von Gemeindediensten.

Unterschwellig herrscht bei dieser Einteilung die Vorstellung, daß die kirchlich Gebundenen die Angebote der Erwachsenenbildung im Grunde gar nicht so nötig haben, daß der eigentliche Adressat vielmehr die Gleichgültigen, die Suchenden, die Skeptischen sind. Nur gelingt es eben leider in ganz geringem Maße, sie auch zu erreichen. Und so – das scheint mir ein wesentlicher Grund zu sein – breiten sich Unzufriedenheit, Enttäuschung und Resignation aus.

Heute andere Voraussetzungen

Die Frage, die sich in dieser nur unter dem einen Aspekt so knapp skizzierten Situation stellt, ist, ob der Adressat kirchlicher Erwachsenenbildung so richtig gesehen wird und worin das zentrale Ziel der Erwachsenenbildung liegt. Muß das besondere Augenmerk dieser Arbeit zuerst den Randständigen gelten oder dem derzeit gering geschätzten Gemeindekern? Und wohin muß die Stoßrichtung dieser Arbeit gehen?

Dazu einige Überlegungen:
Mir scheint, die Unzufriedenheit mit der gegenwärtigen Teilnehmersituation und die Orientierung an den Nicht-Teilnehmern gehen von einer Voraussetzung aus, die zumindest heute nicht mehr zutrifft. Man unterstellt, daß der Gemeindekern, aus dem sich die Teilnehmer vor Ort nahezu ausschließlich rekrutieren, intakt christlich sei, daß wenigstens bei ihm ein substantielles Glaubenswissen bestehe und daß das Grundanliegen Jesu Christi verstanden und gelebt werde. Aber darf man hier nicht doch ein Fragezeichen machen? Sprechen nicht Erfahrungen mit Gemeinde, die hier wohl jeder von uns hat, gegen eine unbesehene Übernahme dieser Voraussetzung?

Von dem wohl bedeutendsten Theologen der ersten christlichen Jahrhunderte, Origines, stammt der wichtige Satz: „Die Göttlichkeit Jesu wird erwiesen durch die Gemeinden, die ihm ihr Heil verdanken" (Contra Celsum III, 33). Ich komme nachher auf diesen Satz zurück.

Sind unsere Gemeinden solcher Erweis der Göttlichkeit Jesu? Kann man das wenigsten von dem Kreis der Gemeinde behaupten, den wir gewöhnlich die Kerngemeinde nennen? Ist es ungerecht, wenn ich sage, daß auch diese bei uns oftmals noch am Anfang des Weges dorthin ist? Auch bei denen, die der Kirche nahestehen und voller guten Willens sind, scheint mir der Glaube nicht selten vermischt zu sein mit Elementen, die dem Geist und Anliegen Jesu Christi nicht entsprechen.

Da begegnen wir etwa einer Gottesvorstellung, die nicht zuerst vom gütigen Gott Jesu Christi her bestimmt ist, sondern von einem Gott, der streng auf Gesetz und Ordnung achtet, und die so zu einem sehr ausgeprägten Lohn-Leistungs-Denken führt. Oder es gibt eine überbetonte Jenseits- und Vertröstungsperspektive, die unsere Welt mit ihren Gaben und Aufgaben unterbewertet. Ein weiteres Element, das meinem Empfinden nach den Glauben mancher kirchlich Gebundener kennzeichnet, ist die scharfe Trennung zwischen Alltag und Sonntag zwischen Religion und weltlicher Verantwortung. Charakteristisch für viele durchaus kirchlich engagierte Christen dürften auch die Unkenntnis und das Mißverständnis der Heiligen Schrift sein, die doch der für unseren Glauben maßgebende Text ist.

Evangelisation der Gemeinden

Wo aber der Glaube durch solche Elemente verkürzt oder in seiner Dynamik gebremst ist, können auch die Gemeinden nicht Erweis der Göttlichkeit Jesu Christi sein und ausstrahlen in die Welt. Hier aber sehe ich die Stoßrichtung katholischer Erwachsenenbildung angezeigt: einen Beitrag dazu zu leisten, Christen mit dem Denken und dem Leben Jesu Christi so vertraut zu machen, daß sie ihrerseits wieder lebendige Gemeinde bilden – „zum Erweis der Göttlichkeit Jesu", wie Origines es formuliert hat.

Die Erosion, die unsere Gemeinden erfaßt hat, wird auch von dem ohnehin schon klein gewordenen Kreis der derzeit noch „Hochverbundenen" nicht haltmachen, wenn es nicht bald zu einem großen Anlauf in der Vermittlung der Sache Jesu kommt. In einer Bildungs- und Informationsgesellschaft kann – darauf hat Schelsky bekanntlich schon Ende der fünfziger Jahre aufmerksam gemacht – nur ein durchdachter, verstandener, entschiedener Glaube überstehen. Lediglich unbefragt Übernommenes läuft Gefahr, sich nach und nach aufzulösen mit Nachlassen der Wirkkraft der sozialen Kontrolle. Es bedarf dringend einer grundlegenden Neuorientierung der binnenkirchlichen Bildungspolitik mit dem Ziel, eine intensive Bildungsarbeit in den Gemeinden in Gang zu bringen, die sich darauf konzentriert, das Anliegen Jesu verständlich und attraktiv in die Breite zu vermitteln. Es bedarf der großen Anstrengung zur Evangelisation unserer Gemeinden

Das Denken und Handeln Jesu in seinen Konsequenzen und seinem Nutzen in vielen Orten wieder transparent zu machen, die Heilige Schrift wieder zum Sprechen zu bringen – wäre das allein für die katholische Erwachsenenbildung nicht Aufgabe genug auf Jahre hinaus? Sie erscheint mir angesichts der Situation so mancher Gemeinde, die ich erlebt habe, als so gewaltig, daß ich mir überhaupt nicht vorstellen kann, wie sie so nebenbei im Wust des gängigen Bildungssammelsuriums sachgerecht und mit Effizienz geleistet werden kann. Es bedarf dazu aller Fantasie und Energie.

Erneuerung ist Weltdienst

Nun mag es scheinen, daß ich mit diesen bisherigen Überlegungen am Thema des Referates, nämlich dem Weltdienst der Christen als Aufgabe katholischer Erwachsenenbildung, vorbeigehe. Die Stoßrichtung meiner Gedanken zielte ja offenbar weniger auf Weltdienst hin als auf Erneuerung und Verlebendigung von Gemeinde und Kirche. Vielleicht argwöhnt der eine oder andere sogar, daß damit ein Rückzug ins Ghetto propagiert werden solle. Die besondere Aufgabe der katholischen Erwachsenenbildung sei dem gegenüber doch der Dienst an der Welt; sie müsse der Arm des gesellschaftlichen Handelns der Kirche sein.

Ich möchte dem überhaupt nicht widersprechen. Wogegen ich mich aber wende, ist zu meinen, der geforderte Weltdienst der katholischen Erwachsenenbildung werde – wenn ich es einmal so ganz pointiert sagen darf – mit dem Angebot von Kochkursen und Bastelabenden, von exotischen Reiseberichten und Allerweltsthemen erfüllt. Ich halte dafür, daß wir Christen unserem Weltauftrag gerade dann gerecht werden, je mehr wir Kirche Jesu Christi werden.

Könnte nicht in der Erneuerung unserer Gemeinden und in ihrer Ausrüstung mit der biblischen Alternative Leben, Frieden, Gerechtigkeit letztlich die viel größere Chance der Kirche liegen, gesellschaftlich wirksam zu werden, als im jetzigen – ich pointiere wiederum zur Verdeutlichung – katholischen Weiterbildungsbeitrag mit seiner doch manchmal starken Freizeit- und Zerstreuungsorientierung?

In der Einladung zur heutigen Tagung ist die dogmatische Konstitution über die Kirche „Lumen gentium“ des Zweiten Vatikanums zitiert. Die Zentralaussage dieses Textes lautet bekanntlich, daß die Kirche Grundsakrament des Heils der Welt sei. Die Kirche muß sich danach immer in einer doppelten Transzendenzbewegung überschreiten, wenn sie Kirche bleiben will. Sie ist nur sinnvoll, wenn sie einen ständigen Bezug zu Gott eröffnet. Und auf der anderen Seite erfüllt sie ihren Auftrag nur, wenn sie sich selbst überschreitet in eine Menschheit hinein, die – wie ein anderer Konzilstext, „Gaudium et spes“, sagt – von Freude und Hoffnung, von

Trauer und Schrecken erfüllt ist. Beides gehört grundlegend zur Kirche. Sie kommt gerade dadurch ihrem spezifischen Weltauftrag nach, indem sie versucht, sichtbares Zeichen für den Gott Jesu Christi in dieser Welt zu sein.

Die katholische Erwachsenenbildung kann keinen besseren Weltdienst leisten als den, mit dazu beizutragen, daß christliche Gemeinden, Zellen, auch Basisgemeinden neu sichtbar werden als konkrete Orte der Glaubens- und Gotteserfahrung, sowie sich mit allen ihr verfügbaren Mitteln dafür einzusetzen, die messianische Alternative vor Ort wieder ins Bewußtsein zu rufen. Wenn die Gemeinden selbst ihren Herrn nicht mehr verstehen, können sie auch keine Attraktivität für diejenigen erlangen, die sich nach und nach aus ihnen verabschiedet haben, weil ihnen der Sinn und der Nutzen des Ganzen nicht mehr einsichtig waren.

Wie die katholische Erwachsenenbildung im einzelnen ihren Beitrag leisten kann, daß Kirche als – um Gerhard Lohfink zu zitieren – Kontrast- und Alternativgesellschaft in der Welt präsent wird, ist natürlich eine zweite Frage. Mir geht es hier zunächst mehr darum, das Ziel noch näher zu skizzieren, das im Zusammenwirken aller katholischen Kräfte und Stellen, die vor Ort an der Bildung Erwachsener arbeiten, anzustreben ist.

Wahrheit muß sich durch die Praxis erweisen

An dieser Stelle darf ich etwas ausholen im Zusammenhang mit dem Ziel jeglicher katholischer Erwachsenenbildung Gemeinde zu bauen. Ich möchte einfach in Erinnerung rufen, was wir alle wissen, nur um uns diese Ausgangslage deutlich zu·machen.

Stark beeindruckt hat mich eine Bemerkung in der Frankfurter Allgemeinen Zeitung vom 30. Oktober dieses Jahres, die Verhaftung Bhagwans betreffend. In einem kurzen Kommentar wurde die Frage gestellt: „Woher stammt die unfaßbare Anziehungskraft des ‚Gesegneten' und seiner tausendfältigen Lebensarznei?" Die Antwort ist nicht leicht zu geben. „Wer nur von ‚Frust und Lust' spricht" meinte die FAZ, „macht es sich zu einfach. Eine Erklärung könnte darin liegen: Bhagwan bietet einen durch und durch erlebbaren, verstehbaren ‚Sinn des Lebens', einen Sinn, nach dem heute viele verzweifelt suchen. Einen Sinn, den viele in ihrer eigenen materialistisch geprägten Welt nicht finden konnten." Die FAZ schrieb dann als letzten Satz: „Warum die Botschaft der Kirchen vielen nichts mehr sagt – das wäre eine neue Frage." Das erfahren wir ja alle!

Die gleiche Frage, formuliert in der hohen Sprache der Philosophen, habe ich in der vorletzten Woche in Hannover gehört. Dort wurde bei einem dreitägigen Kongreß über das Thema „Moderne – Post-Moderne?" der Kirche unverhohlen Versagen gegenüber der Neuzeit bescheinigt. Der Freiburger Staatsrechtler und Bundesverfassungsrichter Böckenförde sah in der Vermittlung subjektiver und objektiver Freiheit (Hegel), die der subjektiven Freiheit „Inhalt und Form" verleiht und sie dadurch vor leerem Subjektivismus bewahrt geradezu das „zentrale Problem", dem gegenüber er insbesondere Aufarbeitung und Auseinandersetzung seitens des kirchlichen Denkens vermißte.

Im Grunde geht es ja bei all diesen Fragen um den eigentlichen, uralten Einwand des Judentums gegenüber dem christlichen Anspruch: „Wie kann denn der Messias gekommen sein, wenn sich nichts in der Welt geändert hat?" Und fragen nicht ähnlich jeder Nichtchrist und mancher Christ: „Wie kann man von Erlösung reden, wenn sich seit dem Kommen des Erlösers nichts in der Welt geändert hat?"

Versuchen wir eine Antwort! Die Verkündigung der Wahrheit allein genügt nicht, sondern sie muß sich durch die Praxis erweisen, ausweisen. Die Wahrheit des christlichen Glaubens kann letztlich nur aufleuchten, wenn sie durch die Praxis der Christen einleuchtet. Die alte Kirche hat in diesem Zusammenhang genau erkannt und gewußt, daß sie mit ihrer ganzen gemeindlichen Existenz „Zeichen" sein mußte für die Wahrheit des Evangeliums.

Grundlegende Bedeutung von Verkündigung und Gemeinschaft

Man hat ja erst jüngst nachgewiesen (Norbert Brox), daß die alte Kirche überraschenderweise gar keine Organe und Strategien für eine systematische Missionsarbeit gekannt und gehabt hat. Es ist vielmehr offenkundig – ich zitiere Brox –, „daß das Christentum in der vorkonstantinischen Zeit seinen erstaunlichen Zuwachs nicht durch organisatorische Missionsanstrengung erreichte, sondern schlicht durch seine Präsenz und Auffälligkeit", durch die zeichenhafte Präsenz aller Gemeinden. Die Gemeinde ist das „Zeichen", die Gegenwart, die Ehre Gottes in der Welt. Es gibt offenbar für die alte Kirche eine viel festere Verbindung zwischen der Zeichenhaftigkeit der Kirche und der Christologie als bei uns heute. Das wahre Wesen Christi kann nur dann aufleuchten, wenn die Kirche die messianische Alternative und die eschatologische Neuschöpfung sichtbar macht, die seit Christus Platz greift. Darum sagt Origines, was ich eben schon zitierte: „Die Göttlichkeit Jesu wird erwiesen durch die Gemeinden, die ihm ihr Heil verdanken."

Wie können unsere Gemeinden solcher Erweis der Göttlichkeit Jesu sein? Ich meine, daß die Wiederentdeckung der Koinonia-Struktur (Koinonia = Gemeinschaft) des christlichen Glaubens und ihre das ganze Leben der Gemeinde durchdringende Bedeutung hier von richtungsweisender Aktualität ist. Diese Wiederentdeckung resultiert aus einer umsichtigen Reflexion vergangener Jahrzehnte auf das Wort der Apostelgeschichte: Die Christen blieben „beständig bei der Lehre der Apostel (Kerygma) und der Gemeinschaft (Koinonia)" (Apg 2,42). Die Verkündigung des Evangeliums und die Bildung und Erfahrung von Gemeinschaft sind für die Kirche von grundlegender daseinserhaltender Bedeutung.

Das Neue Testament bezeugt ein Kirchenverständnis, in dem Kerygma und Koinonia, Glaubensbotschaft und Gemeinschaft, in einem Wechselverhältnis stehen. Gewiß spricht die Verkündigung den einzelnen an und fordert ihn zur Entscheidung heraus. Aber als Bekenntnis drängt der Glaube zur Mitteilung an andere. Und die sich so bildende Gemeinschaft ist ein Erweis für die Kraft des Kerygmas. Umgekehrt bleibt die Gemeinschaft nur dann lebendig und ihrem Ursprung treu, wenn sie in ihrer Mitte ständig das Evangelium, die Glaubensbotschaft wachhält und zur Geltung kommen läßt. Die Koinonia hat ihren unablässigen Quell im Kerygma, und das Kerygma zeigt seine erfrischende und verwandelnde Kraft in der lebendigen Koinonia. Beide durchdringen einander, und gerade in dieser engen Verbindung konstituieren sie Kirche.

Kirche muß Kontrastgesellschaft sein

In der Vergangenheit ist ja die Kirche oftmals als bloße „Heilsanstalt" gesehen worden, in der es – bis auf die wenigen begnadeten Amtsträger – nur passive Empfänger der Heilsmittel „Wort und Sakrament" gab. Man verstand sie als Betreuungskirche für den einzelnen, als Institution, die freie Angebote an eine Summe von Individuen macht. Spätestens seit dem Zweiten Vatikanischen Konzil ist diese Vorstellung von der Kirche, als reiner Versorgungskirche durch die Erkenntnis der mitverantwortlichen „Gemeindekirche" korrigiert worden. Ihre entscheidenden Lebensvollzüge verlaufen eben nicht einseitig nach Art eines Einbahnstraßensystems vom Amt zur Gemeinde hin, sondern wie in einem Netz hin und her. An ihrer kommunikativen und kollegialen Struktur, in der auch und gerade die besonderen Zuständigkeiten und Fähigkeiten der „einfachen" Gemeindemitglieder einbezogen werden, soll die Gemeinde als Volk Gottes erkennbar werden. Die Kirche muß die Angst vor den Charismen verlieren. Diese gehören zu ihrem Wesen, sie schaffen Koinonia, Gemeinde, Gemeinschaft!

„Die Göttlichkeit Jesu wird erwiesen durch die Gemeinden, die ihm ihr Heil verdanken" – wir müssen diesen Zusammenhang erst sehen! Unsere Gemeinden werden ein Erweis für die Göttlichkeit Jesu sein, also dafür, daß in „ihm" endgültig der Sinn des Lebens zu finden ist, wenn sie lebendige, vom Geist des Evangeliums geprägte Gemeinschaften sind.

Wieweit lebt in unseren Gemeinden und in der ganzen Kirche überhaupt noch das Bewußtsein von der Aufgabe, Kirche für die Welt, und zwar nach Markus und Matthäus bekanntlich für die ganze Welt, zu sein – Kontrastgesellschaft, Gesellschaft Gottes innerhalb der Gesellschaft? Wo betrachten Christen sich als die allen sichtbare Alternative Gottes, als etwas, das insgeheim das Ganze trägt und ihm durch seinen strahlenden Modellcharakter Lebenskraft und Sinn zukommen läßt – als „Stadt auf dem Berge", als „Salz der Erde", als „Licht der Welt"?

Hier stellt sich freilich dann noch einmal eine andere, sehr schwerwiegende Frage: Setzt eine solche Sicht die Christen nicht unter einen schrecklichen Erfolgszwang und einen gnadenlosen Leistungsdruck? Verwandelt sie die Kirche nicht in die abstoßendste Art von Leistungsgesellschaft, die es überhaupt gibt, nämlich in eine religiöse? Wie kann eine solche Ekklesiologie mit den Lauen und Schwachen mit den Verschuldeten und Gescheiterten, wie kann sie mit den Randexistenzen in der Gemeinde fertig werden?

Den übrigen Völkern zum Zeichen werden

Diese Einwände, die absolut ernst zu nehmen sind, zeigen aber auch dies: Kirche als Kontrastgesellschaft Gottes, die sie wirklich ist (sonst kann man die neutestamentlichen Schriften überhaupt nicht verstehen), kann nicht dadurch erreicht werden, daß einfach ein größeres Maß an sittlicher Energie investiert wird, als es andere moralische Aufrüstungsbewegungen der Menschheitsgeschichte aufgebracht haben. Die Nachfolge Jesu – ich habe den Eindruck, daß das bei uns weithin vergessen wird – fängt keineswegs damit an, daß man gebeten wird, gefälligst noch heroischer zu leben, als andere es tun oder getan haben. Sie fängt vielmehr damit an, daß man überreich beschenkt wird. Jesus verweist mit seiner ganzen Existenz auf das Wunder, das sich jetzt in der Geschichte ereignet: Das Reich Gottes bricht an. Dieses Wunder war nicht mit menschlicher Kraft herbeizuführen; es war unverfügbar und gänzlich unverdient bis heute. Nachfolge heißt, das Wunder des Reiches Gottes ahnen und, fasziniert von dem Geschenk einer neuen Möglichkeit menschlicher Gemeinschaft, radikal den Weg Jesu gehen. Das also, worauf es mir hier ankam – die eigentliche Dynamik des Missionsauftrages –, geht aus von dem Plan Gottes, der zeichenhaften Präsenz des Gottesvolkes unter den Völkern. Das erwählte Volk Israel soll den übrigen Völkern zum Zeichen werden für das, was Gott mit der Welt im Ganzen plant. Die Strategie von Gottes Handeln an der Welt, an der Gesamtgesellschaft, ist im 2. Kapitel Jesaja ganz klar in zwei Schritten definiert: Gott schafft sich in einem auserwählten Volk eine Modellgesellschaft. Was sich in ihr entwickelt, wird dann so faszinierend sein, daß alle Völker und Menschen ihre Blicke dorthin lenken und zu lernen beginnen, sich selbst auch verwandeln zu lassen. Jesus übernimmt diese Grundstruktur des Handelns Gottes an der Welt und der Geschichte. Die Kirche, ja jede einzelne Gemeinde ist von ihm gedacht als die „Stadt auf dem Berge", als die Modellgesellschaft Gottes. Die frühen Gemeinden der Christenheit haben sich so verstanden. Und wir wissen: Die Welt staunte, die Kaiser zitterten, und die Hoffnungslosen schöpften Hoffnung. So ist die Strategie Gottes bis heute! Das hier im Grunde aufgezeigte Ziel auch katholischer Erwachsenenbildung wäre tragisch mißverstanden, wollte irgendjemand darin einen Rückzug ins Ghetto argwöhnen. Schlimmer könnte ich nicht mißverstanden werden!

Gemeinden als Orte der Glaubens- und Gotteserfahrung

„Ohne Umschweife sei formuliert: Was im Leib die Seele ist, das sind in der Menschheit die Christen", heißt es im Brief an Diognet im letzten Jahrzehnt des zweiten Jahrhunderts. Das schreiben Menschen, die nur eine kleine Schar waren und von der Welt verlacht wurden wegen ihrer „Weltfremdheit", die aber ein Selbstbewußtsein hatten! Sie waren sich bewußt, daß es ein Geschenk ist, Volk Gottes, Gemeinde des Herrn zu sein, und sie hörten auf Gott, hielten sich an ihn und verhielten sich einander gegenüber entsprechend. Sie dachten vom anderen her und nicht mehr von sich selbst. Das überzeugte!

In einem anderen Satz des selben Briefes an Diognet steht (ebenfalls im sechsten Kapitel): „Verbreitet über alle Glieder des Leibes hin ist die Seele, wie die Christen verbreitet sind über die Städte der Welt hin." Und: „Umschlossen ist zwar die Seele vom Leib, diese hält aber den Leib zusammen. Ebenso werden zwar die Christen von der Welt gleichsam in Bewachung gehalten, jedoch halten vielmehr sie die Welt zusammen." Das ist die Überzeugung des zweiten Jahrhunderts.

Die Christen, die christlichen Gemeinden sind die Seele der Welt, indem sie konkrete Orte der Glaubens-und Gotteserfahrung sind. Das bedeutet aber auch: Selbstverständlich muß die Welt, müssen die Menschen erfahren, daß ihre Sorgen umschlossen sind von der christlichen Gemeinde, daß die Gemeinde die Sorgen der Gesellschaft kennt, mitträgt und beantwortet oder zumindest zu beantworten vermag, den Schlüssel dafür weiß.

Sorgen der Gesellschaft mittragen

Ich nenne hier einige Sorgen, die selbstverständlich Sorgen der Gemeinden sein müssen:

1. Ehe und Familie: Es hat sich ja wohl nirgendwo der Traditionsbruch Ende der sechziger Jahre so verheerend ausgewirkt wie in Ehe und Familie. Hier muß man sich in unseren Gemeinden fragen: Welche Zeit und Kraft verwenden wir (erfreulicherweise) bei der Vorbereitung auf Erstkommunion und Firmung! Und welche Hilfe geben wir in Vorbereitung und Begleitung jenen Paaren, die sich gemeinsam auf den Weg machen wollen?
2. Arbeitslose: Mir hat kürzlich ein Pfarrer, den ich nach der Zahl der Arbeitslosen in seiner Gemeinde fragte, geantwortet: „Ich kenne einen. Ich weiß, daß es weit über hundert sind." Arbeitslose – das muß doch unsere erste Sorge sein und darf nicht, wie ich es leider mancherorts erlebe, abgetan werden mit den Worten: „Das sind doch alles Leute, die nicht arbeiten wollen. Wissen Sie, ich kenne doch ...". Ich kenne Dutzende, die nicht arbeiten wollen. Das ist aber nur ein Bruchteil der Arbeitslosen!
   Wenn wir das Thema so diffamierend behandeln, machen wir uns lächerlich. Die Problematik des knapp gewordenen Gutes Arbeit, dessen gerechte Verteilung, die Frage von Schwarzarbeit, Nebentätigkeit und Überstunden (durch Überstunden geht in der Bundesrepublik Deutschland jährlich eine Million Arbeitsplätze verloren), Freude am Herstellen, den Sinn von Arbeit unabhängig vom Lohn erkennen, das müssen unsere Themen sein! Und wir müssen die Richtung der Antwort aufzeigen.
3. Umgang mit der Schöpfung: Was im achten Kapitel des Römerbriefes steht, hat offenbar noch niemand bei uns so recht begriffen. Vielleicht ist es die Antwort auf die ganze Ökologieproblematik, daß wir nämlich die Schöpfung als Schöpfung ernst nehmen und begreifen, was der fundamentale Akt von Freiheit ist, zu dem wir Christen aufgrund der Taufe berufen sind. Es ist der Verzicht – eine Kultur der Askese, die bewußt und aus Grundsatz auf durchaus erreichbare Güter verzichtet um der Freiheit für höhere, menschlichere Güter, um des Füreinander-Daseins willen.
4. Europa: Wir sagen, in der Kirche gebe es keine Ausländer. In unseren Gemeinden gibt es sie offenbar doch. Was habe ich für Briefe bekommen, nachdem ich unlängst erklärte, Ausländer seien Bürger und sollten eigentlich auch das kommunale Wahlrecht haben! Man schrieb mir etwa sinngemäß: „Herr Bischof, so geht es aber nicht! Raus mit den Ausländern! Wir brauchen die Arbeitsplätze!" Haben wir uns die Problematik der Ausländer, die seit zwanzig Jahren existiert, überhaupt bewußt gemacht? Haben wir die Chance wahrgenommen, die darin liegt, daß Christen europäischer Länder miteinander kommunizieren? So könnte man noch viele andere Dinge nennen.

Anderer Lebensstil – andere Lebensform

Wenn die Seele, die Gemeinde versagt, tot ist, erstarren die Glieder, erstirbt die Gesellschaft. Manchmal glaube ich, daß wir viel zu wenig Selbstbewußtsein haben. Die Gemeinde muß die Sorgen der Welt mittragen und durch ihr Bemühen die Richtung zu deren Überwindung aufzeigen. Dazu ist die Kirche, die Gemeinde eben nur im Stande als Volk Gottes, als Alternativgesellschaft Gottes, die heilig sein muß unter den Völkern. Das heißt, daß sie sich grundlegend anders verhalten muß als die übrigen Gesellschaften in der Welt. Gemeint ist damit gerade nicht Ghetto, nicht religiöse Selbstbefriedigung oder kulturelle oder geistige Isolation sondern eine andere Weise des Zusammenlebens, ein anderer Lebensstil, andere Lebensformen, die entgegen den Strukturen einer gottfernen und kranken Gesellschaft das realisieren, was von Gott her Gesellschaft sein soll.

Um abschließend den ersten Petrusbrief zu zitieren: „Ihr seid aber das auserlesene Geschlecht, die königliche Priesterschaft, ein heiliger Stamm, ein Volk, bestimmt zum Eigentum, damit ihr die großen Taten dessen verkündet, der euch aus der Finsternis in sein wunderbares Licht berufen hat." Schwestern und Brüder, Petrus spricht von uns, von den Gemeinden! Es geht also gar nicht in erster Linie um die private Heiligkeit des einzelnen Christen, wie wir so lange interpretiert haben; es geht darum, daß sein Volk, die Kirche, die Gemeinde Christi, für den Plan Gottes mit der Welt Zeugnis gibt.

In seinem 1980 erschienenen vorzüglichen Buch über apostolisches Gemeindeleben, „Die Herausforderung der paulinischen Gemeinden", schreibt Rixner, der Entschluß, lieber eine Minderheit mit eindeutiger Identität zu bleiben, als die Kirche zu verweltlichen, sei die Voraussetzung für eine weltverändernde Wirksamkeit. Die Herausforderung, meine ich, die Gemeinde bedeuten muß, sollte da eigentlich klar sein. Entscheidend ist nicht die Größe der Stadt, sondern daß sie auf dem Berg liegt, Stadt Gottes ist und so zum Licht für die ganze Welt wird.

Verständigung über das Ziel der Erwachsenenbildung

Ich habe versucht zu verdeutlichen, was ich als das eigentliche Ziel der katholischen Erwachsenenbildung ansehe: die Verlebendigung der Gemeinden aus dem Geist des Evangeliums. In einer Welt, die vor dem atomaren Holocaust steht und durch ihren Lebensstil Gottes Schöpfung zu Grunde richten droht, ist solche Erneuerung und lebendige Darstellung des Willens Gottes der erste Weltdienst Wie dies im einzelnen erreicht werden kann, weiß ich auch nicht. Zumindest ist diese Frage nicht leicht zu beantworten. Ich meine vor allem, die Verständigung über das Ziel sei hier die Voraussetzung. Darum möchte ich schließen mit einem Wort von Antoine de Saint-Exupery, das in einem Bild deutlich macht, worum es uns vor allem anderen gehen muß: „Wenn du ein Schiff bauen willst, so trommle nicht Männer zusammen, um Holz zu beschaffen, Werkzeuge vorzubereiten, Aufgaben zu vergeben und die Arbeiten einzuteilen, sondern lehre die Männer die Sehnsucht nach dem weiten endlosen Meer."

5. Mai 1988, Hildesheim-Marienrode

Predigt aus Anlaß der Übergabe des wiedererrichteten Klosters Marienrode an die Benediktinerinnen von Eibingen

Am 22. Mai 1125, also in diesem Monat vor 863 Jahren, liebe Schwestern und Brüder, unterzeichnete der 19. Bischof von Hildesheim, Berthold I., eine Urkunde, in der es heißt: „Gerecht ist es, und es entspricht vollkommen der Sorge eines Bischofs, zur Ehre Gottes sowohl den Gottesdienst in aller Ordnung in den übernommenen Kirchen als auch das Ordensleben mit Hilfe des Herrn zu fördern. Darum wollen wir, daß sowohl die Gegenwärtigen [‚moderni', schreibt er] als auch die Kommenden wissen, daß wir aus unserer Pflicht, getrieben von der Liebe zu Gott und der heiligen Gottesgebärerin, für das Heil unserer Seele, für den Frieden, die Ruhe und Erbauung des Volkes, das uns anvertraut ist, den Wunsch haben, unsere Kirche im Herrn zu erweitern. Darum errichten wir mit Zustimmung und Rat unserer Brüder eine Kongregation von Klerikern, die nach der Regel des hl. Augustinus gemeinsam in Christus leben – in der Ortschaft, die Novale Bacconis heißt [...]"! Gut 130 Jahre später – 1259 – wurde dies Kloster Baccenrode in ein Zisterzienser-Kloster umgewandelt und hieß seitdem „Marienrode". Durch fast 6 Jahrhunderte wurde dann hier das Lob Gottes gesungen. Großer Segen ging von diesem Kloster aus, wenn es auch Zeiten großer Verwirrung und des Ärgernisses auch in diesem Kloster gab. Am 11. April 1806 – das Kurfürstentum Hannover war gerade preußisch geworden – hob die preußische Regierung das Kloster auf. Die letzten 21 Mönche und 4 Novizen mußten das Kloster verlassen.

Wenn wir heute – nach 182 Jahren, im Marianischen Jahr – durch Gottes Gnade und mit der Hilfe der Abtei St. Hildegard in Eibingen das zurückerworbene und so umsichtig restaurierte Kloster seiner ursprünglichen Bestimmung im Sinne von Bischof Berthold (vor 863 Jahren) unter Anwesenheit eines Kardinals, von 12 katholischen, evangelischen und orthodoxen Bischöfen, 19 Äbten und Prioren, 13 Äbtissinnen und Priorinnen, von 70 Priestern und der Gemeinde von Neuhof und vielen Gästen übergeben dürfen – dann kann dies eigentlich nur in ergriffenem Schweigen und stammelndem Gotteslob erfolgen. Zudem, da dies am 950. Jahrestag des Todes des großen Bischofs Godehard geschieht, der die Kirche von Hildesheim so nachhaltig geprägt hat. Wenn dennoch in dieser Stunde ein Wort der Verkündigung gewagt werden darf, dann soll es eine kurze Besinnung darauf sein, was kontemplativ/beschauliche Klöster uns künden.

1. Was ist das: kontemplatives, beschauliches Leben? Gehört es zum Wesen der Kirche? Gar des Christen überhaupt? Oder sollte es überholt sein?

Schauen wir auf den Stifter und Herrn der Kirche, den ewigen Sohn des Vaters. Er ist ja die Wahrheit, die darin besteht, daß er mit seiner gesamten göttlichen und menschlichen Existenz ununterbrochen – ewig und zeitlich – in Übereinstimmung mit seinem Vater lebt und so ganz sein Spiegelbild ist. Sein innerstes Wesen ist es, sich-selbst-enteignete Hingabe an diesem Willen des Vaters zu sein und darum restloser Ausdruck des Willens des Vaters, um durch die Hingabe alles Eigenen die Brüder und Schwestern zu retten. Und Jesu Christi ganze hingebende Liebe entströmt dem Punkt, wo er den Vater an-schaut und darin immerdar tut, was diesem wohlgefällt – bis ans Kreuz.

Diese Wahrheit Christi ist nun nicht anders zu erfahren als dadurch, daß wir sie persönlich nachvollziehen. Nicht so, daß wir sein Leben zu kopieren versuchten, sondern so, daß wir in der Kraft des Heiligen Geistes wie Jesus Christus ganz aus der Hingabe an den Vater, aus dem An-Schauen des Vaters, leben. Das bedeutet freilich für uns, die wir gewöhnlich auf uns selbst bezogen sind, ein radikales Umlernen: Abkehr vom Vielen zum Einen, Umdenken von den Menschengedanken auf Gottes eigene souveräne Gedanken.

Doch – geht das denn, uns radikal umzustellen auf Gottes Gedanken und so ganz den Vater in den Blick zu nehmen? Ja, es ist möglich! Denn wir haben die Befähigung dazu in der Taufe empfangen, die die Väter eine Erleuchtung des Geistes und seiner inneren Schaukraft nennen.

Mit der Taufe ist uns die Fähigkeit geschenkt, Gott, der doch im unzugänglichen Lichte wohnt, in den Blick zu nehmen und wie Jesus Christus den Vater anzuschauen. „In deinem Licht schauen wir das Licht", sagt der Psalm 36 (10).

Aber wissen wir auch um die Gefährdung, die von den Lichtern der Welt ausgeht, den Reklamelichtern und dem gleißenden Glanz des eigenen Erfolgs, und wie wir ständig versucht sind, uns dem selbstgeschaffenen Licht zuzuwenden?

Ich denke, hier ist es die Berufung und die Aufgabe des kontemplativen Klosters, uns alle an das ewige, alles ermöglichende und rechtfertigende Licht zu erinnern, wenn wir es über unseren vielen kleinen Lichtern vergessen. Die Aufgabe der Kontemplativen unter uns ist es, die Quelle jeglicher christlicher Existenz, das „Schauen" Gottes freizuhalten – zum Heil von uns allen. Sie wollen Erinnerung für alle Christen sein, sich doch bei allem Vielerlei der Welt nicht dem ungeschaffenen Licht zu verschließen. Und so bedeutet die klösterliche Kontemplation nichts weniger als das schlagende Herz der Kirche. Nicht eigentlich ein Einzelorgan, sondern die zentrale Kraft, die in alles kirchlich-christliche Handeln und Tun das lebenerhaltende und -spendende Blut des Gesamtlebens flößt.

2. Der kontemplative Mensch weiß und versteht: Nur im Zeithaben für Gott gewinnt er selber Teilhabe an ihm. Zu Ihm hin entbrennt sein Herz, für Ihn hat er Zeit, Muße, Platz, Leere. Nur in einem mitunter schmerzvollen Opfer und Verzicht auf die in Bann schlagende Vielfalt und Zudringlichkeit der Einzeldinge taucht vor ihm die Sonne der Wirklichkeit, Gott, auf. Nur wer ein „ausgeräumtes Herz" hat, „arm im Geist" ist, vermag „Gott zu schauen", wie uns der Sohn, seine Mutter und das Evangelium lehren.

Dabei geht es nicht um ein Nachdenken über Gott, sondern um das Hindurchsehen („Schauen") durch alles zu Gott – um wirkliche Begegnung. Das Hindurchschauen ist das Entscheidende, um das Licht Gottes außerhalb aller Gestalt zu sehen. Die Kontemplation ist nicht ein erster Akt, um dann gänzlich in welthafte Aktionen aufzugehen. Sie ist vielmehr ein ständiges Erspüren und Wahrnehmen der sich immerfort hingebenden Liebe Gottes. Aber wer schaut schon so die Welt an?

Solche Welt-Anschauung wäre die Rolle der Kirche. Sie müßte, wenigstens irgendwo, existentiell realisieren, wer und was sie eigentlich ist, welches Tun sie konstituiert. Und dort, wo sie dies realisiert, ist sie ganz sie selbst, hat sie ihre wahre Spitze und Mitte, die anderswo liegen als in ihren sichtbaren Verwaltungszentren, so wichtig auch diese sind. Der Christ, der sich zum kontemplativen, also schauenden Leben berufen weiß und entschließt, geht in die Mitte der Kirche; er verzichtet gleichsam darauf, ein einzelner Mensch, ein einzelnes Kirchenglied zu sein. Er wird anonym, er schenkt sein Herz der Kirche und erhält von der Kirche ihr Herz. Er übersteigt das Teilsein um der Ganzheit willen; jener Ganzheit, die die von Christus geschenkte und ermöglichte Antwort der Welt auf die sich in die Welt hineinverströmende Ganzheit Gottes ist. Niemand ist deswegen so gänzlich sich selbst enteignet wie der oder die Kontemplative. Niemand kann so wenig wie er/sie auf persönliche Befriedigung hoffen und warten. Er/sie ist nicht nur diese Einzelperson, über die Gott zugunsten des Ganzen verfügt, er/sie ist ein lebendig-personaler Aspekt dieses Ganzen, über das Gott zugunsten der Teile verfügt.

3. Sie, liebe Schwestern, wollen ihr kontemplatives/beschauliches Leben in diesem neuen alten Kloster in der Lebensform leben, die der Vater des abendländischen Mönchtums und Patron Europas, der hl. Benedikt, im 6. Jahrhundert geformt hat. In Benedikts Regel, die das Grundgesetz des abendländischen Mönchtums geworden ist, sammelt und verdichtet sich ein Traditionsstrom, der aus Ägypten, Syrien, aus dem griechischen Kleinasien, aus Nordafrika und den germanischen Landen stammt. Benedikt und die von ihm geprägte Lebensform, die so sehr in der besten spirituellen Überlieferung der noch ungeteilten Christenheit, also vor den traurigen Spaltungen des 11. und 16. Jahrhunderts, verwurzelt ist, sind also gemeinsames Erbe der Christenheit.

Daran haben Sie, lieber Herr Landesbischof und Bruder Lohse, erinnert, als ich Sie vor 4 Jahren über die Absicht informierte, dies Kloster wiederzuerrichten, und Sie bat, doch darin kein Zeichen einer Gegenreformation zu sehen. Sie antworteten damals lächelnd: „Das ist doch unsere gemeinsame Vergangenheit" – und fügten später sehr ernst hinzu: „und unsere gemeinsame Zukunft". Ich danke Ihnen dafür. Beide sind wir ja zusammen mit anderen davon überzeugt: Wir werden in der nur scheinbar stagnierenden Ökumene weiterkommen, wenn wir uns alle zurückbesinnen auf das Evangelium und die apostolische Urkirche und offen werden für den Geist Gottes, der allein die Einheit wirken kann.

Die apostolische Urkirche zu verwirklichen als Schule des Gottsuchens und der Gemeinschaft war und ist das Anliegen der benediktinischen „Lebensform". Dabei ist die „stabilitas loci", die kennzeichnend ist für die benediktinischen Gemeinschaften, wesentlich. Die „stabilitas loci" meint die Endgültigkeit der eingegangenen Bindung an diese Gemeinschaft, an diesen Ort, in dieser Zeit. Sie hat zu tun mit dem johanneischen „Bleiben", von dem wir im Evangelium des letzten Sonntags gehört haben. Alles liegt an diesem „Bleiben". In der Bewährung dieser Situation, an diesem Ort, in dieser Zeit, in der Bindung an diese Gemeinschaft.

Im Chaos der Völkerwanderung des 6. Jahrhunderts (die damals Rom bedrohenden Langobarden waren ja übrigens hier im Raum unseres jetzigen Bistums, an der unteren Elbe zu Hause, Ort und Dom Bardowick erinnern noch heute daran!), im Chaos der Völkerwanderung des 6. Jahrhunderts war die „Stabilität" Benedikts und der von ihm geprägten Lebensform die Rettung: Hier konnten Wurzeln treiben, die die wandernden Dünen zum Stillstand brachten. Hier fiel das Weizenkorn wirklich in die Erde und brachte sterbend hundertfältige Frucht; hier war das johanneische „Bleiben" (als das entscheidende Kriterium der christlichen Liebe) auch der Ursprung neuer Kultur; hier war das erhöhte Zeichen auf dem Berge oder im Tal der Magnet, um den sichtbar/ unsichtbar die Herzen und Geister sich auf- und ausrichteten.

Ist nicht die Kraft dieses Zeichens auch in der heutigen und hiesigen geistigen Auflösung und technischen Hetze ein „Zeichen der Hoffnung"? Hat nicht die moderne technische Zivilisation das Woher und Wohin des Menschen, das Hinsehen auf Ihn, das An-Schauen Gottes vergessen? Und es würde nichts helfen, wenn die Christen durch stärkere Betonung der aktiven, „weltzugewandten" Seite des Christlichen diesen Todeslauf mitmachen wollten, um durch ihre „Gegenwart" das wesenhaft Unheilige zu heiligen, wenn sie des „Schauens Gottes", der Kontemplation und des „Bleibens" in der Liebe verlustig gingen. Sie müssen vielmehr aus ihrem von Gott kommenden Licht heraus der Welt das zurückgeben, was diese in ihrer Verblendung nicht mehr sieht: das „Schauen", das An-„Schauen" Gottes.

Und dafür mögen Sie uns, liebe Schwestern, gleichsam wie Paulus der Gemeinde in Rom – er schreibt es zu Beginn seines Ankündigungsbriefes – „geistliche Gaben vermitteln, damit wir dadurch gestärkt werden" – wir, die Gemeinde Marienrode-Neuhof, die ganze Kirche von Hildesheim mit allen, die den Herrn suchen. „Oder besser", wie Paulus sich korrigiert: „damit wir [...] miteinander Zuspruch empfangen durch euren und unseren Glauben".

Nach den Worten des Origenes und anderer Väter sind die Kontemplativen, die Gott-Schauenden, die Augen der Kirche. In diesem Sinne, liebe Schwestern, mögen Ihnen viele in die Augen schauen: Und das Gotteslob, das Sie heute wieder anstimmen, möge mit Gottes Hilfe und Mariens Fürbitte hier nie mehr verstummen, bis Er wiederkommt.

30. Juni 1990, Hildesheim

Schlußwort bei der Diözesansynode am 30. Juni 1990

Meine lieben Schwestern und Brüder!

1. Wir stehen am Ende unserer Diözesansynode. Ihr Weg, so hatten wir es uns vorgenommen, sollte sich an dem Weg der Emmaus-Jünger orientieren. Ich kann heute dankbar feststellen: Das ist tatsächlich geschehen.

Wir wollten uns miteinander dem Geist Gottes stellen und nach einer gemeinsamen Zielsetzung für den künftigen Weg der Kirche von Hildesheim suchen. Meine Bitte an die Synode war eine doppelte: das Verständnis von Kirche und Gemeinde als Gemeinschaft mit Gott, miteinander und für die Welt anschaulich zu machen und das Erstwichtige für die Seelsorge unseres Bistums in den vor uns liegenden Jahren herauszufinden.

In tiefer Dankbarkeit gegenüber Gott und Ihnen allen erkläre ich mit Freude: Die Synode hat eine für mich ermutigende Antwort gegeben. Es sind uns Erfahrungen und Erkenntnisse geschenkt worden, die eine Erneuerung der Kirche von Hildesheim einleiten können.

2. Natürlich ist es zu früh, so etwas wie eine Wertung unserer Synode zu wagen, wenn uns das überhaupt zusteht. Aber gestatten Sie mir doch einige wenige Bemerkungen über mein eigenes Empfinden im Blick auf die Synode. Für mich bedeuten die Synodenwochen eine große Mahnung zur Nüchternheit, wenn ich folgendes sehe:

- die tiefe Glaubensnot vieler Glieder der Kirche von Hildesheim, nicht nur Jugendlicher;
- die Kluft zwischen der Botschaft der Freude und Versöhnung einerseits und der Wirklichkeit in den Gemeinden, den Ehen und Familien andererseits;
- die Kluft zwischen dem Geschenk des Sonntags und der sonntäglichen Wirklichkeit;
- die Kluft zwischen dem uns in Jesus Christus geschenkten Frieden, der geschenkten Gerechtigkeit und dem Geschenk der Schöpfung einerseits und unserer Praxis hinsichtlich Frieden, Gerechtigkeit und Schöpfung andererseits;
- die Dissense hinsichtlich des Verständnisses und der Rezeption der sich auf den Herrn berufenden Lehren der Kirche z. B. in bezug auf Ehe und Familie (diese Dissense unter uns gehen mir sehr nach).

Aber es ist gut, daß wir uns dieser Probleme bewußt geworden sind und ich danke, daß das so deutlich geworden ist. Allerdings hoffe ich, mit Ihnen einig zu sein: Stehenbleiben sollten wir dabei nicht!

3. Ebenso sehr möchte ich betonen, daß die Synodenwochen für mich eine große Ermutigung waren und sind:

- Was ich in dieser Zeit an Frömmigkeit, an Glaubenskraft erfahren durfte, beglückt und beschämt mich gleicherweise.

- Die Bereitschaft umzukehren, hat mich tief beeindruckt.
- Die Erlebnisse in den Gruppen und vielen Begegnungen haben mir bestätigt, was ich schon gelegentlich gesagt habe, aber hier in diesem Augenblick in voller Überzeugung wiederholen möchte: Die Kirche von Hildesheim ist wirklich lebendig.
- Die Synode bedeutet für mich persönlich eine tiefe Glaubenserfahrung und -vertiefung; und die Liebe zur konkreten Kirche, auch und ganz besonders die Liebe zur konkreten Kirche von Hildesheim hat sich eigentlich in mir nicht nur erneuert, sondern vertieft – auch wegen ihrer Leiden und Nöte.

4. Bestärkt hat mich die Synode aber auch in dem Anliegen, noch mehr bemüht zu sein, die Kommunikation innerhalb der Kirche von Hildesheim, die Prozesse der Meinungsbildung und Entscheidungsfindung nach Möglichkeit noch intensiver, offener und kommunialer zu gestalten. Dabei denke ich an Zusammenkünfte auf Bistumsebene in regelmäßigen und überschaubaren Abständen. Die Modalitäten sollten wir gründlich und in Ruhe überlegen. Ich bitte Sie redlich mitzudenken: Ist die Gestalt der Synode die optimale Weise oder gibt es andere Formen?

Ich sage Ihnen auch ganz offen, was mich persönlich so ein wenig bedrückt: Für meine Begriffe hatte unsere Synode durchaus einen dialogischen Charakter – auch was das Gespräch mit mir angeht; meinerseits habe ich mich bemüht, zuzuhören und meine Überzeugungen kundzutun (in Predigten, in Beiträgen hier im Saal, im persönlichen Dialog). Aber ich wünschte mir einen intensiveren Meinungsaustausch, einen intensiveren Gang auch im Austausch der Argumente und des Für und Wider. Ich wünschte mir noch mehr Gemeinsamkeit im Hören auf die Stimme des Herrn und im Suchen nach seinem Willen. Ich bitte Sie alle, darüber nachzudenken und mir das auch mitzuteilen, wenn Ihnen andere Wege und Möglichkeiten einfallen für Zusammenkünfte auf Bistumsebene.

5. Gestatten Sie mir aber auch noch einen kurzen Blick in die Zukunft. Ich bitte Sie alle sehr herzlich: Gehen wir nun den Weg der Emmaus-Jünger weiter! Die Erfahrung des Herrn war ja der Anfang für die beiden. Wir alle wissen, wie sie zurückkehrten und eine Gemeinschaft wurden und wie auf Grund ihres Zeugnisses neue Gemeinschaften entstanden. Kirche wurde so, was sie immer ist und bleiben wird: Kirche, Mysterium und Volk Gottes.

Vermutlich können wir alle auch gar nicht anders, als unsere Erfahrungen und Erkenntnisse weiterzugeben, zumal nicht wenige darauf warten und wir ganz sicher gefragt werden. Wir sollten dabei in Gemeinschaft bleiben und einander ermutigen und helfen. Darum bitte ich Sie alle ganz herzlich. Gern werden wir – ich darf das ganz sicher für die Mit-Bischöfe und den Generalvikar und für die anderen Mitarbeiterinnen und Mitarbeiter im Haus sagen – versuchen, das uns Mögliche zu tun.

Konkret denke ich im Augenblick an zwei Dinge:
a) In der Ordnung der Synode heißt es: „Nach Abschluß der Synode unterrichtet der Bischof in einem Brief die Gemeinden, Gemeinschaften und Verbände über die Arbeit der Synode und

ihre Ergebnisse." Dabei denke ich an eine Art Fortschreibung des Emmaus- bzw. des Bernward-Briefes, also an ein Hirtenwort, das von den Kanzeln verlesen werden sollte, das dann aber auch das Vorwort zu dem Synoden-Dokument sein könnte und eben einladen sollte, sich auf die Beschlüsse der Synode, auf ihre Erfahrungen und Erkenntnisse einzulassen.

b) Das andere sehe ich auch ganz deutlich: Wohl unerläßlich ist hier die „mündliche Überlieferung". Im Herbst und Anfang nächsten Jahres (Oktober, November, Januar, Februar) werden die Weihbischöfe, der Generalvikar und ich die einzelnen Dekanate aufsuchen und jeweils das Presbyterium und den Dekanatsrat einladen, um – soweit möglich – gemeinsam mit den Synodalen aus den Dekanaten die Erfahrungen und Erkenntnisse der Diözesansynode zu vermitteln und die Gemeinden anzuregen, sich damit zu befassen.

6. Es bleibt mir am Schluß nur, Danke zu sagen: den Moderatoren, dem Synodenvorstand, Ihnen allen für die intensive, redliche, faire Zusammenarbeit. Danken möchte ich aber auch den Gemeinden, Familien und Ordensgemeinschaften, den Betern und Beterinnen in der Antoniuskirche, in den Ordenshäusern und an vielen anderen Orten des Bistums, den Helferinnen und Helfern in der Technik, in der Küche und hier an der Kaffee-Bar.

Drei Personen möchte ich besonders nennen und ihnen danken: einmal Weihbischof Pachowiak für seine umsichtige Vorbereitung und Begleitung der Synode, dann Herrn Kawalle als dem Sekretär der Synode, der auch im Herzen mitgedacht und mitgelitten hat, und schließlich als drittem dem Kärrner der Kirche von Hildesheim, den man auch Generalvikar nennt.

Ihnen allen, Schwestern und Brüder, noch einmal ganz herzlichen Dank. Vergelt's Gott und auf Wiedersehen!

21. November 1990, Gnesen (Polen)

Feierstunde anlässlich des 25. Jahrestags des „Versöhnungsbriefwechsels" zwischen dem polnischen Episkopat und der Deutschen Bischofskonferenz am 21. November 1990 in Gnesen

1.

Einige Anmerkungen zur Charakterisierung und Ortung des Antwortschreibens der Deutschen Bischofskonferenz vom 5. Dezember 1965 auf den Versöhnungsbrief des polnischen Episkopates vom 18. November 1965. Der Antwortbrief war in der gemeinsamen polnisch-deutschen Arbeitsgruppe, der Bischof Hengsbach (Essen), Bischof Schröffer (Eichstätt) und Bischof Spülbeck (Meißen) deutscherseits angehörten, erörtert und abgesprochen worden. Der Antwortbrief trug die Unterschriften aller damaligen 42 Mitglieder der Deutschen Bischofskonferenz, zu denen auch die Namen der Bischöfe aus der damaligen DDR gehörten. Es lag den deutschen Bischöfen daran, daß der Antwortbrief an die polnischen Mitbrüder von allen katholischen Bischöfen des ganzen deutschen Volkes unterschrieben und getragen wurde.

Am Schluß des Briefes der polnischen Bischöfe hatte der denkwürdige Satz gestanden: „In diesem allerchristlichsten und zugleich sehr menschlichen Geist strecken wir unsere Hände zu Ihnen hin [...], gewähren Vergebung und bitten um Vergebung." Mit brüderlicher Ehrfurcht ergriffen nun die deutschen Bischöfe die dargebotenen Hände.

Die Botschaft der deutschen Bischöfe enthält neben dem Dank für die Einladung zur Feier des Millenniums Polens den Wunsch, den während des Konzils begonnenen Dialog in Polen und in Deutschland fortzusetzen. An zentraler Stelle wird dann in einem rückhaltlosen Eingeständnis die Größe der deutschen Schuld gegenüber Polen und die daraus folgende schwere Verantwortung des deutschen Volkes ausgesprochen: „Furchtbares ist von Deutschen und im Namen des deutschen Volkes dem polnischen Volk angetan worden. Wir wissen, daß wir die Folgen des Krieges tragen müssen, die auch für unser Land schwer sind."

Es geschah nicht zum ersten Mal, daß deutsche Bischöfe dies gegenüber Polen aussprachen. Der damalige Bischof von Berlin, Julius Kardinal Döpfner, hatte dies bereits 1960 in seiner Predigt zum Fest der hl. Hedwig zum Ausdruck gebracht. Er hatte den Katholiken in Polen versichert, daß die Deutschen aufrichtig Frieden mit ihren Nachbarn wünschten. Der Kardinal gab in dieser Predigt inhaltliche Maßstäbe für die Wiederannäherung beider Völker:

(1) „Krieg als Mittel zur Neuordnung des Verhältnisses zwischen Polen und Deutschen scheidet von vornherein aus." Kardinal Döpfner griff damit das denkwürdige Wort auf, das die Vertriebenenverbände in ihrer berühmten Charta 1950 bereits gesagt hatten: Wir wollen keine Vergeltung. Dieses mutige Wort der Vertriebenen, das stets durchgehalten und bekräftigt worden ist, kann nicht hoch genug geschätzt werden. Wir wären dankbar, wenn dies auch in Polen so gesehen würde.

(2) „Das deutsche Volk kann nach allem, was in seinem Namen geschehen ist, den Frieden nur unter sehr großen Opfern erlangen." Viele haben damals dieses Wort auch in Richtung der Grenzfrage verstanden. Aber Kardinal Döpfner sagte auch das folgende, und daran lag ihm sehr: Einen Prozeß wirklicher Verständigung zwischen unseren Völkern einzuleiten.

(3) „Für die Zukunft ist die Gemeinschaft der Völker und Staaten wichtiger als Grenzfragen." In der Kontinuität dieser Linie haben die deutschen Bischöfe während der letzten 25 Jahre unablässig sich bemüht, zu einer wirklichen, die Geschichte aufarbeitenden Verständigung zu kommen.

Es ging den deutschen Bischöfen seit der Formulierung dieser Grundsätze eben immer wieder um eine umfassende, die Geschichte aufarbeitende, die Vertriebenen einbeziehende Versöhnung beider Völker, die aus der Versöhnung mit Gott folgt. Gerade dieses letzte brachten sie auch in ihrem Brief von 1965 zum Ausdruck: „Alles menschliche Unrecht ist zunächst eine Schuld vor Gott, eine Verzeihung muß zunächst von ihm erbeten werden [...]. Dann dürfen wir auch ehrlichen Herzens um eine Verzeihung bei unseren Nachbarn bitten. So bitten auch wir zu vergessen, ja wir bitten zu verzeihen. Vergessen ist eine menschliche Sache.

Die Bitte um Verzeihung ist ein Anruf an jeden, dem Unrecht geschah, dieses Unrecht mit den barmherzigen Augen Gottes zu sehen und einen neuen Anfang zuzulassen." Die Versöhnungsbotschaft vor 25 Jahren hat tatsächlich einen Prozeß der Verständigung eingeleitet, deren Bewährung wir gerade in diesen Tagen und bei dieser Begegnung mit Bewegung und Freude erfahren dürfen. Und wir sind dankbar, daß diese Verständigung auch gerade von den Vertriebenen voll mitgetragen wird.

2.

Nicht selten wurde bemängelt, daß die deutschen Bischöfe sich in dem Antwortschreiben an die polnischen Mitbrüder nicht eindeutig zur Oder-Neiße-Grenze geäußert hätten. Wenn die deutschen Bischöfe sich dazu 1965 so geäußert haben, wie es bekannt ist – eben in der von Kardinal Döpfner in seiner St. Hedwigs-Predigt angegebenen Linie –, so geschah dies vor allem deshalb, weil sie sich damals noch am Anfang jener umfassenden Bemühungen um eine authentische, auf Liebe und Wahrheit gegründete Versöhnung und Verständigung zwischen den beiden Völkern wußten. Darüber hinaus war für sie gemäß den internationalen Rechtsgrundlagen die abschließende Regelung der Grenzfrage zusammen mit der deutschen Einheit Inhalt des ausstehenden Friedensvertrages (entsprechend dem Potsdamer Abkommen der Siegermächte 1945). Eine partielle Stellungnahme zur Oder-Neiße-Grenze hätte nach ihrer Auffassung darum als Verzicht auf die deutsche Einheit mißverstanden werden können. Außerdem hätten nach Auffassung der deutschen Bischöfe nicht nur die Vertriebenen nicht verstanden, warum mit der Grenzfrage nicht auch die Frage der deutschen Minderheit in Schlesien angesprochen worden wäre. Dies wiederum stellte für die polnischen Bischöfe wegen der innenpolitischen Implikationen damals ein heikles Problem dar.

Nie hat allerdings auch in den späteren Jahren die Deutsche Bischofskonferenz mit ihren Vorsitzenden Zweifel daran gelassen, daß diese Haltung zur Oder-Neiße-Grenze die Anerkennung der nationalen Lebens-und Heimatrechte des polnischen Volkes in sich schließt. Tatsächlich ist die Grenzproblematik dann auch in einer vertraulichen Arbeitsgruppe unter Hinzuziehung von Experten aus beiden Ländern erörtert worden. Darin wurde u. a. festgestellt: Deutschland in den Grenzen von 1937 sei verhandlungsrechtliches Ausgangsdatum, nicht territoriales Ziel deutscher Politik. Es gehe um die Unaufgebbarheit und Notwendigkeit der nationalen Zusammengehörigkeit und Wiedervereinigung Deutschlands zwischen seiner Westgrenze und der Oder-Neiße-Grenze.

Es ging den deutschen Bischöfen – um es noch einmal zu sagen – um eine umfassende, die geschichtlichen Belastungen aufarbeitende Versöhnung und Verständigung der beiden Völker, einschließlich der Vertriebenen. Das erforderte einen längeren Prozeß, in dem dann auch die Grenzfrage und die Minderheitenfrage gelöst werden sollte, wie es gegenwärtig zu unserer Freude geschieht. Die deutschen Bischöfe wollten dabei, wie Kardinal Döpfner es gelegentlich formulierte, die Grenze nicht als Trennungs-, sondern als Verbindungslinie verstanden wissen.

3.

Tatsächlich sind die Kirchen in den beiden Ländern während der seit dem Briefwechsel vergangenen 25 Jahre in einen schwierigen Lernprozess eingetreten, der immer noch andauert und die tieferen Ursachen für die gegenseitigen Verwundungen aufzuarbeiten sucht, die immer wieder das so hoffnungsvoll begonnene Versöhnungswerk zu bedrohen vermögen. Auf deutscher Seite wird immer noch, wie ich meine, viel zu wenig berücksichtigt, wie sehr die Mitwirkung deutscher Staaten an den drei Teilungen Polens im 18. Jahrhundert und die auch später erfolgten deutsch-russischen Annäherungen zu Lasten Polens das Bild vom Deutschen und von deutscher Politik in Polen geprägt haben. Der Hitler-Stalin-Pakt führte dann erneut zur Auslöschung des polnischen Staates. Darum muß man bei uns in Deutschland polnische Ängste besser verstehen lernen. Aber lassen sie mich auch dies bitte in dieser Stunde in aller Offenheit sagen: Das Unrecht, das Deutsche durch Polen erlitten, hat Millionen Unschuldiger ebenfalls tief verwundet und verbittert. Darf ich diese Frage, die wirklich nicht verletzen, sondern aufarbeiten will, ganz offen stellen? Fiel es den Polen nicht lange schwer, dies von ihnen an Deutschen begangene Unrecht zu verstehen und ihrerseits klar zu bekennen, daß Unrecht Unrecht und Schuld Schuld ist und daß auch erlittenes Unrecht niemandem das Recht gibt, anderen Unrecht zuzufügen?

4.

Wir sind überaus dankbar, daß wir in diesen Tagen in so brüderlicher und offener Weise alles zur Sprache haben bringen können, was an Verwundungen auch in uns steckt – und darin einig sind, auch in den wunden Punkten zu einer Sprache zu finden und den Weg in die

Zukunft gemeinsam zu gehen. Wir sind dankbar, daß wir konkret zu folgenden Vereinbarungen gekommen sind:

(1) Die Schaffung einer gemeinsamen Kommission von Historikern, die die gemeinsame Geschichte gemeinsam lesen und sich um eine gemeinsame Sprache hinsichtlich der gemeinsamen Geschichte bemühen sollen.

(2) Überlegungen, ob nicht eine gemeinsame Arbeitsgruppe von Fachleuten die völkerrechtlichen Fragen im Zusammenhang mit der Vertreibung, über die noch unterschiedliche Meinungen bestehen, aufarbeiten könnte.

(3) Einen Modus zu finden, die dringendst für beide Episkopate anstehenden Aufgaben gemeinsam anzugehen, d. h. vor allem:

- Jugendaustausch,
- Konkretisierung des neuen Nachbarschaftsverhältnisses – Zusammenarbeit in Europa, z. B. hinsichtlich des Verhältnisses zwischen dem östlichen und dem westlichen Europa, bei dem Polen eine ganz besondere Rolle zukommt;
- das christlich-jüdische Verhältnis,
- das Verhältnis zum Islam,
- der gemeinsamen Verantwortung für die Dritte Welt.

(4) In Fortführung der Versöhnungsbotschaft vor 25 Jahren bei der vereinbarten gemeinsamen Sitzung vom 2.–4. April 1991 am Grab des hl. Bonifatius in Fulda ein gemeinsames Wort zu sagen, das der Verständigung zwischen Polen und Deutschland, die uns in den letzten 25 Jahren geschenkt worden ist, entspricht und Perspektiven für die Zukunft enthält.

Wenn ich die Empfindungen der hier anwesenden deutschen Bischöfe in dieser Stunde mit einem Wort zusammenfassen darf, dann ist es dies: Dank gegenüber Gott und Dank gegenüber Ihnen, den polnischen Bischöfen und dem polnischen Volk, Danke!

12. September 1996, Hildesheim

Statement beim „Katholischen Kongress", Forum: „Solidarität und Demokratie – Wie wird eine solidarische Haltung mehrheitsfähig?"

Das Thema unseres Forums „Solidarität und Demokratie – Wie wird eine solidarische Haltung mehrheitsfähig?" ist nur zu verstehen und zu beantworten auf dem Hintergrund unserer gegenwärtigen Lage, die gekennzeichnet ist durch die drei großen Einigungsprozesse, die in- und miteinander verwoben sind. Von daher wage ich, die uns hier im Forum gestellte Frage „Wie wird eine solidarische Haltung mehrheitsfähig?" in drei Punkten zu beantworten:

1. Wir können und müssen die drei Einigungsprozesse wahrnehmen als Herausforderung und Chance zu einer entgrenzten Solidarität.
2. Die nicht zuletzt im Zusammenhang mit der Globalisierung der Wirtschaft einhergehende Krise unseres Sozialstaates ist nur zu lösen, wenn es auch zu einer Stärkung der Eigenkraft der Gesellschaft kommt, die solidarisches Handeln ermöglicht und fördert. Es gibt ein Zeichen einer solidarischen Kultur.
3. Die Kirche muß sich ihres solidarischen Potentials bewußt werden und es zur Entfaltung bringen.

1. Wir können und müssen die drei Einigungsprozesse wahrnehmen als Herausforderung und Chance zu einer entgrenzten Solidarität.

(1) Wenn man nach d e m „Zeichen der Zeit" am Ende dieses Jahrhunderts – dieses Jahrtausends fragt, wird man nicht umhinkönnen, die noch vor 10 Jahren für undenkbar gehaltenen drei großen Einigungsprozesse in unserer Welt zu nennen: die deutsche Einigung, die ohne europäische Einigung undenkbar wäre, die ihrerseits kaum zu haben und nicht zu verantworten wäre ohne das Zusammenwachsen zur e i n e n Welt, zur Menschheitsfamilie. Wir alle wissen, daß diese Einigungsprozesse nicht ohne Brüche zu haben und sichtbar mit Turbulenzen und Irritationen verbunden sind. Deutschland ist politisch geeint, aber die innere Einigung ist noch keineswegs erreicht. Die europäische Einigung – die Vertiefung der Beziehungen der EU-Länder (GASP), die Ausweitung der EU, d. h. die Eingliederung der mittelosteuropäischen Länder in die EU – steht in einer keineswegs gefahrlosen Phase (Nationalismen, Abschottungen). Schließlich ist die Entwicklung zur e i n e n Welt noch keineswegs gelungen: Die Internationalisierung der Wirtschaft, die Globalisierung der Güter- und Finanzströme stellt uns vor unerwartete Herausforderungen. Um nur eine zu nennen: Das Kapital ist vaterlandslos geworden, kann nicht mehr national kontrolliert werden, vagabundiert gleichsam weltweit und sucht sich jene Länder, in denen die Renditen am günstigsten sind, die Arbeit möglichst wenig kostet. Hier steht Deutschland nicht gut, wo die Lohnzusatzkosten 84 % ausmachen, die aber maßgeblich der Sozialstaat, die sozialen Sicherungssysteme tragen.

Müssen wir aber nicht diese drei Einigungsprozesse wahrnehmen als Herausforderung und Chance vor einer entgrenzten Solidarität, die eben nicht an den nationalen und kontinentalen Grenzen halt macht? Es ist notwendig, uns dieser geschichtlichen Herausforderung innezuwerden, die eine historische Chance ist. Es ist dann aber auch notwendig, diese Zusammenhänge gründlich zu diskutieren, so daß sie dem öffentlichen Bewußtsein innewerden. Nur dann wird man begreifen, daß Solidarität, und zwar die ungeteilte, entgrenzte Solidarität, das Nadelöhr der Zukunft unserer Gesellschaft, Europas und der Welt ist.

2. Die Krise unseres Sozialstaates ist nur zu lösen, wenn es auch zu einer Stärkung der Eigenkraft der Gesellschaft kommt, die solidarisches Handeln ermöglicht und fördert. Anzeichen einer solidarischen Kultur.

(1) Niemand konnte und kann erwarten, daß die drei Einigungsprozesse folgenlos bleiben. Vielleicht sind wir erschrocken ob der Konsequenzen, die die Internationalisierung der Wirtschaft und die Globalisierung der Finanzströme für uns und insbesondere für unseren Sozialstaat bedeuten. Tatsächlich steht unser europäisches Gesellschaftsmodell – die sozial eingebettete Marktwirtschaft – weltweit auf dem Prüfstand. Es wird alles darauf ankommen, innerhalb der weltwirtschaftlichen Triade USA, Asien mit Japan und Europa – dies bewährte europäische Gesellschaftsmodell durchzuhalten und mehrheitsfähig zu machen.

Inzwischen gibt es einen weitgehenden Konsens darüber, daß unser Sozialstaat keinesfalls abgebaut, wohl aber umgebaut werden muß.

(2) Wie kann dies geschehen? Darum geht gegenwärtig das Ringen, und daß es kontrovers ist, sollte uns nicht wundern.

Hier möchte ich nur eine Perspektive nennen, die sich allerdings in der gegenwärtigen Diskussion nur mühsam ins Blickfeld rücken läßt. Eine wesentliche Ursache unserer Probleme – so sagen viele – sei ohne Zweifel die verbreitete Versorgungs-Mentalität. Aber es ist die Frage, ob diese nicht gerade eine Folge unseres Systems ist und nicht einfach nur Fehlverhalten der Einzelnen. Bietet vielleicht das System falsche Anreize? Verführt es nicht geradezu dazu, alles vom Staat zu erwarten? Und wird nicht die Eigenkraft der Gesellschaft, die ja nicht einfach identisch ist mit Staat und Wirtschaft, zu wenig respektiert und gefördert?

Bisher war und ist es doch so: Unser ordnungspolitischer Dualismus „Staat – Wirtschaft" strukturiert die Wahrnehmung der Probleme und ihrer Lösungen: Wenn Märkte an ihre Grenze stoßen, sucht man das Heil beim Staat; wenn Staatsversagen eintritt, fordert man mehr Markt (Reprivatisierung). Gesellschaft wird im Grunde als Ort gesehen, an dem Probleme entstehen, von dem für die Wirtschaft oder den Staat gefährliche Entwicklungen ausgehen können, die die Wettbewerbsfähigkeit, die innere Sicherheit, gemeinsame Wertgrundlagen gefährden. Sie wird weniger gesehen als Ort und Chance, soziale Lösungen zu schaffen, Initiativen und Engagement zu wecken.

Müßte man nicht heute – wollen wir Demokratie wirklich ernst nehmen – diesen ordnungspolitischen Dualismus reformulieren, müßte er nicht eine neue Struktur erhalten, mehr Eigenverantwortlichkeit des Einzelnen und der kleinen Lebenswelten (Familie, freie Initiativen, Selbsthilfegruppen) ermöglichen und gewährleisten? Unser Etatismus macht uns doch kaputt, nicht nur finanziell.

Der Staat müßte sich mehr konzentrieren auf die eigentliche Rolle von regieren, nämlich mehr fördern als betreuen, mehr steuern als rudern.

Es geht um eine Solidarität ermöglichende und fördernde Neugestaltung unseres Sozialstaates. Es würde hier zu weit führen, die hier sich bietenden Möglichkeiten und Notwendigkeiten darzulegen, z. B. in der Gestaltung unserer sozialen Sicherungssysteme oder durch Entspannung der Tarifpolitik durch Einbeziehung einer betriebs- bzw. ertragsgebundenen Investivkomponente, innovative Arbeitszeitlösungen usw. Im Übrigen gibt es Anzeichen eines sich ändernden Verhaltens in unserer Gesellschaft, das alte und neue Werte zusammenzubringen sucht. Die eigentümliche Gemengenlage hinsichtlich der Werte, die für die Menschen wichtig sind, ist doch auffallend.

Es gilt z. B. das Empfinden: Selbstverwirklichung ist legitim. Aber man spürt auch: Sie kann und darf nicht auf Kosten anderer gehen. Es gibt das Bemühen um ein neues Gleichgewicht alter und neuer Werte, um einen neuen Kompromiß zwischen Individualismus und Gemeinschaft/Solidarität, zwischen Selbstverwirklichung und Verantwortung.

Suchen die Menschen nicht nach neuen Synthesen zwischen scheinbar widersprüchlichen Werten und Zielen, die sie aber zugleich legitim halten und eben deshalb lieber gemeinsam optimieren als unabhängig voneinander maximieren wollen? So möchten sie z. B. Kinder und Beruf, Familie und Arbeitswelt verbinden. Sie wollen das Leben genießen, ohne auf berufliches, soziales und ökologisches Engagement zu verzichten. Sie wollen ihre eigene Lebenswelt und globales, solidarisches Denken in Einklang bringen.

Das heißt aber doch: Unsere Gesellschaft ist weder „in Ordnung" noch „in Unordnung" – sie ist in Bewegung, im Übergang. Was oft als moralische Krise der Gesellschaft beklagt wird, könnte sich ja als Ringen um die Kompatibilität alter und neuer Werte erweisen, als Anzeichen einer neuen Kultur (der Solidarität).

Viele Menschen leben jedenfalls immer mehr entsprechend diesen Wertvorstellungen. Sie möchten es wenigstens. Viele Menschen sind anspruchsvoller geworden, lassen nicht mehr alles mit sich machen, wollen mitgestalten, wollen eine solidarische Gesellschaft und Welt.

3. Die Kirche muß sich ihres solidarischen Potentials bewußt werden, mit den Notleidenden solidarische Kirche sein.

(1) So wahr Karl Rahners zu neuer Gottesverwurzelung anstiftender Satz ist, der Fromme von morgen sei ein Mystiker, jemand, der Gott als Urgrund seiner Existenz wirklich erfahren habe, oder er werde nicht mehr sein, so wahr ist meines Erachtens auch der zu neuer Weltverwurzelung anstiftende Satz: Die Kirche von morgen ist solidarische Kirche, eine Kirche also, die mit den Armen Leben teilt, oder sie wird nicht mehr sein. Jesu ganze Existenz war Dasein für den Vater und Dasein für uns. Eines nicht ohne das andere! Dementsprechend gehören auch in unserer Existenz, wenn sie christlich sein will, Eucharistie (Liturgie) und Diakonie untrennbar zusammen, „Mystik und Politik" können für den Christen nicht getrennt werden. Es herrscht freilich vor allem in unserer deutschen Kirche eine Neigung, den Vollzug der Diakonie besonderen Einrichtungen zuzuweisen, etwa den Einrichtungen des Caritasverbandes oder dem Caritasausschuß.

Dies kann nicht befriedigen. So notwendig die Einrichtungen des Caritasverbandes sind – die Gemeinde kann ihre Verantwortung für die Diakonie nicht wegdelegieren und sich nicht die direkte Begegnung mit dem Betroffenen ersparen. Solche Wegorganisierung Notleidender und am Rand stehender Menschen hat katastrophale Wirkungen auf den Gemeindeaufbau selbst wie auch auf die Hilfsbedürftigen, Unterdrückten und Benachteiligten im jeweiligen Bereich und Umfeld einer Pfarrei.

Realisierte Diakonie dagegen verändert immer auch die Liturgie und die Verkündung des Evangeliums. Denn wer von den Betroffenen her denken und leben lernt, für den verändert und radikalisiert sich auch die Praxis des Glaubens. Leidende haben nicht nur Anspruch auf Hilfe, sondern haben immer auch etwas Wichtiges zu sagen.

Was gefordert ist, ist also eine Bekehrung zur Diakonie, die nicht als Vorfeld für die eigentlichen Grundvollzüge von Gemeinde, nicht als Durchgangstufe, nicht als Bewährung des Glaubens zu sehen ist, sondern selbst als konstitutiver Vollzug des Glaubens in innerer Einheit mit den anderen Grundvollzügen der Gemeinde: Liturgie und Verkündigung.

Nur wo in selbstloser Hingabe Gottes Dienst an den Menschen bezeugt und weitergegeben wird, da kann Gemeinde Christi entstehen.

Diakonischer Glaube kann konkret heißen,

- daß Not und Leid nicht mehr verdrängt oder verharmlost werden, sondern ihre konkrete Realität wahrgenommen und auf sie zugegangen wird;
- daß die eigenen Verstrickungen darin nicht heruntergespielt, sondern eingestanden, daß aber auch ihre gesellschaftlich bedingten Ursachen aufgedeckt und offen angeprangert werden;
- daß für die gering Geachteten Partei ergriffen und dafür eigene Geringachtung in Kauf genommen wird (Aussiedler, Asylanten);
- daß die üblichen Rollenfixierungen von Helfer und Hilfsbedürftigen durchbrochen werden;
- daß alles darangesetzt wird, die Begabungen und Fähigkeiten der Kleinen, die gern abgeschrieben werden, zu entdecken, zu fördern und zum Zuge kommen zu lassen;
- daß Situationen, in denen nach menschlichem Ermessen nichts mehr zu machen ist, nicht ausgewichen wird, sondern man sie gemeinsam mit dem Betroffenen aushält.

Diakonischer Glaube heißt also auch: Sich um die Ursachen von Not/Verarmung, um deren strukturelle Ursachen und deren Bekehrung zu bemühen. Denn in einer hochkomplexen Gesellschaft wie der unsrigen kann das „gehe hin und tue desgleichen" in Jesu Erzählung vom barmherzigen Samariter nicht mehr ausschließlich heißen, Öl in die Wunden des unter die Räuber Gefallenen zu gießen, sondern bedeutet für Kirche und jeden Christen ebenso die Aufforderung: die Straßen so zu sichern, daß keiner mehr unter die Räuber fällt.

„Wie wird eine solidarische Haltung mehrheitsfähig?"
(1) Indem wir uns bewußt werden und eine öffentliche Grundsatzdebatte darüber zu entfachen versuchen, daß Solidarität das Nadelöhr für die Zukunft unserer Gesellschaft, Europas und der einen Welt ist.
(2) Indem wir im gegenwärtigen Prozeß der Neugestaltung unseres Sozialstaates einzubringen versuchen, daß Solidarität ermöglichende und fördernde Strukturen geschaffen werden, die die Eigenkraft der Gesellschaft (Zivilgesellschaft) stärkt und fördert.
(3) Indem wir mit den Notleidenden solidarische Gemeinden werden und Solidarität stärkende Initiativen und Projekte initiieren bzw. unterstützen.

24. November 1996, Hildesheim

Hirtenbrief zum Beginn der dreijährigen Vorbereitung auf das Jahr 2000

Liebe Schwestern und Brüder!
Mit dem heutigen Sonntag, dem Hochfest Christkönig, geht ein Kirchenjahr zu Ende. Wenn wir mit diesem Fest gleichsam die Unterschrift unserer Hoffnung unter die verflossene Zeit setzen, bekennen wir: Christus, der König, der Herr, den wir zu Beginn unserer Eucharistiefeier angerufen haben, der unter uns wahrhaft gegenwärtig ist in den Gestalten von Brot und Wein, Er ist die Mitte unserer Wirklichkeit, das Herz unserer Zeit und aller Zeiten.

In diesem gläubigen Vertrauen möchte ich Sie, liebe Schwestern und Brüder, einladen, die letzten drei Jahre vor der Jahrtausendwende als geistliche Erneuerung persönlich mitzugehen und als Gemeinde zu gestalten.

1. Unsere Geschichte – die Geschichte Gottes mit der Welt

Die Geburt Jesu, die Menschwerdung Gottes, ist ein so einschneidendes Ereignis in der Geschichte der Menschheit, daß sie den Beginn einer neuen Zeitrechnung markiert. Das Handeln Gottes in der Welt – der Urgrund unserer Geschichte – hat in Jesus Christus seinen Höhepunkt.

Runde Zahlen haben seit jeher eine ganz eigene Faszination. Deshalb rückt auch das Jahr 2000 nach Christi Geburt auf besondere Weise in unseren Blick. Es lädt ein zum Rückblick: Was war eigentlich in den zwei Jahrtausenden vor uns? Was hat diese Zeit getragen, was hat sie verdunkelt? Wie können wir aus dieser Zeit, aus dem Zeugnis der Generationen vor uns, leben? Und welche Hoffnung können und wollen wir an unsere Kinder weitergeben? Wie werden wir als Kirche auch morgen Sakrament der Welt sein, wie wird es uns ganz persönlich gelingen, die Spur der Nachfolge nicht zu verlieren und die Botschaft des Evangeliums zu bezeugen?

2. 2000 Jahre Christentum – wir schauen zurück

Wenn Christen 2000 Jahre zurückschauen, dann richtet sich ihr erster Blick auf das Kreuz Jesu Christi. Denn in ihm gründet unsere Hoffnung auf Erlösung. Darin sind wir verbunden mit den vielen Kreuzen der Geschichte, auch der Kirchengeschichte. Wir halten so lebendig, daß das erste Glaubensbekenntnis, nämlich das Bekenntnis des römischen Hauptmanns, „wahrlich, dieser ist Gottes Sohn!", auf den Todesschrei Jesu am Kreuz antwortete. So wird auch unser Glaube zu antworten haben auf die Schreie der Wehrlosen und Bedrängten in den 2000 Jahren, die hinter uns liegen.

Wenn wir diese Erinnerung an die Leidensgeschichte, die auch eine Schuldgeschichte ist, bewahren und uns gegen das Vergessen sträuben, dann ist Christus mit uns unterwegs.

Dann reicht uns der Auferstandene seine am Kreuz durchbohrte Hand, und wir können – mit den Generationen vor uns verbunden – nachsprechen, was in diesen 2000 Jahren millionenfach in der Gemeinschaft der Kirche bekannt wurde: „Unsere Hoffnung ist Jesus Christus. Wir vertrauen, daß wir gerettet werden, wenn wir ihn gläubig anrufen" (Würzburger Synode, Unsere Hoffnung).

Diese Hoffnung hat die Christen zwei Jahrtausende trotz aller Schuld getragen. Sie hat unsere Kultur, unser Denken und Verstehen und das Zusammenleben der Menschen geprägt – und das gewiß tiefer, als es vielen heute bewußt ist. Die Freiheitsgeschichte der Neuzeit – bis zur Entfaltung der Menschenrechte und zum Entstehen der freiheitlichen Demokratie – konnte sich nur langfristig im Horizont unseres Glaubens an Jesus Christus entwickeln. Allerdings dürfen wir nicht verschweigen, daß dieser Prozeß sich gegen die Kirche durchsetzen mußte, die die „Zeichen der Zeit" nicht rechtzeitig zu deuten vermochte. Wenn heute in der oft beschriebenen Krise der Werte und der ethischen Orientierung das Christentum nur als eine Stimme unter vielen in einer pluralistischen Gesellschaft gilt, so ist sie doch unverzichtbar geblieben als Ferment einer wirklich humanen Welt. Und wenn sich schließlich weltweit mit dem Wort „Zukunft" so große Ängste verbinden, dann ist unsere Kirche, die Kirche der Armen und Hungernden, auch heute gerufen, die Glut der Hoffnung neu zu entfachen, damit die Welt „das Heil erlangt, das am Ende der Zeiten offenbar werden soll" (I Petr 1,5).

Unser Glaube ist Hoffnung für alle Menschen, nicht vage Zuversicht auf Fortschritt für nur wenige; unsere Sehnsucht nach Freiheit ruft uns in die Verantwortung für die Schwachen und Wehrlosen, nicht in die heitere Beliebigkeit derer, die schon alles haben; das Eintreten für die Gleichheit aller Menschen ist Ausdruck unserer Verwurzelung in Gott, dem Schöpfer und Vater aller Menschen, nicht brüchige Abmachung untereinander, die in Enttäuschungen auch aufgehoben werden könnte.

Mit Blick auf den Weg des christlichen Glaubens können wir am Ende dieses Jahrtausends nicht einfach jubeln. Die vergangenen 2000 Jahre waren immer wieder auch zerrissene Epochen, an denen menschliches Leben verblutete. Und gerade in unserem Jahrhundert ist unser Glaube in der Katastrophe der Vernichtungslager zutiefst verwundet worden. Wir nehmen aber dennoch mit Dank diese Zeit als geschenkte Zeit an – wir durften im Weg unseres Glaubens erfahren: Gott ist mit uns unterwegs. Er kommt gerade in den dunklen Stunden der Kriege und Vertreibungen rettend auf uns zu, er hat uns als Kirche gerufen, „Zeichen und Werkzeug" seiner Liebe zur Welt zu sein. Er, der in Jesus Christus ein Gott der Menschen ist, hat im Gesicht der Geschichte, in uns selbst, immer wieder das Antlitz Christi aufscheinen lassen: geschlagen und bespuckt, berührt und gestreichelt – immer aber uns, den Menschen, liebevoll zugewandt.

3. 2000 Jahre Christentum – wir schauen nach vorn

Natürlich, liebe Schwestern und Brüder, werden wir zur Jahrtausendwende auch nach vorn schauen! Wir begegnen gegenwärtig einer eigentümlichen Resignation, die sich auszubreiten droht. Viele trauen der Politik, der Wirtschaft und Technik die Steuerung – geschweige denn die Lösung – der heraufgezogenen Probleme nicht mehr zu. Ängste kommen auf. Einer solchen Katastrophenstimmung widerstehen wir im Glauben an Jesus Christus. Denn wenn Menschen hungern und nach Gerechtigkeit dürsten, begegnet uns in ihnen Jesus Christus. Unsere Hoffnung ist uns um ihrer Not willen anvertraut.

Die Kirche wird den christlichen Glauben weitertragen als Versöhnungsgemeinschaft. Sie wird sich immer neu mühen, das geschichtlich Zerschlagene zusammenzufügen. So aus der Kraft der Sündenvergebung leben zu dürfen, soll die Menschheit als Menschheitsfamilie zusammenrufen und prägen. Sie wird den Glauben bezeugen als Hoffnungsgemeinschaft, die greifbar werden läßt die Botschaft vom leeren Grab, daß der Tod nämlich für niemanden das letzte Wort ist. Die Kirche wird den Glauben leben als Eucharistiegemeinschaft, die das Brot des Lebens und den Kelch des Heiles mit allen Menschen teilt, damit an dem einen Tisch, an den uns der Herr gerufen hat, nicht die einen vor vollen Bechern sitzen und die anderen sich mit Brotkrumen begnügen müssen. Sie wird so Kirche ungeteilter Solidarität zu sein sich mühen.

4. Die Vorbereitung auf das „Jubeljahr 2000"

Das alles, liebe Schwestern und Brüder, kann ich hier natürlich nur ganz kurz andeuten. Gerade deshalb lade ich Sie zu einer dreijährigen Vorbereitungszeit auf die Feier der Jahrtausendwende ein. Die drei kommenden Jahre sollen eine Zeit des Rückblicks und des Ausblicks sein, Jahre des genauen Hinsehens und der Glaubensvertiefung.

Papst Johannes Paul II. hat das Jahr 2000 in seinem Apostolischen Schreiben „Tertio millennio adveniente" als „außerordentlich großes Jubiläum" (Nr. 15) bezeichnet, das in einem großen Jubeljahr gefeiert werden soll. Er erinnert an die Tradition der Jubeljahre im Alten Testament (Nr. 11ff.). Diese wurden als Sabbatjahr alle sieben Jahre und in besonderer Weise alle 50 Jahre als eine Zeit begangen, „die in besonderer Weise Gott gewidmet war" (Nr. 12). Neben der Erinnerung an die Großtaten Gottes dienten die Sabbat- und Jubeljahre der Sorge um die Schöpfung, die Gottes Eigentum ist, und der sozialen Gerechtigkeit. Im Jubeljahr lag die Erde brach, Sklaven wurden freigelassen, Schulden erlassen. „Das Jubeljahr sollte die Gleichheit zwischen allen Söhnen und Töchtern Israels wiederherstellen" (Nr. 13).

Der Papst hat vorgeschlagen, in jedem der drei Vorbereitungsjahre 1997, 1998 und 1999 eine der drei göttlichen Personen in den Mittelpunkt zu stellen. Diese Anregung greifen wir auf, bringen sie aber auch mit den drei Schwerpunkten unserer Diözesansynode 1989/90 in Verbindung.

1997 wird besonders unserem Glauben an Jesus Christus gewidmet sein. In ihm ist unsere Gemeinschaft mit Gott, dem Vater, begründet und besiegelt. Er hat als menschgewordenes Wort die Welt mit Gott verbunden und in seinem irdischen Weg nicht sich selbst, sondern den Vater verkündigt. Christen finden Gott in Jesus Christus. In ihm fragen wir mit unserer Diözesansynode nach unserer Gemeinschaft mit Gott.

1998 wird besonders unserem Glauben an den Hl. Geist gewidmet sein. Durch sein Wirken vollzog sich das Geheimnis der Menschwerdung, und der Auferstehung. Er ist als Herr, der lebendig macht, der Kirche zugesagt und immer wieder durften wir in der Geschichte ihn um seinen Beistand bitten und auch wirkmächtig als Gemeinschaft erfahren. Er wird in der Eucharistiefeier, der Quelle unserer Gemeinschaft, auf die Gaben herabgerufen, er ist uns in allen Sakramenten, besonders aber in der Firmung zugesagt. Und nur durch seine Gnadengaben kann die Gemeinschaft untereinander, die Lebendigkeit und Hoffnung der Kirche, wachsen. Gemeinschaft untereinander, so das zweite Hauptthema der Synode, heißt im Jahre 1998 Gemeinschaft in der Kraft des Geistes.

Im dritten und letzten Vorbereitungsjahr 1999 wollen wir uns dem Glauben an Gott, den Vater aller Menschen und Schöpfer der Welt, widmen. Die ganze Welt und ihre ganze Geschichte ist seine Geschichte mit uns, und vor sein Angesicht sind wir gerufen. Papst Johannes Paul II. fordert übrigens für dieses dritte Vorbereitungsjahr, daß „die Christen sich zur Stimme aller Armen der Welt machen müssen [...], um unter anderem [...] einen erheblichen Erlaß der internationalen Schulden" zu erreichen. Das geht auch uns an. So wollen wir uns 1999 besonders unserer Verantwortung für die Welt vergewissern.

Eine Arbeitsgruppe hat als Hilfe für Ihre Vorbereitung auf das Jahr 2000 eine kleine Broschüre erarbeitet, die bereits allen Gemeinden zugeschickt worden ist. Darin sind Hilfen zu finden, mit denen Sie als einzelne und als Gemeinden Ihre Vorbereitung auf das Jahr 2000 gestalten können. Weitere Hilfen für jedes Jahr sind in Vorbereitung.

Ich bitte Sie alle herzlich, die drei Vorbereitungsjahre auf die Feier des Jubeljahres und die angebotenen Hilfen zur geistlichen Erneuerung zu nutzen – im Rückblick, im Vorblick und für die Vertiefung des Glaubens.

Überall soll das bevorstehende Jubeljahr Anlaß werden, die Freude, ein Christ zu sein, zu vertiefen. Das Jahr 2000 soll Anlaß sein, mit ihm – Christus, der Mitte der Wirklichkeit und dem Herz der Zeiten – den Weg durch das Leben und durch die Geschichte zu gehen. Die Freude, in das Reich Gottes gerufen zu sein, das schon angebrochen ist und in unserer Geschichte wächst, aber noch nicht vollendet ist. Die Freude, nicht in eine leere Sinnlosigkeit der Zeiten zu gehen, sondern die Vollendung dieses Reiches, die Vollendung unserer Geschichte, von Ihm zu erhoffen.

Für all Ihre Bemühungen um ein christliches Leben im Alltag und für die geistliche Vorbereitung auf das Jubeljahr 2000 segne Sie der allmächtige Gott, der Vater, der Sohn und der Heilige Geist.

+ Josef
Bischof von Hildesheim

Das vorstehende Hirtenwort wird am Christkönigssonntag, dem 24. November 1996, in allen Gottesdiensten, einschließlich der Vorabendmessen, verlesen.

4. April 1998, Belgrad (Serbien)

Der Ort der orthodoxen Kultur im heutigen Europa

Statement des Bischofs von Hildesheim, Präsident des Rates der Bischofskonferenzen der Europäischen Gemeinschaft (ComECE) Dr. Josef Homeyer in der Akademie der Wissenschaften und Künste zu Belgrad

Meine sehr geehrten Damen und Herren,

ich freue mich, heute vor Ihnen – vor allem aber auch mit Ihnen – hier in der Serbischen Akademie der Wissenschaften und der Künste zum Thema „Der Ort der orthodoxen Kultur im heutigen Europa" sprechen zu dürfen. Diese Freude wurzelt im verheißungsvollen Thema selbst, ebenso aber auch in den guten Erfahrungen, die ich seit Jahren in den Kontakten zwischen der Orthodoxie und der Deutschen Bischofskonferenz und auch in der Kommission der Bischofskonferenzen der Europäischen Union, der ich vorsitze, machen konnte. Besonders hervorzuheben sind unter diesen Kontakten unsere gemeinsamen Bemühungen, in einer Kommission serbische, kroatische und deutsche Historiker zusammenzubringen; Herr Prof. Terzic, der Direktor des Historischen Instituts dieser Akademie, war von Anfang an an diesem Projekt beteiligt, wie auch die Akademiemitglieder Ekmecic und Krestic.

Diese vielfältigen Kontakte haben mir für die Frage nach dem Ort der Orthodoxie zwei wichtige Perspektiven aufgezeigt, aus denen heraus meine nachfolgende Skizze – mehr ist es nicht – verstanden werden sollte: Erstens: Wir müssen – auf beiden sachlichen Polen des Themas – ein jeweils bloß additives oder bloß subtraktives Verständnis Europas überwinden. Im bloß additiven Sinn ist Europa niemals mehr als die höchst fragile, in veränderlichen historischen und soziokulturellen Kontexten je suspendierbare Aneinanderreihung von vor allem regionalen Identitäten. Europa wäre so nie mehr, als das faktische Gegebensein oder – in einer Abwandlung von Wittgenstein: Europa ist das, was (gerade) der Fall ist. In einer additiven Konzeption Europas hätte sich dann „Orthodoxie" möglichst passgenau, „kompatibel" den Gegebenheiten einzuordnen. Im subtraktiven Sinn meint Europa in umgekehrter Entsprechung die politische Ausbeutung eines Begriffs „Europa" zur Sicherung eigener Interessen. Europa ist dann schnell formulierbar als lateinisches – ohne das orthodoxe, als kontinentales – ohne das angelsächsische, als prosperierendes (Club der Reichen) – ohne das (aus welchen Gründen auch immer) Benachteiligte, das moderne schließlich – ohne das ungleichzeitig traditionale. Solche Verständigung auf Kosten anderer war in unserer europäischen Geschichte ein politischer Sprengsatz ersten Ranges: „Europa" als Hülle verdeckter Gegnerschaft.

Gegenüber diesen faktizistischen Auslegungen des Begriffs Europa möchte ich für eine normative plädieren. Wir müssen in der epochalen Herausforderung, die 1989 mit dem Fall der Mauer sichtbar wurde, die Frage nach der Identität Europas neu stellen. Was ist also für uns Europäer nicht nur das faktisch Verbindende, sondern auch das normativ Verbindliche –

und so dann aber auch das Verbindende als politisch-strukturell Anschauliches? Ich habe vor, das Thema vor allem in diesem normativen Sinne anzugehen, weil ich meine, daß in einer solchen Vergewisserung europäischer Identität neue, tragfähige, weil differenzierte Gemeinsamkeiten erschlossen werden können.

Von dieser normativen Frage her ergibt sich die zweite Perspektive, aus der heraus ich das Thema angehen möchte. Sie lautet: Der normative Begriff Europas, also das Fundament des uns Verbindlichen, ist überhaupt nur zu bewähren in gemeinsamer, ungeteilter Verantwortung. Insofern ist mir das Thema zu einseitig gestellt. Es lautet ja in Wahrheit nicht nur „Der Ort der Orthodoxie im heutigen Europa", sondern ebenso: „Der Ort Europas in der heutigen Orthodoxie". Ungeteilte Verantwortung heißt, einander Raum zu geben, der Geschichte und Zukunft des Anderen Mitsprache einzuräumen, wie der Theologe J.B. Metz einmal formulierte.

Nach diesen einleitenden und mehr formalen Vorbemerkungen möchte ich nun einige Richtungshinweise zur Ortsbestimmung selbst versuchen.

Lassen Sie mich einsetzen bei zwei mehr anekdotischen Hinweisen, die der holändische Erzähler Cees Noteboom in seinem Buch „Wie wird man Europäer?" wiedergibt. Noteboom beschreibt anhand biographischer „Splitter" europäische Perspektiven. Die ersten beiden biographisch-europäischen Erinnerungen lauten:

„1. 10. Mai 1940. Ich bin sechs Jahre alt. Deutschland ist in den Niederlanden einmarschiert. Wir wohnen neben einem Militärflugplatz, und mein Vater, der später bei einem Bombenangriff ums Leben kam, nimmt die Rolle des Beobachters ein. Später erleben wir, wie die deutschen Truppen einmarschieren. Fahnen und endlose Reihen grauer Männer. Fahnen und Musik. So sah das also aus, Geschichte.

2. Ich bin 13, 14 Jahre alt. Als Internatsschüler werde ich von Mönchen erzogen, erst von Franziskanern, dann von Augustinern. Europäischer geht's nicht. Diese Orden sind fast tausend Jahre alt; [...] sie lehren mich die Sprachen, in denen unsere Geschichte wurzelt: Latein und Griechisch."

Aus diesen beiden „Splittern" kann man zwei Verortungen des Christentums, und zwar in seiner lateinischen und seiner orthodoxen Ausfaltung gleichermaßen und gleichwesentlich ausmachen: In einem Kontinent, dessen Geschichte über die Jahrhunderte von Kriegen zerrissen ist, stehen Christen für Erinnerung und Versöhnung ein. Solche Erinnerung ist einem Glauben, der selber Erinnerung an das Kreuz Jesu Christi ist, konstitutiv. Wer sich zum Kreuz bekennt, kann an den Kreuzen der Geschichte nicht vorbeigehen. Wenn in der orthodoxen Chrysostomos-Liturgie der Eucharistiefeier gebetet wird: Eingedenk also dieses heilbringenden Gebotes (der Feier des Abendmahles) und all dessen, was für uns geschehen ist: des Kreuzes, des Grabes, der Auferstehung am dritten Tag, der Auffahrt in den Himmel, des Sitzens zur Rechten des Vaters, der zweiten, neuen Ankunft in Herrlichkeit bringen wir dir das

Deine vom Deinigen dar überall und für alles." Dann ist in dieser Erinnerung unserer Geschichte – zumal im Angesicht Christi, des Pantokrators – auch seine Allgegenwart in jedem Augenblick dieser Geschichte mitgemeint. Wer an der geschichtlichen Erinnerung vorbeigeht, geht an Christus vorbei.

Ist es nicht dieser erinnernde Glaube, der uns an den Ort des Massakers nach Kragujevac führt? Kann das europäische Haus gebaut werden gewissermaßen im Vergessen der ermordeten serbischen Kinder? Und ist es nicht von daher einer europäischen Identität, also dem normativ ausgelegten Begriff von Europa, essentiell, in eine gemeinsame Zukunft hineinverwiesen zu sein? Dies wird auch deutlich durch das versöhnende Zeichen unseres Mitbruders, Bischof Sava, der als Bischof ja für die ganze orthodoxe Kirche Serbiens spricht. Was ist denn Europa, was ist die Würde seiner Geschichte ohne dieses erinnernd-versöhnende Zeichen?

Freilich kann christliches Erinnern nicht segmentiert werden. Es gibt im Glauben keine abspaltende Erinnerung, die gewissermaßen das eigene Leiden gegenwärtig hält, aber die Geschichte der anderen ausblendet. Als Christen muß es uns im Westen zutiefst bekümmern, daß die Leiden des serbischen Volkes in Erinnerung der kroatischen Leiden überspielt werden und umgekehrt. Eine orthodoxe Kultur wird solcher Einseitigkeit ebenso widersprechen wie eine lateinische.

Der Ort der orthodoxen Kultur im heutigen Europa bewahrt und erhellt die unteilbare geschichtliche Erinnerung: unteilbar – und deshalb versöhnend; unteilbar und deshalb identitätsstiftend für das eine Europa.

Eine zweite Ortsbestimmung, die an Noteboom anknüpfen kann: Das Lernen der alten Sprachen Griechisch und Lateinisch heißt, sich hineinzustellen in die bis heute und seit 2000 Jahren lebendige europäische Erzählgemeinschaft. Diese Erzählgemeinschaft ist eine zweisprachige und zwar eine der griechischen, also der orthodoxen und der lateinischen, also westlichen Kultur. Europa ist auf seine zwei Sprachen angewiesen, will es seine Tradition ins Heute übersetzen. Die geistigen und ethischen Ressourcen Europas sind nicht einsprachig.

Entgegen jener Interpretationen, die sowohl in orthodoxer als auch in lateinischer Apologetik populär sind, bin ich davon überzeugt, daß diese europäisch-zweisprachige Erzählgemeinschaft bis in die Gegenwart auch eine christlich verwurzelte geblieben ist. Hier allerdings haben die theologischen Diskurse zwischen uns erst begonnen. Im Zentrum des Gesprächs steht natürlich die Frage, ob die Neuzeit, insbesondere ihr aufgeklärter Rationalismus einen Abbruch der christlichen Tradition bedeutet. Die Virulenz dieser Frage ist eine theologische und eine kulturelle: Theologisch würde die Interpretation „Abbruch" natürlich auch eine Bruchlinie zwischen der östlichen und der westlichen christlichen Tradition bedeuten, insofern sich das lateinische Christentum ja nicht gegen die Aufklärung gewandt hat, sondern diese, etwa in theologischer Entfaltung der Subjektphilosophie mitgestaltet hat. Die westliche Moderne ist ohne dieses christliche Ferment nicht denkbar, denn die lateinische Theologie erkennt im modernen Freiheits-und Subjektpathos trotz anfänglicher gegenseitiger Mißverständnisse und Anfeindungen ursprüngliche Gehalte des Evangeliums wieder. Die christliche Rede von der Personenwürde ist zwar nicht im Subjektpathos der Moderne geschichtlich erfüllt; gerade deshalb sind beide Momente immer wieder neu zusammenzubringen. Hat die östliche Tradition diese aufgeklärte Moderne nicht weitaus weniger rezipiert? Bedeutet das nicht nur eine theologische Bruchlinie, sondern nicht auch eine gesamtkulturelle, so daß sich die orthodoxe Kultur von der modernen getrennt sieht, entsprechend aber auch vom Westen her marginalisiert?

Ich glaube das nicht und möchte hierfür ein theologisches Argument aufbieten, das sich allerdings für die gesamtkulturelle Perspektive als höchst bedeutsam erweist: Die zentrale Herausforderung der europäischen Erzählgemeinschaft ist gegenwärtig die anthropologische Krise. Viele Anzeichen sprechen dafür, daß in dieser Krise der uns „vertraute und anvertraute Mensch" (Metz) gefährdet ist. Beispielsweise sind seine Funktionalisierung, also die instrumentelle Interpretation seiner Existenz, etwa in Optionen der Gentechnologie, der medizinischen Ethik, aber auch der Ökonomie durchaus bedrohlich. Diese anthropologische Krise steht nun, darüber sind sich eigentlich Theologen und säkulare Kulturanalytiker einig, in einem unmittelbaren Zusammenhang mit der „Gotteskrise", d. h. sie steht im Zusammenhang mit dem Abschied von einer theonomen Welterklärung und theonomen Ethik im Westen. Hier allerdings bedarf es des rettenden Einspruchs der orthodoxen Kultur zur Bewahrung des europäischen Zeugnisses für die Welt: vom Zeugnis für den Menschen im Angesicht Gottes. Brauchen wir nicht im heutigen Europa die neue Anstiftung zur Gottessehnsucht durch den gerade in der orthodoxen Kultur aufbewahrten Schatz des Sinnes für das Heilige? Brauchen wir nicht die orthodoxe Kultur des Sinnes für „Gestalt", die eben nicht von Funktionen des Menschen spricht, sondern vom Menschen als der Ikone Gottes erzählt, einer Ikone allerdings, die sich selbst nur ansichtig wird in der vera ikona Gottes – Jesus Christus? Brauchen wir, gerade damit die europäische Moderne sich nicht am Ende selbst zerstört, so wie die Revolution ihre Kinder immer frißt, diesen orthodoxen Einspruch der Gottessehnsucht für den Menschen, den Schutz seines „Bildes" aus der anbetenden Erfahrung des Bildes Gottes in der Welt? Braucht nach dem Fall der Mauer Europa nicht genau diesen Einspruch um des Menschen willen, der auch rettend war gegenüber dem Klassenfunktionalismus der stalinistischen Ideologie? Jedenfalls halte ich gelegentlichen westlichen Hochmut, auf diesen Einspruch der Orthodoxie verzichten zu können, für modernitätsgefährdend. Umgekehrt bedeutete der Verzicht der orthodoxen Kultur auf diese Einmischung auch eine Gefährdung des einen europäischen Erbes und ein Abbruch der einen Erzählgemeinschaft.

Der Ort der orthodoxen Kultur in Europa ist also Zeugnis der Menschlichkeit und Zeugnis für eine 2000jährige Erzählung von der Menschenfreundlichkeit Gottes. Unsere Erzählgemeinschaft darf schon um des Menschen willen nicht zerreißen.

Eine dritte Ortsbestimmung: In meinem Haus in Hildesheim befinden sich viele Ikonen aus sehr verschiedenen orthodoxen Epochen und Traditionen. Diese Ikonen sind Glaubenserinnerungen und Glaubenserzählungen. Die schönsten zeigen Christus den Weltenherrscher und Weltenrichter, in dem alles „erschaffen ist und alles Bestand hat", wie der Kolosserbrief sagt. Kein Bildnis Christi erzählt so eindringlich von der universalen Zuwendung zu allen Menschen wie Christus, der Pantokrator. Seine Herrlichkeit ist die Zuwendung zu den Ärmsten und Schwächsten, zu den Hungernden und Kranken. Seine Zuwendung ist keine regionale, sondern eine universale – ja, seine Zuwendung zu allen Menschen reicht hinaus selbst über die christliche Glaubensgemeinschaft. Der Pantokrator schaut auch Muslime und Buddhisten liebevoll an. Ist die orthodoxe Ikone des Pantokrator nicht Einweisung in die Aussöhnung mit dem Islam und zwar für die ganze europäische Geschichte vom balkanischen Amselfeld bis in die spanische Reconqista? Ist nicht gerade die orthodoxe Glaubensgestalt notwendig für die Bewahrheitung des gesamteuropäischen Zeugnisses für die Einheit der einen Menschheit? Diese Universalität ist eben mehr als eine bloß technische im Informationszeitalter, denn diese Universalität zielt auf moralische Integrität.

Ich bin mir sehr wohl bewußt, daß ich damit eine für uns alle – im Westen wie im Osten – sehr delikate Frage anspreche, die alte, leidvolle und immer noch unbeantwortete Frage: Europa, wie hältst du es mit den Muslimen? Versteht es sich vom einen Evangelium her, daß die christlichen Kirchen eine gemeinsame Antwort geben müssen?

Der Ort der orthodoxen Kultur in Europa ist auch ein Tor zu unserem universalistischen Erbe und damit der Einweisung in Versöhnung.

Orthodoxe Kultur im heutigen Europa: Was gewesen ist, ist im Gedächtnis des Leidens zu bewahren, es ist weiter zu erzählen im Gottesgedächtnis um der Ehre des Menschen willen und es ist zu erneuern, um der einen Menschheit willen.

Orthodoxe Kultur in Europa ist nicht nur das, was geschichtlich der Fall ist, sie erinnert daran, daß europäische Geschichte auch Heilsgeschichte in sich birgt.

13. Mai 1998, Gifhorn

Gottesverwurzelung und Kirchenverwurzelung: Über die Chancen der Konfession in der Ökumene

Statement vor der Pfarrkonferenz des Evangelisch-Lutherischen Kirchenkreises Gifhorn

Mein Thema ist in einer Debatte situiert, die aktuell als „Theologische Schlammschlacht um die Wahrheit" bezeichnet wurde. So kommentierte „DIE WELT" Anfang Mai die jüngsten Streitigkeiten um das Konsensdokument zur Rechtfertigungslehre. Es scheint, daß es angesichts dieser Wahrnehmung an der Zeit ist, mehr von Grenzen der Ökumene als von deren Chancen zu sprechen. Vielleicht ist es, um einer gewissen Resignation zu wehren, gut, sich noch einmal des zurückgelegten Weges zu erinnern:

Vor mehr als einer Generation sind die evangelischen Kirchen und die katholische Kirche in einen bis dahin kaum für möglich gehaltenen ökumenischen Dialog getreten. Zum 450. Jahrestag der „Confessio Augustana" (1980) wurde eine gemeinsame Erklärung verfaßt mit dem Titel: „Alle unter einem Christus". Anspruch und Ziel des gemeinsamen Weges lassen sich wohl kaum besser markieren. In der Tat, läßt man einmal die bedeutenden Dokumente unseres Dialogs Revue passieren – Das Evangelium und die Kirche (1972), Das Herrenmahl (1978), Das geistliche Amt und die Kirche (1981) – haben wir ein Ereignis vor uns von kirchengeschichtlich singulärem Rang.

Es ist zunächst in den vergangenen Jahren – gleichsam im gemeindlichen und kirchlichen Rückraum dieser theologischen Arbeit – gelungen, viel Geröll an Vorurteilen übereinander und an gegenseitigem Mißtrauen beiseite zu schaffen. Gewiß, auf dem so freigewordenen „Bauplatz" konnten wir nicht die eine Kirche errichten, aber immerhin ein ökumenisches Gebäude. Dieses ökumenische Gebäude ist heute unverzichtbarer Bestandteil unseres konfessionellen Lebens. Unverzichtbar in der Gestalt unseres Gemeindelebens und unverzichtbar in der Theologie. Es gibt heute keine Theologie mehr, die nicht immer auch ökumenisch bewußt ist. In dieses ökumenische Gebäude als Ort lebendiger Spiritualität, gestatten Sie mir diese persönliche Bemerkung, kehre ich immer wieder gerne ein, nicht zuletzt auch aus Anlaß meiner Besuche in den Dekanaten der Kirche von Hildesheim. Füllen wir das gemeinsame Gebäude weiter mit Leben!

Nun gibt es, lassen sie mich noch einen Augenblick im Bild bleiben, einen dunklen Kellerraum, in dem der Weg zueinander besonders schwierig schien, nämlich die Frage des Verständnisses von Rechtfertigung und Kirche – in etwa also die aktuelle Debatte. Schließlich nannte Luther selbst den Rechtfertigungsglauben den „articulus stantis et cadentis ecclesiae" – nicht fidei, und er ist in der Tat für Lutheraner und Katholiken das Kerngeschehen christlicher Existenz – aber eben in der Gemeinde, die Jesus Christus in Kreuz und Auferstehung gegründet hat und der er die Heilsmittel von Wort und Sakrament anvertraut hat. Wie denn das Verhältnis von Rechtfertigung und Kirche zu verstehen und zu bestimmen ist, war einer der tiefsten Konflikte in der kirchlichen Spaltung und in jahrhundertelanger Kontroverstheologie. Schon zu Beginn der Reformation meinte Kardinal Cajetan zur 7. Ablaßthese Luthers (die Glaubensgewißheit des Christenmenschen): „Das heißt eine neue Kirche bauen."

Ich bin überzeugt, daß wir mit der aktuellen Diskussion um den Status der Rechtfertigungslehre in eine neue Phase des ökumenischen Dialogs treten, die notwendig ist und sich, wenn der Rauch verzogen ist, als fruchtbar erweisen wird: Ich meine, daß diese Phase gekennzeichnet ist von einer „Wiederentdeckung der Konfession" – allerdings nicht in einem konfessionalistischen, also kontroverstheologischen Sinn, sondern in einem konfessorischen Sinn, also als Spiritualität des Kircheseins.

Bitte haben Sie Verständnis, daß ich die hier vorgelegte Theologie nicht in ihrer Breite und Differenziertheit referiere, sondern nur auf die geistliche Kernaussage des Dokuments hinweise. Sie lautet: Rechtfertigung und Kirche sind zwei Dimensionen unseres Glaubensgeheimnisses. Der Glaube ist die Existenzgundlage und die Kirche ist der Lebensraum unseres Christseins. In Nr. 5 der Erklärung heißt es: Wir glauben „an den Vater, der sich unser erbarmt und uns in der Kirche. als sein Volk versammelt, an Christus, der uns rechtfertigt und dessen Leib die Kirche ist, und an den Heiligen Geist, der uns heiligt und in der Kirche lebt. Unser Glaube erstreckt sich auf Rechtfertigung und Kirche als Werke des dreifaltigen Gottes, die nur im Glauben richtig angenommen werden können. Wir glauben die Rechtfertigung und die Kirche als Mysterium, als Geheimnis des Glaubens, weil wir allein an Gott glauben, dem wir uns in Freiheit und Liebe ganz überantworten dürfen und auf dessen heilszusagendes Wort allein wir voll Vertrauen unser ganzes Leben setzen können."

Es wurde ja manchmal behauptet, daß die Rechtfertigungslehre nicht mehr die Frage des heutigen Menschen sei. Dem muß im Blick auf den geistlichen Kern des Verständigungsdokuments entschieden widersprochen werden. Mit Rechtfertigung ist die fundamentale „Gottesverwurzelung" (J.B. Metz) des Christen ausgedrückt, jenes credo Deo – ich glaube, vertraue dir, credo deum – ich glaube dich, daß du Gott bist, der sich offenbart und wirkt, und credo in deum – ich glaube an dich als Grund und Ziel meines Lebens. Wenn wir in den Kirchen heute neu die Frage unserer Gottesverwurzelung stellen, so gibt es wohl kaum eine brennendere Frage unseres Kircheseins als den Rechtfertigungsglauben, und dies ist konfessionsverbindend so, daß der in der Zukunft nicht mehr Ferment der Spaltung, sondern der geistlichen Erneuerung unserer Kirchen sein wird.

Die Rechtfertigungslehre will die Geschichte unseres Heils vom Wesentlichen her erzählen: Gott steht in und zu dem von ihm eröffneten Bund mit den Menschen. Glaube heißt dem Bund Gottes vertrauen, wie er unüberbietbar in Jesus Christus bezeugt ist. Wenn der Glaube in dieser fundamentalen Weise Existenzgrundlage des Christseins ist, dann kann es eigentlich kaum überraschen, daß für das Dokument die Kirche „Geschöpf des Evangeliums" ist, d. h. sich der frohen Botschaft vom Heil in Christus verdankt. Gott steht zu seinem Bund in Jesus Christus – aus diesem Evangelium gibt es Kirche und zwar nicht zufällig, sondern notwendig. Dieses Evangelium ist im Zentrum der Kirche, wie die Kirche – um des universalen Heils willen – im Zentrum des Evangeliums steht. Schon die Mystiker der Väterzeit hatten die Lehre entwickelt, die Kirche fließe aus der geöffneten Seite Christi am Kreuz hervor. Auch das II. Vatikanische Konzil hat wieder herausgestellt, daß „das Evangelium für alle Zeiten Ursprung jedweden Lebens in der Kirche ist"(LG 20). Kirche jedenfalls kann für den dem Evangelium Glaubenden ebenso wenig zur Disposition gestellt werden, wie das Evangelium als Summe des Heils durch die Kirche nicht in Frage zu stellen ist.

„Kirche ist die Gemeinschaft derjenigen, die Gott durch Christus im Heiligen Geist durch Verkündigung des Evangeliums und Spendung der Sakramente und das von ihm eingesetzte Amt sammelt" , heißt es in Nr. 40 von Rechtfertigung und Kirche. Von dieser Aussage her scheint es mir kaum mehr möglich, den Rechtfertigungsglauben gegen den Kirchenglauben ins Feld zu führen und umgekehrt. Es geht je um den einen Gott unseres Bundes. Deshalb verweist die Gottesverwurzelung des Rechtfertigungsglaubens notwendig auf eine Kirchenverwurzelung und umgekehrt wird jede Kirchenverwurzelung ihre innere Kraft nur aus Gottesverwurzelung erschließen. Die Formel „Jesus ja, Kirche nein" meint jedenfalls nicht den rechtfertigenden Gott des Bundes. Und die in manchen aktuellen Auswüchsen auch innerkirchlich hier und da hochgespülte Formel einer mythenfreudigen Postmoderne „Religion ja, Gott nein" hätte sich der kritischen Feuerprobe unseres Rechtfertigungsglaubens zu stellen.

Gerade in einer Welt der scheinbar unbegrenzten Möglichkeiten, wird der Rechtfertigungsglaube entschieden auf die Kirche verweisen. Er wird die Institution Kirche nicht, wie oft gesagt, als Eingrenzung der persönlichen Freiheit sehen, sondern er wird die Rückbindung an Gott als letzte Rückbindung menschlicher Freiheit sehen und deshalb auch die Einbindung in die Kirche als Gemeinschaft der Gläubigen (und Gerechtfertigten!) als Befähigung zur wahren Freiheit verstehen. Paulinisch gesprochen (Gal 5,13): der aufgrund des Glaubens an Jesus Christus zur Freiheit befreite Mensch ist immer der zur Gemeinschaft der Kirche befreite Mensch.

Das II. Vaticanum hat ihre Kirchenkonstitution mit diesen Worten eröffnet: „Christus ist das Licht der Völker" (LG 1). Indem die Kirche das Evangelium (von der Rechtfertigung) allen Menschen verkündet, sollen alle durch die Herrlichkeit Christi erleuchtet werden, „die auf dem Antlitz der Kirche widerscheint"; denn „die Kirche ist ja in Christus gleichsam das Sakrament, das heißt Zeichen und Werkzeug für die innigste Vereinigung mit Gott wie für die Einheit der ganzen Menschheit" (ebd.). Die Kirche ist in Christus vom Konzil gleichzeitig als Empfängerin und als Mittlerin des Heils gesehen. Das Wort von der Kirche als „allumfassenden Heilssakrament" will somit die universale Sendung der Kirche und ihre radikale Christusabhängigkeit zum Ausdruck bringen. Die Einbindung in Kirche meint also immer Rückbindung an Christus und nicht Einbindung um der Kirche selbst willen. Um dieser Rückbindung willen ist die Kirche für das Heil aller wichtig, ja sogar notwendig, aber sie ist es als „Werkzeug und Zeichen" für die Christusgegenwart.

Nun ist nicht zu überspielen, daß die katholische Lehre von der Grundsakramentalität der Kirche den Kirchen der Reformation im Blick auf den Status der Rechtfertigung allein aus Glauben wenig plausibel und also kritikwürdig erscheint. Gerade deshalb möchte ich ein Plädoyer für die Konfession halten, und zwar einfach deshalb, weil „Konfession" normativ weniger anspruchsvoll erscheint als „Kirche". Nachfolgend möchte ich einige Gründe dafür angeben, warum und inwiefern eine Ökumene, die nicht strikt gegen Konfession errichtet wird, pastoral chancenreich ist. Warum sollte uns nicht einen, daß die kirchliche Konfession als Lebensraum der Erfahrung des in Christus rechtfertigenden Gottes in Gesellschaft und Geschichte heute zu neuem Zeugnis – in gestalteter Differenziertheit – herausgefordert ist? Könnte es sein, daß dieses Zeugnis der Kirchlichkeit heute die zentrale Herausforderung des Glaubens ist? Und zwar deshalb, weil der Glaube heute dazu tendiert, immer abstrakter, immer esoterischer, immer folgenloser und ästhetischer zu werden – eben ein Glaube, der nur noch geglaubt wird ohne lebensmäßige Einbettung? Kann es nicht sein, daß „Konfession" ein Schlüssel ist für die Beheimatung des Glaubens?

Deshalb möchte ich vor einer Ökumene warnen, die gegen Konfession an sich aufgerichtet wird: Eine solche „dritte Konfession" treibt uns in die Heimatlosigkeit einer Vernunftreligion. Schließlich: Für eine ökumenische Theologie, die sich in eine „dritte Konfession" hineinargumentiert, gibt es empirische Tests: Hüten wir uns davor, unter dem Stichwort Ökumene avancierte Bürgerlichkeit zu spiegeln! Fragen wir stattdessen mit der äußersten Empfindlichkeit des Evangeliums nach den Subjekten jedes ökumenischen Tuns: Auch Ökumene ist zu verantworten vor den kleinen Leuten, vor den Wehrlosen, Benachteiligten und Sprachlosen zumal. Fragen wir sie, die Vielen und heute Vielgeschmähten der Volksreligion, was sie davon halten, wenn in einer Ökumene nach und nach die Zeichen und Symbole, die Riten und Überlieferungen in ihrem je eigenem „lutherischen" oder „katholischem" Zauber – dem Zauber der Beheimatung! – immer austauschbarer, immer einsehbarer – aber auch durchschaubarer werden.

Ökumene ist mehr als ein neuer „contract social" der bürgerlichen Klasse, gleichsam im vernünftigen Interessenausgleich als Verständigung über uns selbst. Ökumene muß geistliche Vertiefung sein – und das heißt neue Beheimatung des Glaubens, und das heißt Konfession.

Für die Spiritualität der Ökumene in Konfessionen gibt es zwei Kriterien, die gleichsam die confessio (Bekenntnis) in Konfession, das Konfessorische im Konfessionellen freilegen: Ist die gesuchte Form eine Ökumene der Schwächsten? Ist sie Gemeinschaft mit den Hungernden und Hoffnungslosen? Ist in ihrem Antlitz, das ja das Antlitz Christi ist, in dem wir allein gerechtfertigt sind, unsere Ökumene zu bewähren? Und zweitens: Können wir unsere Differenzen so gestalten, daß darin die Liebe zum je anderen aufleuchtet? Liebe zum anderen: Zu dem, was seine bis heute identitätsstiftende Geschichte nun einmal ist; Liebe zum anderen: Zu dem, was ihm selbst heilig ist und das ist allemal mehr als das, was argumentativ hervortritt. Liebe zum anderen: das bedeutet nicht die Kultivierung unserer allzu lange gepflegten Berührungsängste, die Zementierung der lutherischen Vorbehalte gegen alles Natürliche – um der Gnade willen, gegen alles Magisch-Sakramentalistische – um des Wortes vom Kreuz willen. Ich meine auch nicht die notorischen Berührungsängste des Katholizismus vor der protestantischen Predigt der Freiheit, Ängste vor einem zu steilen, entinstitutionalisierten Subjektpathos. Nein – ich meine in dieser Liebe zum anderen die je andere Form der Gottesverwurzelung, die nun einmal eine geschichtlich gewordene ist und auch so noch einmal von besonderer Dignität. Schließlich konnte selbst Paulus seinen Paulinismus nicht ohne solche inkulturierte Einfärbung verkünden.

Vielleicht ist weder für Lutheraner noch für Katholiken die Reformation am Beginn der Neuzeit die letzte. Vielleicht stehen wir vor einer „zweiten Reformation" (J.B. Metz). Einer Reformation, die das Erbe der Konfession als kostbaren geistlichen Schatz hüten wird, als Erbe der „Zweisprachigkeit" (Fulbert Steffensky) ohne uns gegeneinander zu stellen. Eine solche zweite Reformation würde uns hierzulande gewiß neu einweisen in die diaconia Christi – zur Rettung des uns vertrauten Menschen. Sie würde uns rufen in die Ökumene mit der Dritten Welt. Und erst in dieser Ökumene so scheint mir, wäre eingelöst, was wir in jeder Eucharistie als Geschenk der Gnade empfangen: Die Kirche hat nicht nur eine Sozialethik, sie ist eine Sozialethik: Ökumene mit den Schwächsten.

21. Januar 1999, Hildesheim

Es geht um Gott! Eine ökumenische Anmerkung zum Ablaß

Die katholische Ablaßpraxis und -lehre hat im 16. Jahrhundert zur Konfessionsspaltung geführt. Dieser zweite tiefe Riss in der abendländischen Christenheit wirkt bis heute in Verletzungen und Mißverständnissen fort. Schon deshalb ist die Verkündigung des Jubiläumsablasses in der Verkündigungsbulle des Großen Jubiläums des Jahres 2000 „Incamationis mysterium" mehr als eine Randfrage, sondern verdient – um des Ziels kirchlicher Einheit willen – aufmerksam in den Blick genommen zu werden.

Man tut gut daran, den reformatorischen Einspruch gegen den Ablaß nicht frühzeitig auf buß- und gnadentheologische Einzelfragen zu verengen, sondern als Notschrei in einer Gotteskrise zu hören. Der lutherische Vorwurf gegen Tetzel lautete ja nicht nur, es werde die Gnade verdinglicht und so verhökert, er lautet vielmehr, daß Gott selbst und damit das Geheimnis seiner ungeschuldeten, uns rechtfertigenden und heiligenden Gnade, im Ablaß zum Geschäftspartner degradiert werde, so wie wir das aus amerikanischen Filmen kennen, wenn der Verdächtige beim Gericht eine Kaution hinterlegt, um aus dem Gefängnis freizukommen. Der Vorwurf lautete ja auch nicht einfach, Katholiken seien unehrlich, weil sie in ihrer Beichtpraxis und im Ablaßwesen sich eine Gnade verfügbar machen, um dann fröhlich weiter zu sündigen bis zur nächsten Buße: einen solchen Vorwurf kann man ertragen, denn die Erfahrung lehrt einfach, daß Katholiken wenigstens im jahrhundertealten Durchschnitt genauso ehrlich oder unehrlich sind wie Protestanten. Nein, dieser Vorwurf besagt, daß der Mensch im Ablaß seine gnadenhaft unverfügbare Gottesverwurzelung, die in der Sünde in das Kreuz hinein aufgehoben ist, sich verschleiere.

Die Gotteskrise ist auch heute die fundamentale Herausforderung der Theologie und kirchlicher Sendung. Sie begegnet uns in vielfältiger Weise nicht so sehr in atheistischer oder antichristlicher Form, sondern vor allem in religiöser Verschleierung. Da gibt es die frei vagabundierende Religiosität der Esoterik und Sekten, da spüren wir immer mehr wie unerlöst Selbsterfahrung, Individualismus und Pluralismus vor sich hin dümpeln, da wird Gott unter die Gesetze der Brauchbarkeit des Marktes gezwungen und wir wundern uns, wie schnell dann seine Transzendenz aufgebraucht ist, da geht es in den Kirchen um Humanismus und Weltfreude – aber um Gott?

Es geht um Gott – ihn selbst. Gott, der allein uns in Jesus Christus, frei und ungeschuldet annimmt als Sünder. Er allein kann rechtfertigen, niemand sonst. Ob diese Rechtfertigung nur sola fide geschehen kann und wie dieses sola fide genauer zu verstehen ist, bleibt unsere gemeinsame „Gottes-Frage". Also noch einmal: Es geht um Gott und darum, daß wir in unserer ganzen Existenz – bis hin zum Dunkel unseres Scheiterns – in sein Geheimnis hineingenommen sind. Daß dieses rechtfertigende Hineingenommen-Sein unseres sündigen Daseins gottmenschlich ist, also selbst in Jesus Christus seine letztgültige Gestalt hat, darf nicht von vornherein und absolut gegen eine katholische Ekklesiologie in Stellung gebracht werden.

Die lutherische Christozentrik atmet Gottessehnsucht, die katholische Ekklesiologie, die am Ursakrament Jesus Christus ja nicht vorbeikonstruiert ist, auch. Man kann gewiß nicht immer diese theologischen Architekturen schiedlich nebeneinanderstellen, man muß sie auch kritisch aufeinander beziehen. Aber noch einmal: Es geht um Gott: Unsere theologischen Differenzen müssen offen genug bleiben, daß wir einander die mystischen Kerne unserer Gottessehnsucht gleichsam „von den Augen ablesen" können. Es geht um Gott: Darum muß eine ökumenische Theologie auch eine mystagogische sein – oder sie ist mitten in der Gotteskrise erledigt.

Einen solchen mystagogischen Brückenschlag möchte ich in Bezug auf die katholische Ablaßlehre versuchen. Es geht mir also nicht um eine kontroverstheologische Widerlegung der lutherischen Kritik. Die lutherischen Warnungen vor der Verdunklung des Gottesgeheimnisses sind ja nicht einfach erledigt, sie bleiben bis heute aktuell und es gibt auch ein katholisches Interesse sie wachzuhalten. Es geht mir darum, auf den mystischen Kern der Ablaßlehre, auf die in ihr verborgene (und geschichtlich verstellte) Gottessehnsucht hinzuweisen.

Der Mensch ist Sünder und gerechtfertigt. Gelingendes menschliches Leben kann man verstehen als immer tiefere Durchdringung durch diese mystische Erfahrung des rechtfertigenden Gottes; mißlingende Existenz ist immer eine Geschichte des Vergessens der Rechtfertigung. In seiner Sünde aber kann der Mensch umkehren. Umkehr ist Erinnerung an Gottes Rechtfertigung und insofern steht keine Vergebung, keine Absolution in Konkurrenz zu dieser Rechtfertigung durch Gott: auch die Vergebung (durch Gott) ist Erinnerung an die Rechtfertigung durch Gott in Jesus Christus. Umkehr und Vergebung als Erinnerung an Gottes Rechtfertigung sind Ereignisse der heiligmachenden Gnade Gottes.

In Buße und Ablaß geht es nicht um ein rechtfertigendes Geschehen, sondern um ein heiligendes. Dabei ist der spezifische Ort der Ablaßtheologie zunächst eine grundlegende menschliche Erfahrung: Unsere Freiheit kann nicht nur als subjektives Vermögen, sie muß auch als objektive Gestalt ausgelegt werden. Freiheit heißt nicht nur, jemand kann Kinder zeugen, sondern diese Freiheit ist auch das gezeugte Kind. Entsprechend ist Sünde nicht nur das subjektive Wollen, sondern auch eine objektive unwiderrufbare Gestalt, sie hat nicht nur eine subjektive Befindlichkeit, sondern sichtbare Folgen. Jemand geht nicht nur in einen Supermarkt und klaut ein Kilo Bananen, sondern – in der Tat – die Bananen sind weg.

So ist es auch in Umkehr und Vergebung. Jemand kehrt um zu Gott. Ist damit schon gesagt, daß damit alle Folgen seines „Vergessens" getilgt sind? Daß er sich angewöhnt hat, über Jahre egoistisch Bananen zu klauen, daß er gelogen und betrogen hat? Jemand vergibt einem anderen, der ihn schwer beleidigt hat. Gewiß kann diese Vergebung angenommen sein, aber sind damit schon alle Folgen verschwunden, etwa eine bleibende Unsicherheit in der Beziehung? Diese Folgen nennt die katholische Theologie „zeitliche Sündenstrafen".

Mit dem Ablaß arbeiten wir in Buße und Demut an diesen Folgen, an den zeitlichen Sündenstrafen. Es geht nicht darum, daß wir selbst die Rechnung unserer Vergebung bestimmen. Sünden kann nur Gott vergeben. Vielmehr geht es darum, diese Erfahrung des vergebenden Gottes immer tiefer in die Konkretionen und Objektivationen unseres Lebens hineinzuverzweigen. Ablaß ist also kein Ersatz, sondern die tiefere Durchdringung unseres Lebens von einer grundlegenderen, gnadenhaften Erfahrung her.

Daß wir wirklich von einer tieferen Durchdringung sprechen können, lehrt eine allgemeine Erfahrung: Jemand kommt zu uns und bekennt, er habe sich jahrzehntelang nicht um den Glauben gekümmert, aber von nun an solle alles wieder anders werden. Wir werden ihm vielleicht die Geschichte vom barmherzigen Vater erzählen, die Geschichte von Karfreitag und Ostern. Der Mann geht also fort, aber aus der Ferne ist zu beobachten, daß in seinem Lebenswandel alles beim Alten bleibt. Man wird nicht gleich an der Ernsthaftigkeit seiner Umkehr zweifeln, aber es bleiben doch Fragen. Wenn nun derjenige dann doch – und wohl in mühsamen kleinen Schritten – beginnt, seinen Alltag umzugestalten, dann ist zwar der ursprünglichen Umkehr kein „mehr" hinzugefügt, aber wir werden doch sagen, daß er nun tiefer vom Gottgeheimnis seiner Umkehr durchdrungen ist. Dieses tiefere Durchdringen durch das Gottgeheimnis der Vergebung und Umkehr ist ein Ablassen von den zeitlichen Sündenstrafen eines zerrissenen Alltags. Wie gesagt: Nur Gott kann Sünden vergeben, er kann uns aber auch befähigen, die Erfahrung dieser Vergebung immer tiefer – folgenreicher, alltagstauglicher – anzunehmen. Nicht wir kaufen uns los, sondern Gott schenkt Gnade!

Wenn man die Theologie des Ablasses so auf eine Mystagogie des rechtfertigenden, vergebenden und heiligenden Gottes hin auslegt, ergeben sich überraschende Konsequenzen: Wenn wir nämlich sehen, daß ein Aspekt der Gotteskrise auch eine Anschaulichkeitskrise ist, daß Gott immer mehr behauptet, statt erfahren und bezeugt wird, wenn die alten Erinnerungen „Vergebung", „Erlösung" usw. immer mehr auch ihre „zweite" Konkretion verlieren, nämlich aus unserer Sprache verschwinden, dann erhält die Ablaßlehre eine aktuelle Bedeutung: sie bezeugt eine Gottesliebe, die sich um die widerständige Objektivität der Sünde nicht herumschleicht, sie widersteht auch einem Zeitgeist, der Sünde und Vergebung immer mehr in einen Subjektivismus hineinnimmt – „das muß ich mit mir selber ausmachen" – und dabei augenscheinlich den einzelnen zusehends überlastet.

Und noch eines: Wie jede Bußtheologie, so öffnet auch die Ablaßtheologie nicht nur auf Gemeinschaft mit Gott hin, sondern auch auf die Gemeinschaft untereinander, die Kirche, und die Gemeinschaft für die Welt. Insofern formuliert die Ablaßlehre auch – und gewiß nicht exklusiv – einen Widerstand gegen eine Ideologie, alle Folgen unseres Tuns dem System anzulasten, und damit die „zeitlichen Sündenstrafen" gleichsam zum exkulpierenden Grund neuer Sünde zu machen, den fortgesetzten Bruch der Gemeinschaft. Die ökologische Krise, die Überrüstung der Welt, die Ungerechtigkeit des Hungers bleiben auf seltsame Weise von uns selbst abgelöst; es ist eben die „neue Unübersichtlichkeit". Gegen diesen abstrakten Subjektivismus formulierte Metz zuweilen sein ceterum censeo: „Dem Hl. Geist sind die Welthandelspreise nicht gleichgültig."

Noch einmal: Es geht um Gott – nur er kann rechtfertigen, nur er kann vergeben und heiligen. Von ihm her darf sich das Geheimnis unseres Lebens, Gott selbst, in die letzten Konkretionen hineinverzweigen, auch in die Folgen unseres Tuns hinein, die zeitlichen Sündenstrafen.

17. Mai 1999, Hildesheim

Schlußstatement zur 33. Priesterratssitzung am 17. Mai 1999 in Hildesheim

Liebe Mitbrüder,
gestern und heute ging es nach meinem Eindruck im Schwerpunkt um Fragen priesterlichen Lebensstils. Man muß das gar nicht als zweitrangig und oberflächlich von sich weisen. Denn in diesen Suchbewegungen geht es doch um den Kern aller Verkündigung der Kirche: Wer seinen Lebensstil befragt und entwirft, will das Sichtbarwerden der Sendung Christi erschließen. Wenn wir als Priester nach diesem Sichtbarwerden in unserem Lebensstil fragen, dann stellvertretend für die ganze Kirche. Der Lebensstil der Priester will die Sendung der Kirche schützen, er soll gegen die Unkenntlichkeit, die Unidentifizierbarkeit der Kirche in der Diaspora Widerstand leisten. Diaspora – das ist heute nicht mehr nur eine Region, es ist die Epoche unserer Kirche.

Unsere Sendung im Lebensstil sichtbar machen – das heißt für mich auch, die legitimatorischen Fragen des priesterlichen Amtes ein Stück zurückzunehmen. Diese legitimatorischen Fragen können und sollen gewiß auch gestellt werden: Warum das Amt? Kann es priesterlose Gemeinde geben? Warum werden wir gebraucht? Aber sind solche Fragen nicht doch in einem doppelten Sinne einschnürend: Weil sie das Argument immer wieder vor unsere Lebenspraxis stellen, weil sie die defensive Grundstimmung in uns und der ganzen Kirche durch wiederholte Spiegelung nur zementieren? Verdecken diese legitimatorischen Fragen nicht unsere eigentliche Not, die eben nicht in einem Mangel an Begründungen, sondern in dem Mangel einer Vision liegen? Liegt das Defizit an kirchlicher und gesellschaftlicher Verbindlichkeit, das vielbeklagte postmoderne Syndrom, nicht zentral an diesem Mangel einer Vision, die uns mehr bindet und untereinander zur Kirche verbindet als jedes Argument, weil eben Argumente tendenziell erst für widerlegbar, dann für austauschbar gehalten werden?

Vision und visio, Hoffnung und Sichtbarkeit sind aneinander gekettet. Wenn wir in unserem Lebensstil unsere Sendung sichtbar machen, verweisen wir auf eine Vision – ja, unsere Vision ist letztlich doch gar nichts anderes als eine andere Lebenspraxis, der Lebensstil des „neuen Menschen". Weder um eine zelotisch verbissene Sektenkirche, noch um eine triumphale Großorganisation geht es uns, sondern schlicht um eine andere Lebenspraxis.

Ist das wirklich nur als gleichsam rousseauistische Variante einer Glaubensromantik zu denunzieren? Oder ist es nicht vielmehr jene unmittelbare Provokation des Evangeliums, nach der Menschen in unserer Gesellschaft heute suchen? Jedenfalls, auch hier gilt: Priesterberufe kommen nicht durch Argumentation, sondern durch Provokation, durch das Sichtbarwerden der Vision im Lebensstil, das praktische Sichtbarwerden unserer Sendung.

Und das heißt für mich: Die Provokation der Evangelischen Räte! Wenn jemand fragt, wie ist denn heute in einer gänzlich jedem Autoritativen mißtrauenden Welt priesterliche Sendung sichtbar zu machen, dann eben nur so – in den Räten der Nachfolge – Armut, Ehelosigkeit und Gehorsam. Nicht zufällig haben wir gestern mit Benedikt angefangen, die Orden zu befragen. Und auch wenn wir von Benedikt weiter gingen zu Franziskus und Ignatius, auch in einem solchen „Fächer der Stile" ginge es doch um dasselbe: den Entwurf der Sichtbarkeit unserer Sendung, die Lebendigkeit des priesterlichen Dienstes in der Lebensweise.

Es ist hier nicht genügend Zeit, diese Evangelischen Räte weiter zu entfalten. Aber einige Hinweise will ich doch versuchen: Erstens hüten wir uns davor den Zusammenhang der Räte auseinanderzureißen. Wer nur den Zölibat sieht (und übrigens wieder legitimatorisch einsetzt), der steht in Gefahr, sich unter der Hand dann eben doch eine situierte bürgerliche Existenz aufzubauen und sich dabei, wie der alternde Rahner es einmal grimmig vermerkte, noch nicht einmal den Anforderungen von Familie stellen zu müssen. Wen sollen eigentlich solche Pfarrhäuser begeistern, wer ist von eheloser Bürgerlichkeit in einer Singlegesellschaft eigentlich angesprochen? Nein – unsere Sendung und Vision können wir nur sichtbar machen im Zusammenhang aller Räte.

Der zweite Hinweis lautet: Legen wir die evangelischen Räte nicht nur existentiell aus, gleichsam die fatale Trennung von privat und öffentlich in der Religion zu wiederholen. Die Evangelischen Räte stehen nicht nur im existentiellen, sondern ebenso im öffentlichen Anspruch – was hieße denn sonst eigentlich Sichtbarwerden? Diese Öffentlichkeit der Evangelischen Räte heißt für mich beispielsweise: Achten wir auf die Anforderungen, die heute jedermann in der Gesellschaft gestellt sind. Wer von Arbeitslast spricht, muß die Menschen sehen, die ein Leben lang in Wolfsburg am Band stehen, er muß morgens um 5 die vielen auf dem Weg zum Schichtdienst sehen, er muß die Einsamkeit der Büros und der Angst um den Arbeitsplatz sehen. Sichtbarmachen in den Evangelischen Räten heißt für mich deshalb auch, diesen gesellschaftlichen Herausforderungen nicht auszuweichen.

Der dritte Hinweis: Die drei Evangelischen Räte benennen nur den Kern der Weise unserer Sendung. Es kommen andere Evangelische Räte hinzu. Zuerst und zentral der Rat der Communio, also der visionäre Einspruch gegen den individualistischen Anspruch. Diese Communio betrifft einmal unsere Mitbrüderlichkeit – nicht nur zu Priestern, sondern zu Mitbrüdern sind wir geweiht, so hieß es gestern. Communio als Evangelischer Rat zielt ebenso auf die Gemeinde und die Gesellschaft. Sie ist die Auslegung der Evangelischen Räte als ein Beziehungsgeschehen in dem eben wiederum die Urbeziehung zu Jesus Christus in Armut, Ehelosigkeit und Gehorsam sichtbar wird. Der Evangelische Rat der Communio ist schließlich die Gestaltwerdung der Grundachse priesterlichen Dienstes: der eucharistischen Spiritualität. Das seid ihr doch, liebe Mitbrüder: Nicht nur die Vorsteher der Eucharistie, sondern die Mystiker des gebrochenen Brotes. Das ist unsere Vision, das haben wir sichtbar zu machen.

Und wer morgen geweiht wird, hat kaum Argumente. Ganz sicher sagt er: Ich bin einem Priester begegnet.

15./ 16. März 2003, Gnesen (Polen)

Kolloquium „Quo vadis Europa?“ am 15./16. März 2003 Die Rolle der Kirchen bei der Gestaltwerdung Europas

In der europäischen und weltweiten Öffentlichkeit herrscht das Bewußtsein eines tiefgreifenden, epochalen Wandels. Wahrgenommen werden epochale politische, wirtschaftliche und kulturelle Veränderungen, die vertraute Institutionen, Lebenswelten und Traditionen so tiefgreifend in Frage stellen, wie es geschichtlich selten vorkommt.

1. Umbruch

Am tiefgreifendsten zeigt sich dieser Wandel in der Krise kultureller Identitäten. Wirtschaftliche Globalisierung, Migrationen, technologische Innovationen, Auflösung gesellschaftlicher Kollektive (Individualisierung, Institutionenkrise) sind die Hebel dieses Wandels. Was an diesem Wandel systemisch erfasst und beschrieben wird, reicht längst tief in die Lebenswelt von Gesellschaften: Polnische und deutsche Werftarbeiter konkurrieren mit ihren koreanischen und japanischen Kollegen um Arbeitsplätze; die Konflikte in den Vorstädten mit Migranten, einschließlich wirtschaftlicher Verteilungskämpfe wie auf Berliner Großbaustellen wachsen; die Kosten der Freiheitsgewinne der Individualisierung zeigen sich erschreckend im Zusammenbruch der bisher bewährten Systeme sozialer Sicherheit in den westlichen Ländern. Die hoch-dynamische, hochflexibilisierte, zweckrationale, teilweise hedonistisch angeheizte Arbeitswelt hat ihren Teil zur Entsolidarisierung der Gesellschaft, insbesondere zur Auflösung der traditionellen Gestalt der Familie beigetragen; Europa – an der Spitze Deutschland – steht nun vor einer demographischen Katastrophe und damit vor der Auflösung des Atomkerns aller gesellschaftlichen Solidarität, nämlich des Zusammenhalts der Generationen. Und die neuen Techniken schaffen neue Spaltungen von Modernisierungsgewinnern und -verlierern. Allen diesen Krisen ist gemeinsam: Alte Institutionen sind nicht mehr recht handlungsfähig, am wenigsten der klassische Nationalstaat unter den Bedingungen der Globalisierung.

2. Auf der Suche nach der europäischen Identität

In diesem Zusammenhang ist der Begriff einer „europäischen Identität“ als kultureller Leitfigur einer „postnationalen Konstellation“ in die Debatte gekommen. Nun lassen sich Identitäten nicht herbeiargumentieren: Europäische Identität ist in den beiden Kriegen des 20. Jahrhunderts zerschlagen worden und bleibt nach Auschwitz bis zum Ende der Zeiten eine verdunkelte und gebrochene: Identitäten lassen sich nicht erzwingen. Wir haben mit erzwungenen Identitäten wie etwa einer „arischen“ oder einer „proletarischen“ in Europa die schlechtesten Erfahrungen gemacht. Identitäten taugen auch nicht für historische Ästhetik: Der deutsche politische Leitbegriff (bis 1806) eines „Hl. Römischen Reichs“, der jüngst wieder ins Spiel gebrachte Begriff einer romanisch-mediterranen Identität oder auch panslawische Identitätsspiele im Jugoslawienkonflikt verfehlen Wirklichkeiten und tendieren deshalb zum Imperialen. Kurzum: Identitäten sind nicht harmlos; sie sind nicht nur tendentiell gefährdet, sondern können ebenso tendentiell gefährlich werden.

Gibt es eine europäische Identität? Es sieht derzeit nicht danach aus. Die regelmäßigen Umfragen des „Eurobarometer" unter den Bürgern der Mitgliedsländer und Beitrittskandidaten zeigen ein außerordentlich hohes Maß an Zustimmung zur EU, aber weitaus geringere Identifikationen. Die Menschen Europas fühlen sich nach wie vor zunächst als Franzosen, Litauer, Dänen, Polen oder Deutsche – erst dann und weit schwächer als „Europäer". Man muss auch sehen, dass die Geschichte Westeuropas und der EU als derzeit deutlichste Manifestation eines identifizierbaren Europa wesentlich mehr von strategisch-instrumentellen Interessen geformt war als von kulturellen Leitbildern. Im Gegenteil, die europäische Kulturpolitik steht bis heute hintan. Von der Montanunion über die Römischen Verträge bis zu Maastricht formt sich Europa wesentlich als ökonomischer und sicherheitspolitischer Zweckverband. Auch der Beitritt der mittelosteuropäischen Länder folgt beidseitig zunächst einmal diesen Motiven. Das ist nicht zu kritisieren: was spricht gegen Wohlstand, soziale Sicherheit und äußere Sicherheit?

Gleichwohl: Wie wenig bis heute kulturelle Motive gegenüber wirtschaftlichen und politischen eine Rolle spielen, zeigt das Beispiel Russland: Dass Russland kein Beitrittskandidat sein kann und soll, ist allgemein Konsens. Befragt man diesen Konsens aber kulturell, müsste Russland europäisches Kernland sein, nämlich ein Land, das zutiefst christlich-orthodox geprägt ist, das diese Prägung über die lange stalinistische Eiszeit retten konnte, das zum östlichen Lungenflügel Europas gehört. Wer von einem christlichen Europa spricht, gar vom christlichen Abendland, müsste Russland hinzunehmen. Es ginge schließlich um den Kernbestand europäischer Traditionen, wozu doch auch nach tiefster Überzeugung von Papst Johannes Paul II. die Orthodoxie gehört.

Schließlich: In Fortsetzung einer Entwicklung nach dem Krieg hat der Westen den Fall des Eisernen Vorhangs 1989 ökonomistisch fehlinterpretiert und damit ein Jahrzehnt kultureller Gestaltwerdung Europas verspielt. Die Rechnung, der Westen habe den Kalten Krieg aufgrund der ökonomischen Überlegenheit des Kapitalismus und der mit ihm verbundenen gesellschaftlichen und politischen Prämissen Liberalismus und Demokratie gewonnen, war im Kern richtig. Gleichwohl war es ein Irrtum, alle Fragen europäischer Gestaltwerdung mindestens vorrangig unter ökonomischen Gesichtspunkten zu beantworten, im Gefühl westlicher Überlegenheit. Und transportiert der unglückliche Begriff „Osterweiterung" nicht genau jene kolonial-ökonomistischen Assoziationen, die die 90er Jahre kulturell zum verlorenen Jahrzehnt gemacht haben? Wir sollten mit Papst Johannes Paul II. richtiger von der „Europäisierung" der EU sprechen und die produktive Akzeptanz der reichen Geschichte und Kultur der mittelosteuropäischen Länder damit anmahnen.

3. Optionen

Was bleibt in Bezug auf eine europäische Identität? Ich möchte dafür plädieren, den Begriff nicht zu überdehnen. Sondern realistisch möchte ich folgende Optionen formulieren: Europa ist zunächst eine wirtschaftlich-soziale Zweckgemeinschaft. Ihr Ziel ist die Ermöglichung von Wohlstand und sozialer Sicherheit für alle. Hierzu bedarf es eines Ordnungsmodells, das in den Grundzügen „Sozialer Marktwirtschaft" nach dem Krieg vorformuliert wurde und eines bestimmten institutionellen Settings bedarf, das gegenwärtig der „europäische Konvent" zu formulieren hat. Ein solcher ökonomischer Zweckverband Europa schafft Identifikationen, weil Bürger sich dort wohlfühlen, wo es ihnen gut geht und ablehnen, wo es ihnen schlecht geht.

1. Europa ist eine Zweckgemeinschaft zum Schutz nationaler Identitäten. Dabei gehe ich davon aus, daß die Nationalstaaten auch zum Zwecke des Minderheitenschutzes weiter bestehen müssen. Die in ihnen integrierten Sprachgemeinschaften sind immer auch Minderheiten; 80 Millionen Deutsche sind ebenso Minderheit wie 5 Millionen Dänen. In diesem Zusammenhang ist zu prüfen, inwiefern der Wechsel vom Einstimmigkeits- zum Mehrheitsprinzip in den europäischen Institutionen die berechtigten Interessen des Minderheitenschutzes dann verletzt, wenn einige Nationen in zentralen Fragen „quasi-hegemonial" eine andere überstimmen. Der Begriff Europas und der Begriff europäischer Identität ist aber nur dann tragfähig und nicht gefährlich, wenn eine konsequent subsidiäre Ausgestaltung europäischer Institutionen gelingt. Auch darum ringt gegenwärtig der europäische Konvent bei der Erarbeitung eines europäischen Verfassungsvertrages. Europa ist eine Zweckgemeinschaft zur Begrenzung nationaler Identitäten. Insofern nationale Identitäten partikularistisch und infolgedessen sich imperial verengen können, kommt Europa und dem Begriff europäischer Identität die kritische Funktion zu, jene universalistischen Gehalte kritisch je neu zu formulieren, die dem Nationalstaat normativ (nicht faktisch) zuzurechnen sind: Menschrechte, Demokratie, Marktfreiheit, Sozialstaatlichkeit. Der Begriff europäischer Identität hätte hier eine korrektivische Funktion. Historisch anschaulich wurde diese Funktion etwa in den Freiheitsbewegungen Ostmitteleuropas der 80er Jahre.

Europa ist eine Zweckgemeinschaft zur Ermöglichung der ökonomischen (finanziellen, fiskalischen, ökologischen) Handlungsfähigkeit, die den Nationalstaaten unter den Bedingungen der Globalisierung nicht mehr zukommen kann. Die Globalisierung kommt allemal. Es gilt, sie ethisch verantwortbar zu gestalten. Das wird nur gelingen im Verbund der Europäischen Union. Wesentliches Merkmal dieser Handlungsfähigkeit ist der solidarische Ausgleich zwischen Armut und Reichtum nach den Kriterien distributiver und partizipativer Gerechtigkeit.

2. Europa zeichnet sich identitätsbildend dadurch aus, dass in ihm multiple Identität formuliert wird: neben der nationalstaatlichen, sprachlichen, religiösen, säkularen, laizistischen usw. partikularen Identität eine europäisch-gesamtheitliche „übersetzende" Identität. In diesem Nebeneinander von Identitäten liegt ein befriedendes Element, so aber auch ein relativisti-

sches, das das Aufkommen von Dominanzen und Hegemonien verhindert. Die Ermöglichung einer solchen multiplen Identitätsbildung setzt voraus, die verschiedenen Traditionen des europäischen Hauses anzunähern, darin aber neu an die erzchristliche Botschaft der Versöhnung anzuknüpfen. Insbesondere gilt das zwischen den westlichen (römischen) und östlichen (byzantinischen) Traditionen, aber auch im Blick auf das Judentum und den Islam. Insofern, im Blick auf diese kulturelle Aussöhnung disparater europäischer Traditionsstränge, spielen die christlichen Traditionen und also die Kirchen eine wesentliche und katalytische Rolle für eine europäische kulturelle Identität.

4. Der Beitrag der Kirchen

Welche Rolle nun spielen die Kirchen im Blick auf die Gestaltwerdung Europas und eine europäische Identität? Ich formuliere die Essentials kirchlichen Engagements:

Ein Selbstverständnis Europas muss die Frage beantworten: Wer ist der Mensch?
Die Antwort ist deshalb heute so drängend, weil die Gefährdungen der Integrität menschlichen Lebens bedrohlich wachsen. Das löst Ängste aus, die keineswegs private sind, sondern gesellschaftliche Zusammenhalte gefährden. Die Kirchen werden diese Ängste nicht besänftigen, sondern die anstehenden Debatten entschieden fördern. Diese Debatten beziehen sich auf den Schutz ungeborenen Lebens, auf die Frage nach der Euthanasie, auf die Gefahren der Biotechnologie, auf die technische Zersetzung von Freiheitsräumen insgesamt. Wir erinnern in diesem Zusammenhang an die christlich-europäische Tradition der Rede von der Würde des Menschen im Angesicht Gottes. Dieses Konzept der Personwürde ist auch heute für das geistige Selbstverständnis Europas unaufgebbar. Wird sie aufgegeben, ist das Projekt Europa gesellschaftlich insofern fundamental in Frage gestellt, als der Schutz der Personwürde sich zu bewähren hat an den Schwächsten, also den Ungeborenen, den Alten, den Kranken. Dort wo dieser Schutz in Frage gestellt wird, ist gesellschaftliche Solidarität bodenlos geworden.

Das Selbstverständnis Europas muss die Frage beantworten: Welches Konzept von Freiheit trägt uns?
Das christliche Konzept menschlicher Freiheit ist sowohl subjekt-und gemeinschaftsbezogen. Menschliche Freiheit ist unaufgebbar individuelle Freiheit und soziale Gebundenheit. In dieser Hinsicht gibt es, bei unterschiedlichen Akzentsetzungen dieser Pole, eine völlig ungebrochene europäische Tradition christlicher Theologie zu aufgeklärter und moderner Philosophie. Der Dissens betrifft die Konstitutionsbedingungen der Freiheit als theonomer oder autonomer, und damit die Frage nach den normativen Verbindlichkeiten freiheitlicher Bindungen, bzw. nach motivationalen Ressourcen für diese Verbindlichkeit. Diese ungebrochene Tradition muss heute von Kirchen neu erinnert werden. Denn es gibt in Europa derzeit eine unhaltbare Überakzentuierung individueller Freiheitsrechte. Das hat historische Gründe: Einmal hat kein Kontinent so unter kollektivistischen Ideologien gelitten wie der europäische; es handelt sich

also um eine Gegenbewegung; zum anderen gibt es aus den Erfahrungen der konfessionellen Gegensätze in Europa eine tiefsitzende Furcht vor kollektiven Machtansprüchen im Raum öffentlicher Freiheit. Individualfreiheiten wehren also immer Kollektivfreiheiten und aus ihnen gefolgerte Ansprüche ab. Und schließlich zeigt die Überbetonung individueller Freiheiten auch eine politische Schwäche an: Pluralistische Gesellschaften erweisen sich immer weniger als steuerbar und konsensfähig, dass immer wieder nur der Rekurs auf individuelle Selbstbestimmungsrechte als Minimalkonsens durchsetzbar ist. Blickt man auf den Entwurf zur Grundrechts-Charta der EU, so ist auch hier nur von individueller Religionsfreiheit die Rede. Der Schutz der Vergemeinschaftung der Religion als Grundrecht fällt aus. Damit aber begibt sich Europa einer zentralen Ressource für gesellschaftlichen Zusammenhalt überhaupt und zwingt zu dem Schluss, dass wir dringend einer Debatte über kommuniale Bindungen der Freiheit zur Erneuerung des geistigen Selbstverständnisses Europas bedürfen.

Ein Selbstverständnis Europas muss die Frage beantworten: Wie beerben wir unsere Geschichte?
Diese Frage ist einer Religion, der Erinnerung konstitutiv ist, nämlich Erinnerung ans Kreuz, für die Ausprägung europäischer Identität immer wesentlich gewesen. Genau dieser christliche Grundzug wurde auch zu einem Grundzug Europas. Der Kontinent war in seinen besten geschichtlichen Phasen fähig zu beerben und fähig zur Erinnerung. In seinen unglücklichsten Phasen hat Europa seine Erinnerung aufgegeben und ist in nationalistische oder völkische Mythen geflüchtet. Nichts hat die Identität Europas so gefährdet wie die Zerstörung seiner geschichtlichen Erinnerung. Es ist unserem Selbstverständnis nicht beliebig, ob wir uns an die Definition der Würde des Menschen auf dem IV. Laterankonzil (1215), einer Sternstunde des europäischen Geistes, erinnern. Es ist unserem Selbstverständnis nicht beliebig, ob wir die Schreie der Ermordeten und Deportierten vergessen oder nicht. Denn für Europa, wie für die Kirchen gilt: Wir haben nicht nur eine Geschichte, wir sind Geschichte in identitätsbildender Konstitution. Diese konstitutive Geschichtlichkeit hat heute zwei politische Herausforderungen zu bewältigen: Einmal müssen Konzepte entwickelt werden, die diese Geschichte in Geschichten anschaulich machen, also die Bewahrung europäischer Vielfalt. Zum anderen muss anschaulich werden, wie wir geschichtliche Trennungen überwinden. Hier geht es vor allem um die Trennung zwischen Byzanz und Rom im Jahre 1054. Die Fähigkeit zu beerben hat in der Fähigkeit der Aussöhnung ihren Maßstab. Die Kirche wird diese Aussöhnung anstiften, indem sie die Perspektive der Opfer einnimmt und einbringt, Geschichte also vom Kreuz her liest. Das betrifft auch eine der brennendsten Fragen der nächsten Generationen: Europa, wie hältst du es mit dem Islam? Ein Strang europäischer Geschichtlichkeit verdient hier besondere Beachtung: die spezifisch europäische Vernunftkonzeption. Sie verdient besondere Beachtung aufgrund ihrer theoretischen Dynamik, also in den Wissenschaften, ihrer praktischen, also etwa in den Verfassungsentwürfen und Gerechtigkeitskonzepten, ihrer ästhetischen Dynamik, also in den Kunstwerken, die heute zu recht als Weltkulturerbe bezeichnet werden und doch unverwechselbar zu Europa gehören. Diese Vernunfttradition gründet in einer Zentralformel europäischen Selbstverständnisses, nämlich Anselms „fides quaerens intellectum". Sie wurde von Thomas von Aquin zu systematischer Reife entfaltet und enthält

eine doppelte Stoßrichtung, eine ideologiekritische und eine historische. Ideologiekritisch: Sie wehrt die Gefahr des Fundamentalismus ab, indem sie den Glauben zwingt, sich argumentativ zu verantworten. Umgekehrt: Indem sie den Absolutheitsanspruch wissenschaftlicher Rationalität abwehrt und ihn je neu überbietet. Die historische Stoßrichtung: Sie setzte eigentlich die Tradition der Aufklärung in die Lage, die Brücken zu den christlichen Wurzeln nicht abzubrechen, denken wir an Rousseaus schöpfungstheologisch inspirierten Gesellschaftsentwurf, denken wir an die Ideenlehre in Kants Kritik der reinen Vernunft, denken wir schließlich an die naturrechtlichen Kerne aller modernen Verfassungen. Und nochmals umgekehrt: Die Anselmische Formel befähigte die Kirche im II. Vatikanischen Konzil Anschluss an die Tradition der Aufklärung zu finden. Diese Formel bleibt für die Kirchen in Bezug auf ein geistiges Selbstverständnis Europas grundlegend und ebenso virulent, weil sie gegenwärtig von zwei Seiten gefährdet wird: Einmal von einer postmodernen, selbstgenügsamen Religiösität in beliebig säuselnder Beschwichtigungstranszendenz, zum anderen durch eine technische Revolution, deren Folgen immer weniger kontrollierbar sind. Gerade weil die Kirche auf dieser Tradition eines vernunftbezogenen Glaubens, wie einer transzendenzbezogenen Vernunft insistiert, darf sie als Hüterin europäischer Identität in Anspruch genommen werden.

Das bedeutet auch die Wahrung des universalistischen Erbes dieser Vernunfttradition, die ihrerseits in den universalistischen Gehalten des christlichen Glaubens wurzelt. Von ihm her ist Europas Verträglichkeit, Verantwortung und Fähigkeit zur Mitgestaltung der einen Welt zu begründen. Und schließlich in der geistesgeschichtlichen Kernfrage der Aussöhnung zwischen Ost-und Westeuropa: Ist die Aufklärung Erosion und Zerstörung des Glaubens, wie viele Orthodoxe argwöhnen, oder ist sie Ausdruck und Bündnispartner des Glaubens wie wir sagen? Jedenfalls wird es in Europa letztlich keinen umfassenden Konsens geben, der diesen Konsens nicht theologisch verwurzeln kann als Aussöhnung zwischen den orthodoxen und westlichen Kirchen. Ohne Aussöhnung keine Einheit.

Wenn ich in diesen zentralen Punkten, der Humanität, der Freiheit, der Geschichtlichkeit Europas geistiges Selbstverständnis und den kirchlichen Beitrag dazu markiert habe, so werden manche gewiss theologische, näherhin ekklesiologische Begründungen vermisst haben. Ich hätte also doch sehr ausführlich von der eucharistischen Ekklesiologie des Konzils sprechen müssen, von der typisch christlichen Verbindung von Mystik und Diakonie, wie sie sich im europäischen Typos der Heiligen personalisiert hat; ich hätte ausführlicher zu sprechen gehabt von den theologischen Differenzen und Brücken zwischen Orthodoxie und westlichem Christentum. Stattdessen habe ich mit den angeführten Thesen nur Essentials eines europäischen Selbstverständnisses aus christlicher Sicht und kirchliche Einsatzpunkte benannt.

An diese mit allem Nachdruck zu erinnern, halte ich allerdings für die zentrale Aufgabe der Kirchen in dieser historischen Stunde der Suche nach einer trag-und zukunftsfähigen europäischen Identität.

Persönlich bin ich überzeugt, dass die Kirche mehr zur Gestaltung des neuen Europas beitragen kann und muss als sie sich selbst zutraut. Könnte es nicht sein, dass die Herkunftsbedingungen des alten Europas auch die Existenzbedingungen des künftigen Europas sind?

Allerdings: die Kirche muss leben, was sie verkündigt. Sie muss in ihr konkrete Lebenspraxis einlösen, was das II. Vatikanische Konzil so bezeugt hat: „Freude und Hoffnung, Trauer und Angst der Menschen von heute, besonders der Armen und Bedrängten aller Art, sind auch Freude und Hoffnung, Trauer und Angst der Jünger Christi [...]" (Gaudium et Spes, I)

Ist das so? Auch hinsichtlich der Herausforderungen des europäischen Integrationsprozesses?

Statt einer Antwort möchte ich abschließend an eine Begebenheit auf dem II. Vatikanischen Konzil erinnern: Papst Johannes XXIII. hatte zur Eröffnung des Konzils gesagt, die Kirche müsse sich als die Kirche der Armen verstehen. Bei der Eröffnung der zweiten Sessio betonte Papst Paul VI.: „Die Kirche ist willens, sich zu reformieren, um Jesus gleichförmig zu werden." Der Papst wollte, dass sich dies in den Worten konkretisiere: „Das Konzil erhebt seine Stimme, um Verzeihung für alle aus Vernachlässigung oder Verachtung der Armen begangenen Fehler zu erflehen." Doch der Vorschlag kam nicht durch, weil – wie man sagte – es nicht zu den Gepflogenheiten eines Konzils gehöre, um Verzeihung zu bitten. Der Papst ließ nicht locker: „Die Kirche muß den Königsmantel ablegen. Die Armut ist das schwerstwiegende Problem der Kirche von heute."

Kardinal Lercaro wiederholte nun seinen Vorschlag vom Ende der ersten Sessio, dass es im Schema über die Kirche vor allem um die Kirche der Armen als dem Herzstück der Lehre von der Kirche gehen müsse. Aber man fand den Text nicht und konnte sich nicht darüber einigen, wie in die Konstitution über die Kirche auch ein Kapitel über die Armut der Kirche einzufügen sei. Darauf sagte Mercier, der Bischof der ärmsten Diözese der Welt, etwa folgendes: „Der heilige Geist, der uns bei unseren bisherigen Beratungen nicht im Stich ließ, erteilt uns eine wichtige Lektion: Eine Wahrheit, die man nicht gelebt hat, kann man nicht genügend klar erkennen, um sie vollmächtig und verbindlich auszusagen. Die Kirche hat jahrhundertelang die Armut nicht gelebt, darum finden wir jetzt den Text nicht, der sie enthielte. Was ist zu tun? Wir werden von diesem Konzil ab die Armut in der Nachfolge Jesu erst einmal leben müssen. Dann werden wir auf dem nächsten Konzil das entsprechende Kapitel in die Konstitution über die Kirche nachtragen können."

Nur so – als Kirche der Armen und als arme Kirche – kann sie glaubwürdig das Evangelium Jesu Christi bezeugen und verkünden. Nur so kann sie ihren Beitrag für ein neues europäisches Selbstverständnis, für ein neues Europa einbringen. Dazu ist sie gesandt. Und dass Er mit ihr sein wird, ist Seine uns immer wieder neu ermutigende Zusage.

8. August 2009, Hildesheim

Dankesworte anlässlich der Feierstunde zum 80. Geburtstag

Meine sehr geehrten Damen und Herren,
Ihnen, Herr Landessuperintendent, lieber Bruder Gorka, Dank für die Grüße und Wünsche der Evangelischen Landeskirchen und der Ökumene insgesamt und für Ihre so persönlichen Worte. Dank Ihnen für das brüderliche Vertrauen und die selbstverständliche Zusammenarbeit in all den Jahren.

Ihnen, lieber Herr Finanzminister Möllring, vielen Dank für Ihre persönlichen Wünsche und für die der Landesregierung. Ihnen und der Landesregierung Dank für das kritisch-konstruktive und immer wohlwollende Miteinander in meiner Zeit als Bischof von Hildesheim.

Ihnen, lieber Herr Oberbürgermeister Machens, herzlichen Dank für Ihre sehr persönlichen Worte und Wünsche, wie auch für die Grüße der Stadt Hildesheim, die ich liebe und in der ich mich Zuhause weiß.

Dank ganz besonders Dir, lieber Bischof Norbert, für Dein brüderliches Wort und für die guten Wünsche im Namen des schönsten deutschen Bistums.

Vor allem danke ich Ihnen, sehr geehrter Herr Professor Grimm, nicht nur für einen Vortrag, sondern für ein intellektuelles Ereignis ersten Ranges. Die Anstrengung des Begriffs, Ihre umfassende und durchdringende Darstellung des politischen Status Europas stellt allerdings vor ein Problemgebirge.

Zunächst, gleichsam am Fuß des Gebirges: Was hat eigentlich die Kirche mit alledem zu tun? Ich will eine persönliche Antwort geben. Für meine Generation war und bleibt Europa eine Antwort auf historische Erfahrungen: Den moralischen Ruin des europäischen Geistes, den Völkermord, Millionen Kriegstote, zerstörte Städte, Vertreibungen: Das Dritte Reich – diesen Erfahrungen galt es zu antworten. Die Antwort, nach Ausschwitz keine Gedichte mehr zu schreiben erschien uns ebenso unzureichend wie selbst-verständlich die Verweigerung jeder Antwort durch Verdrängung. Liest man Europa so, als Antwort auf die Katastrophen des 20. Jahrhunderts, dann war von vornherein klar: Es ging mit Europa nicht um ein politisches Kalkül oder einen strategischen Interessenausgleich, das Projekt Europa war im Angesicht des Völkermords und der Kriegstoten ein *ethisch* imprägniertes. Kein Glück der Enkel macht das Leid der Väter wieder gut, sagte Walter Benjamin in Anknüpfung an biblische Überlieferung. Gewiss, gleichwohl hieß für uns Europa, eine Politik zu entwerfen, die im Antlitz der Toten zu bewähren ist. Das ist der ethische Kern des Projektes Europa, das ist der politische Glutkern der Gründungsväter, Schuman, de Gaspari und Adenauer. In diesem erinnernd-antwortenden Sinn galt uns in der Tat Europa als „Wirklichkeit der sittlichen Idee", ein Wort Hegels, das durch den Nationalstaat historisch verdunkelt wurde. In dieser ethischen Dimension waren und sind die Kirchen für Europa ebenso gefordert, wie sie es als verlässliche Bündnispartner des säkularen (freiheitlich-demokratischen) Nationalstaates im Angesicht jahrhundertelanger

Religionskriege waren und sind! Das Massaker von Magdeburg 1631 verpflichtet die Kirchen ebenso zum politischen Beistand wie Auschwitz 1944. Und allemal: Es geht um mehr als um staatskirchenrechtliches Kalkül. Es geht um die politische Gestaltung und Gestalt eines moralischen Impetus: Versöhnung.

Europa als Vision, als ethische Antwort und als politisches Projekt galt unserer Generation vor allen Problemstellungen der Gestalt, der Finalität und der Legitimität als Grundplausibilität. Als Adenauer, nur um ein Beispiel zu nennen, 1955 10.000 Kriegsgefangene aus Russland holte, kehrten sie nicht nur der historischen Faktizität nach nicht nach Großdeutschland zurück, sie kehrten auch nicht nur in das Wirtschaftsland zurück, sondern sie kamen in einer anderen, friedlichen, freiheitlichen Zukunft an – und die hieß selbstverständlich Europa.

Die von ihnen benannten Asymmetrien, Herr Professor Grimm, von Wirtschaftspolitik und Sozialpolitik, von wirtschaftlichen Grundrechten und kulturellen, sozialen Grundrechten haben nicht nur etwas zu tun mit ideologisch-ökonomistischen Fehlstellungen, nicht nur etwas zu tun mit ordnungspolitischen Konflikten vor allem zwischen angelsächsisch und kontinental orientierten Sozialpolitiken, diese Asymmetrien haben auch etwas zu tun mit dem Verblassen historischer Erfahrungen! Die Ursachen für europäische Asymmetrien liegen gewiss in politischen Fehlstellungen, die kulturellen, gleichsam vorpolitischen Ursachen liegen in der Verkürzung, im Verlust historischer Erfahrungsräume.

Die Gestalt der Präambel des Verfassungsvertrages, die Apathie gegenüber kulturellen und religiösen Herkünften ist neben allen religionspolitisch oder theologisch-philosophisch zu diskutierenden Aspekten ein trauriger Höhepunkt kultureller Rücksichtslosigkeit der europäischen Politik. Das setzt sich übrigens im Ausblenden osteuropäischer Erfahrungen, also immer dann fort, wenn von Europa gesprochen wird, aber nur Westeuropa erkennbar ist. Ein ausschließlich ökonomistisch, marktliberal auftretendes Europa, hat sich von sich selbst abstrahiert, es verliert Gesicht und Landschaft und wird zum leeren Mechanismus. Vor allem versperrt ein nur ökonomistisch gedachtes Europa den fundamentalen Impetus seiner Gestaltwerdung: die Identifikation seiner Bürger. Darum greifen die Forderungen nach Referenden oder sogar nach einem europaweiten Referendum (abgesehen von verfassungspolitischen Einwänden) derzeit zu kurz: worüber eigentlich sollen die Bürger abstimmen?

Bei dieser Kritik soll nicht übersehen werden, dass die Leistung der Europäischen Union, neben dem asiatisch-pazifischen Raum vermutlich zur erfolgreichsten Wirtschaftsregion aufzusteigen, überragend ist. Dass die Wirtschaftsleistung Europas Voraussetzung für die Sozialstaatsleistungen der Nationalstaaten und damit der Reduzierung gesellschaftlicher Konflikte ist. Und es soll auch nicht übersehen werden, dass die ökonomische Leistung in der EU die Erweiterungsprozesse überhaupt erst ermöglicht hat.

Nun würde es mich sehr reizen, die analysierten Asymmetrien etwas diskursiver aufzugreifen. Noch mehr würde es mich reizen, mit Ihnen, Herr Professor Grimm, zwei Tage in Klausur zu gehen – und wenn es nach mir ginge, auch zwei Nächte dazu. Das alles geht nicht. Manchmal gründen Asymmetrien von Lebenszeit und Weltzeit auch in Terminkalendern.

Lassen Sie mich aber doch abschließend und auch nur in Stichworten Richtungshinweise für die zukünftige Gestaltwerdung Europas zu geben versuchen:

Die Aufgabe der nächsten zehn Jahre heißt auch Erweiterung, sie heißt im Schwerpunkt aber Integration. Denn die bisherige Entwicklung hat gezeigt, dass jedem Erweiterungsschritt der EU ein Integrationsschritt folgte. Anders war und ist die Handlungsfähigkeit der Union ja gar nicht zu gewährleisten. Erweiterung ohne Integration bedeutet nationalstaatliche Devolution.

Da auf absehbare Zeit ein Verfassungsvertrag nicht auf die Agenda kommen wird, und die Überführung verfassungsmäßiger Rechte in einfaches Recht legitimatorische Spannungen eher verschärfen wird, müssen neue Instrumente entwickelt werden, etwa folgende:

1. Ein tieferes Durchdenken und Ordnen Europas nach dem Prinzip der Subsidiarität. Es gilt dabei, die Souveränitätsverzichte der nationalstaatlichen Ebene dann und *nur dann* zu vollziehen, wenn die kleinere (nationale, regionale) Ebene eine Aufgabe nicht bewältigen kann. Insofern muss das Europarecht kritisch durchprüft werden, was eigentlich wirklich auf die Europa-Ebene gehört und was auf untere Ebenen zurückgegeben werden kann, beziehungsweise was geregelt werden muss und was freigestellt werden kann. Umgekehrt müssen nationale Rechte in den vom jüngsten Verfassungsgerichtsurteil aufgewiesenen Grenzen durchprüft werden, was dringend auf höhere Ebenen verlagert werden muss.

Dazu gehört auch die heikle Frage: ist Sozialpolitik wirklich eine ausschließlich nationalstaatliche Aufgabe? Könnte sich nicht von der wohlverstandenen Subsidiarität her die Verlagerung bestimmter sozialpolitischer Postulate auf die EU-Ebene als durchaus sinnvoll und auch systemkonform erweisen?

Dem ethischen Impetus des europäischen Projekts folgend bedeutet Subsidiarität auch, dem Ethos der Anerkennung der Andersheit des Anderen folgen, statt der Logik des Herrschens.

2. Eine Befreiung der Europapolitik aus den Kabinetten: Das schon genannte Urteil zum Lissabon-Vertrag gibt hier wichtige Richtungshinweise. Zentral scheint mir zu sein, dass die repräsentativ gestalteten Partizipationsrechte des Souveräns, also der Bürger gesichert werden. Es ist die, wie ich glaube, historische Leistung des Bundesverfassungsgerichts, immer wieder den europapolitischen Raum dadurch geöffnet zu haben, dass er an die verfassungsrechtlichen Standards, an das republikanische Erbe des Nationalstaats, und zwar in seiner historisch gewachsenen, in Deutschland repräsentativen Ausformung rückgebunden blieb.

3. Eine deutliche Verstärkung der europäischen Kulturpolitik unter Beachtung der subsidiär geordneten Vielfalt: Man sollte offensiv an Erfahrungen kulturellen Austauschs in Europa anknüpfen, wie sie in den großen kulturellen Migrationen geschah und noch heute in unseren Metropolen und Kathedralen sichtbar ist. Die Frage des Beitritts der Türkei ist keine nur strategische und keine nur ökonomische. Es ist vor allem eine Frage, wie der kulturelle Austausch zwischen Islam, Christentum und okzidentaler Aufklärungstradition in den nächsten Jahren gelingt. Kultureller Austausch alleine wird solche Debatten entideologisieren und verständliche Ängste vor Identitätsverlusten nehmen.

4. Die Herstellung einer europäischen Öffentlichkeit: Die medial getragenen Öffentlichkeiten in Europa sind weitgehend national hermetisch konstruiert. Man darf nicht erwarten, dass dem Europäischen Parlament Aufmerksamkeit geschenkt wird, wenn seine Debatten in den Medien nicht stattfinden, zugleich aber jede Debatte des Bundestages, zuweilen auch des Bundesrates, bei Phoenix übertragen wird. Die Leitmedien des Öffentlich-rechtlichen Fernsehens, der reputierten Presse, „FAZ", „Süddeutsche", „Zeit" (um wenige zu nennen) sind hier in der Verantwortung. Diese Verantwortung haben sie in der Begleitung des Werdens der Bundesrepublik hervorragend wahrgenommen. Warum nicht ebenso gegenüber Europa?

Subsidiarität, Partizipation, Kulturpolitik und Öffentlichkeit seien hier nur Stichworte für die Fortentwicklung europäischer Integration. Es ging mir damit um eine nachholende gesellschaftliche Einbettung des politischen Europa, damit wir nicht in Zukunft innenpolitisch instrumentalisierten Referenden ausgeliefert sind.

Schon vor fast 500 Jahren hat Niccolo Macchiavelli in „Der Fürst" erklärt: Wer ein drohendes Übel erst erkennt, wenn es sich deutlich zeigt, sei kein kluger Staatsmann. Ob angesichts dieses Maßstabs im Blick auf die weltweiten Finanzprobleme unsere Politiker klug genannt werden können, wage ich im Angesicht des unbestritten klugen Finanzministers unseres Landes nicht zu beantworten.

Das allerdings scheint mir unzweifelhaft zu sein: Ein Politiker ist klug, wenn er die europäische Integration nicht nur als ökonomisches, sondern als subsidiäres und kulturelles Projekt zu pflegen verlangt.

Meine Damen und Herren! Als ich vor 80 Jahren geboren wurde, hatte Europa das Schlimmste noch vor sich. Heute zum 80. Geburtstag kann ich sagen, meine Generation hat manches nicht erreicht, was wir mit Europa dereinst verbunden haben. Ich kann aber auch sagen: Europa, das Beste kommt noch!